第一章 土质与石质路基施工

第一节 路基施工方法及施工准备

一、施工方法

路基施工的基本方法按其技术特点大致可分为：人工及简易机械化、综合机械化、水力机械化和爆破方法（见表 1-1）。

表 1-1 路基施工的基本方法

施工方法	主要内容
综合机械化方法	为了加快施工进度，提高劳动生产率，实现高标准高质量施工，对于劳动强度大和技术要求高的工序，应配以数量充足、配套齐全的施工机械。机械化和综合机械化施工是保证高等级公路施工质量和施工进度的重要条件，对于路基土石方工程来说，更具有迫切性。在施工过程中，涉及运输、填筑、摊平、压实等工序，这些都需机械设备作业，任何单一环节出现问题，都将影响到施工作业的整体。实现机械化施工是我国路基施工的发展方向。因此，综合机械化方法成为路基施工现代化的重要途径
人工及简易机械化方法	人力施工是传统方法，使用手工工具、劳动强度大、功效低、进度慢、工程质量也难以保证，但限于具体条件，短期内还必然存在并适用于地方道路和某些辅助性工作；简易机械施工是在人工施工的基础上，对施工过程中劳动强度大和技术要求相对较高的工序用机具或简易机械完成，以利加快工程进度、提高施工效率和工程质量。但这种施工方法工效有限，只能用于工程量小、工期要求不严的路基或构造物施工，特别不适宜高速公路和一级公路路基的大规模施工
爆破方法	爆破方法施工不仅用于石质路基开挖，还可用于冻土、泥沼等特殊路基施工，以及清除路面、开山取料与石料加工等作业
水力机械化方法	水力机械化方法是机械化方法的一种。通过利用水泵、水枪等水力机械喷射强力水流，冲散土层并流运至指定地点沉积。这种方法需要充足的电能和水源，可挖掘比较松散的土质及地下钻孔，对于砂砾填筑路堤或基坑回填，可起到密实作用（称为水夯法）

选择施工方法，应根据工程性质、工程数量、施工期限以及可能获得的人力和机械设备等条件来考虑。在我国，目前已拥有大量的筑路机械，特别是近年来根据

高等级公路发展的需要，各地都先后从国外引进了成套的现代化筑路设备，在一批高等级公路的施工中，基本实现了机械化或是半机械化施工作业，因此，必须十分注意提高机械施工技术与管理水平，充分发挥机械设备的作用，提高劳动生产率，使我国公路建设事业早日全面实现施工现代化。

二、施工准备工作

土质路基施工的基本工作是路堑挖掘成形、土地移运、路堤填筑压实以及与路基直接有关的各项附属工程。其工程量大、施工期长，且所需人力物力资源较大，因而必须集中精力，认真对待。但要保证正常施工，施工前的准备工作极为重要。施工的准备大致可归纳为组织准备、技术准备和物质准备三个方面。

（1）组织准备工作。组织准备主要是建立和健全施工队伍和管理机构，明确施工任务，制定必要的规章制度，确立施工应达到的目标等，组织准备也是做好一切准备工作的前提。

（2）技术准备工作。路基开工前，施工单位应在全面熟悉设计文件和设计交底的基础上进行施工现场的勘察、核对与必要时修改设计文件，发现问题应及时根据有关程序提出修改意见并报请变更设计，编制施工组织计划，恢复路线，施工放样与清除施工场地，搞好临时工程的各项工作等。

施工组织计划是具有全局性的大事，其中包括选择施工方案、确定施工方法、布置施工现场（施工总平面布置），编制施工进度计划，拟定关键工程的技术措施等，它是整个工程施工的指导性文件，也是其他各项工作的依据。在当前强调加强施工管理，实现现代化科学管理的时期，如何抓住施工组织计划这一环节，更具有现实意义。

临时工程，包括施工现场的供电、给水、修建便道、便桥，架设临时通讯设施，设置施工用房（生活和生产所必需）等，这些均为展开基本工作的必备条件。

路基恢复定线、清除路基用地范围内一切障碍物等，是施工前的技术准备工作，也是基本工作的一个组成部分，应协调进行。

路基开工前应做好施工测量工作，其内容包括导线、中线、水准点复测，横断面检查与补测，增设水准点等。施工人员还应对路基工程范围内的地质、水文情况详细调查，通过取样、试验确定其性质范围，并了解附近既有建筑物对特殊土的处理方法。

（3）物质准备工作。物质准备包括各种材料与机具设备的购置、采集、加工、调运与储存以及生活后勤供应等。为了使供应工作能适应基本工作的需要，物质准备工作必须制定具体计划，其中有的计划内容如劳动调配、机具配置及主要材料供应计划，必须服从于保证上述施工组织计划顺利实施，而且也常被列为施工组织计划的一个组成部分。

土质路基施工，仅是整个道路工程中的一个工程项目，以上所述的准备工作，主要对整个工程的施工而言，对某一单项工程，如土质路基、石质路基、路基排水或防护加固，或路基工程以外的桥涵与路面等，准备工作的具体内容与要求，虽有差别，但基本项目不可缺少。

第二节　土质路堤填筑

一、填料选择

路堤通常是利用沿线就近土石作为填筑材料。选择填料时应尽可能优先选择当地强度高、稳定性好并利于施工的土石作路堤填料。一般情况下，碎石、卵石、砾石、粗砂等具有良好透水性，且强度高、稳定性好，因此可优先采用；亚砂土、亚黏土等经压实后也具有足够的强度，故也可采用；重黏土、黏性土、捣碎后的植物土等由于透水性差，作路堤填料时应慎重采用；粉性土水稳性差，不宜作路堤填料；泥炭、淤泥、沼泽土、冻结土、含残余树根和易于腐烂物质的土不宜用作填筑路堤；含盐量超过规定的强盐渍土和过盐渍土不能用作高等级公路路基填料；膨胀土除非表层用非膨胀土封闭，一般也不宜用作高等级公路路基填料。液限大于 50%、塑性指数大于 26、含水量不适宜直接压实的细粒土，不得直接作为路基填料，需要使用时，必须采取措施对土质进行处理。路基取土与填筑必须有条不紊、有计划有步骤地进行操作，这不仅是文明施工的需要，而且是选土和合理利用填土的保证。不同性质的路基用土，除按规定予以废弃和适当处置外，一般不允许任意混填。经野外取土试验，符合表 2-1 的规定时才能使用，二级和二级以下的公路作高级路面时，应符合高速公路及一级公路的规定。表 1-2 中所列的强度是按《公路土工试验规程》规定方法确定的。

一般的土和石都可以用作路堤的填料。用卵石、碎石、砾石、粗砂等透水性良好的填料，只要分层填筑分层压实，可不控制含水量；用黏性土等透水性不良的填料，应在接近最佳含水量情况下分层填筑与压实。

表 1-2　路基填方材料最小强度和最大粒径

项目分类（路面底面以下深度）		填料最小强度（CBR）（%）			粒料最大粒径（cm）
		高速公路及一级公路	二级公路	三、四级公路	
路堤	上路床（0 ~ 30cm）	8.0	6.0	5.0	10
	下路床（30 ~ 80cm）	5.0	4.0	3.0	10
	上路堤（80 ~ 150cm）	3.0	2.0	2.0	15
	下路堤（＞150cm）	3.0	2.0	2.0	15
零填及路堑路床（0 ~ 30cm）		8.0	6.0	5.0	10

工业废渣是较好的填料。高炉矿渣或钢渣至少应放置一年以上，必要时应予破碎。粉煤灰属于轻质筑路材料，当路堤修筑在软弱地基或滑坡体上时，采用轻质填料有利于路堤的稳定。有些矿渣使用前应检验有害物质含量，以免污染环境。

应当指出，有多种料源可供选择时，应优先选用那些挖取方便、压实容易、强度高、水稳性好的填料。路堤受水浸淹部分，应尽量选用水稳性好的填料。

二、基底处理

（一）密实稳定的土质基底

（1）当地面横坡度 i＜1:1 且路堤高度超过 0.5m 时，一般不作处理，直接在地面上修筑路堤。

（2）当地面横坡度 i=1:1 ~ 1:5 时，须除草皮、杂物，处理深度不小于 15cm。

（3）当地面横坡度 i＜1:5 时，除草皮、杂物后，须在地表挖台阶处理，台阶宽度不小于 2m，高度为 0.2 ~ 0.3m。

（二）耕地或松土基底

（1）一般情况下应清除有机土、种植土后压实。

（2）当耕地为深度大于 30cm 的深耕地时，需先将耕地翻松，结块土打碎后整平压实。

（3）当遇到水田时，须首先排水，疏干，进行换填土处理。

（三）覆盖层不厚的倾斜岩石基底

当地面横坡为 1:5 ~ 1:2.5 时，需挖除覆盖层，并将基岩挖成台阶。当地面横坡度陡于 1=2.5 时，应进行个别设计和特殊处理，如设置护脚或护墙。

当路基稳定受到地下水影响时，应予拦截或排除，引地下水至路堤基底范围以外。如处理有困难时，则应在路堤底部填以渗水土或不易风化的岩块。

三、填筑方式及机械配置

（一）土质路堤填筑

1. 分层平铺

水平分层填筑是一种将不同性质的土有规则地分层填筑和压实的填筑方法，该法易于达到规定的压实度，易于保证质量，是填筑路堤的基本方法。水平分层填筑应遵守以下规定：

（1）用不同性质土填筑路堤时，应分层填筑，层数应尽量减少，每种填料总厚不小于 0.5m，不得混杂乱填，在纵向使用不同土质填筑相邻路堤，为防止发生不均匀变形应将交接处做成斜面，应将透水性差的土填在斜面下部。

（2）用透水性较小的土填路堤下层时，应做成 4% 的双向横坡，如用以填筑上层时，不应覆盖在透水性较大的土所填筑的下层边坡上。

（3）凡不因潮湿及冻融而变更其体积的优良土应填在上层，强度较小的土应填在下层。

（4）河滩路堤填土应在整个宽度上连同护坡道在内一并分层填筑，受水浸淹部分的路堤，选用水稳定性好的填料。

（5）桥涵、挡土墙及其他构造物的回填土，以采用砂砾或砂性土为宜，并应适时分层回填压实。

2. 竖向填筑

竖向填筑是指沿道路中心线方向逐步向前深填。路线跨越深谷或池塘时，地面高差大，填土面积小，难以水平分层卸土，以及陡坡地段上半填半挖路基，局部路段横坡较陡或难以分层填筑等情况，可采用竖向填筑方式。竖向填筑的质量在于密实程度，为此宜采用必要的技术措施，如选用振动式或锤式夯击机，选用沉陷量较小及粒径较均匀的砂石填料；路堤全宽一次成型；暂不修建较高级的路面，容许短期内自然沉落。

3. 混合填筑

混合填筑是指路堤下层采用竖向填筑法而上层采用水平分层填筑法，因而其上部经分层碾压容易达到足够的压实度。必要时可考虑参照地基加固的注入、扩孔或强夯等措施，以保证填土具有足够的密实度。

土质路堤填筑所使用的机械设备有平土机、推土机、铲运机等机具。

（二）桥涵等构造物处的填筑

桥台台背、涵洞两侧及涵顶、挡土墙墙背的填筑在这些构造物基本完成后进行，注意选好填料和认真施工。

（1）填料。在下列范围内一般应选用渗水性土填筑：台背顺路线方向，上部距翼墙尾端不少于台高加2m，下部距基础内缘不少于2m；拱桥台背不少于台高的3～4倍；涵洞两侧不少于孔径的2倍；挡土墙墙背回填部分，如果台背采用渗水土有困难时，在冰冻地区自路堤顶面起2.5m以下，非冰冻地区高水位以下，可用与路堤相同的填料填筑。特别要注意，不要将构造物基础挖出来的劣质土混入填料中。

（2）填筑。桥台背后填土应与锥坡填土同时进行，涵洞、管道缺口填土，应在两侧对称均匀回填；涵顶填土的松铺厚度小于50～100cm时，不得通过重型车辆或施工机械；靠近构造物100cm范围内不得有大型机械行驶或作业。

（3）排水。桥涵等结构物处填土，在施工中要竭力防止雨水流入；对已有积水应挖沟或用水泵将其排除。对于地下渗水，可设盲沟引出。当不得不用非渗水土填筑时，应在其上设置横向盲沟或用黏土等不透水材料封顶。挡土墙墙背应做好反滤层，使水能顺利地从泄水孔流出去。

（4）压实。应在接近最佳含水量状态下分层填筑，分层压实。每层松铺厚度不宜超过20cm。密实度应达到设计要求。如设计无专门规定，则按路基压实度标准执行。用非渗水土填筑时，必须加强压实措施，或对填土性能进行改善处理（如掺生石灰），以提高强度和减少雨水的渗入。

为了保证填土压实质量，在比较宽阔部位应该尽量使用大型压实机械，只是在邻近构造物边缘及涵顶50cm内，才采用小型夯压机械，分薄层认真夯压密实。夯压遍数应通过试验确定，以达到压实度要求为准。

四、填土压实与质量控制

（一）路基压实标准

通常采用干密度表征土的密实程度。在路基施工中，用压实度表征土基密实程度的指标。压实度是指压实后土的干密度与该种土室内标准击实试验下所得的最大干密度之比。压实土体的干密度可按式（1）进行计算：

$$\gamma_w = \gamma_0 / (1 + 0.01w) \tag{1}$$

式中：γ_w——土的湿密度，g/cm^3；

w——土的含水量，%。

不同道路等级及路床不同深度，其压实度要求不同。道路等级愈高，压实度要求也愈高，路基上部压实度比路基下部要高。路基压实过程中只有达到规定的压实度，才能保证路基的强度和稳定性。土质路基（含土石混填）的压实度标准见表1-3。

表1-3　土质路基压实度标准

填挖类别	路床顶面以下深度（m）	路基压实度（%）		
		高速公路、一级公路	二级公路	三、四级公路
零填及挖方	0 ~ 0.30	≥96	≥95	≥94
	0.30 ~ 0.80	≥96	≥95	
填方	0 ~ 0.80	≥96	≥95	≥94
	0.80 ~ 1.50	≥94	≥94	≥93
	≥1.50	≥93	≥92	≥90

压实度是以室内标准击实试验所得最大干密度为标准的。同一压实度时，如采用不同击实标准，其实际密实度是大不一样的。目前，标准击实试验有轻型击实试验和重型击实试验两种。已经证明，对同一土体，重型击实比轻型击实可获得更高的最大干密度和相对较低的最佳含水量。随着高等级公路的发展，对公路路基质量的要求越来越高，因此，对高等级公路和城市重要干道，采用重型击实标准来控制压实度，有利于确保路基路面质量，提高道路使用品质。

（二）压实方法及机械

压实土层的密实度随深度递减，表面5cm的密实度最高。填土分层的压实厚度和压实遍数与压实机械类型、土的种类和压实度要求有关，应通过试验路来确定。同样质量的振动压路机要比光轮静碾压路机的压实有效深度大1.5 ~ 2.5倍。如果压实遍数超过10遍仍达不到压实度要求，则继续增加遍数的效果很小，不如减小压实层厚。

碾压时，横向接头的轮迹应有一部分重叠，对振动压路机一般重叠40 ~ 50cm，对三轮压路机一般重叠1/2后轮宽；前后相邻两区段也宜纵向重叠1 ~ 1.5m。应做到无漏压、无死角和确保碾压均匀。

压路机行驶速度过慢会影响生产率，行驶速度过快则和土的接触时间过短，压实效果较差。一般光轮静碾压路机的最佳速度为2 ~ 5km/h，振动压路机为3 ~ 6km/h。所以各种压实机械的最大速度不宜超过4km/h。对压实度要求高以及铺土层较厚时，行驶速度更要慢些。碾压开始宜用慢速，随着土层的逐步密实，速度逐步提高。压实时的单位压力不应超过土的强度极限，否则土体将会遭到破坏。开始时土体较疏松，强度低，故宜先轻压，随着土体密度的增加，再逐步提高压强。所以，推运摊铺土料时，应力求机械车辆均匀分布行驶在整个路堤宽度内，以便填土得到均匀预压。否则，要采用轻型光轮压路机（6～8t）进行预压。正式碾压时，若为振动压路机，第一遍应静压，然后由弱振至强振。

碾压时，在直线路段和大半径曲线路段，应先压边缘，后压中间；小半径曲线地段因有较大的超高，碾压顺序宜先低（内侧）后高（外侧）。路堤边缘往往压实不到，仍处于松散状态，雨后容易滑坍，故两侧可采取多填宽度 40～50cm，压实工作完成后再按设计宽度和坡度予以刷齐整平，也可以采用卷扬机牵引的小型振动压路机从坡脚向上碾压，或采用人工拍实。坡度不陡于 1:1.75 时，可用履带式推土机从下向上压实。

不同的填料和场地条件要选择不同的压实机械。常用的压实设备有光面碾、羊足碾、轮胎碾、振动碾、夯实机等，其技术性能可查阅相对应的机械设备。

（三）压实质量控制与检查

土的压实应在接近最佳含水量的情况下进行。天然土通常接近最佳含水量，因此填铺后应随即碾压。含水量过大时，应将土摊开晾晒至要求的含水量时再整平压实。

填土接近最佳含水量的容许范围，与土的种类和压实度要求有关。在一定的压实度要求情况下，砂类土比细粒土的范围大；在同一种土类的情况下，压实度要求低的比要求高的范围大。范围的具体值可从该种土的击实试验曲线上查得，即在该曲线图的纵坐标上按要求的干密度处画一横线，此线与曲线相交的两点所对应的含水量值就是它的范围。

天然土过干需要加水时，可在前一天于取土地点浇洒，使水均匀渗入土中；也可将土运至路堤再用水浇洒，并拌和均匀。加水量可按式（2）估算：

$$V = \left(w_0 - w\right)\frac{Q}{1+w}$$ （2）

式中：V——所需加水量，t；

w_0——最佳含水量；

w——天然土的含水量；

Q——需加水的土的质量，t，此外还应增加洒水至碾压时的水分蒸发消耗量。

在压实过程中，施工单位的自检人员应经常检查压实度是否符合要求。压实度试验方法可采用环刀法、蜡封法、水袋法、灌砂法或核子密度湿度仪法。环刀法适用于细粒土，灌砂法适用于各类土。核子密度湿度仪应与环刀法、灌砂法等进行对比标定后才可应用。

　　每一压实层均应检验压实度，合格后方可填筑其上一层。

　　检验取样频率，当填土宽度较窄时（例如路堤的上部），沿路线纵向每200m检查4处，每处左右各1个点，当填土较宽时，每2000m²检查8个点。必要时可增加检查点数，以防止压实不足处漏检。

　　压实度的评定以一个工班完成的路段压实层为检验评定单元比较恰当，如检验不合格能及时补压，不致等待过久而使含水量变化过大。

　　填筑碾压完成的路基，其路槽底面的回弹模量应满足路面设计的要求；然而实测土基回弹模量 E_0 比较困难，故可用测试弯沉值 l_0 代替，弯沉值与回弹模量有如下关系：

$$l_0 = 9308E_0^{-938}$$

（3）

　　式中：l_0——以 BZZ—100 标准轴载试验车实测的弯沉值，1/100mm；

　　　　　E_0——回弹模量，MPa。

　　弯沉值测试在不利季节进行。若在非不利季节测定时，应乘以季节影响系数。弯沉值测试频率为每一双车道4个点/50m（即左右两后轮隙下各1个点）。

　　路槽底弯沉值反映路基上部的整体强度，而压实度反映路基每一层的密实状态，只有弯沉值和压实度两者都合格时，路基的整体强度、稳定性和耐久性才能符合要求。如果经过反复检查，各层压实度均合格，而表面弯沉值仍然达不到设计要求值时（这种情况极少），应考虑按实测弯沉值调整路面结构设计，以适应该压实土所能达到的强度。

第三节　土质路堑开挖

一、开挖方式的确定

　　路堑施工就是按设计要求进行挖掘，并将挖掘出来的土方运到路堤地段作填料，或者运往弃土地点。它虽然不像路堤填筑那样有填料的选择和分层压实等问题，但是，路堑是由天然地层构成的，天然地层在生成和演变的长期过程中，一般具有复杂的地质结构。处于地壳表层的路堑边坡，开挖暴露于大气中，受到各种自然和人为因素的影响，比路堤边坡更容易发生变形和破坏。路堑边坡的稳定与施工方法有着密切的关系，例如，施工开挖边坡过陡，弃土堆距坡顶太近，施工中排水不良，支挡工程未及时做好，都会引起边坡失稳，发生坍滑。

路堑开挖方式应根据路堑的深度和纵向长度，以及地形、土质、土方调配情况和开挖机械设备条件等因素确定，以加快施工进度和提高工作效率。路堑开挖可根据具体情况采用横挖法、纵挖法或混合式开挖法。

二、横挖法

从路堑的一端或两端按横断面全宽逐渐向前开挖，称为横挖法。这种开挖方法适用于较短的路堑。

路堑深度不大时，可以一次挖到设计标高，称单层横挖法，如图 1-1（a）所示；路堑深度较大时，可分成几个台阶进行开挖，称分层横挖法，如图 1-1（b）所示，各层要有独立的出土道和临时排水设施。用人力按分层横挖法开挖路堑时，每层深度要视工作与安全而定，一般宜为 1.5 ~ 2.0m，无论自两端一次横挖到路基标高或分台阶横挖，均应设单独的运土通道及临时排水沟。分层横挖使得工作面纵向拉开，多层多向出土，可以容纳较多的施工机械，加快了开挖速度。若用挖掘机配合自卸汽车进行，台阶高度可采用 3 ~ 4m。

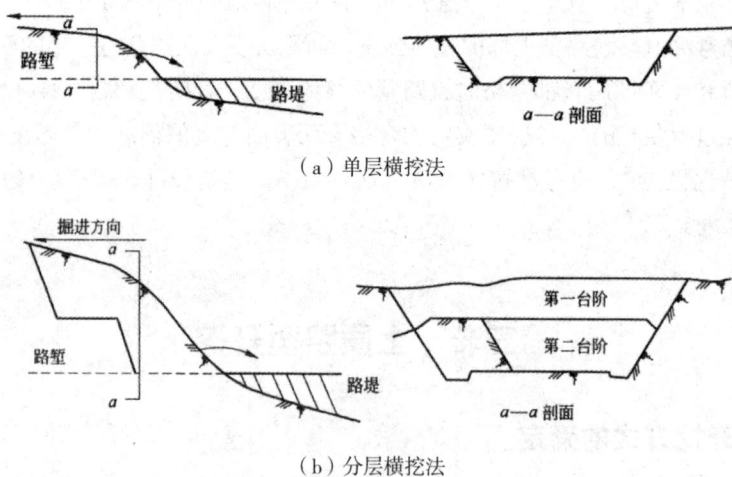

（a）单层横挖法

（b）分层横挖法

图 1-1　横挖法开挖路堑示意图

三、纵挖法

沿路堑纵向将高度分成不大的层次依次开挖。纵挖法适用于较长的路堑。

如果路堑的宽度及深度都不大，可以按横断面全宽纵向分层挖掘，称为分层纵挖法，如图 1-2（a）所示；如果路堑的宽度及深度都比较大，可沿纵向分层，每层先挖出一条通道，然后开挖两旁，称为通道纵挖法，如图 1-2（b）所示，通道可作为机械通行或出口路线，以加快施工速度。分段纵挖法是沿路堑纵向选择一个或几个适宜处，将较薄一侧路堑横向挖穿，使路堑分成两段或数段，各段再进行纵向开挖的方法，如图 1-2（c）所示。分段纵挖法适用于路堑较长，运距较远的路堑。

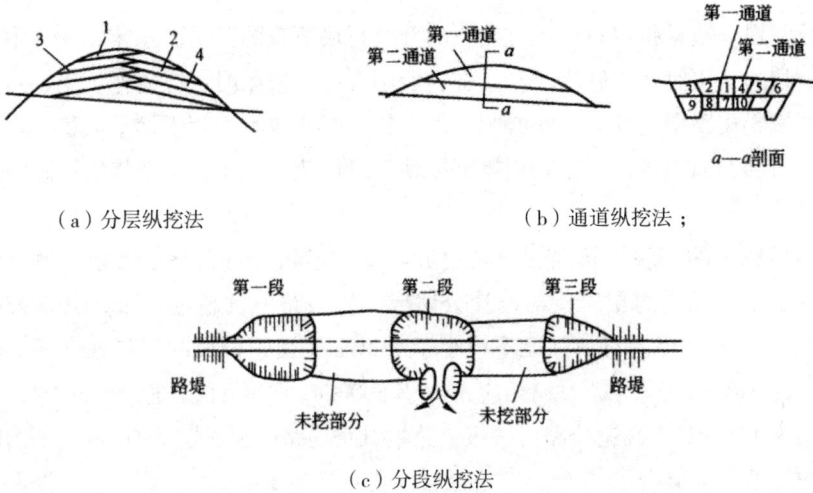

（a）分层纵挖法　　　　　　　　　　　　　　　（b）通道纵挖法；

（c）分段纵挖法

图1-2　纵挖法开挖路堑示意图

四、混合式开挖法

混合式开挖法是将横挖法、通道纵挖法混合使用，先沿路堑纵向开挖通道，然后沿横向开挖横向通道，双通道沿纵横向同时掘进，每一坡面应设一个施工小组或一台机械作业，如图 1-3 所示。

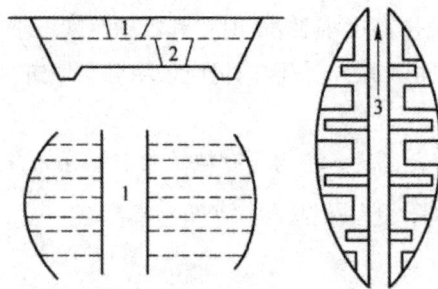

图1-3　混合式路堑开挖法示意图

第四节 填石路堤施工

一、填料的选择

填石路堤一般是指用石质挖方路段的开挖石块填筑的路堤。暴露在大气中容易风化的石块通常不宜作为路堤填料。在料源困难而需采用时，应视作填土，边坡坡度和形状按土质路堤处理。填筑必须分层，较大石块应大面朝下摆平放稳，石块之间要用碎石和石屑填满铺平，采用重型振动压路机认真碾压，尽量将能压碎的风化石块压碎。

用不易风化的石块填筑路堤，其边坡坡度和形状按填石路堤考虑。填石路堤一般也应分层填筑，每层厚度对高速公路或一级公路不宜超过 0.5m，其他公路不要超过 lm。填石路堤的石料强度不应小于 15MPa；用于护坡的石料强度不应小于 20MPa。填石路堤的石料最大粒径应不大于 500mm，并不宜超过层厚的 2/3，不均匀系数宜为 15 ~ 20。高速公路、一级公路填石路堤路床顶面以下 50cm 范围内的填料最大粒径不大于 10cm，并分层填筑分层压实。有关技术要求，详见《公路路基施工技术规范》。其中大石块大于填筑层厚度 2/3 时，应予解小，或码砌于坡脚，路堤边坡坡脚应用粒径大于 30cm 的硬质石料码砌。压实前需用大型推土机将层面推平，局部要用细石粒人工找平。然后用 12t 以上的振动压路机碾压，或用 2.5t 以上的夯锤夯击，碾压或夯击的遍数可通过试验确定，以达到要求密实度为准，通常，路堤上部碾压 6 ~ 7 遍，下部可以少碾压 1 ~ 2 遍。

特殊情况下允许采用倾填办法施工，例如用推土机将爆破后的石块直接推入路堤。这时，要求倾填前先用较大石块码砌，当填石路堤高度大于 6m 时，其码砌厚度不小于 2m；当填石路堤高度小于 6m 时，其码砌厚度不小于 1m，以免边坡部分松散不实。但在路槽底面以下 4m 范围内仍应采用分层填筑，以提高密实度，减少不均匀沉陷。

路槽底面以下 30cm 范围内，不得含有粒径大于 15cm 的石块，以利于路面受力均匀和结构良好。路床填料粒径应小于 100mm。

二、填筑工艺

（一）石质路堤填筑要求

石质路堤填筑应满足以下要求：

（1）路堤施工前，应先修筑试验路段，确定满足表1-4中孔隙率标准的松铺厚度、压实机械及组合、压实速度及压实遍数、沉降差等参数。

表1-4　填石路堤压实质量标准

分区	路床顶面以下深度（m）	硬质石料空隙率（%）	中硬石料空隙率（%）	软质石料空隙率（%）
上路堤	0.8 ~ 1.5	≤ 23	≤ 22	≤ 20
下路堤	> 1.5	≤ 25	≤ 24	≤ 22

（2）路床施工前，应先修筑试验路段，确定能达到最大压实干密度的松铺厚度、压实机械及组合、压实速度及压实遍数、沉降差等参数。

（3）二级及二级以上公路的填石路堤应分层填筑压实。二级以下砂石路面公路在陡峻山坡地段施工特别困难时，可采用倾填的方式将石料填筑于路堤下部，但在路床底面以下不小于1.0m范围内仍应分层填筑压实。

（4）岩性相差较大的填料应分层或分段填筑。严禁将软质石料与硬质石料混合使用。

（5）中硬、硬质石料填筑路堤时，应进行边坡码砌。码砌边坡的石料强度、尺寸及码砌厚度应符合设计要求。边坡码砌与路基填筑宜基本同步进行。

（6）压实机械宜选用自重不小于18t的振动压路机。

（7）在填石路堤顶面与细粒土填土层之间应按设计要求设过渡层。

（二）施工工序

（1）施工准备

①对原地面处理：清除原地面草皮、耕作物、树根、淤泥、腐殖土等有害物质，用压路机碾压至规定的压实度，检测合格后进行下一道工序。

②确定取料场的位置，制定采集方案，配备自卸车及附属机械，规划便道。

③对填料作标准试验，同一作业段材料尽量材质均匀，达到填石路堤的质量要求，骨料比例、细料含量、塑性指数等符合规定。

④每一种填料开始填筑前应作试验路段，验证压路机型、铺填厚度、碾压遍数、检测质量方法和控制方法。

（2）测量放样

①复核中桩线位、水准点高程和中桩标高。

②按纵向设计标高和横断面设计图，逐桩放样。

③钉出中心桩和边桩，设置标杆，标出每层的填筑高度，挂线施工。

④设置好观测沉降量的基准点和桩位。

（3）按指定位置，并经监理工程师批准的取料场，用推土机清除覆盖后，用推土机或装载机或挖掘机按填料要求进行备料，监理工程师签认《材料许可证》。

（4）选用大吨位自卸汽车运料至施工路段内，运用"车推法"摊铺。即首先进一车石料卸在填筑地段，推土机马上根据填石路堤容许松铺厚度处起铲摊平，然后第2车料卸在第1车料推平的末端，第1车料的石块就均匀地被压在下面，细料在表面嵌缝，这样填石路堤表面看不见突石，既平整又顺适，又便于压实。

（5）分层填筑用推土机配合人工整平

①逐层填筑时，应安排好石料运输路线派人指挥，按水平分层，先低后高，先两侧后中间卸料，并用大型推土机摊平。个别不平处应配合人工用细石块、石屑找平。虚铺厚度规定一般路床以下 0～50cm 为 30cm；50cm 以下为 40cm。

②如石块天然级配较差、粒径大，石块间的空隙较大时，可于每层表面的空隙里扫入石渣、石屑、中粗砂或砂砾，再以压力水将砂冲入下部，反复数次，使空隙填满。

③对于粒径大于 20cm 的石块进行人工检出或砸碎。如填料颗粒非常均匀，无细料填充时，可人工再用小石块找平，石屑塞缝，最后压实。

④填料中如果粒径在 20cm 以上的石块较多时，边坡外侧可选用未风化的坚硬石料砌筑，厚度不小于 1.0m，可以起到封路基的作用。

（6）洒水。填石路堤不同于土质路基，难以确定最大干密度和最佳含水量，在路堤填筑过程中根据填料颗粒组成和石料性质，由现场监理人员同意，可适量洒水，使路基表面平整。

（7）碾压和整形。只有选用振动压路机，填石路堤密实程度才能达到最佳压实度。碾压速度不宜大于 3km/h，碾压时直线段由两边向中间，小半径曲线段由内侧向外侧，纵向进退式进行。纵向接头搭接重压不小于 2m，横向接头轮迹重叠 1/3，直到无漏压、无死角，确保碾压均匀。

按设计断面进行边坡整修，达到平整、无悬石。每层填筑时，留有超宽（每侧各 25cm），边坡坡度按 1:5 控制，施工时路拱为 2%，路床顶面按 1.5% 控制。

（8）检查压实度。填石路堤的压实度检测采用"沉降量观测法"，沿路纵向每 20m一处，横向不小于 3 点（即左、中、右各一点），但每 100m^2 不少于 10 点，定点观测每层压实后表面标高。

（三）填石路堤施工工艺流程图

填石路堤施工工艺流程图如图 1-4 所示。

```
施工准备 ——— 监理巡视

测量放样 ——— 监理验收

取料场推土机、挖掘机备料 ——— 监理检查

自卸车运料至压实后的路段上 ——— 监理旁站

推土机配合人工整平填料 ——— 监理旁站

分层适量洒水 ——— 监理认可

碾压和整形 ——— 监理抽检

检测压实度(沉降量) ——— 监理检测

填筑下一层 ——— 监理监控

分期工程(或工序)完工验收 ——— 监理签证
```

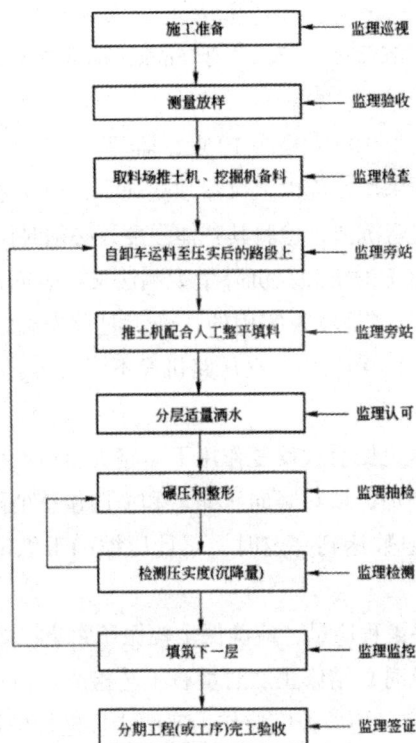

图1-4　填石路堤施工工艺流程图

三、压实及质量标准

填石路堤的密实度用判断方法检查，即重型振动压路机分层碾压，达到用锹难于挖动，需用撬棍才能松动且坑壁稳定，或者重锤下落不下沉及发生弹跳时，认为密实度已满足要求。

（1）当填料中粒径大于30cm颗粒的含量不大于30%时，应采用灌沙法或布袋法检测压实度。压实标准：路床顶面以下0~8cm不小于95%，上路堤（80~150cm）不小于94%，下路堤（150cm以下）不小于92%，检测频率与土质路堤的规定相同。最大干容重宜采用表面振动压实仪法或重型击实法测定。

（2）当填料中大于38mm颗粒的含量大于30%时，采用工艺法控制与检测压实质量。填筑层按规定的碾压遍数（不少于6遍）碾压至无明显轮迹时，再用激振力25kN以上的振动压路机振压两遍，分别测量基准点标高（基准点用特制的蘑菇头道钉，长20~25cm，直径1.5cm，在压实前埋入压实层中，同填料一起碾压），两次

标高之差即为压沉值。

压实标准：各测点压沉值平均值不大于 5mm，标准差不大于 3mm，达到压实度要求。

检测频率：施工单位每 100m² 检测 10 点，监理、施工单位可用同一基准点，同时进行平行检测，但必须采用两部以上仪器独立观测，独立记录。

（3）路床顶面应测定弯沉值，检验其整体强度，必须时用承载板测定回弹模量。

（4）沉降量（压沉值）的机理：沉降量观测法又称表面标高点测量法，此种方法在石路堤施工中质量控制是较为实用的，施工时首先确定碾压机具和虚铺厚度（松铺系数一般为 1.15 ~ 1.20），用振动压路机经不同碾压遍数后，压实效果可用表面标高点变化进行检查。

松铺的石料，在振压机械荷载反复作用下，路堤填料产生竖向压缩变形和横向位移，随着振碾遍数的增加，填料竖向压缩量和横向位移值随之增加，大颗粒空隙被小颗粒填充，当碾压遍数达到一定时，累计压缩趋于稳定，填料整体密实强度增大。

为了从严要求，确保工程质量，应确保全幅振压两遍标高差不大于 3mm 进行控制，并注意加强观测，及时总结修正。对填石工艺检测，通过试验路段其标高差按平均不大于 5mm 控制为宜。边坡坡度应作为实测指标进行检查，以提高施工质量和路堤稳定性。对于土石混填路基，据实际情况进行压实度或固体体积等试验，检验路堤压实质量。

（5）填石路堤密实程度宜以通过 12t 以上振动压路机进行压实试验，当压实顶面稳定再下沉（无轮迹）时，可判为密实状态。

（6）压路机碾压往返两遍后，压路机应变换碾压位置，但碾压带之间的重叠宽度必须不大于 1/2 的滚动碾压宽度，压实的速度控制在 3km/h 左右，碾压顺序：无超高路段从低的一边向较高一边。

第五节　石质路堑开挖

一、爆破法开挖

山区公路路基石方工程量大而且集中，据统计一般约占土石方总量的 45% ~ 75%。爆破是石方路基施工最有效的方法，爆破还可以用于爆松冻土、淤泥、开采石料等。在公路工程中如能采用综合爆破施工方法，不但能保证功效高、工期短、占用劳动力少、成本降低，而且可以取顺直的路线布置方案，很值得提倡。

二、松土法开挖

开挖岩石除了采用爆破法之外，松土法也愈来愈被广泛采用。松土法是充分利用岩体自身存在的各种破裂面和结构面，用推土机牵引的松土器将岩体翻碎，再用推土机或装载机与自卸汽车配合，将翻松了的岩块搬运出去。松土法避免了爆破法所具有的危险性，而且有利于开挖边坡的稳定及附近建筑物的安全。从国外的实践和发展趋势看，只要能够使用松土法施工的场合，就应尽量避免爆破法施工。

砂岩、石灰岩、页岩等沉积岩是比较容易松开的岩石，因为这些岩石都有沉积层面，层厚愈薄者愈容易松开。花岗岩、玄武岩、安山岩等岩浆岩不成层状或带状，松开比较困难。片麻岩、片岩、石英岩等变质岩，松开的难易程度视岩体破裂面情况而定。

松土法的作业效率与岩体的裂面和风化程度有关。岩体被破裂面分隔成较大块时，松开效率较好；岩体已裂成小块或粒状时，只能劈成沟槽，效率不高。

松土器的选择可以用上述岩石性质进行分析判断；也可以根据岩石的室内试验（抗压强度、抗拉强度）来判断各种型号松土器的劈开性能。松土作业方向应尽可能顺着岩层的下坡方向。松土间隔一般为 1.0 ~ 1.5m。遇到较坚硬的岩石，松土器难于贯入，或引起机械后部翘起及履带打滑，这时可用另一台推土机在后面顶推。若岩石较为完整与坚硬，也可以先进行适当的浅孔松动爆破，然后进行松土作业。

三、破碎法开挖

破碎法是用破碎机凿碎岩块。凿子装在推土机或挖掘机上。它利用活塞的冲击作用，使凿子产生冲击力，因此，其破碎岩块的能力取决于活塞的大小。破碎法宜用于岩体裂缝较多、岩块体积较小、抗压强度低于 100MPa 的岩石。破碎法的工作效率不高，不宜作为开挖岩石的主要方法，仅用于不能使用爆破法或松土法施工的局部场合。

第二章　路面基层施工

第一节　半刚性基层施工

一、厂拌法施工

在厂拌法施工前，应先调试拌和设备。调试的目的在于找出各料斗闸门的开启刻度（简称开度）以确保按设计配合比拌和。先要测定各种原材料的流量－开度曲线，然后按厂拌设备的实际生产率及各种原材料的设计质量比计算各自的要求流量，从流量－开度曲线上可查出各个闸门的刻度。按得出的刻度试拌一次，测定其级配、含水量及结合料剂量，如有误差则个别调整后再试拌。一般试拌一两次即可达到要求。拌和生产中，含水量应略大于最佳值，使混合料运到现场摊铺后碾压时的含水量不小于最佳值，按照合同或规范要求，在拌和厂抽检混合料的配合比。将拌和好的混合料送到现场，如运距远，车上混合料应覆盖，以防水分损失过多。用平地机、摊铺机、摊铺箱或人工按松铺厚度摊铺均匀，如有粗细颗粒离析现象，应以机械或人工补充拌和，如果采用摊铺机施工，厂拌设备的生产率、运输车辆及摊铺机的生产率应尽可能配套，以保证施工的连续性。其他工序同路拌法。

高等级公路的半刚性基层施工多采用集中厂拌和摊铺机摊铺，修筑的基层平整度、高程、路拱、纵坡和厚度容易达到规范或合同的要求。

二、路拌法施工

半刚性基层或底基层路拌法施工的主要工序为：准备下承层→施工测量→备料→摊铺→拌和→整平与碾压成型→初期养护。

（一）下承层准备与施工测量

施工前对下承层（底基层或土基）按质量验收标准进行验收，并精心加工。之后，恢复中线，直线段每 20～25m 设一桩，平曲线段每 10～15m 设一桩，并在两侧路面边缘外 0.3～0.5m 处设指示桩，在指示桩上用红漆标出基层（或底基层）边缘设计标高及松铺厚度的位置。

（二）备料

所用材料应符合质量要求，并根据各路段基层（底基层）的宽度、厚度及预定的干密度，计算各路段需要的干燥集料数量。根据混合料的配合比、材料的含水量以及所用车辆的吨位，计算各种材料每车料的堆放距离，对于水泥、石灰等结合料，常以袋（或小翻斗车）为计量单位，故应计算出每袋结合料的堆放距离；也可根据各种集料所占的比例及其松干密度，计算每种集料松铺厚度，以控制集料施工配合比，而对结合料（水泥、石灰等）仍以每袋的摊铺面积来控制剂量。

（三）摊铺与拌和

用平地机、推土机或人工按试验路段所求得的松铺系数进行摊铺，摊铺力求均匀。摊铺工作就绪后，就可使用稳定土路拌机进行拌和作业。路拌时，首先调整液压分配阀的控制手柄，使路拌机的工作装置渐渐深入混合料之中直至达到标尺要求的深度，这样拌和机就可以工作速度开始作业，工作速度以 1.2 ~ 1.5km/h 最为适宜。当然，不同的拌和条件，最佳拌和速度是不同的。在拌和开始阶段要反复检查拌和深度：是否留有"夹层"或切入下承层太深。拌和路线应自基层的最外沿向中心线靠拢。拌和中适时测定含水量，如含水量大于最佳值时，应进行自然蒸发，使含水量达到最佳值。若含水量小于最佳值，应补充洒水进行拌和。一般在摊铺洒水时，用水量应稍大些，这样可避免二次拌和所造成的浪费。

（四）整平与碾压

拌和好的混合料以平地机整平，并刮出路拱，然后进行压实作业。无机结合料稳定类结构层应用 12t 以上的压路机碾压。用 12 ~ 15t 三轮压路机碾压时，每层的压实厚度不应超过 15cm；用 18 ~ 20t 三轮压路机碾压时，每层的压实厚度不应超过 20cm。对于稳定中粒土和粗粒土，采用能量大的振动压路机时，每层的压实厚度根据试验确定，压实厚度超过上述规定时，应分层铺筑，每层的最小压实厚度为10cm。压实应遵循先轻后重、先慢后快的原则。直线段，由两侧路肩向路中心碾压，即先边后中；平曲线段，由内侧路肩向外侧路肩进行碾压。

碾压过程中，如有"弹簧"、松散、起皮等现象，应及时翻开重新拌和，或用其他方法处理，使其达到质量要求。在碾压结束之前，用平地机再终平一次，使其纵向顺适，路拱和超高符合设计要求。终平应仔细进行，必须将局部高出部分刮除并扫出路外，对于局部低洼之处，不再进行找平，留待铺筑沥青层时处理。

（五）养生与交通管理

重视保湿养生，养生时间应不少于 7d。水泥稳定类混合料碾压完成后，即刻开始养生，二灰稳定类混合料是在碾压完成后的第二或第三天开始养生。养生期结束，应立即铺筑沥青面层或做下封层。基层上未铺封层或面层时，不应开放交通。当施工中断，临时开放交通时，也应采取保护措施。

三、施工中应注意的问题

（一）施工季节

无机结合料稳定类结构层宜在春末或夏季组织施工，施工期的最低气温应在5℃以上，并保证在冻前有一定成型期，即第一次重冰冻（-3 ~ 5℃）到来之前的半月至一个月（水泥类）及一个月至一个半月（石灰与二灰类）完成。若不能完成则应覆盖土层以防冻融破坏。

在雨季施工水泥稳定类结构层时，应特别注意气候变化，勿使水泥混合料遭雨淋，并采取措施排除表面水，勿使运到路上的集料过分潮湿。

（二）水泥稳定类材料施工作业长度的确定

确定水泥稳定类混合料的作业长度，应综合考虑水泥的终凝时间、延迟时间对施工质量的影响、施工机械的效率及气候条件等因素，并尽可能减少接缝。水泥稳定类混合料从拌和到碾压之间延迟时间宜控制在 3 ~ 4h。必须延长延迟时间时，不应超过水泥终凝时间。因此，必须采用流水作业法，各工序必须紧密衔接，尽量缩短从拌和到完成碾压之间的延迟时间。一般情况下，每一流水作业段长以 200m 为宜。

（三）路拌法施工中土与粉煤灰用量的控制

在二灰稳定类基层施工中，石灰剂量可以检测，土与粉煤灰盼比例只能在施工中加以控制，若控制不好，不仅影响强度，还会使压实度检测失去意义。实际上，土与粉煤灰不同于砂砾和碎石，后者在装卸或摊铺过程中体积变化不大，而土和粉煤灰经装卸、运输和摊铺等，都会发生密度变化，室内测量的松干密度总是偏小。如用其松干密度计算虚铺厚度将使工地用量偏多。此外，工地的运土工具较杂，难以用堆土距离控制。因此，可用稳压厚度控制配比的方法，即固定稳压的压路机型及遍数，实测稳压后土及粉煤灰的干密度。反过来，通过抽检稳压厚度来控制土与粉煤灰的比例。

（四）接茬处理

石灰、二灰稳定类基层施工中，两工作段的衔接处应搭接拌和。即前一段拌和后，留 5 ~ 8m，不进行碾压。后一段施工时，将前段留下未压部分，一起再进行拌和。对于水泥稳定类基层，当天两工作段的衔接处理方法同前，但应对前一段未压部分再加水泥，重新拌和。当天最后一段水泥稳定类基层施工完后，将已压成段末端切成垂直断面，在第二天摊铺下段时，应在前一天余留未碾段内添加部分水泥，并与下段一起拌和。

拌和机及其他机械不宜在已成型的结合料稳定层上"调头"。若必须在其上"调头"，应采取保护措施（加铺覆盖层等）。

（五）养生期

当半刚性基层分层施工时，下层碾压完后，可立即铺筑上层，不需专门的养生期，但在铺筑上层之前，应始终保持下层表面湿润。基层完工后，养生期一般不宜少于 7d。

第二节　粒料类基层施工

粒料类基层按强度构成原理可分为嵌锁型与级配型。嵌锁型包括泥结碎石、泥灰结碎石、填隙碎石等；级配型包括级配碎石、级配砾石、符合级配的天然砂砾、部分砾石经轧制掺配而成的级配砾、碎石等。国外有些国家的高等级公路上用级配碎石或级配砾石修筑基层或底基层，级配碎石也可用作沥青面层与半刚性基层之间的联结层。

一、嵌锁型

嵌锁型基层，其强度主要依靠碎石颗粒之间的嵌锁和摩阻作用所形成的内摩阻力，而颗粒之间的黏结力是次要的，即这种结构层的抗剪强度主要取决于剪切面上的法向应力和材料内摩阻角。它由三项因素构成：①粒料表面的相互滑动摩擦；②剪切时体积膨胀而需克服的阻力；③粒料重新排列所受到的阻力。

研究表明：单一粒料在另一粗糙面但表面平整的粒料上滑动，其摩阻角大多小于 30°；许多粒料相互紧密接触，沿某一剪切面相互变位时，因体积膨胀和粒料重新排列而多耗的功，可使摩阻角增至 45°～50°。

因此，嵌锁型结构强度主要取决于石料的强度、形状、尺寸、均匀性、表面粗糙度以及施工时的压实程度。当石料强度高、形状接近立方体、有棱角、尺寸均匀、表面粗糙、压实度高时，基层的强度就高。

二、级配型

级配型粒料基层的强度和稳定性取决于内摩阻力和黏结力的大小。因此，其强度与稳定性在很大程度上取决于集料的类型（碎石、砾石或碎砾石）、集料的最大粒径和级配以及混合料中粒径 0.55mm 以下细料的含量及塑性指数。同时，还与其密实度有很大关系。因此，对级配型，主要控制最大粒径、细料含量及其塑性指数和现场压实度。

关于粒料类基层及材料质量要求和施工方法可参见《公路路面基层施工技术规范》。

第三节　基层质量控制与检查验收

一、基层质量控制

基层或底基层的质量控制可分为原材料标准试验、不同类型基层或底基层施工过程质量控制和外形尺寸管理三个方面。

（一）原材料标准试验

在组织现场施工以前以及在原材料（包括土）或混合料发生变化时，必须对拟采用的材料进行规定的基本性质试验。以评定材料质量是否符合要求，土质是否适宜用水泥或石灰稳定。一般对用作基层或底基层的原材料，应按表 2-1 所列的试验项目及方法进行检验。对初

步确定使用的基层或底基层混合料（包括掺配后不用结合料稳定的材料），应按表 2-2 所列的试验项目进行检验。

表2-1　底基层和基层原材料的试验项目

试验项目	材料名称	目的	频度	仪器和试验方法
含水量	土、砂砾、碎石等集料	确定原始含水量	每天使用前测2个样品	烘干法、酒精燃烧法、含水量快速测定仪
颗粒分析	砂砾、碎石等集料	确定级配是否符合要求，确定材料配合比	每种土使用前测2个样品，使用过程中每2000m³测2个样品	筛分法

续表

试验项目	材料名称	目的	频度	仪器和试验方法
液限、塑限	土、级配砾石或级配碎石中粒径0.5mm以下的细土	求塑性指数,审定是否符合规定	每种土使用前测2个样品,使用过程中每2000m³测2个样品	液限塑限联合测定法测液限;滚搓法塑限试验测塑限
相对毛体积密度、吸水率	砂砾、碎石等	评定粒料质量,计算固体体积率	使用前测2个样品,砂砾使用过程中每2000m³测2个样品,碎石种类变化重做2个样品	网篮法或容积1000mL以上的比重瓶法
压碎值	砂砾、碎石等	评定石料的抗压碎能力是否符合要求	使用前测2个样品,砂砾使用过程中每2000m³测2个样品,碎石种类变化重做2个样品	集料压碎值试验
有机质和硫酸盐含量	土	确定土是否适宜于用石灰或水泥稳定	对土有怀疑时做此试验	有机质含量试验,易溶盐试验
有效钙、氧化镁	石灰	确定石灰质量	做材料组成设计和生产使用时分别测2个样品,以后每月测2个样品	石灰的化学分析
水泥标号和终凝时间	水泥	确定水泥的质量是否适宜应用	做材料组成设计时测1个样品,料源或标号变化时重测	水泥胶砂强度检验方法,水泥凝结时间检验方法
烧失量	粉煤灰	确定粉煤灰是否适用	做材料组成设计前测2个样品	烧失量试验

表2-2 底基层和基层混合料的试验项目

试验项目	目的
重型击实试验	求最佳含水量和最大干密度,以规定工地碾压时的合适含水量和应该达到的最小干密度,确定制备强度试验和耐久性试验的试件所应该用的含水量和干密度;确定制备承载比试件的材料含水量
承载比	求工地预期干密度下的承载比,确定材料是否适宜作基层或底基层
抗压强度	进行材料组成设计,选定最适宜于用水泥或石灰稳定的土(包括粒料);规定施工中所用的结合料剂量;为工地提供评定质量的标准
延迟时间	对已定水泥剂量的混合料,确定延迟时间对混合料密度和抗压强度的影响,并据此确定施工允许的延迟时间

（二）施工过程质量控制

施工过程质量控制的主要项目有：含水量、集料级配、石料压碎值、结合料剂量、压实度、弯沉值等。表2-3中列出了主要测定频度和质量标准。

表2-3　质量控制的项目、频度和质量标准

工程类别	项目	频度	质量标准
无结合料底基层	含水量	据观察，异常时随时试验	在规范规定范围内
	级配	据观察，异常时随时试验	在规范规定范围内
	拌和均匀性	随时观察	无粗细集料离析现象
	压实度	每一作业段或不大于2000m²检查6次以上	96%以上，填隙碎石以固体体积率表示，不小于83%
	塑性指数	每1000m²1次，异常时随时试验	小于规范规定值
	承载比	每3000m²1次，据观察，异常时随时增加试验	不小于规范规定值
	弯沉值检验	每一评定段（不超过1km）每车道40～50个测点	95%（二级及二级以下公路）或97.7%（高速公路和一级公路）概率的上波动界限不大于计算得的容许值①
无结合料基层	含水量	据观察，异常时随时试验	在规范规定范围内
	级配	每2000m²1次	在本规范规定范围内
	拌和均匀性	随时观察	无粗细集料离析现象
	压实度	每一作业段或不大于2000m²检查6次以上	级配集料基层98%，中间层100%，填隙碎石固体体积率85%
	塑性指数	每1000m²1次，异常时随时试验	小于规范规定值
	集料压碎值	据观察，异常时随时试验	不超过规范规定值
	承载比	每3000m²1次，据观察，异常时随时增加试验	不小于规范规定值
	弯沉值检验	每一评定段（不超过1km）每车道40～50个测点	95%（二级及二级以下公路）或97.7%（高速公路和一级公路）概率的上波动界限不大于计算得的容许值

续表

工程类别	项目		频度	质量标准
水泥或石灰稳定土及综合稳定土	级配		每2000m²1次	在规范规定范围内
	集料压碎值		据观察，异常时随时试验	不超过规范规定值
	水泥或石灰剂量		每2000m²1次，至少6个样品，用滴定法或用直读式测钙仪试验，并与实际水泥或石灰用量校核	不小于设计值−1.0%
	含水量	水泥稳定土	据观察，异常时随时试验	在规范规定范围内
		石灰稳定土		
	拌和均匀性		随时观察	无灰条、灰团，色泽均匀，无离析现象
	压实度	稳定细粒土	每一作业段或不大于2000m²检查6次以上	二级及二级以下公路93%以上，高速公路和一级公路95%以上
		稳定中粒土和粗粒土		二级及二级以下公路的底基层95%，基层97%；高速公路和一级公路的底基层96%，基层98%
	抗拉强度		稳定细粒土，每一作业段或每2000m²6个试件；稳定中粒土和粗粒土，每一作业段或每2000m²6个或9个试件	符合规范规定要求
石灰工业废渣稳定土	延迟时间		每个作业段1次	不超过本规范规定
	配合比		每2000m²1次	石灰剂量不小于设计值−1%（当石灰剂量少于4%时，为不小于设计值−0.5%）以内
	级配		每2000m²1次	在本规范规定范围内
	含水量		据观察，异常时随时试验	最佳含水量±1%（二灰土为±2%）
	拌和均匀性		随时观察	无粗细集料离析现象
	压实度	二灰土	每一作业段或不大于2000m²检查6次以上	二级及二级以下公路93%以上，高速公路和一级公路95%以上
		其他含粒料的石灰工业废渣		二级及二级以下公路底基层95%或93%，基层97%以上；高速公路和一级底基层97%或95%，基层98%以上

工程类别	项目	频度	质量标准
石灰工业废渣稳定土	抗压强度	稳定细粒土，每一作业段或每2000m²6个试件；稳定中粒土和粗粒土，每一作业段或每2000m²6个或9个试件	符合规定要求

（三）外形尺寸管理

外形尺寸主要靠日常管理。外形管理的测量频度和质量标准列于表2-4中。质量控制的项目、频度和质量标准应符合表2-3的要求。

表2-4　外形管理的测量频度和质量标准

工程类别	项目		频度	质量标准	
				高速公路和一级公路	一般公路
底基层	纵断高程/m		二级及二级以下公路每20延米1点；高速公路和一级公路每20延米1个断面，每个断面3～5个点	+5，−15	+5，−20
	厚度/mm	均值	每1500～2000m²6个点	−10	−12
		单个值		−25	−30
	宽度/mm		每40延米1处	+0以上	+0以上
	横坡度/%		每100延米3处	±0.3	±0.5
	平整度/mm		每200延米2处，每处连续10尺（3m直尺）	12	15
基层	纵断高程/m		二级及二级以下公路每20延米1点；高速公路和一级公路每20延米1个断面，每个断面3～5个点	+5，−10	+5，−15
	厚度/mm	均值	每1500～2000m²6个点	−8	−15
		单个值		−10	−20
	宽度/mm		每40延米1处	+0以上	+0以上
	横坡度/%		每100延米3处	±0.3	±0.5
	平整度/mm		每200延米2处，每处连续10尺（3m直尺）	8	12
			连续式平整度仪的标准差/mm	3.0	

对于无机结合料稳定基层，应取钻件（俗称路面芯样）检验其整体性。水泥稳定基层的龄期7～10d时，应能取出完整的钻件。二灰稳定基层的龄期20～28d时，应能取出完整的钻件。

如果路面钻机取不出水泥稳定基层或二灰稳定基层的完整钻件，则应找出不合格基层的界限，进行返工处理。

二、检查验收

检查验收的目的是判定完成的路面结构层是否满足设计文件与施工规范的要求。

基层或底基层检查内容包括竣工后的外形、质量，通常以1km长的路段为评定单位，采

用大流水作业法施工时，也可以每天完成的段落为评定单位。抽样检查必须是随机的，不能带有任何倾向性。竣工工程外形的检查项目、频率和质量标准值见表2-5。

表2-5 竣工工程外形的检查项目、频度和质量标准值

工程类别	项目		频度	质量标准	
				高速公路和一级公路	二级和二级以下公路
路基	高程/mm		每200m4点	+10，−15	+10，−20
	宽度/mm		每200m4个断面	不小于设计值	不小于设计值
	横坡度/%		每200m4个断面	±0.5	±0.5
	平整度/mm		每200m²处，每处连续10尺（3m直尺）	≤15	≤20
底基层	高程/mm		每200m4点	+5，−15	+5，−20
	厚度/mm	均值	每200m每车道1点	−10	−12
		单个值		−25	−30
	宽度/mm		每200m4个断面	+0以上	+0以上
	横坡度/%		每200m4个断面	±0.3	±0.5
	平整度/mm		每200m²处，每处连续10尺	12	15
基层	高程/mm		每200m4点	+5，−10	+5，−15
	厚度/mm	均值		−8	−10
		单个值		−15	−20

工程类别	项目	频度	质量标准	
			高速公路和一级公路	二级和二级以下公路
基层	宽度/mm	每200m4个断面	+0以上	+0以上
	横坡度/%	每200m4个断面	±0.3	±0.5
	平整度/mm	连续式平整度仪的标准差（mm）	3.0	

厚度检查后，应按式（1）和式（2）分别计算其平均值 $\overline{X}$ 和标准差 S：

$$\overline{X} = \frac{X_1 + X_2 + \cdots + X_n}{n} \tag{1}$$

$$S = \sqrt{\frac{\left(X_2 - \overline{X}\right)^2 + \left(X_2 - \overline{X}\right)^2 + \cdots + \left(X_n - \overline{X}\right)}{n-1}} \tag{2}$$

式中：X_1，X_2，$\cdots$，X_n——每次检查得的厚度值；

n——检查数量。

按式（3）计算算术平均值的下置信限 $\overline{X_L}$：

$$\overline{X_L} = \overline{X} - t_a \frac{S}{\sqrt{n}} \tag{3}$$

式中：t_a—t 分布表中随自由度和保证率（或置信度 a）而变的系数，对高速公路和一级公路应取保证率99%，对其他公路可取保证率95%。

厚度平均值的下置信限（$\overline{X_L}$）应不小于设计厚度减去均值允许误差，应按表 2-6 对工程质量进行检查验收。

表2-6　质量合格标准值

工程类别	检查项目	检查数量	标准值	极限低值
路基	压实度	200m4处（灌砂法）	重型压实标准，二级和二级以下公路93%以上，高速公路和一级公路不小于95%	二级和二级以下公路88%，高速公路和一级公路90%
	碾压检验	全面随时	无"弹簧"现象	
	弯沉值	第一评定段（不超过1km）每车道40～50个测点		

工程类别	检查项目	检查数量	标准值	极限低值
无结合料底基层	压实度	6～10处	96%	92%
	弯沉值	每车道40～50个测点		
级配碎石（或砾石）	压实度	6～10处	基层98%	94%
			底基层96%	92%
	颗粒组成	2～3	规定级配范围	
	弯沉值	每车道4～50个测点		
填隙碎石	压实度（固体体积率）	6～10处	基层85%	82%
			底基层83%	80%
	弯沉值	每车道40～50个测点		
水泥土、石灰土、二灰、二灰土	压实度	6～10处	93%（95%）	89%（91%）
	水泥或石灰剂量/%	3～6处	设计值	水泥1.0% 石灰2.0%
水泥稳定土、石灰稳定土、石灰工业废渣稳定土	压实度	6～10处	基层98%（97%）	94%（93%）
			底基层96%（95%）	92%（91%）
	颗粒组成	2～3	规定级配范围	
	水泥或石灰剂量/%	3～6处	设计值	设计值－1.0%

测量弯沉后，考虑一定保证率测量值的上波动界限按式（4）进行计算：

$$l_r = \bar{l} + Z_a S \qquad (4)$$

式中：lr——测量值的上波动界限（即代表弯沉值）；

$\bar{l}$——标准车测得的弯沉的平均值；

Z_a——与要求保证率有关的系数，高速公路和一级公路可取 Z_a=2.0；二级公路取 Z_a=1.645；二级以下公路取 Z_a=1.5。

在计算观测值的平均值和标准差时，可将超出 $[\bar{l} ± （2～3）S]$ 的弯沉特异值舍弃。舍弃后，计算所得的代表弯沉值应不大于容许的弯沉值。

对舍弃的弯沉值过大的点，应找出其周围界限，并进行局部处理。

压实度检查后，其下置信限 $\overline{K_L}$ 应不小于标准值 K_d。

水泥或石灰剂量测定后，其下置信限应不小于设计值。对超出极限值的点，应找出其范围并进行局部处理。

第三章　沥青路面施工

第一节　热拌沥青混合料路面施工

一、混合料的选用

沥青路面各层使用沥青混合料的类型是个非常重要的问题。应根据不同地区道路等级及所处层位的功能性要求，参考表3-1选择适当的结构组合，并应符合下列原则：

表3-1　热拌沥青混合料类型

混合料类型	密级配			开级配		半开级配	公称最大粒径（mm）	最大粒径（mm）
	连续级配		间断级配	间断级配		沥青碎石		
	沥青混凝土	沥青稳定碎石	沥青马蹄脂碎石	排水式沥青磨耗层	排水式沥青碎石基层			
特粗式		ATB-40			ATPB-40	–	37.5	53.0
粗粒式		ATB-30			ATPB-30	–	31.5	37.5
	AC-25	ATB-25			ATPB-25	–	26.5	31.5
中粒式	AC-20		SMA-20			AM-20	19	26.5
	AC-16		SMA-16	OGFC-16		AM-16	16	19.0
细粒式	AC-13		SMA-13	OGFC-13		AM-13	13.2	16.0
	AC-10		SMA-10	OGFC-10		AM-10	9.5	13.2
砂粒式	AC-5						4.75	9.5
设计空隙率	3～5	3～6	3～4	＞18	＞18	6～12		

（1）要综合考虑满足耐久性、抗车辙、抗裂、抗水损害能力、抗滑性能等多方面要求、根据施工机械、工程造价等实际情况选择沥青混合料的种类。

（2）沥青混凝土混合料面层宜采用双层或三层式结构，其中必须有至少一层为密级配混凝土混合料。如各层均采用沥青碎石混合料时，沥青面层必须做下封层。

（3）多雨潮湿地区的高速、一级公路的上面层宜采用抗滑表层混合料，其他等级公路及少雨干燥地区的高速、一级公路可采用密级配沥青混凝土混合料作表层。

（4）沥青面层的集料最大粒径应从上至下逐渐增大，中粒式及细粒式用于上面层，粗粒式只能用于中、下面层，砂粒式仅适用于非机动车道。

（5）上面层沥青混合料的集料最大粒径不应超过层厚的1/2，中、下面层及联结层的集料最大粒径不应超过层厚的2/3。

（6）高速公路的硬路肩沥青面层应采用密级配沥青混凝土混合料作表层。

二、混合料配合比设计

沥青混合料配合比设计的主要任务就是确定粗集料、细集料、矿粉和沥青材料相互配合的最佳组成比例，使之既能满足沥青混合料的技术要求又符合经济原则。

连续级配沥青混合料配合比设计是以马歇尔试验为主，并通过车辙试验对抗车辙能力进行辅助检验，沥青混合料60℃时车辙试验的动稳定度高速公路不小于800次/毫米（较热地带不小于1000次/毫米），一级公路不小于600次/毫米。沥青碎石混合料的配合比设计应根据以往的实践经验经过试铺论证决定，马歇尔试验的结果仅供参考。

连续级配的沥青混合料配合比设计，通常按下列两个步骤进行：

（1）根据沥青混合料的矿料最佳级配范围，计算各组成矿料的配合比。矿料的最佳级配范围可以通过理论计算方法结合生产实践经验予以确定。

实际施工时，往往人工轧制的各种矿料的级配很难完全符合某一级配的范围。这就必须采用两种或两种以上符合质量要求的矿料，分别进行筛析试验，并测定各种矿料的相对密实度。根据各种矿料的颗粒组成，确定达到级配曲线要求时各种矿料的配比，并按配比配合起来，以满足级配要求。矿料配比确定方法有试算法、正规方程法、图解法等。

（2）确定最佳沥青用量。现行规范采用马歇尔试验确定沥青混合料的最佳沥青用量，以 OAC 表示。

沥青掺量可以采用油石比或沥青用量两种表达方式。油石比是指沥青占矿料总量的百分比；沥青用量是指沥青占沥青混合料总量的百分比。确定最佳沥青用量，首先应根据当地的实践经验选择适宜的沥青用量，分别制作几组级配的马歇尔试件，初选一组满足或接近设计要求的级配作为设计级配，再进行马歇尔试验确定最佳沥青用量。

三、施工

（一）施工准备与要求

施工前的准备工作主要有拌和设备选型与配套、拌和厂选址与布置、下承层准备与施工放样等工作。

1. 拌和设备的选型及场地布置

（1）拌和设备选型

通常根据工程量和工期选择拌和设备的生产能力和移动方式，同时要求其生产能力应和摊铺能力相匹配，不应低于摊铺能力，最好高于摊铺能力5%左右。高等级公路沥青路面施工，应选用拌和能力较大的设备。生产能力大的设备，其单位产品所消耗的人工、燃料和易损配件费用较低。当然，生产能力大的设备，价格（一次性投资）也较高，但它们之间并不成比例关系。一般来说，生产能力增大一倍，设备的价格不会超过其原价的1/3。如果一台生产能力大的设备使用寿命按十年计算（十年折旧完），在这十年使用期中，仅节约燃料一项就可补偿购买大型设备所增加的投资及因此所付的利息。但是如果生产能力超过原材料的供应能力和摊铺机的摊铺能力，搅拌设备不能满负荷工作，也会造成浪费。目前，应用较多的是生产率在300t/h以下的拌和设备。

（2）拌和厂的选址与布置

固定式沥青混合料拌和厂一般包括原材料存放场地，沥青储存、熔化及加热设备、搅拌设备、试验室及办公用房（有的还有宿舍）等。在设计时，首先要选择厂址并确定场地面积。沥青混合料拌和场工作时会产生较大的粉尘与噪声等，因此，厂址不宜选在目前和将来的居民区，但是又要满足拌和时供电和给排水的要求。厂址离施工工地以在2h运距之内为佳。此外，厂址还应处于主交通干线或至少有7m宽路面道路的旁边。

半固定式沥青混合料拌和设备总体布置的原则是：将各个组成部分分别安装在多辆平板挂车上，能够以最短的时间和最少的劳力迅速拆卸、转运和重新安装，并投入生产。所用平板挂车都是为适应不同组成部分的安装和运输面特别设计制造的。

移动式沥青混合料拌和设备一般都是小型的，且大多是用来拌制沥青碎石混合料。因此，其各组成部分较为简单，可以全部安装在一辆特制的平板挂车上。

2. 下承层准备与施工放样

（1）下承层准备

沥青路面的下承层是指基层、联结层或面层下层。下承层完成之后，虽已进行过检查验收，但在两层施工的间隔，很可能因下雨、施工车辆通行等而使其发生不同程度的损坏。如基层可能出现软弹和松散或表面浮尘等，需对其进行维修。沥青类联结层下层表面可能泥泞，需对其进行清洗。下承层表面出现的任何质量问题，都会影响到路面结构的层间结合以至路面整体强度。对下承层缺陷处理后，即可洒透层、粘层或封层。

（2）施工放样

施工放样包括标高测定与平面控制两项内容。标高测定的目的是确定下承层表面高程与原设计高程相关的确切数值，以便在挂线时纠正到设计值或保证施工层厚度。根据标高值设置挂线标准桩，以控制摊铺厚度和标高。标高放样应考虑下承层标高差值（设计值与实际标高值之差）、厚度和本层应铺厚度。综合考虑后定出挂线桩顶的标高，再打桩挂线。当下承层厚度不够时，应在本层内加入厚度差并兼顾设计标高。如果下承层厚度够而标高低时，应根据设计标高放样。如果下承层的厚度与标高都超过设计值时，应按本层厚度放样。若厚度和标高都不够时，应以差值大的为标准放样。总之，不但要保证沥青路面总厚度，而且要考虑标高不超出容许范围。当两者矛盾时，应以满足厚度为主考虑放样，放样时计入实测的松铺系数。

（二）拌和与运输

1. 一般要求

沥青混合料宜在拌和厂（场）制备。在拌制一种新配合比的混合料之前，或生产中断了一段时间后，应根据室内配合比进行试拌。通过试拌及抽样试验确定施工质量控制指标。

对间歇式拌和设备，应确定每盘热料仓的配合比。对连续式拌和设备（对不能保证均匀进料和连续计量或矿粉损失较多的连续式拌和设备，不得用于沥青混凝土混合料的拌制），应确定各种矿料送料口的大小及沥青和矿料的进料速度。

沥青混合料应按设计沥青用量进行试拌，试拌后取样进行马歇尔试验，并将其试验值与室内配合比试验结果进行比较，验证设计沥青用量的合理性，必要时可作适当调整，确定适宜的拌和时间。间歇式拌和设备每盘拌和时间宜为 30 ～ 60s，以沥青混合料拌和均匀为准。

确定适宜的拌和与出厂温度：沥青混合料各种材料的加热和出厂温度可按《公路沥青混合料施工技术规范》中规定的范围选用。

根据配料单进行沥青混合料的拌制，严格控制各种材料用量及其加热温度。拌和后的沥青混合料应均匀一致，无花白、无离析和结团成块等现象。

沥青混合料用自卸汽车运至工地，车厢底板及周壁应涂一薄层油水（柴油：水为 1:3）混合液。运输车辆应覆盖，运至摊铺地点的沥青混合料温度不宜低于130℃（煤沥青混合料不宜低于90℃）。运输中尽量避免急刹车，以减少混合料离析。

2. 生产组织

沥青混合料的生产组织包括矿料、沥青供应和混合料运输两方面，任何一方面组织不好都会引起停工。

材料供给所用矿料符合质量要求，储存量应为平均日用量的 5 倍，堆料场应加遮盖，以防雨水。研究表明：矿料含水量的多少对设备生产能力的影响很大，矿料的含水量大则意味着烘干与加热费时，生产能力降低，燃料消耗率增加。

拌和设备其各组成部分的启动，应按料流方向顺序进行。待各部分空运转片刻，确认工作良好时，才可开始上料，进行负荷运转。

通常用装载机将不同规格的矿料投入相应的料仓，在拌和设备运行中要经常检查矿石料仓储料情况。如果发现各斗内的储料不平衡时，应及时停机，以防满仓或储料串仓。

拌和设备在停机之前应先停止供给砂石料并少上矿粉，使滚筒空转 3 ~ 5min，待筒内出完余料再停止筒的转动。在筒空转时还应加大喷燃器的风门，尽快驱除筒内的废气，并使筒冷却，然后关闭喷燃器的油门和燃油泵的总油门。停机后矿粉仓和矿粉升运机内不得有余料，在停止搅拌前应先停止喷沥青，将进入搅拌器内的余料干拌几分钟后放净，以便刷净搅拌器内的残余沥青。拌和设备在每次作业完毕后都必须立即用柴油清洗，以防止沥青堵塞管路。

沥青混合料成品应及时运往工地。车辆数量必须满足拌和设备连续生产的要求，不能因车辆少而临时停工。为了精确控制材料，在全自动拌和厂，载料车出厂时应进行称重，常用磅秤或使用拌和厂的自动称量系统。为了不因特殊事故或其他原因而使设备停工，拌和设备应有足够的混合料成品储仓。

3. 拌和质量检测

质检人员必须在料车装料过程中和离开拌和厂前往摊铺工地途中经常进行目测。

对于温度测试，直观检验固然很重要，但检验人员必须进行测定。沥青混合料的温度还常在料车上测出。较理想的方法是使用有度盘和铠装枢轴的温度计，将枢轴从车厢一侧的预留孔中插入混合料中，使之达到足够的深度（至少 15cm），混合料直接与枢轴接触，可测出料温，也可用手枪式红外测温计进行测定。

沥青混合料的取样与测试是拌和厂进行质量控制最重要的两项工作。

检测人员必须保留详细的检验记录。这些记录将成为施工和工程用量的历史记录，也是日后研究和评价该项工程的依据。每项工程都必须记日志，记录工程编号、拌和厂位置、拌和设备的类型和型号、原材料来源、主要工作人员姓名以及其他数据。还应记录日期和当天的气象情况及拌和厂的主要活动和日常工作。对异常情况，特别是对沥青混合料可能产生不利影响的情况必须进行说明。

（三）摊铺作业

1. 摊铺沥青混合料的一般要求

摊铺时应先检查摊铺机的熨平板宽度和高度是否适当，并调整好自动找平装置。有条件时，尽可能采用全路幅摊铺，如采用分路幅摊铺，接茬应紧密、拉直，并宜设置仰角控制厚度。双层式沥青混凝土面层的上下层铺筑宜在当天内完成，如间隔时间较长，下层受到污染的路段，铺筑上层前应对下层进行清扫，并浇洒粘层沥青。摊铺时，石油沥青混合料温度不应低于100℃。摊铺厚度应为设计厚度乘以松铺系数，沥青温合料的松铺系数通过试铺碾压确定，也可按沥青混凝土混合料：1.15～1.35（人工摊铺1.25～1.50），沥青碎石混合料：1.15～1.30（人工摊铺：1.20～1.45）取值，细粒式沥青混合料取上限，粗粒式混合料取下限。摊铺后应检查平整度及路拱，发现问题及时修整。

施工气温在5℃以下或冬季气温虽在以上，但有大风时，运输沥青混合料用的车辆宜采用覆盖设备保温。石油沥青混合料到达工地温度不低于140℃。摊铺时间宜在上午9时至下午4时进行，应做到快卸料、快摊铺、快整平、快碾压。摊铺机的熨平板及其他接触热沥青混合料的机具要经常加热。在摊铺沥青混合料前，应对接茬处已被压实的沥青层进行预热，沥青混合料摊铺后，在接茬处用热夯夯料、热烙铁熨平，并使压路机沿缝加强碾压。

雨季施工时，应注意气象预报，加强工地现场与拌和厂联系，现场应缩短施工路段，各工序要紧密衔接。运料车和工地应备有防雨设施，并做好基层及路肩的排水工作。

2. 摊铺机参数的调整与选择

摊铺机参数包括结构参数和运行参数两大部分。在摊铺前，根据施工要求需调整和选择摊铺机的结构参数有：熨平板宽度和拱度，摊铺厚度与熨平板的初始工作仰角。运行参数主要指摊铺速度。

（1）熨平板宽度与拱度的调整

为了减少摊铺次数，每一条摊铺带的宽度应该按该型号摊铺机的最大摊铺宽度来考虑。宽带为 B 的路面所需横向摊铺的次数 n 按式（1）进行计算：

$$n = \frac{B-x}{b-x} \tag{1}$$

式中：B—路面宽度，m；

b—摊铺机熨平板的总宽度，m；

x—相邻摊铺带的重叠量，m，一般 x=0.025 ~ 0.08m。

式（1）的意义是，路面的宽度应为摊铺机总摊铺宽度减去重叠量后的整倍数。如果 n 值不能满足整数时，则尽可能在减少摊铺次数的前提下，使所剩的最后一条摊铺带的宽度不小于该摊铺机的标准摊铺宽度。实在不足时只好采用切割装置来切窄摊铺带。

熨平板宽度调整之后，要调整其拱度。各种型号摊铺机的调拱机构大致相同，调整后可在标尺上直接读出拱度的绝对数值或横坡百分数。调整好拱度后要进行试铺校验，必要时再次调整。一些大型摊铺机，常设计有前后两副调拱机构，这种双调拱机构，其前拱的调节量略大于后拱。这样有利于改善摊铺层的表面质量和结构致密的均匀性。只有前后拱符合规定时，才能获得满意的摊铺效果。一般人工拼接调整宽度的熨平板，其前后拱之差为 3 ~ 5mm，液压伸缩调整宽度的熨平板，差值为 2 ~ 3mm。

（2）摊铺厚度的确定和熨平板初始工作仰角的调整

摊铺工作开始前要准备两块长方垫木，以此作为摊铺厚度的基准。垫木宽 5 ~ 10cm，长与熨平板纵向尺寸相同或稍长，厚度为松铺厚度。将摊铺机停置于摊铺带起点的平整处后，拾起熨平板，把两块垫木分别置于熨平板两端的下面，如图 3-1 所示。如果熨平板加宽，垫木则放在加宽部分的近侧边处。

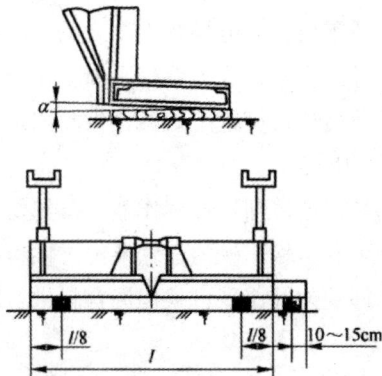

图3-1 摊铺厚度的确定方法示意

垫木放好后，放下熨平板，让其提升油缸处于浮动状态。然后，转动左右两只厚度调节螺杆，使它们处于微量间隙的中立位置。此时，熨平板以其自重落在垫木上。

熨平板放置妥当后，接着调整其初始工作仰角。此仰角视机型、铺层厚度、混合料种类和温度等因素的不同而异，各机型在使用说明书中都有规定。

多数摊铺机上装有手动调整机构，用以调整初始工作仰角。调节得正确与否，只能通过实际摊铺的厚度去检验。每调整一次，必须在 5m 范围内作多点厚度检验，取其均值，与设计值比较。一次调整之后，在测定均值之前，不得作任何调整。对于凹凸不平较大的下承层，几处测量仍难求得正确的厚度值时，可从摊铺的面积和所使用的混合料数量求出每平方米所用混合料的质量，以此与规定的密度作比较，就可确定摊铺厚度要不要再次调整。所铺的实际平均厚度可按式（2）进行计算：

$$T = \frac{100m}{pLW} \tag{2}$$

式中：T——摊铺层压实成型后的平均厚度，cm；

m——摊铺的沥青混合料总质量，t；

p——压实成型后沥青混合料密度，t/m³，一般为 2.35t/m³；

L——摊铺段长度，m；

W——摊铺宽度，m。

摊铺厚度还直接与刮板输送器的生产能力有关。在实际施工过程中，如果知道刮板输送器的生产能力，又知道最大摊铺宽度，就可方便地调整摊铺厚度。

（3）摊铺机作业速度的选择

摊铺机的作业速度对摊铺机的作业效率和摊铺质量影响极大。现代摊铺机都具有较宽的速度变化范围，从零值到每分钟数十米之间，可进行无级调节。如果摊铺机时快时慢、时开时停将导致熨平板受力系统平衡变化频繁，会对铺层平整度和密实度产生很大影响。作业速度过快使铺层疏松、供料困难，停机会使铺层表面形成台阶状，且料温下降，不易压实。

选择摊铺速度的原则是保证摊铺机连续作业。首先要考虑供料能力，包括沥青混合料拌和设备的生产能力和运输车辆的运输能力。供料能力应使摊铺机在规定速度下连续作业。因此，合理的摊铺速度可根据混合料供给能力、摊铺宽度和厚度按式（3）求得：

$$\upsilon = \frac{100QC}{60pWT} \tag{3}$$

式中：v——摊铺机摊铺速度，m/min；

Q——拌和机产量，t/h；

C——效率系数，根据材料供应、运输能力等配套情况确定，宜为 0.6 ~ 0.8；

p——沥青混合料压实成型后的密度，t/m³，一般取 2.35t/m³；

W——摊铺宽度，m；

T——压实后的摊铺厚度，cm。

实际上，摊铺速度还因所用混合料种类、温度及铺筑的层次不同而有所区别。一般面层下层的摊铺速度较快，约为 10m/min；面层上层的摊铺速度较慢，为 2 ~ 6m/min。这是为了使面层能获得足够的密实度和平整度。对于薄层罩面，更要慢些。因为机械前进速度慢，铺层可得到较多的振捣次数。一般摊铺机每前进 1m，振动梁的振捣次数不少于 200 次，在现代沥青混合料摊铺机中，不论是机械式的有级变速，还是液压式的无级变速，摊铺工作速度以及振捣梁的频率都能满足工作要求。

3. 摊铺机作业

（1）熨平板加热

每天开始施工前或停工后再工作时，应对熨平板进行加热，即使夏季热天也必须如此。因为 100℃ 以上的混合料碰到 30℃ 以下的熨平板底面时，将会冷粘在板底上、这些黏附的粒料随熨平板向前移动时，会拉裂铺层表面，形成沟槽和裂纹。如果先对熨平板进行加热，则加热后的熨平板可对铺层起到熨烫的作用，从而使路面表面平整无痕。在连续摊铺过程中，当熨平板已充分受热时，可暂停对其加热。但对于摊铺低温混合料和沥青砂，熨平板则应连续加热，以使板底对材料经常起熨烫的作用。

（2）摊铺机供料机构操作

摊铺机供料机构包括刮板输送器和向两侧布料的螺旋摊铺器两部分。两者的工作应相互密切配合，工作速度要相匹配。工作速度确定后，还要力求保持其均匀性，这是决定路面平整度的一项重要因素。

刮板输送器的运转速度及闸门的开启度共同影响向摊铺室的供料量。通常刮板输送器的运转速度确定后就不大变动了，因此，向摊铺室的供料量基本上依靠闸门的开启高度来调节的。

在摊铺速度恒定时，闸门开度过大，会使螺旋摊铺室中部积料过多，形成高堆，造成螺旋摊铺器的过载并加速其叶片的磨损；同时也增加熨平板的前进阻力，破坏熨平板的受力平衡，使熨平板自动向上浮起，铺层厚度增加。如果关小阀门或暂停刮板输送器的运转，掌握不好，也会使摊铺室内的混合料突然减少，中部形成下陷状（料的高度降低），其密实度及熨平板的阻力减小，同样会破坏熨平板的受力平衡，使熨平板下沉，铺层厚度减小。

摊铺室内最恰当的混合料量是料堆的高度平齐于或略高于螺旋摊铺器的轴心线。

闸门的最佳开度，应在保证摊铺室内混合料处于上述的正确料堆高度状态下，使刮板输送器和螺旋摊铺器在全部工作时间内都能不停歇地持续工作。为了保持摊铺室内混合料高度经常处于标准状态，最好的办法就是采用闸门自控系统。无论是手操纵还是自控供料系统供料，都要求运输车辆对摊铺机有足够的持续供料量。

（3）摊铺方式

摊铺时，先从横坡较低处开铺。各条摊铺带的宽度最好相同，以节省重新接宽熨平板的时间（液压伸缩式调宽较省时）。使用单机进行不同宽度的多次摊铺时，应尽可能先摊铺较窄的那一条，以减少拆、接次数。

如果为多机摊铺，则应在尽量减少摊铺次数的前提下，各条摊铺带的宽度可以有所不同（即梯队作业方式），梯队间距不宜太大，宜在 5～10m 之间，以便形成热接茬在铺筑面层时最好是单机或双机全幅铺筑，如为单机时，中间纵向接茬要切割涂油，使两次摊铺混合料紧密、平整相同。

4. **接茬处理**

（1）纵向接茬

两条摊铺带相接处，必须有一部分搭接，才能保证该处与其他部分具有相同的厚度。搭接的宽度应前后一致，搭接施工有冷接茬和热接茬两种。

冷接茬施工是指新铺层与经过压实后的已铺层进行搭接。半幅施工：不能采用热接缝时，宜加设挡板或采用切刀切齐。铺另半幅前必须将缝边缘清扫干净，并涂洒少量粘层沥青。摊铺时应重叠在已铺层上 5～10cm，摊铺后用人工将摊铺在前半幅上面的混合料铲走，然后再进行碾压，应注意新摊铺带必须与前一条摊铺带的松铺厚度相同。

热接茬施工一般是在使用两台以上摊铺机梯队作业时采用的，此时两条毗邻摊铺带的混合料都还处于压实前的热状态，所以纵向接茬易于处理，连接强度较好。施工时应将已铺混合料部分留下 10～20cm 宽，暂不碾压，作为后摊铺部分的高程基准面，待后摊铺部分完成后，一起碾压（跨缝碾压）。不管采用冷接法还是热接法，摊铺带的边缘都必须齐整，这就要求机械在直线上和弯道上行驶始终保持正确位置。为此，可沿摊铺带一侧敷设一根导向线，并在机械上安置一根带链条的悬杆，驾驶员只要注视所悬链条对准导向线行驶即可。

（2）横向接缝

相邻两幅及上下层的横向接缝均应错位 1m 以上。横向接缝有斜接缝和平接缝两种。高速公路和一级公路的中下层的横向接缝可采用斜接缝，在上面层应采用垂直的平接缝，其他等级公路的各层均可采用斜接缝。铺筑接缝时，可在已压实部分上面铺设一些热混合料使之预热软化，以加强新旧混合料的黏结。但在开始碾压前应将预热用的混合料铲除。

斜接缝的搭接长度与粘层厚有关，一般为 0.4 ~ 0.8m。搭接处应清扫干净并洒粘层油。当搭接处混合料中的粗集料颗粒超过压实层厚时应予剔除，并补上细料、斜接缝应充分压实并搭接平整。

对于横向接缝，在从接缝处起继续摊铺混合料前，应用 3m 直尺检查端部平整度，当不符合要求时应予清除。在摊铺时应调整好预留高度，接缝处摊铺层施工结束后再用 3m 直尺检查平整度，当不符合要求时应趁混合料尚未冷却立即处理，以保证横向接缝处的路面平整度。

5. 自动找平装置的运用

运用自动找平装置，需要有一个准确的基准面（线）。常用的基准面（线）控制有基准线钢丝法、滑橇法和平均梁法。基准线钢丝法的优点是可在大范围内相对准确地控制设计标高、纵横坡、厚度和平整度，但采用此法要求操作中各环节都必须从严要求。

（1）纵坡基准的选择

使用自动调平装置必须事先选好纵坡基准。基准有专设的弦线或现成的参照物，如已铺好的路面结构层、路缘石等。

当下承层高低不平，边侧又无平坦的基准面参考时，可在边侧专门设置符合设计纵坡的参考弦线（细钢丝或尼龙线），让传感器的触件沿着弦线移动。参考弦线要在施工前设好，它由内弦线、铁立杆、弹簧秤和张紧器等组成。

钢丝可使用直径为 2.0 ~ 2.5mm 的弹簧钢丝，每段的长度以 200m 为宜，总长度应满足 2 ~ 3d 的施工用量。尼龙线的缺点是遇水会伸长，所以在遭受露水、雨水或受潮后都要再次张紧。每天早晨上班前要复查其张紧度，必要时再行张紧。但是尼龙线柔软，使用起来十分方便，所以使用者较多。每根尼龙线长约 150 ~ 200m，立杆间距 10m 时，其张紧力需 300 ~ 400N。

两根立杆的间距一般为 5 ~ 10m，在弯道处的间距要短些。敷设基准线时，除了应按规定的纵坡保证各支点都处于正确的标高位置外，还要注意其纵向走向的正确性，最好使每根立杆与路中线的距离相等，这样，就可兼作导向线。对敷设好的基准线必须复核其标高的正确性，如果标高不正确，非但失去使用自动调平装置的意义，反而会出现不平整或纵坡不合要求的铺层。另外，为了避免施工过程中可能发生碰撞，最好在各立杆上设置醒目的标志。

现成的基准面有较平整的下承层或路缘石，甚至坚实的山沟等。作为传感器的接触件有滑橇、平均梁，应视所参考的基准面种类而定。纵坡如属冷接茬施工，小滑橇应放置在离路边缘 30 ~ 40cm 处较为可靠，因为冷接茬的基准是碾压后的路面，而路边缘可能会因碾压有所变形。如果是热接茬施工，小滑橇可放置在未碾压路面的边缘处。

（2）纵向传感器的安装、检查与调整

纵向传感器的安装位置一般在牵引点或熨平板上，或在牵引点与熨平板之间（见图 3-2）。在安装妥善后要将它调整在其"死区"的中立位置（"死区"的范围一般在工厂内已调整好，不必再调整）。调整之前要先检查左右牵引臂铰点的高度是否一致，其适当的高度应是油缸行程处于中心位置。调整时要将牵引臂的铰销锁住。传感器处于中立位置时其信号灯不会亮，如果信号灯亮，则表明它还未处在中立位置，要再次调整。调好后、拔出牵引臂锁销，将传感器的工作选择开关拨到"工作"位置。然后接上电线，打开电源开关进行约 10mim 的预热。等到摊铺机摊铺到 10 ~ 15m 后，铺层厚度达到规定值时，就可让自动调平装置投入工作。

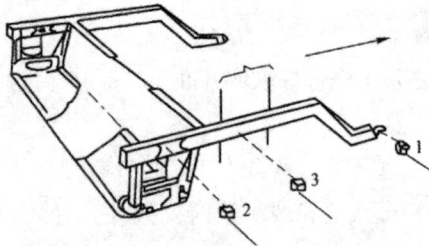

图3-2　纵向传感器的安装位置示意

1—牵引点位置；2—熨平板位置；3—牵引臂上的某一位置

（3）横坡的控制

一般情况下，铺层的横坡由横坡控制系统配合一侧的纵坡传感器来控制。但是如果一次摊铺的宽度较大（6m 以上），由于熨平板的横向刚度降低，容易出现变形，使摆锤式横坡传感器的检测精度降低，因此常改用左右两侧的横坡控制系统。横坡控制系统包括横坡传感器、选择器和控制器等。

直线段摊铺时，只要约定设计的横坡值，就能实现自动控制。在弯道上摊铺时，因横坡在变化，难以实现自动控制。为了正确地操作，可事先在弯道路段每 5m 打一标桩，将各桩处的坡度值记入表格内，并画一曲线图，如果转弯半径很小，两桩的间距可适当缩小（最小为 1m），进和出弯道处都要有标桩，不过其间距可稍大些。

操作人员根据图表在进入某标桩之前约 2m 处提前调整横坡选择器（因为横坡的实际变化滞后于调整动作）。

（4）摊铺过程的质量检验及控制措施

①沥青含量的直观检查。如果混合料又黑又亮，料车上的混合料呈圆锥状或混合料在摊铺机受料斗中蠕动，则表明沥青含量正常；如果混合料特别黑亮，料车上的混合料呈平坦状或沥青结合料从骨料中分离出来则表明沥青含量过大（或骨料没有充分烘干，表面上看起来沥青太多）；如果混合料呈褐色，暗而脆，粗骨料没有被完全裹覆，受料斗中的混合料不蠕动，则表明沥青含量太少（或过热、拌和不充分）。

②混合料温度。沥青混合料在正常摊铺和碾压温度范围内，往往冒出淡蓝色蒸气，沥青混合料产生黄色蒸气说明温度过高；缺少蒸气说明过低。通常在料车到达工地时测定混合料的温度，有时也在摊铺后测定。每天早晨要特别注意做这项检查，因为此时下承层表层温度和气温都比较低。平时只要混合料有温度较低现象或初次碾压，而压路机跟不上时，则应测定温度，测量铺层的温度时，应将温度计的触头插进未压实的面层中部，然后把触点周围轻轻用足踏实。目前，也有许多地方采用电子温度计测定。

③厚度检测。摊铺机在摊铺过程中，应经常检测虚铺厚度。

④表观检查。未压实混合料的表面结构无论是纵向或横向都应均匀无波浪、局部粗糙、拉沟等现象。否则，应查明原因，及时处理。

⑤摊铺中的质量缺陷及防治措施。摊铺中常见的质量缺陷主要有：厚度不准、平整度差（小波浪、台阶），混合料离析、裂纹、拉沟等。与这些质量缺陷相关的因素有：机械本身的调整、摊铺机的操作和混合料的质量等，见表3-2。

表3-2　沥青路面施工缺陷的产生原因

	原因	裂纹	拉沟	小波浪	混合料离析
混合料	200号（0.074mm）以下石料过多	○			
	温度不当	○			
	沥青含量过多或过少		○		
	矿粉含量不足		○		
	骨料的尺寸与摊铺厚度不协调		○		
	砂未完全烘干	○			

续表

原因		裂纹	拉沟	小波浪	混合料离析
摊铺机的操作	受料斗两翼板上积料过多				○
	受料斗两翼板翻动过速				○
	供料系统速度忽快忽慢	○		○	
	机械猛烈起步和紧急制动			○	
	摊铺速度快慢不均			○	
	行走装置打滑			○	
摊铺机的调整	熨平板的工作仰角调整过量			○	
	振捣梁与熨平板的相互位置调整不当		○		
	振捣梁、熨平板底面磨损	○	○		
	刮料护板安装不当		○		
	各部分的驱动链条松紧度未调好			○	
	发动机调速未调好			○	

为了防止和消除在施工中可能发生的各种质量缺陷，应注意下列各点：

a. 波浪形基层地段的摊铺。在波浪形基层地段，即使摊铺得很平整，在碾压后仍会出现与基层相似的波浪形状。因此，对有大波浪的基层应在其凹陷处预先铺上一层混合料，并予以压实。在平整度较差的地段摊铺联结层和面层时，应预先测好各点铺层的标高，把厚度调节器调整到与各点标高相适应的位置。

b. 摊铺机的操作及本身的调整对摊铺质量影响很大。摊铺机速度的改变会导致摊铺厚度的变化。为了保持恒定的摊铺厚度，当速度变快时，厚度调节器应稍微向右（增加厚度方向）转动。当速度减慢时，厚度调节器则稍微向左（减小厚度的方向）转动。其调整量还应根据混合料种类的不同而不同。振捣梁起捣实混合料的作用。同时混合料对熨平板有一定支承的作用，如果工作不正常，会改变混合料的支承能力，从而使摊铺厚度发生变化，铺层出现不平。振捣梁的底面比熨平板底面低得太多时，熨平板的边缘容易黏附混合料，这样熨平板底面就不能全部用来压实混合料，而使铺层易形成裂纹和拉沟。如果振捣梁的底面过高时，熨平板底板容易磨损。振捣梁的底面应调整到比熨平板底面低 0.4 ~ 0.5mm 为宜。

c. 沥青混合料的性质也是影响摊铺质量的主要原因之一。混合料的性质不稳定易使摊铺厚度发生变化。混合料中的沥青与矿粉过量会减小其承载能力，所以熨平板的工作仰角应增大，使铺层增厚一些，这种混合料还容易受温度的影响。一般温度应控制在 140 ～ 160℃的范围内，当温度高于此范围时，混合料变软而导致支承力大大降低。温度过低时，混合料又会变硬。含沥青、矿粉及粒径小于0.074mm的石屑较多的混合料都是很难铺的，在摊铺过程中，铺层厚度变化也较频繁，应给予足够的重视。当矿料中的大颗粒尺寸大于摊铺厚度时，在摊铺过程中该颗粒将被熨平板拖着滚动，使铺层产生裂纹、拉沟等，所以应严格控制矿料粒径，使其最大粒径小于摊铺厚度的一半。

d.其他因素。轮胎摊铺机气压超限（一般为0.5～0.55MPa），摊铺机易打滑；气压过低，机体会随受料质量变化而上下变动，使铺层出现波浪。履带式摊铺机履带松紧超限将导致摊铺速度发生脉冲，进而使铺面形成搓板。履带或轮胎的行驶线上因卸料而撒落的粒料未清除，该部分摊铺厚度易突变。被顶推的料车刹车太紧，使摊铺机负荷增大，或料车倒退撞击摊铺机或单侧轮接触、另侧脱空等会引起速度变化或偏载，使铺面出现凸棱。采用冷接茬法摊铺时，其纵向接茬由于密实度不够，行车不久往往会产生坑洼和裂缝，因此必须注意接茬的重叠量，并在前一条摊铺带未被弄脏或变形之前就摊铺后一条。以上这些因素，如在施工中加以注意，缺陷是基本能够避免和消除的。

（四）碾压成型

压实是沥青路面施工的最后一道工序，而良好的路面质量最终要通过碾压来体现。压实的目的是提高沥青混合料的强度、稳定性以及抗疲劳特性。压实工作的主要内容包括碾压机械的选型与组合，压实温度、速度、遍数、压实方式的确定，以及特殊路段的压实（弯道与陡坡等）。

1. 碾压机械的选型与组合

（1）常用沥青路面压实机械

常用的压路机有静作用光轮压路机、轮胎压路机和振动压路机三种。

①静作用光轮压路机可分为双轴三轮式（一般为8～12t、12～15t）和双轴双轮式（一般为6～8t）。三轮式后面有两个较大的驱动轮，前面是一个较小的从动轮，常用于沥青混合料的初压。

②轮胎压路机根据其大小，可装5～11个光面橡胶轮，这些橡胶轮通常具有改变轮胎压力的性能。其工作质量一般为12～20t（20～25t）。轮胎压路机可用来进行接线处的预压、弯道预压、消除裂纹及薄摊铺层的压实作业。

③振动压路机分为自行式单轮振动压路机、串联振动压路机及组合式振动压路机等。

（2）选择与组合

摊铺机的生产率决定了需要压实的能力，从而影响了压路机大小和数量的选用，而混合料的特性则为选择压路机的大小、最佳频率与振幅提供了依据。如混合料矿料含量的增加或最大尺寸的增大，都会使其工作性能下降，要达到要求的密实度就需要较大压实能力的压路机。沥青稠度高时，也是如此。选择压路机的质量和振幅应与摊铺层厚度相适应。摊铺层厚度小于6cm时，最好使用振幅为0.35 ~ 0.60mm的中、小型振动压路机（2 ~ 6t），这样就可避免材料出现推料、波浪、压坏骨料等现象。在压实较厚的摊铺层（大于10cm）时，使用高振幅（可高达1.00mm）的大、中型振动压路机（6 ~ 10t）。压路机的选择必须考虑施工现场的具体情况，若有陡坡、转弯的路段，应考虑压路机操作的机动灵活性。表3-3所列为沈阳至大连高速公路某施工队碾压机械组合。考虑了压实温度的要求和摊铺机生产率后，提出与气温相应的碾压长度为：常温时（15℃左右）40 ~ 50m；偏低时（<10℃）20 ~ 40m；偏高时（>20℃）50 ~ 80m；高温时（>30℃）100m左右。

表3-3　碾压机械组合

碾压流程	型号	台数	轮宽（m）	碾压速度（km·h⁻¹）
初压	2Y8/10双轮压路机	2	1.25	3.6
复压	YL9-16轮胎压路机	1	2	5.0
	3Y12/15三轮压路机	2	2×0.53	4.5
终压	2Y8-10双轮压路机	2	1.25	3.6

2. 压实作业

（1）压实程序

沥青混合料的压实应按初压、复压、终压（包括成型）三个阶段进行。压路机应以慢而均匀的速度碾压，其碾压速度应符合表3-4的要求。

表3-4　压路机碾压速度　　　　　　　　　　单位：（km/h）

压路机类型	初压		复压		终压	
	适宜	最大	适宜	最大	适宜	最大
钢筒式压路机	1.5 ~ 2	3	2.5 ~ 3.5	5	2.5 ~ 3.5	5
轮胎压路机			3.5 ~ 4.5	8	4 ~ 6	8
振动压路机	1.5 ~ 2（静压）	5（静压）	4 ~ 5（振动）	4 ~ 5（振动）	2 ~ 3（静压）	5（静压）

①初压

初压的目的是整平和稳定混合料，为复压创造有利条件，是压实的基础。初压应在混合料摊铺后在较高温度下进行，并不得产生推移、开裂，压实温度可根据沥青稠度、压路机类型、气温、铺筑层厚度、混合料类型经试铺试压确定，一般为110 ~ 130℃（煤沥青混合料不高于90℃）。

应采用轻型钢筒式压路机或关闭振动装置的振动压路机碾压两遍，其线压力不宜小于350N/cm。

压路机应从外侧向中心碾压。相邻碾压带应重叠1/3 ~ 1/2轮宽，最后碾压路中心部分，压完全幅为一遍，当边缘有挡板、路线石、路肩等支挡时，应紧靠支挡碾压。当边缘无支挡时，可用耙子将边缘的混合料稍稍耙高，然后将压路机的外轮伸出边缘1cm以上碾压，也可在边缘先空出宽30 ~ 40cm，待压完第一遍后，将压路机大部分重力位于已压实过的混合料面上再压边缘，以减少向外推移。

②复压

复压的目的是使混合料密实、稳定、成型，混合料的密实程度取决于这一道工序，因此必须与初压紧密衔接。复压时混合料的温度一般为90 ~ 110℃（煤沥青混合料不低于70℃）。

复压宜采用重型的轮胎压路机，也可采用振动压路机或钢筒式压路机。碾压遍数不宜少于4 ~ 6遍，达到要求的压实度，并无显著轮迹。

③终压

终压的目的是消除轮迹，最后形成平整的压实面，终压应紧跟在复压后进行，其混合料的温度宜为7 ~ 90℃（煤沥青混合料不低于50℃）。

终压可选用6 ~ 8t的双轮钢筒式压路机或6 ~ 8t关闭振动装置的振动压路机碾压，压实遍数为2 ~ 4遍，并无轮迹。

（2）碾压注意事项

①压路机的碾压段长度以与摊铺速度平衡为原则来选定，并保持大体稳定。压路机每次应由两端折回的位置阶梯形地随摊铺机向前推进，使折回处不在同一横断面上。在摊铺机连续摊铺的过程中，压路机不得随意停顿，以保持正常的碾压温度范围。

②压路机作业中，在平缓路段，驱动轮靠近摊铺机，可减少波纹或热裂缝（单轮驱动压路机）。当压路机碾压过程中有沥青混合料粘轮现象时，可向碾压轮洒少量水或加洗衣粉的水，严禁洒柴油。

③压路机每碾压一遍的末尾，若能稍微转向，就可将摊铺机后面的压痕减至最

小。压路机不得在未碾压成型并冷却的路段上转向、调头或停车等候。振动压路机在已成型的路面上行驶时应关闭振动装置。

④对压路机无法压实的桥梁、挡墙等构造物接头、拐弯死角、加宽部分及某些路边缘等局部地区，应采用振动夯板压实。对雨水井与各种检查井的边缘还应用人工夯锤、热烙铁补充压实。

⑤在当天碾压的尚未冷却的沥青混合料上，不得停放任何机械设备或车辆，不得洒落矿料、油料等杂物。路面冷却后（低于50℃）才能开放交通如需提早开放交通时，可洒水冷却降低混合料温度。

3. 特殊部位的碾压处理

（1）接缝处的碾压

横向接缝的碾压应先用双轮或三轮钢筒式压路机进行横向碾压，碾压带的外侧应放置供压路机行驶的垫木。碾压时，压路机应位于已压实的混合料层上，碾压新铺层的宽度为15cm。然后，每压一遍向新铺混合料移动15～20cm，直至全部压在新铺层上为止，再改为纵向碾压。当相邻摊铺层已经成型，同时又有纵缝时，可先用钢筒式压路机沿纵缝碾压一遍，其碾压宽度为15～20cm，然后再沿横缝作横向碾压，最后进行正常的纵向碾压。

热料层与冷料层相接。对这种接缝碾压时可按图3-3所示的方式进行，先在已压实路面上行走，碾压新铺层10～15cm，然后压实新铺部分，再伸过已压实路面10～15cm，充分将接缝压实紧密。

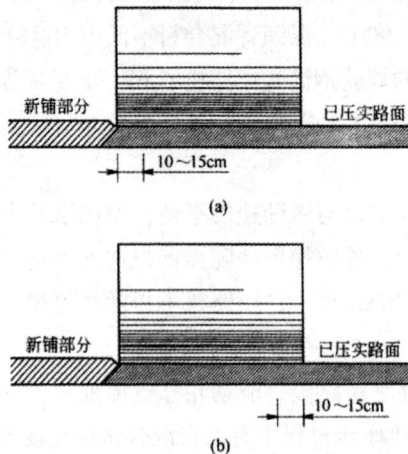

图3-3　纵缝冷接缝的碾压示意

摊铺时采用梯队作业的纵缝应采用热接缝。施工时应将已铺混合料部分留下10～20cm宽暂不碾压，作为后摊铺部分的高程基准面，最后再作跨缝碾压，消除缝迹，形成良好结合。

（2）特殊路段的碾压

特殊路段的碾压是指弯道、交叉口、路边、陡坡等处的压实作业。

①弯道、交叉口的碾压

应选用铰接转向式压路机作业，先从弯道内侧或弯道较低一边开始碾压（以利于形成支承边）。对急弯应尽可能采取直线式碾压（即缺角式碾压），并逐一转换压道，对缺角处用小型机具压实。压实中应注意，转向同速度要相吻合，尽可能用振动碾压，以减少剪切力。

②路边碾压

压路机在没有支承边的厚层上碾压时，可在离边缘30～40cm（较薄层时，预留20cm）处开始碾压作业。这样就能在路边压实前形成一条支承侧面，以减少沥青混合料碾压时铺层塌边。在以后碾压留下的未压部分时，压路机每次只能向自由边缘方向推进10cm。

③陡坡碾压

在陡坡碾压时，压路机的很大部分作用力将作用于下坡方向，因而增加了混合料顺坡下移的趋势。为了抵消这种趋势，除了下承层表面必须清洁、干燥、喷洒粘层沥青外，压实时应注意，先采用轻型压路机预压（轮胎压路机不宜用作预压）。无论是上坡还是下坡，压路机的从动轮始终朝着摊铺方向，即从动轮在前，驱动轮在后（与一般路段碾压时相反）。这样从动轮起到了预压作用，从而使沥青混合料能够承受驱动轮所产生的剪切力。如果采用振动压路机，则应先静碾，待混合料达到稳定后，方可采用低振幅的振动碾压。

（五）压实质量控制与检测

1. 提高压实质量的措施

（1）碾压温度

碾压温度的高低，直接影响沥青混合料的压实质量。混合料温度较高时，用较少的碾压遍数，可获得较高的密实度和较好的压实效果；而温度较低时，碾压工作变得较为困难，且易产生很难消除的轮迹，造成路面水平整。因此，在实际施工中，要求在摊铺完毕后及时进行碾压。一般来说，沥青混合料的最佳压实温度为110～120℃之间（国外也有人认为最佳碾压温度为120～150℃，这主要与沥青材料性能及压实设备有关），最高不超过160℃。所谓碾压最佳温度是指在材料允许的温度范围内，沥青混合料能够支承压路机而不产生水平推移，且压实阻力较小的温度。

若碾压时混合料温度过高，会引起压路机两旁混合料隆起、碾轮后的摊铺层出现裂纹，碾轮上粘起沥青混合料（尽管用水喷洒）以及前轮推料等问题。而碾压温度过低（50～70℃）时，由于混合料的黏性增大，导致压实无效或起副作用。

压实质量与压实温度有直接关系，而摊铺后混合料温度是在不断变化的，特别是摊铺后 4～15min 内，温度损失最大（1～5℃/min），因此必须掌握好有效压实时间，适时碾压，有效压实时间的长短与混合料的冷却速度、压实厚度等因素有密切关系。影响冷却速度的因素有气温、湿度、风力和下承层的温度等。气温低、湿度大、风力大以及下承层温度低等情况，都会使有效压实时间缩短，并增加碾压困难。

（2）选择合理的压实速度与遍数

合理的压实速度，对减少碾压时间，提高作业效率有着十分重要的意义。在施工中，保持适当的恒定碾压速度是非常必要的。一般来说，碾压速度控制在 2～4km/h，轮胎压路机可适当提高，但不超过 5km/h。速度过低会使摊铺与压实工序间断，影响压实质量，从而可能需要增加压实遍数来提高压实度。碾压速度过快，则会产生推移、横向裂纹等。

表 3-5 所列三组对比试验表明，在不同碾压温度下，当碾压遍数相同，而碾压速度不同时（5km/h 及 10km/h 两种速度），沥青混合料的压实度平均值相差很小，仅为 1%。

表3-5 压实度、碾压速度和碾压遍数的关系

试验路编号	碾压遍数		碾压速度（km·h⁻¹）	压实度（%）	孔隙率（%）	碾压温度（℃）
	振压	静压				
1	2	1	5	97.9	3.9	
	2	1	10	97.0	5.0	
	4	1	5	97.8	3.7	115～130
	4	1	10	97.5	4.0	
2	2	1	5	99.0	3.0	
	2	1	10	98.1	3.5	
	4	1	5	98.8	3.5	155～170
	4	1	10	97.8	3.1	
3	2	1	5	99.0	2.7	
	2	1	10	97.0	4.1	
	4	1	5	97.1	4.3	80-115
	4	1	10	97.3	4.4	120～140

选择碾压速度的基本原则是：在保证沥青混合料碾压质量的前提下，最大限度地提高碾压速度，从而减少碾压遍数，提高工作效率。

（3）选择合理的振频和振幅

目前，越来越多的振动压路机被用来碾压沥青混合料，为了获得最佳的碾压效果，合理地选择振频和振幅是非常重要的。

振频主要影响沥青面层的表面压实质量。振动压路机的振频比沥青混合料的固有频率高一些，可获得较好的压实效果。试验表明，对于沥青混合料的碾压，其振频多在 42 ~ 50Hz 的范围内选择。振幅主要影响沥青混合料的压实深度。当碾压层较薄时，宜选用高振频、低振幅；而碾压层较厚时，则可在较低的振频下，选取较大的振幅，以达到压实的目的。

2. 压实质量的检测

厚度和压实度一般可通过钻取芯样的办法来检测。核子密度仪目前是一种辅助检测手段，国内许多施工单位使用后认为，该仪器的测量准确性还值得进一步探讨。有时也在工地通过钻取芯样检测沥青混合料的级配及沥青用量等。

第二节　沥青路面施工质量控制与验收

一、材料质量检验

材料质量是沥青路面的保证，所以，在工程施工开始前以及施工过程中发生材料来源或规格的变化时，必须对材料来源、材料质量、数量、供应计划、材料场堆放及储存条件等进行检查。

施工前材料的质量检查应以同一来源、同一次购入并运至生产现场（或储入同一沥青罐、池）的相同规格品种的集料、沥青为一"批"进行检查。材料试样的取样数量与频率按现行试验规程的规定进行，每批材料的质量应符合规范的规定。对沥青等重要试样，每一批都应在试验后留样，封存备查，并记录沥青使用的路段，留存的数量不宜少于 4kg。

二、施工过程中的质量检验

（一）一般要求

（1）沥青面层施工必须在得到主管部门的开工令后方可开工。

（2）在施工过程中，应由专职的质量检测机构负责施工质量的检查和试验。

（3）施工单位在施工过程中应对施工质量进行自检。

实行监理制度的工程项目，监理工程师或质量监督人员也应进行抽检或旁站检验。

（二）施工过程中的材料检查内容及要求

施工中的材料检查，是在每批材料进场时已进行过检查及批准的基础上，施工过程中再抽查其质量稳定性（变异性）。其检查的内容及要求见相关规范，质量应符合指标的要求。

（三）施工过程中的质量检查及控制标准

施工过程中的质量检查包括工程质量及外形尺寸两部分。其检查内容、频度、质量标准应符合规范的规定要求。

三、竣工验收阶段的工程质量检验

（一）施工单位自检自评

沥青路面施工完成后，施工单位应将全线以 1 ~ 3km 作为一个评定路段，按规范的规定频率，随机选取测点，对沥青面层进行全线自检，计算平均值、标准差及变异系数，向主管部门提供全线检测结果及施工总结报告，申请交工验收。

（1）工程完工后应全线测定路面平整度、宽度、纵断面高程、横坡度等，提出竣工图。

（2）对需要钻（挖）孔取样才能检查的厚度、压实度、沥青用量、矿料级配等，为了减少对路面的破坏，经主管部门同意，可利用施工过程中测定的数据。当需要实测矿料级配和沥青用量时，可将一个评定路段钻孔的混合料合为一个试样抽提。

（3）车行道面层检查的质量指标应符合规定。对厚度和压实度还应按"沥青面层压实度计算及标准密度的确定方法"计算每一个评定路段的平均值与代表值，并进行评定。

（4）人行道沥青面层的质量检查、验收与车行道相同，其质量指标应符合规范的要求。

（5）大、中型桥梁水泥混凝土桥面沥青铺装的质量检查与验收，以 100m 作为一个评定路段，其质量指标应符合规范的要求。

（6）路缘石的质量检查与验收与车行道相同。其质量指标应符合规范的要求。

（二）工程建设单位检查验收

工程建设单位或监理、工程质量监督部门在接到施工单位的交工验收报告，并确认施工资料齐全后，应立即对施工质量进行交工检查与验收。检验验收应按随机抽样的方法，选择一定数量的评定路段进行实测检查，每一检查段的检查频度、试验方法及检测结果应符合规范的规定。当实测检查有困难时，经主管部门同意后，可利用施工单位的质量检测结果，随机抽查一定数量，对工程质量进行评定。此种情况下，仍应复测部分路段的平整度，并利用施工中保存的钻孔试件对厚度及压实度进行复校。

（三）工程施工总结

工程结束后，施工企业应根据国家竣工文件编制的规定，提出施工总结报告及若干个专项报告，连同竣工图表，形成完整的施工资料档案，一并提交至工程主管部门及有关档案管理部门。

施工总结报告的内容应包括工程概况（包括设计及变更情况）、工程基础资料、材料、施工组织、机械及人员配备、施工方法、施工进度、试验研究、工程质量评价、工程决算、工程使用服务计划等。

施工企业在高速公路和一级公路施工结束通车后，应进行一定时间（宜为交工后年）的工程使用服务。服务内容包括路面使用情况观测，局部损坏的维修保养，并将服务情况报告有关部门。

第四章 水泥混凝土路面施工

第一节 施工准备工作

一、施工准备

（一）施工技术准备

熟悉招投标文件、施工合同；熟悉设计文件、进行图纸审查，对设计中存在的问题及时提请设计单位解决，并做好施工技术交底。对施工现场进行全面、详尽、深入的调查。详细了解设计标准，结构做法和质量要求以及设计中所采用的新技术、新材料、新工艺、新标准。

根据招、投标文件，施工合同，设计文件和有关规范及现场实际情况编制实施性施工组织计。施工组织设计的内容应符合下列规定要求：

（1）工程概况、工程特点、工期要求、地区特征、质量要求等项目的说明。

（2）施工部署、施工现场总体规划、施工平面布置图。

（3）交通导行方案。

（4）现况构造物、地上（地下）管线、杆线的保护（处理）方案。

（5）进度计划及资源计划（包括主要施工人员、设备、机构设置、材料及机械设备的上场供应计划、资金使用计划）。

（6）质量目标设计和质量保证措施或方案（包括单位、分部、分项工程划分、工区划分及质量检验方案或质量验收计划）。

（7）施工方法及技术方案（包括冬、雨季施工措施及采用的新技术、新工艺、新方法、新材料）。

（8）安全保证措施（或安全方案）。

（9）文明施工及环保措施。

开工前，建设单位应组织设计、监理、施工单位进行设计交底，设计交底应包括设计依据、设计要点、补充说明、注意事项等，设计交底应做好交底纪要。施工单位在施工前应进行工序施工技术交底，交底应有记录，交底双方应有签字手续。

（二）施工现场准备

做好施工现场控制测量，做好三通一平，做好交通疏导、围挡、地下管线的迁移及保护工作；修建临时施工设施；做好材料储存和堆放以及疏通供应渠道的工作，根据当地政府的有关规定完成现场文明施工设施建设；应根据工程内容及计划制定做好现场文明施工管理，防止大气污染、水源污染、噪声污染，保护和改善施工现场环境；建立安全管理系统，执行安全生产制度，遵守国家、行业和当地政府的有关安全生产法规。制定安全技术措施，加强安全检查，并对职工进行安全生产教育；施工现场应建立简易试验室，必要时应建立具备相应资质的现场试验室；简易试验室应能进行混凝土坍落度等检测。现场试验人员应有上岗证。

（三）材料与设备检查

在工程开始前以及施工过程中材料来源或规格发生变化时，应对材料来源、材料质量、数量、供应计划、材料场堆放及储存条件等进行检查。施工前材料的质量检查应以同一料源、同一次购入并运至生产现场的相同规格品种的材料为一"批"进行检查。材料试样的取样数量与频率应符合表4-1规定，每批材料的质量应符合规定。

表4-1　混凝土原材料检测项目和频率

材料	检查项目	检查频率	
		高速公路、一级公路	二级及以下公路
水泥	抗折强度、抗压强度、安定性	机铺1500t一批，小型机具500t一批	机铺1500t一批，小型机具500t一批
	凝结时间、标准稠度需水量、细度	机铺2000t一批，小型机具500t一批	机铺3000t一批，小型机具500t一批
	f-CaO、MgO、SO_3含量，铝酸三钙、铁铝酸四钙、干缩性、耐磨性、碱度、混合材料种类及数量	必要时进场前检测	必要时进场前检测
	温度、水化热	冬夏季施工需要时检测	冬夏季施工需要时检测
粉煤灰	活性指数、细度、烧失量	机铺1500t一批，小型机具500t一批	机铺1500t一批，小型机具500t一批
	需水量比	每标段不少于3次，进场前检测	每标段不少于3次，进场前检测
	SO_3含量	必要时进场前检测	必要时进场前检测

续表

材料	检查项目	检查频率	
		高速公路、一级公路	二级及以下公路
粗集料	针片状、超径颗粒含量，级配，表观密度，堆积密度，空隙率	机铺2500m³一批，小型机具1500m³一批	机铺5000m³一批，小型机具1500m³一批
	含泥量、泥块含量	机铺1000m³一批，小型机具1000m³一批	机铺2000m³一批，小型机具1000m³一批
	坚固性、岩石抗压强度、压碎指标	每种粗集料每标段不少于2次	每种粗集料每标段不少于2次
	碱集料反应	怀疑有碱活性集料时进场前检测	怀疑有碱活性集料时进场前检测
	含水量	降雨或湿度变化随时测	降雨或湿度变化随时测
砂	细度模数，表观密度，堆积密度，空隙率，级配	机铺2000m³一批，小型机具1500m³一批	机铺2000m³一批，小型机具1500m³一批
	含泥量、泥块、石粉含量	机铺1000m³一批，小型机具500m³一批	机铺1000m³一批，小型机具500m³一批
	坚固性	每种砂每标段不少于3次	每种砂每标段不少于3次
	云母含量、轻物质与有机物含量	目测有云母或杂质时测	目测有云母或杂质时测
	含盐量	必要时测	必要时测
	含水量	降雨或湿度变化随时测	降雨或湿度变化随时测
外加剂	减水剂减水率，液体外加剂含固量和相对密度，粉状外加剂的不溶物含量	机铺5t一批，小型机具3t一批	机铺5t一批，小型机具3t一批
	引气剂引气量、气泡细密程度和稳定性	机铺2t一批，小型机具1t一批	机铺3t一批，小型机具1t一批
钢纤维	抗拉强度、弯折性能、长度、长径比、形状	开工前或有变化时，每标段3次	开工前或有变化时，每标段3次
	杂质、质量及其偏差	机铺50t一批，小型机具30t一批	机铺50t一批，小型机具30t一批
养生剂	有效保水率、抗压强度比、耐磨性、耐热性、膜水溶性	开工前或有变化时，每标段3次	开工前或有变化时，每标段3次
	含固量、成膜时间	试验路段测，施工每5t测一次	试验路段测，施工每5t测一次
水	pH值、含盐量、硫酸根及杂质含量	开工前或水源有变化时（采用饮用水可不检测）	开工前或水源有变化时（采用饮用水可不检测）

施工前应对拌和厂、站及路面施工机械和设备的配套情况、性能、计量精度等进行检查；对实行监理制度的工程项目，材料试验结果及据此进行的配合比设计结果、施工机械和设备的检查结果，都应在使用前规定的期限内向监理工程师提出正式报告，待取得正式认可后，方可使用。

（四）测量放线

在验收合格的道路基层上，根据设计图纸放出中心线及道路边线（路缘石线）并钉桩，并测定高程。测量精度应满足相应规范的要求。

应按设计规定划分路面板块。宜由路口开始，路口弧线部位（"八字"处）分块时，应避免面层板出现锐角；在曲线段分块，应使横向分块线与该点法线方向一致。混凝土路面层板块分块线距检查井盖的边缘距离应大于1m。

（五）混凝土搅拌站设置

1. 搅拌站设置选择

根据施工方案、施工路线长短、运输工具等条件，选择搅拌站位置，施工路线较长时，搅拌站宜设置在摊铺路段的中间位置。搅拌站站址应具备水源、电源与运输道路，并应有按规格堆放砂石料及搭建水泥仓等的条件；水源的供水能力应满足搅拌、清洗、养生用水等的需要，并保证水质，供水能力不足时，应设置与日搅拌量相适应的蓄水池。电源的电力总容量应满足全部施工用电设备、夜间施工照明及施工用电的需要，必要时应配备两套电源。

2. 砂石料储备

施工前，宜储备正常施工10～15d的砂石料；砂石料场应建在排水通畅的位置，其底部应做硬化处理，不同规格的砂石料之间应有隔离设施，并设标识牌，严禁混杂；在低温天、雨天、大风天及日照强烈的条件下，应在砂石料堆上架设顶棚或覆盖。

3. 水泥、粉煤灰存储和供应

推荐使用散装水泥，采用散装水泥时，每台搅拌楼至少配备2个水泥罐仓，如掺粉煤灰还应至少配备1个粉煤灰罐仓。当水泥的日用量很大，需要两家以上的水泥厂供应水泥时，不同厂家的水泥应清仓再灌，并分仓存放，严禁粉煤灰与水泥混罐。

4. 生产和运输能力

搅拌站的生产和运输能力，应满足浇筑工作不间断，且水泥混凝土运到浇筑地点时，仍保持均匀性和规定的坍落度。从搅拌地点运至浇筑地点水泥混凝土拌和料的运输时间不宜超过表4-1规定。

表4-1　水泥混凝土拌和物运输时间限制

气温/℃	无搅拌设施运输（min）	有搅拌设施运输（min）
30 ~ 35	15	45
20 ~ 30	30	60
10 ~ 20	45	75
5 ~ 10	60	90

5. 场内道路与排水

汽车运输道路要求坚实、平整，宽度不小于4m，并应设有错车道。搅拌机安装高度应满足上料、卸料需要，卸料高度不应超过1.5m，料场四周和搅拌机附近，应有排水设施。

二、混凝土拌和物搅拌、运输

（一）搅拌设备

1. 搅拌场的拌和能力配置

采用滑模、轨道、碾压、三辊轴机组摊铺时，搅拌场配置的混凝土总拌和生产能力可按式（1）计算，并按总拌和能力确定所要求的搅拌楼数量和型号。

$$m = 60bv_t h\mu \qquad\qquad (1)$$

式中：M—搅拌楼总拌和能力，m^3/h；

b—摊铺宽度，m；

v_t—摊铺速度，m/min（$\geqslant$ 1m/min）；

h—面板厚度，m；

μ—搅拌楼可靠性系数，1.2 ~ 1.5，根据下述具体情况确定：搅拌楼可靠性高，μ可取较小值；反之，μ应取较大值；拌和钢纤维混凝土时，μ应取较大值；坍落度要求较低时，μ应取较大值。

不同摊铺方式所要求的搅拌楼最小生产容量应满足表4-2的规定，一般可配备2 ~ 3台搅拌楼，最多不宜超过4台，搅拌楼的规格和品牌应尽可能统一。

表4-2　混凝土路面不同摊铺方式的搅拌楼最小配置容量　　　　单位：（m^3/h）

摊铺宽度	滑模摊铺	轨道摊铺	碾压混凝土	三辊轴摊铺	小型机具
单车道 3.75 ~ 4.5m	$\geqslant$ 100	$\geqslant$ 75	$\geqslant$ 75	$\geqslant$ 50	$\geqslant$ 50

续表

摊铺宽度	滑模摊铺	轨道摊铺	碾压混凝土	三辊轴摊铺	小型机具
双车道 7.5 ~ 9m	≥200	≥150	≥150	≥100	≥50
整幅宽多 12.5m	≥300	≥200	≥200		

2. 搅拌楼选配

搅拌楼的配备应符合表4-2的规定，应优先选配间歇式搅拌楼，也可使用连续式搅拌楼。混凝土搅拌楼选配应以强制双卧轴或行星立轴为主要机型。这是国际公认搅拌速度和效率最高、搅拌效果最好的机型。每台搅拌楼应配备齐全自动供料、称量、计量、砂石料含水量反馈控制、有外加剂加入装置和计算机控制自动配料操作系统设备和打印设备。

（二）拌和技术要求

1. 配料精确度

每台搅拌楼在投入生产前，必须进行标定和试拌。在标定有效期满或搅拌楼搬迁安装后，均应在新标定施工中每15d校验一次搅拌楼计量精确度。拌和楼配料计量偏差不得超过表4-3的规定。不满足时，应分析原因，排除故障，确保拌和计量精确度。采用计算机自动控制系统的搅拌楼时，应使用自动配料生产，并按需要打印每天（周、旬、月）对应路面摊铺桩号的混凝土配料统计数据及偏差。

表4-3 搅拌楼的混凝土拌和计量允许偏差　　　　　单位：%

材料名称	水泥	掺合料	钢纤维	砂	粗集料	水	外加剂
高速公路、一级公路每盘	±1	±1	±2	±2	±2	±1	±1
高速一级公路累计每车	±1	±1	±1	±2	±2	±1	±1
其他公路	±2	±2	±2	±3	±3	±2	±2

2. 拌和时间

根据拌和物的黏聚性、均质性及强度稳定性试拌确定最佳拌和时间。一般情况下，单立轴式搅拌机总拌和时间宜为80 ~ 120s，全部原材料到齐后的最短纯拌和时间不宜短于40s；行星立轴和双卧轴式搅拌机总拌和时间为60 ~ 90s，最短纯拌和时间不宜短于35s；连续双卧轴搅拌楼的最短拌和时间不宜短于40s。最长总拌和时间不应超过高限值的 2 倍。

3. 砂石料要求

混凝土拌和过程中，不得使用沥水、夹冰雪、表面沾染尘土和局部曝晒过热的砂石料。

4. 外加剂的使用

外加剂的质量应符合国家现行标准的规定，应以稀释溶液加入，其稀释用水和原液中的水量，应从拌和加水量中扣除。使用间歇搅拌楼时，外加剂溶液浓度应根据外加剂掺量、每盘外加剂溶液筒的容量和水泥用量计算得出。连续式搅拌楼应按流量比例控制加入外加剂。加入搅拌锅的外加剂溶液应充分溶解，并搅拌均匀。有沉淀的外加剂溶液，应每天清除一次稀释池中的沉淀物。

5. 引气混凝土拌和

拌和引气混凝土时，搅拌楼一次拌和量不应大于其额定搅拌量的 90%，纯拌和时间应控制在含气量最大或较大时。

6. 粉煤灰混凝土拌和

粉煤灰或其他掺合料应采用与水泥相同的输送、计量方式加入。粉煤灰混凝土的纯拌和时间应比不掺的延长 10 ~ 15s。当同时掺用引气剂时，宜通过试验适当增大引气剂掺量，以达到规定含气量。

7. 拌和物质量检验与控制

搅拌过程中，低温或高温天气施工时，拌和物出料温度宜控制在 10 ~ 35℃，并应测定原材料温度、拌和物的温度、坍落度损失率和凝结时间等。

拌和物应均匀一致，有生料、干料、离析或外加剂、粉煤灰成团现象的非均质拌和物严禁用于路面摊铺。一台搅拌楼的每盘之间、各搅拌楼之间，拌和物的坍落度最大允许偏差为 ±10mm，拌和坍落度应为最适宜摊铺的坍落度值与当时气温下运输坍落度损失值两者之和。

8. 钢纤维混凝土拌和的特殊要求

当钢纤维体积率较高，拌和物较干时，搅拌楼一次拌和量不宜大于其额定搅拌量的 80%。

拌和物中不得有钢纤维结团现象。

钢纤维混凝土搅拌的投料次序和方法应以搅拌过程中钢纤维不产生结团和保证一定的生产率为原则，并通过试拌或根据经验确定。宜采用将钢纤维、水泥、粗细集料先干拌后加水湿拌的方法，也可采用钢纤维分散机在拌和过程中分散加入钢纤维。

钢纤维混凝土的拌和时间应通过现场搅拌试验确定，并应比普通混凝土规定的纯拌和时间延长 20 ~ 30s，采用先干拌后加水的搅拌方式时，干拌时间不宜少于1min。

钢纤维混凝土严禁用人工拌和。当桥梁伸缩缝等零星工程使用少量的钢纤维混凝土时，可采用容量较小的搅拌机拌和，每种原材料应准确称量后加入，不得使用体积计量。采用小容量搅拌机拌和时，钢纤维混凝土总拌和时间应较搅拌楼拌和时间延长 1 ~ 2min，采用先干拌后加水的搅拌方式时，干拌时间不宜少于 1.5min。

应保证钢纤维在混凝土中的分散性及均匀性，水洗法检测的钢纤维含量偏差不应大于设计掺量的 ±15%。

（三）运输车辆

1. 运输车辆配置

机械摊铺系统配套的运输车数量，可按式（2）计算：

$$N = 2n\left[1 + Sr_cm / (v_q \times g_q)\right] \qquad （2）$$

式中：N——汽车辆数，辆；

n——相同产量搅拌楼台数；

S——单程运输距离，km；

r_c——混凝土密度，t/m^3；

m——台搅拌楼每小时生产能力，m^3/h；

v_q——车辆的平均运输速度，km/h；

g_q——汽车载重能力，吨/辆。

2. 车况和车型要求

自拌混凝土可选配车况良好、载重量为 5 ~ 20t 的自卸车，自卸车后挡板应关闭紧密，运输时不漏浆撒料，车厢板应平整光滑。远距离运输或摊铺钢筋混凝土路面及桥面时，宜选配混凝土罐车。

（四）运输技术要求

（1）总动力要求。根据施工进度、运量、运距及路况，选配车型和车辆总数，总运力应比总拌和能力略有富余，确保新拌混凝土在规定时间内运到摊铺现场。

（2）运输时间。运输到现场的拌和物必须具有适宜摊铺的工作性。不同摊铺工艺的混凝土拌和物从搅拌机出料到运输、铺筑完毕的允许最长时间应符合表4-4的规定。不满足时应通过试验加大缓凝剂或保塑剂的剂量。

表4-4　混凝土拌和物出料到运输、铺筑完毕允许最长时间

施工气温（℃）	到运输完毕允许最长时间（h）		到铺筑完毕允许最长时间（h）	
	滑模、轨道	三轴、小机具	滑模、轨道	三轴、小机具
5～9	2.0	1.5	2.5	2.0
10～19	1.5	1.0	2.0	1.5
20～29	1.0	0.75	1.5	1.25
30～35	0.75	0.50	1.25	1.0

（3）混凝土拌和物的运输除应满足上述规定外，还应符合下列技术要求：

①运输混凝土的车辆装料前，应清洁车厢（罐），洒水湿润，排干积水。装料前，自卸车应挪动车位，防止离析。搅拌楼卸料落差不应大于2m。

②混凝土运输过程中漏浆、漏料和污染路面，途中不得随意耽搁。自卸车运输应减少颠簸，防止拌和物离析。车辆起步和停车应平稳。

③超过表4-3规定摊铺允许最长时间的混凝土不得用于路面摊铺，混凝土一旦在车内停留超过初凝时间，应采取紧急措施处置，严禁混凝土硬化在车厢（罐）内。

④烈日、大风、雨天和低温天远距离运输时，自卸车应遮盖混凝土，罐车宜加保温隔热套。

⑤使用自卸车运输混凝土最远运输半径不宜超过20km。

⑥运输车辆在模板或导线区调头或错车时，严禁碰撞模板或基准线，一旦碰撞，应告知测量人员重新测量纠正。

⑦车辆倒车及卸料时，应有专人指挥。卸料应到位，严禁碰到摊铺机和前场施工设备及测量仪器。卸料完毕，车辆应迅速离开。

第二节　轨模摊铺机施工

一、轨道模板安装

轨道式摊铺机施工的整套机械，在轨道上移动推进，也以轨道为基准控制路面表面的高程。由于轨道和模板同步安装，统一调整定位，将轨道固定在模板上，既作水泥混凝土路面的侧模板也是每节轨道的固定基座（见图4-1）。

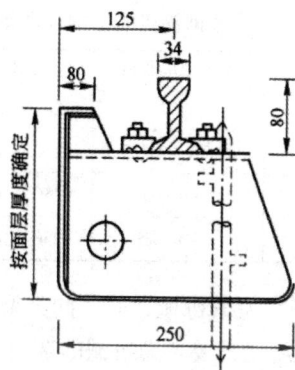

图4-1　轨道安装示意图

轨道高程控制是否精确、铺轨是否平直、接头是否平顺，将直接影响路面表面的质量和行驶性能，轨道模板本身的精度标准和安装精度必须符合要求。模板要能承受从轨道传下来的机组重量，横向要保证模板的刚度。轨道数量根据进度配备，并要有拆模周期内的周转数量。施工时，日平均气温在20℃以上时，按日进度配置；日平均气温低于19℃时，按日铺筑进度2倍配置。设置纵缝时，应按要求间距，在模板上预先作拉杆置放孔。

二、摊铺与振捣

（一）机械选型与配套

轨道摊铺机（见图4-2）的选型应根据路面车道数或设计宽度按表4-5的技术参数选择。最小摊铺宽度不得小于单车道3.75m。轨道摊铺机按布料方式不同，可选用刮板式、箱式和螺旋式。

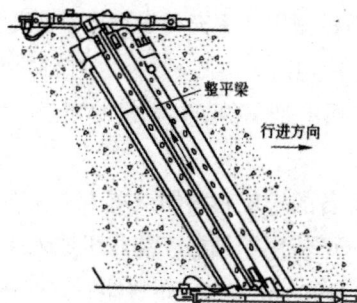

图4-2　轨模摊铺机施工示意图

表4-5 轨道摊铺机的基本技术参数

项目	发动机功率 （kw）	最大摊铺宽度 （m）	摊铺厚度 （mm）	摊铺速度 （m·min^{-1}）	整机质量 （t）
三车道轨道摊铺机	33 ~ 45	11.75 ~ 18.3	250 ~ 600	1 ~ 3	13 ~ 38
双车道轨道摊铺机	15 ~ 33	7.5 ~ 9.0	250 ~ 600	1 ~ 3	7 ~ 13
单车道轨道摊铺机	8 ~ 22	3.5 ~ 4.5	250 ~ 450	1 ~ 4	≤7

各施工工序可以采用不同类型的机械，而不同类型的机械具有不同的工艺要求和生产率。因此，整个机械化施工需要考虑机械的选型和配套。

1. 主导机械选型

决定水泥混凝土路面质量和使用性能的施工工序，主要是混凝土的摊铺成型和拌和。因此，通常把混凝土摊铺成型机械作为第一主导机械，把混凝土拌和机械作为第二主导机械。在机械选型时，应首先选定主导机械，然后根据主导机械的技术性能和生产率选配配套机械。主导机械的选择，应考虑满足施工质量和进度的要求，同时还要考虑我国现阶段工程单位的技术人员素质、管理水平和购买能力等实际情况。

2. 配合机械及配套机械

配合机械主要是指运输混凝土的车辆。选择的主要依据是混凝土的运量和运输距离。研究表明：运距在1km以内，以2t以下小型自卸车比较经济；运距在5km左右时，以5 ~ 8t中型自卸车最为经济。考虑到混凝土在运输过程中水分的散失和离析等问题，更远的运输距离以采用容量为6m^{3}以上的混凝土拌和运输车较为理想。

3. 机械合理配套

合理配套主要是指拌和机与摊铺机、运输车辆之间的配套情况。当摊铺机选定后，可根据机械的有关参数和施工中的具体情况计算出摊铺机械的生产率。拌和机械与之配套就是在保证摊铺机械生产率充分发挥的前提下，使拌和机械的生产率得到正常发挥，并在施工中保持均衡、协调一致。当摊铺机和拌和机的生产率确定后，车辆在整个系统内的配套实质上是车辆与拌和机的配套。

（二）布料

使用轨道摊铺机前部配备的螺旋布料器或可上下左右移动的刮板布料，料堆不得过高过大，也不得缺料。可使用挖掘机、装载机或人工辅助布料。螺旋布料器前的拌和物应保持在面板以上100mm左右，布料器后宜配备松铺高度控制刮板，也可使用有布料箱的轨道摊铺机精确布料，箱式轨道摊铺机的料斗出料口关闭时，装进拌和物并运到布料位置后，轻轻打开料斗出料口，待拌和物堆成"堤状"，左右移动料斗布料。

轨道摊铺时的适宜坍落度按振捣密实情况宜控制在 20 ~ 40mm 之间。不同坍落度时的松铺系数 k 可参考表 4-6 确定，并按此计算出松铺高度。

表4-6　松铺系数k与坍落度S_L的关系

坍落度（S_L/mm）	5	10	20	30	40	50	60
松铺系数（k）	1.30	1.25	1.22	1.19	1.17	1.15	1.12

当施工钢筋混凝土路面时，宜选用（两台）箱型轨道摊铺机分两层两次布料，可在第一层布料完成后，将钢筋网片安装好，再进行表面第二层布料，然后一次振实；也可两次布料两次振实，中间安装钢筋网。采用双层两遍摊铺钢筋混凝土路面时，下部混凝土的布料与摊铺长度应根据钢筋网片长度和第一层混凝土凝结情况而定，且不宜超过 20m。

（三）振实

轨道摊铺机应配备振捣棒组，振捣方式有斜插连续拖行及间歇垂直插入两种，当面板厚度超过 150mm、坍落度小于 30mm 时，必须插入振捣；连续拖行振捣时，宜将作业速度控制在 0.5 ~ 1.0m/min 之间，并随着坍落度的大小而增减。间歇振捣时，当一处混凝土振捣密实后，将振捣棒组缓慢拔出，再移动到下一处振实，移动距离不宜大于 500mm。振捣机的一般构造如图 4-3 所示。

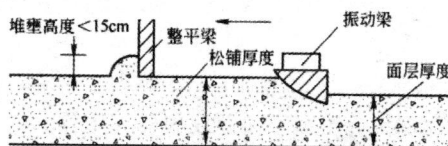

图4-3　振捣机的一般构造示意

轨道摊铺机应配备振动板或振动梁对混凝土表面进行振捣和修整，振动梁的振捣频率宜控制在 50 ~ 100Hz，偏心轴转速调节到 2500 ~ 3500r/min。经振捣棒组振实的混凝土，宜使用振动板振动提浆，并密实饰面，提浆厚度宜控制在（4±1）mm。

三、表面整修

振实后混凝土还应进行整平、精光、纹理制作等工序。

采用机械修整时的表面修整机有斜向移动和纵向移动两种。斜向表面修整机通过一对与机械行走轴线成 10° ~ 13° 的整平梁做相对运动来完成修整，其中一根整平梁为振动整平梁。纵向表面修整机为整平梁在混凝土表面沿纵向往返移动，由于机体前进而将混凝土板表面整平。机械修整的速度需考虑混凝土的易修整性和机械的特性。轨道或模板的顶面应经常清理，以便机械能顺畅通过。

整平操作时，也应使整平机械前的混凝土涌向路面横坡高的一侧。采用 VOGELE 机整平时，要注意随时清除因修光梁往复运行推到路面边沿的粗集料，确保整平效果和机械正常行驶。在施工中途有停歇时，整平梁停驻处混凝土表面常有微小的棱条出现，可辅以人工抹面。

精光工序是对混凝土表面进行最后的精细修整，使混凝土表面更加致密、平整、美观，这是混凝土路面外观质量的关键工序。国产 C-450X 机由于整机采用三点式整平原理和较为完善的修光配套机械，整平质量较高。施工中应加强质量检查、校核，保证精光质量。

纹理制作是提高水泥混凝土路面行车安全性的重要措施之一。施工时用纹理制作机对混凝土路面进行拉槽或压槽，使混凝土表面在不影响平整度的前提下，具有一定的粗糙度。纹理制作的平均深度控制在 1 ~ 2mm 以内，制作时应控制纹理的走向与路面前进方向垂直，相邻板的纹理要相互衔接，横向邻板的纹理要沟通以利排水。适宜的纹理制作时间以混凝土表面无波纹水迹比较合适，过早和过晚都会影响纹理制作质量。近年来，国外还采用了一种更有效的方法，即在完全凝固的面层上用切槽机切出深 5 ~ 6mm、宽 3mm、间距为 20mm 的横向防滑槽。

四、养护

水泥混凝土路面层成活后，应及时养护。养护应根据施工工地情况及条件，选用喷洒养生剂养生、覆盖保湿养生或塑料薄膜覆盖养生等。

（一）喷洒养生剂养生

混凝土路面采用喷洒养生剂养生时，喷洒应均匀，成膜厚度应足以形成完全密闭水分的薄膜，喷洒后的表面不得有颜色差异。喷洒时间宜在表面混凝土泌水完成后进行。喷洒高度宜控制在 0.5 ~ 1m，使用一级品养生时，最小喷洒剂量不得少于 0.3kg/m^2；合格品的最小喷洒剂量不得少于 0.35kg/m^2。不得使用易被雨水冲刷掉的和对混凝土强度、表面耐磨性有影响的养生剂。当喷洒一种养生剂达不到 90% 以上有效保水率要求时，可采用两种养生剂各喷洒一层或喷一层养生剂再加覆盖的方法。

（二）覆盖保湿养生

覆盖保湿养生宜使用保湿膜、土工毡、土工布、麻袋、草袋、草帘等进行覆盖，混凝土成活后应及时覆盖、及时洒水，保持混凝土表面始终处于潮湿状态。覆盖物覆盖时，应确保混凝土表面、侧面覆盖到位，不漏盖。

（三）塑料薄膜覆盖养生

塑料薄膜覆盖养生的初始时间以不压坏细观抗滑构造为准，薄膜厚度（韧度）应合适，宽度应大于覆盖面600mm。两条薄膜对接时，搭接宽度不应小于400mm，养生期间应始终保持薄膜完整盖满。

（四）其他要求

养生时间应根据混凝土弯拉强度增长情况而定，不宜小于混凝土设计弯拉强度的80%，应特别注重前7天的保湿（温）养生。一般养生天数宜为14～21d，气温较高时，养生不宜少于14d；低温时，养生期不宜少于21d；掺粉煤灰的混凝土路面最短养生时间不宜少于28d。

昼夜温差大于10℃以上的地区或日平均温度小于5℃施工的混凝土路面应采取保温保湿养生措施，防止混凝土板产生收缩裂缝。混凝土板在养护期间和填缝前，应禁止车辆通行，在达到设计强度的40%以后，方可允许行人通行。养护期间应封闭交通、不得堆放重物；面板达到设计弯拉强度后，方可开放交通；养护终结，应及时清除路面层养护材料。

五、接缝施工

（一）纵缝施工

应按设计规定设置纵缝（间距宜为3.5～4.0m），位置应避开轮迹；企口纵缝施工时，宜先浇筑凹榫一侧的水泥混凝土；已成型的水泥混凝土路面层板，纵缝侧面应涂刷沥青或隔离剂，沥青或隔离剂不得涂于传力杆上；当一次摊铺宽度大于4.5m时，应采用假缝拉杆型纵缝，即锯切纵向裂缝，纵缝位置应按车道宽度设置，并在摊铺过程中用专用的拉杆插入装置插入拉杆；钢筋混凝土路面、桥面和搭板的纵缝拉杆可由横向钢筋延伸穿过接缝代替；钢纤维混凝土路面切开的假纵缝可不设拉杆，纵向施工缝应设拉杆；插入的纵向拉杆应牢固，不得松动、碰撞或拔出；若发现拉杆松脱或漏插，应在横向相邻路面摊铺前，钻孔重新植入；当发现拉杆可能被拔出时，应进行拉杆拔出力（握裹力）检验。

（二）横向缩缝施工

1. 缩缝间距和缝宽

普通混凝土路面横向缩缝宜等间距布置，不宜采用斜缝。必须调整板长时，最大板长不宜大于6.0m，最小板长不宜小于板宽。对高填土、弯道和软土路基地段板长应适当减小；交叉口及接近构造物处的路面板块尺寸可适当调整。横缝中的胀缝间距和缝宽，应根据设计要求确定，当设计未要求时，施工方或监理方应在设计交底会上提出，并由设计方通过设计变更或洽商记录予以明确。与结构物衔接处、道路交叉和填挖土方变化处，应设置胀缝；胀缝宽度不宜小于 20mm。

2. **设传力杆横缝**

普通水泥混凝土路面的胀缝应设置胀缝补强钢筋支架、胀缝板和传力杆。胀缝构造如图 4-4 所示。钢筋混凝土和钢纤维混凝土路面可不设钢筋支架。传力杆一半以上长度的表面应涂防黏涂层，端部应戴活动套帽，套帽材料与尺寸应符合要求。胀缝板应与路中心线垂直，缝壁垂直，缝隙宽度一致，缝中完全不连浆。胀缝应采用前置钢筋支架法施工，也可采用预留一块面板，高温时再铺封。前置法施工应预先加工、安装和固定胀缝钢筋支架，并在使用手持振捣棒振实胀缝板两侧的混凝土后再摊铺。在混凝土未硬化时，剔出胀缝板上部的混凝土，嵌入（20 ~ 25）mm×20mm 的木条，整平表面。胀缝板应连续贯通整个混凝土路面板宽度。

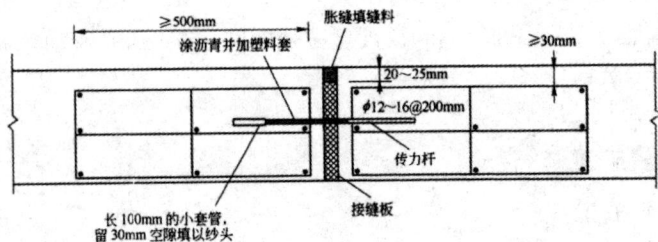

（a）配筋图

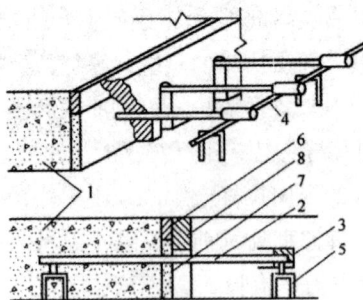

（b）传力杆搭设

图4-4　胀缝构造示意图

1—现浇的混凝土；2—传力杆；3—金属套筒；4—钢筋；5—支架；

6—压缝板条；7—嵌缝板；8—胀缝模板

设有传力杆的缩缝，切缝深度为路面板厚的 1/3 ～ 1/4，最浅不得小于 70mm，如图 4-5 所示。

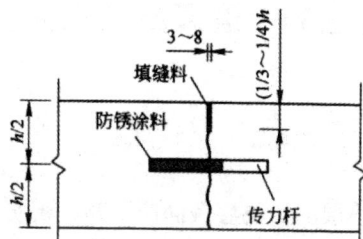

图4-5 设传力杆缩缝示意图

3. 无传力杆缩缝

无传力杆缩缝的切缝深度为路面板厚的 1/4 ～ 1/5，最浅不得小于 60mm，缩缝应与混凝土面板垂直，并应与设计要求的位置一致，如图 4-6 所示。

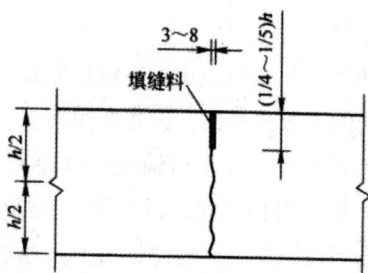

图4-6 无设传力杆缩缝示意图

4. 切缝技术

采用切缝机切割缩缝时，应严格控制切割时机，其切缝时机一般为水泥混凝土强度达到设计强度 25% ～ 30% 时。

5. 施工设置

每天摊铺结束或摊铺中断时间超过 30min 时，应设置横向施工缝，其位置宜与胀缝或缩缝重合，确有困难不能重合时，施工缝应设置螺纹传力杆，且应与路中心线垂直。横向施工缝在缩缝处采用平缝加传力杆型，在胀缝处其构造与胀缝相同。

（三）填灌缝

混凝土板养护期满后应及时填缝，缝内遗留的砂石、灰浆等杂物应剔除干净。应按设计选择填缝料，并根据填料品种制定工艺技术措施。浇筑填缝料必须在缝槽干燥的状态下进行，填缝料应与混凝土缝壁黏附紧密、不渗水。

第三节　滑模摊铺机施工

一、施工工艺

（一）铺筑前检查

基层应平整，设有砂垫层的，垫层表面应平整、密实；模板尺寸、位置、高程等应满足设计要求，支撑牢固稳定，隔离剂涂刷均匀，模板接缝严密、模内洁净；预埋胀缝板的位置正确；边缘、角隅及其他部位的钢筋安装牢固，位置准确，传力杆与胀缝垂直，绑扎牢固，套筒安装齐全、位置准确；各种检查井井盖、井座、雨水口箅子，箅圈应预先安装完成，且安装牢固，位置准确，标高与路面标高协调一致。水泥混凝土运输应确保及时、连续；设有纵缝的水泥混路面层，在成型水泥混凝土板块侧立面，应按要求涂刷隔离剂。

（二）滑模摊铺工艺流程

滑模摊铺机比轨模摊铺机更高度集成化，整机性能好，操纵方便，生产效率高，但对原材料、混凝土拌和物的要求更严格，设备费用较高。

滑模摊铺机的特点是不需轨模，整个摊铺机的机架支承在四个液压缸上，它可以通过控制机械上下移动，以调整摊铺机铺层厚度。在摊铺机的两侧设置有随机移动的固定滑模板，因此不需另设轨模。这种摊铺机一次通过就可以完成摊铺、振捣、整平等多道工序。

滑模摊铺应按图 4-7 所示施工工艺流程网络图精心组织，循序进行。滑模摊铺机完整的施工工艺如图 4-8 所示。

（三）基准线设置

滑模摊铺混凝土路面的拉线设置与沥青路面非常接近，可以有几种摊铺基准设置方式：拉线、滑橇、铝方管和多轮支架等，我国仅规定使用拉线方式，它与沥青路面摊铺上面层和中面层不同的是上基层的平整度达不到路面的严格要求，国外采用除拉线以外的方式施工是有条件的，就是基层必须经过精整机洗刨过，3m 直尺平整度不大于 3mm。我国目前的基层施工一是未用精整机，二是基层规范规定的平整度为 8mm。在这种条件下，要保证滑膜摊铺水泥混凝土路面的高平整度，原则上不得采用其他简易基准设置方式。

```
基层检测          材料、机械、电力、供水、劳力准备

拉线测量设置      水泥、砂、石材料检验、量方      配合比设计、试验

清扫基层   供水池   推土机、装载机供料            配合比检验、调整

基层洒水   外加剂供应   →  混凝土搅拌  ←  供发电

传力杆、拉杆  平整道路   混凝土运输   油料供应

前置胀缝支架、钢筋网        混凝土卸料

布料机、挖掘机吊车         混凝土布料      桥面和桥头钢筋网安装

摊铺机准备     →  滑模摊铺  ←   打拉杆

胀缝板传力杆     后置胀缝制作      供水车

边部接缝修整     路面修整      抹面抄平

                                              硬刻槽
拉毛机人工拉槽  →  粗细抗滑构造制作  ←  麻袋拖毛

洒水车  覆盖洒水养护  →  路面养护  ←  喷养护剂   养护剂喷雾器

塑料膜麻袋稻草砂  →  锯缝  ←  发电机锯缝机

恢复覆盖  人工施工  路肩接头施工   路肩及路沿石摊铺机

灌缝机  →  灌缝填料  ←  填缝料

平整度、强度、板厚  →  路面性能检测  ←  接缝抗滑、标高几何线型

竣工验收

开放交通
```

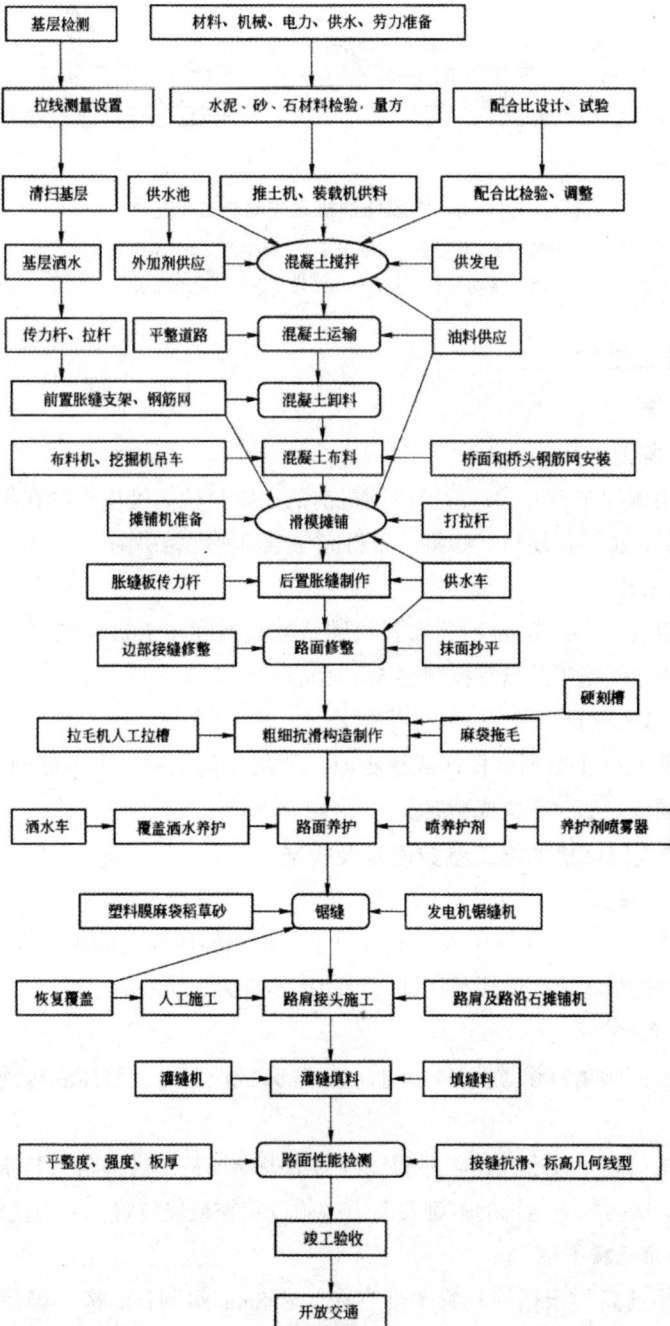

图4-7 滑模摊铺水泥混凝土路面施工工艺流程网络图

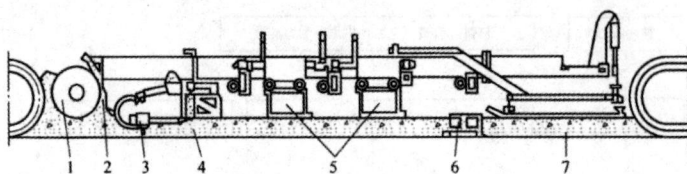

图4-8　滑膜摊铺机完成的施工工艺

1—螺旋摊铺器；2—刮平器；3—振捣器；4—刮平板；
5—振动振平板；6—光面带；7—混凝土面层

二、施工过程

（一）布料

1. 布料高度

无论采用哪种布料方式，滑模摊铺机前的正常料位高度应控制在螺旋布料器叶片最高点以下，也不得缺料。卸料、布料应与摊铺速度相协调。

2. 松铺系数控制

当坍落度在 10 ～ 50mm 时，布料松铺系数宜控制在 1.08 ～ 1.15 之间。布料机与滑模摊铺机之间施工距离宜控制在 5 ～ 10mm 之间。

3. 钢筋结构保护

摊铺钢筋混凝土路面、桥面或搭板时，严禁任何机械开上钢筋网、胀缝支架。防止将钢筋网压变形、变位或贴底。

（二）滑模摊铺机的施工参数设定及校准

1. 振捣棒位置

振捣棒下缘位置应在挤压板最低点以上，振捣棒的横向间距不宜大于 450mm，均匀排列；两侧最边缘振捣棒与摊铺边沿距离不宜大于 250mm。

2. 前倾角

挤压底板前倾角宜设置为 3° 左右。提浆夯板位置宜在挤压底板前缘以下 5 ～ 10mm 之间。

挤压底板前倾角大小和提浆夯板深度与滑模摊铺机的推进阻力与挤压力大小关系很大，也是横向拉裂与否的关键要素。必须设定在最佳位置，方可正常摊铺。

3. 超铺角及搓平梁

两边缘超铺高程根据拌和物调度宜在 3 ～ 8mm 间调整。搓平梁前沿宜调整到与挤压板后沿高程相同，搓平梁的后沿比挤压底板后沿低 1 ～ 2mm，并与路面高程相同。

4. 首次摊铺位置校准

滑模摊铺机首次摊铺路面，应挂线对其铺筑位置、几何参数和机架水平度进行调整和校准，正确无误后，方可开始摊铺。

5. 复核测量

在开始摊铺的 5m 内，应在铺筑行进中对摊铺出的路面标高、边缘厚度、中线、横坡度等参数进行复核测量。所摊铺的路面精确度应控制在规定值范围内。

（三）铺筑作业技术要点

1. 摊铺速度

操作滑模摊铺机应缓慢、匀速、连续不间断地作业。摊铺速度应根据拌和物稠度、供料多少和设备性能控制在 0.5 ~ 3.0m/min 之间，一般宜控制在 1m/min 左右。拌和物稠度发生变化时，应先调振捣频率，后改变摊铺速度。

2. 松方控制板

应随时调整松方高度板控制进料位置，开始时宜略设高些，以保证进料。正常摊铺时应保持振捣仓内料位高于振捣棒 100mm 左右，料位高低上下波动宜控制在 ±30mm 之内。为了摊铺高平整度的路面，挤压底板的料与振动仓内的混凝土之间，始终应维持相互间压力的均衡，才不至于挤压力忽大忽小而影响平整度。

3. 振捣频率控制

正常摊铺时，振捣频率可在 6000 ~ 11000r/min 之间调整，宜采用 9000r/min 左右的频率。应防止混凝土过振、欠振或调振。应根据混凝土的稠度大小，随时调整摊铺的振捣频率或速度。摊铺机起步时，应先开启振捣棒振捣 2 ~ 3min，再缓慢平稳推进。摊铺机脱离混凝土后，应立即关闭振捣棒组。

4. 纵坡施工

滑模摊铺机满负荷时可铺筑的路面最大纵坡为：上坡 5%；下坡 6%。上坡时，挤压底板前仰角宜适当调小，并适当调轻抹平板压力，坡度较大时，为了防止摊铺机过载，推不动，宜适当调整挤压底板前仰角。下坡时，前仰角宜适当调大，并适当调大抹平板压力。板底与路表面接触长度不小于 3/4 时，抹平板压力才比较适宜。

5. 弯道施工

滑模摊铺机施工的最小弯道半径不应小于 50m；最大超高横坡不宜大于 7%。滑模摊铺弯道和渐变段路面时，单向横坡，使滑模摊铺机跟线摊铺，应随时观察并调整抹平板内外侧的抹面距离，防止压垮边缘。摊铺中央路拱时，计算机控制条件下，输入弯道和渐变段边缘及拱中几何参数，计算机自动控制生成路拱；手控条件下，机手应根据路拱消失和生成几何位置，在给定路段范围内分级逐渐消除和调成路拱。进出渐变段时，保证路拱的生成和消失，保证弯道和渐变段路面几何尺寸的正确性。

6. 插入拉杆

摊铺单车道路面，应视路面的设计要求配置一侧或双侧打入纵缝拉杆的机械装置。侧向打拉杆装置的正确插入位置应在挤压底板的下中间或底部。同时摊铺 2 个以上车道时，除侧向打拉杆的装置外，还应在假纵缝位置中间配置 1 个以上中间拉杆自动插入装置。打入的拉杆必须处在路面板厚中间位置。中间和侧向拉杆打入的高低、误差均不得大于 ±2mm；前后误差不得大于 ±3mm。

7. 履带上已铺路面的时间

连接铺筑时，滑模摊铺机一侧履带上前次水泥混凝土路面的养护时间应控制在 7d 以上，最短不得少于 5d。

8. 问题讨论

滑模摊铺机施工中，最常见的问题是塌边和麻面。

（1）塌边

塌边的主要形式有边缘出现塌落、边缘倒塌、松散无边等。造成边缘塌落的主要原因有：模板边缘调整角度不正确，正确的调整应根据混凝土的坍落度调整一定的预抛高，使坍落定型时恰好符合设计的边缘要求；摊铺速度快慢，当摊铺机工作速度在 0.5 ~ 0.8m/min 时，由于 L 型振动器强有力的振动影响到滑模板已摊铺好的边缘，引起边缘坍落，滑模机的理想速度为 2 ~ 4m/min。

倒边或松散无边的主要原因有：①拌和料出现离析现象，使用立轴式混凝土拌和设备时离析尤为严重。因为它的出料靠拌叶将混凝土拌和料刮出，由于混合料各成分的比重不一，在刮出力的作用下抛出距离不同，大骨料常被抛在一起，使骨料和砂浆离析。这种现象若处在边缘，就会不可避免地出现倒边。若处在中间，就会出现麻面。因此，发现骨料集中在一起时，就需要处理，将骨料散开或除去，或开动螺旋布料器实现二次布料等。②布料器布料往往将振捣的混凝土稀浆分到两边儿导致倒边。其解决方法是人工粗布料或适当调整靠边侧的振动器的振动频率。③骨料形状和配比。扁平状或圆状骨料成型差，边缘在脱离滑模板后失去支承就会发生倒边。若混凝土的坍落度不大，塌边是可以避免的。

（2）麻面

混凝土的坍落度值低是形成麻面的主要原因，其次是拌和不匀。严格控制混凝土的坍落度是减少或消除麻面的首要工作，这就要求拌和设备的计量装置精度高。

第四节　三辊轴机组铺筑

一、设备选择与配套

（一）三辊轴整平机

三辊轴整平机的主要技术参数应符合表 4-7 的规定。板厚 200mm 以上宜采用直径 168mm 的辊轴；桥面铺装或厚度较小的路面可采用直径为 219mm 的辊轴。轴长宜比路面宽度长出 600 ~ 1200mm。振动轴的转速不宜大于 380r/min。

表4-7　三辊轴整平机的主要技术参数

型号	轴直径（mm）	转速（r·min⁻¹）	轴长（m）	轴质量（kg·min⁻¹）	行走机构质量（kg）	行走速度（m·min⁻¹）	整平轴距（mm）	振动功（kW）	驱动功率（kW）
5001	168	300	1.8-9	65 ± 0.5	340	13.5	504	7.5	6
6001	219	300	5.1 ~ 12	77 ± 0.7	568	13.5	657	17	9

（二）振捣机

三辊轴机组铺筑混凝土面板时，必须同时配备一台有安装插入式振捣棒组的排式振捣机，

振捣棒的直径宜为 50 ~ 100mm，间距不应大于其有效作用半径的 1.5 倍，并不大于 500mm。插入式振捣棒组的振动频率可在 50 ~ 200Hz 之间选择，当面板厚度较大和坍落度较低时，宜使用 100Hz 以上的高频振捣棒。该机宜同时配备螺旋布料器和松方控制刮板，并具备自动行走功能。

（三）振捣梁

当桥面铺装厚度小于 150mm 时，可采用振捣梁。振捣频率宜为 50 ~ 100Hz，振捣加速度为 4 ~ 5g（g 为重力加速度）。

（四）拉杆插入机

当一次摊铺双车道路面时应配备纵缝拉杆插入机，并配有插入深度控制和拉杆间距的调整装置。

二、施工工艺流程

工艺流程：布料→密集排振→拉杆安装→人工补料→三辊轴整平→（真空脱水）

→（精平饰面）→拉毛→切缝→养生→（硬刻槽）→填缝。

三辊轴机组的施工工艺流程与小型机具施工接近。不同之处有两点：①使用排式振捣机代替手持式振捣棒；②将振动梁与滚杠两步工序合成为三辊轴整平机一步。三辊轴机组施工时，推荐使用真空脱水工艺和硬刻槽来保证表面的耐磨性和抗滑性。

第五节　特殊气候条件下施工

一、高温季节施工

（一）高温天施工

施工现场的气温高于 30T，拌和物摊铺温度在 30～35℃之间，同时，空气相对湿度小于 80% 时，混凝土路面和桥面的施工应按高温季节施工的规定进行。

（二）高温天铺筑措施

高温天铺筑措施见表 4-8 所示。

表 4-8　高温天铺筑的具体措施

措施	具体操作
避开高温时段	当现场气温时，应避开中午高温时段施工，可选择在早晨、傍晚或夜间施工，夜间施工应有良好的操作照明，并确保施工安全
覆盖车内拌和物	混凝土运输车上的混凝土拌和物应加遮盖
采用拌和物降温保塑措施	砂石料堆应设遮阳篷，采用冷水或冰屑水拌和。拌和物中宜加允许最大掺量的粉煤灰或磨细矿渣，但不宜掺硅灰。拌和物中宜掺足够剂量的缓凝剂、高温缓凝剂、保塑剂或缓凝（高效）减水剂等
温度检测	高温天气施工时，混凝土拌和物的出料温度不宜超过35℃，并应随时监测气温、水泥、拌和水、拌和物及路面混凝土温度。必要时加测混凝土水化热
加强水养生	在采用覆盖保湿养生时，应加强洒水，并保持足够的湿度
遮阴搭篷	可使用防雨篷作防晒遮阴篷。在每日气温最高和日照最强烈时段遮阴
提早切缝防止断板	切缝应视混凝土强度的增长情况进行，宜比常温施工适当提早切缝，以防止断板。特别是在昼夜温差较大时，应提早切缝
加快施工各环节的衔接	应加快施工各环节的衔接，尽量压缩搅拌、运输、摊铺、饰面等各工艺环节所耗费的时间

二、低温季节施工

（一）低温季节施工

当摊铺现场连续5昼夜平均气温低于5℃，夜间最低气温在 −3 ~ 5℃间，混凝土路面和桥面的施工应按下述低温季节施工规定的措施进行：

（1）拌和物中应优选和掺用早强剂或促凝剂。

（2）应选用水化总热量大的 R 型水泥或单位水泥用量较多的 32.5 级水泥，不宜掺粉煤灰。

（3）搅拌机出料温度不得低于 10℃，摊铺混凝土温度不得低于 5℃。在养生期间，应始终保持混凝土板最低温度不低于 5℃。否则，应采用热水或加热砂石料拌和混凝土，热水温度不得高于 80℃；砂石料温度不宜高于 50℃。

（4）应加强保温保湿覆盖养生，可先用塑料薄膜保湿隔离覆盖或喷洒养生剂，再采用草帘、泡沫塑料垫等保温覆盖初凝后的混凝土路面。遇雨雪必须再加盖油布、塑料薄膜等。

（5）应随时检测气温、水泥、拌和水、拌和物及路面混凝土的温度，每工班至少测定 3 次。

（二）抗冻临界强度

混凝土路面或桥面弯拉强度未达到 1.0MPa 或抗压强度未达到 5.0MPa 时，应严防路面受冻。

（三）低温天养生和拆模

低温天施工，路面或桥面覆盖保温保湿养生天数不得少于 28d。

三、雨季施工

（一）防雨准备

（1）场地防淹。地势低洼的搅拌场、水泥仓、备件库及砂石料堆场，应按汇水面积修建排水沟或预备抽排水设施。搅拌楼的水泥和粉煤灰罐仓顶部的通气口、料斗及不得遇水部位应有防潮、防水覆盖措施，砂石料堆应防雨覆盖。

（2）防雨覆盖。雨天施工时，在新铺路面上，应备足防雨篷、帆布和塑料布或薄膜。

（3）防雨篷。防雨篷支架宜采用可推行的焊接钢结构，并具有人工饰面拉槽的足够高度。

（二）路面铺筑过程中防雨水冲刷措施

（1）遇雨即停。水泥路面铺筑过程中遭遇阵雨，应立刻停工，并要求立即覆盖刚摊铺的路面，以免遭雨水冲刷。

（2）紧急覆盖。摊铺中遭遇阵雨时，应紧急使用防雨篷、塑料布或塑料薄膜等覆盖尚未硬化的混凝土路面。

（3）雨水冲刷路面的处理措施。被阵雨轻微冲刷过的路面，视平整度和抗滑构造破损情况，采用硬刻槽或先磨平再刻槽的方式处理。对被暴雨冲刷后路面平整度严重劣化或损坏的部位，应尽早铲除重铺。

（4）雨后摊铺。降雨后开工前，应及时排除车辆内、搅拌场及砂石料堆场内的积水或淤泥。运输便道应排除积水，并进行必要的修整。摊铺前应扫除基层上的积水。

第六节　施工质量检查与竣工验收

一、施工质量控制

（一）铺筑试验路段

1. 试验路段

水泥混凝土路面工程使用滑模、轨道、三辊轴机组施工时，在正式摊铺水泥混凝土路面前，必须铺筑试验路段。试验路段长度不应少于200m，高速公路、一级公路宜在主线路面以外试铺，路面厚度、摊铺宽度、接缝设置、钢筋设置等均应与实际工程相同。

2. 铺筑试验路段的目的

（1）检验施工设备配套。通过试拌检验拌和楼性能及确定合理搅拌工艺，检验适宜摊铺的搅拌楼拌和参数：上料速度，拌和容量，搅拌均匀所需要的时间，新拌混凝土坍落度、振动黏度系数、含气量、泌水性、VC 值和生产使用的混凝土配合比等。

（2）试铺检验路面摊铺工艺和质量。通过试铺检验主要机械的性能和生产能力，检验辅助施工机械组配的合理性，检验路面摊铺工艺和质量：模板架设固定方式或基准线设置方式，摊铺机械（具）的适宜工作参数，包括：松铺高度、摊铺速度、振捣时间与频率、滚压遍数、中间和侧向拉杆置入情况等。检验整套施工工艺流程。

（3）全体施工人员现场施工培训。使工程技术及工作人员熟悉并掌握各自的操作要领。

（4）检验施工组织形式和人员编制。按施工工艺要求检验施工组织形式和人员编制。

（5）建立健全路面铺筑系统的质量管理体系。建立混凝土原材料、拌和物、路面铺筑全套技术性能检验手段，熟悉检验方法。

（6）确定施工管理调度系统。检验通讯联络和生产调度指挥系统。

3．总结试铺效果

试铺中，施工人员应认真做好记录，监理工程师应督促检查试验段的施工质量，及时与施工单位商定并解决问题。试验段铺筑完成后，施工单位应提出试验路段总结报告，上报监理和业主批复，取得正式开工认可。

（二）混凝土路面施工中的质量管理程序

（1）开工许可。混凝土路面铺筑必须得到正式开工令后，方可开工。

（2）质量自检。施工单位在施工过程中应随时对施工质量进行自检，监理单位工程师应进行抽检或旁站检验，并对施工单位的自检结果进行检查认定。当施工人员、监理工程师发现有异常情况时，应立即报告建设单位。

（3）控制质量稳定性。应由专门质量检验机构负责施工质量的检查与监督。除施工方自检外，监理、质检站应按规定频率抽检。混凝土拌和物的稳定性取决于原材料稳定及搅拌楼配料精确度；而路面铺筑的质量稳定性除满足上述条件外，还要求现场水泥路面的铺筑及关键设备如摊铺机、布料机、三辊轴整平机、刻槽机、切缝机等操作应规范稳定。

（三）三大关键质量指标的自检规定

施工过程中施工单位应及时按表4-9对水泥混凝土路面工程进行检测，其中平整度、弯拉强度、板厚三大关键质量指标的检验要求应符合下列规定。

表4-9　水泥混凝土路面检测项目、方法和频率

检验项目	检查频率	
	高速公路、一级公路	其他公路
弯拉强度	每班2～4组试件，日进度<500m取两组；≥500m取3组；≥1000m取4组，测 f_{cs}、f_{min}、c_v	每班留1～3组试件，日进度<500m取1组；≥500m取2组；≥1000m取3组，测 f_{cs}、f_{min}、c_v
钻芯劈裂强度	每车道每3km钻取1个芯样，硬路肩为1个车道，测平均 f_{cs}、f_{min}、c_v、板厚 h	每车道每3km钻取1个芯样，硬路肩为1个车道，测平均 f_{cs}、f_{min}、c_v、板厚 h

续表

检验项目	检查频率	
	高速公路、一级公路	其他公路
板厚	路面摊铺宽度内每100m左右各2处，连接摊铺每100m单边1处，参考芯样	路面摊铺宽度内每100m左右各1处，连接摊铺每100m单边1处，参考芯样
3m直尺平整度	每半幅车道100m²处10尺	每半幅车道100m²处10尺
动态平整度	所有车道连续检测	所有车道连续检测
抗滑构造深度	铺砂法：每幅200m²处	铺砂法：每幅200m²处
相邻板高差	尺测：每200m纵缝2条，每条3处	尺测：每200m纵缝2条，每条2处
连接摊铺纵缝高差	尺测：每200m纵向工作缝，每条3处，每处间隔2m³尺，共9尺	尺测：每200m纵向工作缝，每条2处，每处间隔2m³尺，共6尺
接缝顺直度	20m拉线测：每200m6条	20m拉线测：每200m4条
中线平面偏位	经纬仪：每200m6点	经纬仪：每200m4点
路面宽度	尺测：每200m6处	尺测：每200m4处
纵断高程	经纬仪：每200m6点	经纬仪：每200m4点
横坡度	经纬仪：每200m6个断面	经纬仪：每200m6个断面
断板率	数断板面板块占总块数比例	数断板面板块占总块数比例
脱皮裂纹露石缺边掉角	量实际面积，并计算其与总面积之比	量实际面积，并计算其与总面积之比
路缘石顺直度和高度	20m拉线测：每200m4处	20m拉线测：每200m²处
灌缝饱满度	尺测：每200m接缝测6处	尺测：每200m接缝测4处
切缝深度	尺测：每200m6处	尺测：每200m4处
胀缝表面缺陷	每天观察填缝及啃边断角	每天观察填缝及啃边断角
胀缝板连浆	每条胀缝板安装时测量	每条胀缝板安装时测量
胀缝板倾斜	尺测：每块胀缝板每条两侧	尺测：每块胀缝板每条两侧
胀缝板弯曲和位移	尺测：每块胀缝板每条3处	尺测：每块胀缝板每条两侧
传力杆偏斜	钢筋保护层仪：每车道4根	钢筋保护层仪：每车道3根

（1）平整度。3m直尺检测平整度，作为施工过程中质量控制检测目的；车载式平整度仪检测的动态平整度结果，作为二级以上公路交工及竣工验收时工程质量的

评定依据。施工时，当采用 3m 直尺测高速公路、一级公路纵向平整度时，应达到 ≤ 3mm，90% 以上合格率，其他公路达到 ≤ 5mm，90% 以上合格率。

（2）弯拉强度。混凝土路面弯拉强度的评价，以搅拌楼生产的混凝土中随机取样，在标准振动台上制作、标准养生的小梁弯拉强度为准。

（3）板厚。板厚应在面层摊铺前通过基准线或模板进行严格控制，摊铺后板厚可在侧面用尺测量，当板厚不足时，应以行车道横坡低侧面板钻心厚度和面板平均厚度两项指标均满足设计厚度允许偏差（不薄于 1mm）作为返工判定依据。

（四）工技术资料的整理

施工方的质检结果应按 1km 为单位整理成原始记录表格，作为支付依据。对于滑模、轨道、三辊轴机组机械铺筑混凝土路面的关键工序宜拍摄照片或进行录像，作为现场记录保存。

二、竣工验收

（一）申请交工验收

混凝土路面完工后，施工方应将全线以每 1km 为一个评定路段，按规范的要求和按本规程规定的检测项目、频率，提交检测结果、试验数据、施工总结报告及全部原始记录等齐全资料，申请交工验收。

（二）工程施工总结

（1）施工总结与检测报告。工程结束后，施工单位应根据国家竣工文件编制的规定，提交竣工验收报告，连同竣工图表等完整的工程技术档案和施工管理资料，一并提交业主及有关档案管理部门。

（2）施工总结报告内容。竣工验收报告应包括工程概况（包括设计及变更情况）、工程基础资料、材料、施工组织、机械及人员配备、施工方法、施工进度、试验研究、工程质量评价等。

（3）施工质量管理与测试报告内容。工程技术档案和施工管理资料是工程竣工验收和质量保证的重要依据之一，它应包括质量保证体系、图纸会审和设计交底记录、设计变更通知、隐蔽验收记录、试验段铺筑报告、施工前及施工中材料质量检查结果（测试报告）、施工中工程质量检查结果（测试报告）、工程完工后质量自检结果（测试报告）、工程质量评价、竣工图以及原始记录、相册、录像等各种附件。

第五章　路基路面工程检测技术

第一节　路基、路面压实度的试验检测

一、标准密度（最大干密度）和最佳含水量的确定方法

由于筑路材料结构层次等因素的不同，确定室内标准密度的方法也是多样化的，有些方法需在实践中进一步完善。最大干密度是指在标准击实曲线（驼峰曲线）上最大的干密度值，该值对应的含水量即为最佳含水量。

（一）路基土的最大干密度和最佳含水量确定方法

路基受到的荷载应力，随深度而迅速减少，所以路基上部的压实度应高一些；另外，公路等级高，其路面等级也高，对路基强度的要求则相应提高，所以对路基压实度的要求也应高一些。因此，高速、一级公路路基的压实度标准，对于路床0～80cm范围内应不小于96%，路堤80～150cm范围内应不小于94%，150cm以下应不小于93%；对于零填及路堑、路槽底面以下0～30cm应不小于95%。

在平均年降雨量少于130mm且地下水位低的特殊干旱地区（相当于潮湿系数不大于0.25的地区），压实度标准可降低2%～3%。因为这些地区雨量稀少，地下水位低，天然土的含水量大大低于最佳含水量，要加水到最佳含水量情况下进行压实确有很大困难，压实度标准适当降低也不致影响路基的强度和稳定性。在平均年降雨量超过2000mm，潮湿系数大于2的过湿地区和不能晾晒的多雨地区，天然土的含水量超过最佳含水量5%时，要达到上述的要求极为困难，应进行稳定处理后再压实。

由于土的性质、颗粒的差别，确定最大干密度的方法也有区别，除了一般土的"击实法"以外，还有粗粒土和巨粒土最大干密度的确定方法。不同性质土的最大干密度确定方法及各方法的适用范围见表5-1。

表5-1　土的最大干密度确定方法及各方法的适用范围

试验方法	适用范围	土的粒组
轻型、重型击实法	小试筒适用于粒径不大于25mm的土 大试筒适用于粒径不大于38mm的土	细粒土粗粒土
振动台法	（1）本试验规定采用振动台法测定无黏性自由排水粗粒土和巨粒土（包括堆石料）的最大干密度； （2）本试验方法适用于0.074mm标准筛的干颗粒质量分数不大于13%的无黏性自由排水粗粒土和巨粒土； （3）对于最大颗粒大于60mm的巨粒土，因受试筒允许最大粒径的限制，宜按相似级配法的规定处理	粗粒土巨粒土
表面振动压实仪法	同振动台法	粗粒土 巨粒土

击实试验由于击实功的不同，可分为重型和轻型击实，两个试验的原理和基本规律相似，但重型击实试验的击实功提高了4.5倍。击实试验中按采集土样的含水量，分湿土法和干土法；按土能否重复使用，也分为两种，即土能重复使用和不能重复使用。选择时应根据下列原则进行：根据工程的具体要求，按击实试验方法种类中规定选择轻型或重型试验方法；根据土的性质选用干土法或湿土法，对于高含水量土宜选用湿土法；对于非高含水量土则选用干土法（易击碎的试样除外），试样可以重复使用。

振动台法与表面振动压实仪法均是采用振动方法测定土的最大干密度。前者是整个土样同时受到垂直方向的振动作用，而后者是振动作用自土体表面垂直向下传递的。研究结果表明，对于无黏聚性自由排水的土，这两种方法最大干密度试验的测定结果基本一致，但前者试验设备及操作较复杂，后者相对容易，且更接近于现场振动碾压的实际状况。因此，使用时可根据试验设备拥有情况择其一即可，但推荐优先采用表面振动压实仪法。已有的国内外研究结果表明，对于砂、卵、漂石及堆石料等无黏聚性自由排水土而言，一致公认采用振动方法而不是普通击实法。因此，建议采用振动方法测定无黏聚性自由排水土的最大干密度。

各试验方法的仪器设备、试验步骤等详见《公路土工试验规程》中的内容。

（二）路面基层混合料最大干密度及最佳含水量确定方法

常见的路面基层材料有半刚性基层及粒料类基层，粒料类基层最大干密度的确定可参照粗粒土和巨粒土的振动法。半刚性基层材料按照《公路工程无机结合料稳定材料试验规程》执行，用标准击实法求得，但当粒料含量高时（50%以上），由于击实筒空间的限制，现行方法就不能得出真正的最大干密度，若以此为准，按施工规范要求的压实度成型，所测得的强度和有关参数大小，据此进行设计，势必造成浪费。同样，如以此为准进行施工质量控制，必然要求太低，不能保证施工质量。因此，需要寻求更科学的方法、下面介绍一种确定最大干密度和最佳含水量的方法，即理论计算法。

1. 石灰土、二灰稳定粒料

根据室内试验测得结合料的最大干密度 p_1 和集料的相对密度 γ，把已确定的结合料与集料的质量比换算为体积比 $V_1:V_2$，则可计算混合料的最大干密度 p_0 为：

$$p_0 = V_1 p_1 + V_2 \gamma \qquad (1)$$

石灰土、二灰稳定粒料的最佳含水量%是结合料的最佳含水量 w_1 和集料饱水裹覆含水量 w_2 的加权值，可按式（2）进行计算：

$$w_0 = w_1 A + w_2 B \qquad (2)$$

式中：A，B——结合料和集料的质量分数，以小数计。

饱水裹覆含水量是指把集料浸水饱和后取出，不擦去表面裹覆水时的含水量。除吸水率特大的集料外，此值对于砾石可以取 3%，碎石可取 4%。

2. 水泥稳定粒料

此类材料的最大干密度 p_0 与集料的最大干密度 p_G 和水泥硬化后的水泥质量有关，即：

$$p_0 = \frac{p_G}{1 - \frac{(1+k)1}{100}} \qquad (3)$$

式中：p_G——集料在振动台上加载振动而得到的最大干密度，g/cm^3；

a——水泥含量，%；

k——水泥水化时水的增量，视水泥品种不同而异，一般为水泥质量的 10% ~ 25%，以小数计。

水泥加水拌匀后，在 105℃烘箱中烘干，称量试验前水泥质量和烘干后硬化的水泥质量，即可求得水泥水化的水增量。

因水泥中含有水化水，故用烘箱法不能正确测出水泥稳定粒料的最佳含水量。根据对比试验，水泥稳定粒料的最佳含水量 wo 由水泥的水化水、集料的饱水裹覆含水量和拌和水泥所需要的水（水灰比为 0.5）三者组成，即：

$$w_0 = (0.5 + k)a + w_2\left(1 - \frac{a}{100}\right) \qquad (4)$$

式中：k——水泥水化水增量，以小数计，同式（4）中规定；

a——水泥含量，%；

w_2——集料饱水裹覆含水量，%，同式（3）中规定。

二、沥青混合料标准密度确定方法

沥青混合料标准密度以沥青拌和厂取样试验的马歇尔密度或者试验段密度为准，当采用前者时，压实度标准比后者高，无论是用哪种方法，均存在对试件（马氏试件或芯样试件）测密度的问题，在进行密度试验时，应根据混合料本身的特点采用下列方法之一：

（1）水中重法：本法仅适用于密实型沥青混凝土试件，不适用于采用了吸水性大的集料的沥青混合料试件。

（2）表干法：本法适用于表面较粗但较密实的沥青混凝土试件，不适用于吸水率大于2%的沥青混合料试件。

（3）蜡封法：本法适用于吸水率大于2%的沥青混凝土试件以及沥青碎石混合料试件。不能用水中重法或表干法测密度时，应用蜡封法测定。

（4）体积法：本法适用于空隙率较大的沥青碎石混合料及大空隙透水性开级配沥青混合料试件。

具体的试验方法见《公路工程沥青及沥青混合料试验规程》中的相关内容。

三、现场实度试验检测方法及各方法

现场密度检测方法适用范围见表5-2。

表5-2　现场密度检测方法及适用范围

试验方法	适用范围
灌砂法	适用于在现场测定基层（或底基层）、砂石路面及路基土的各种材料压实层的密度和压实度，也适用于沥青表面处治、沥青贯入式面层的密度自压实度检测，但不适用于填石路堤等有大孔洞或大孔隙材料的压实度检测
环刀法	适用于细粒土及无机结合料稳定细粒土的密度测试，但对无机结合料稳定细粒土来说，其龄期不宜超过2d，且宜用于施工过程中的压实度检验
核子密度湿度仪法	适用于现场用核子密度仪以散射法或直接透射法测定路基或路面材料的密度和含水量并计算施工压实度，适用于施工质量的现场快速评定，不宜用作仲裁试验或评定验收试验
钻芯法	适用于检验从压实的沥青路面上钻取的沥青混合料芯样试件的密度，以评定沥青面层的施工压实度，同时适用于龄期较长的无机结合料稳定类基层和底基层的密度检测

（一）灌砂法

灌砂法是利用均匀颗粒的砂去置换试洞的体积，它是当前最通用的方法，很多工程都把灌砂法列为现场测定密度的主要方法。该方法可用于测试各种土或路面材料的密度，它的缺点是：需要携带较多量的砂，而且称量次数较多，因此它的测试速度较慢。

采用此方法时，应符合下列规定：

①当集料的最大粒径小于13mm，测定层的厚度不超过130mm时，宜采用 φ100mm 的小型灌砂筒测试。

②当集料的粒径等于或大于13mm，但不大于40mm，测定层的厚度超过130mm，但不超过200mm时，应用 φ130mm 的大型灌砂筒测试。

1. **仪具与材料**

（1）灌砂筒：有大小两种，根据需要采用。灌砂筒的主要尺寸见表5-3。在储砂筒筒底中心有一个圆孔，下部装一倒置的圆锥形漏斗，漏斗上端开口，直径与储砂筒的圆孔相同，漏斗焊接在一块铁板上，铁板中心有一圆孔与漏斗上开口相接，储砂筒筒底与漏斗之间设有开关。开关铁板上也有一个相同直径的圆孔。

表5-3　灌砂筒的主要尺寸

结构		小型灌砂筒	大型灌砂筒
储砂筒	直径（mm）	100	130
	容积（cm^3）	2120	4600
流砂孔	直径（mm）	10	13
金属标定罐	内径（mm）	100	130
	外径（mm）	130	200
金属方盘基板	边长（mm）	350	400
	深（mm）	40	50
	中孔直径（mm）	100	130

（2）金属标定罐：用薄铁板制作的金属罐，上端周围有一罐缘。

（3）基板：用薄铁板制作的金属方盘，盘的中心有一圆孔。

（4）玻璃板：边长约 500 ~ 600mm 的方形板。

（5）试样盘：小筒挖出的试样可用铝盒存放，大筒挖出的试样可用 300mm×500mm×40mm 的搪瓷盘存放。

（6）天平或台秤：称量 10 ~ 13kg，感量不大于 1g。

对细粒土、中粒土、粗粒土进行含水量测定的天平精度宜分别为 0.01g、0.1g、1.0g。

（7）含水量测定器具：如铝盒、烘箱等。

（8）量砂：粒径 0.30 ~ 0.60mm 及 0.25 ~ 0.50mm 清洁干燥的均匀砂，约 2040kg，使用前需洗净、烘干，并放置足够长的时间，使其与空气的湿度达到平衡。

（9）盛砂的容器：塑料桶等。

（10）其他：凿子、改锥、铁锤、长把勺、小簸箕、毛刷等。

2. 试验方法与步骤

（1）标定筒下部圆锥体内砂的质量

①在灌砂筒筒口高度上，向灌砂筒内装砂至距筒顶 13mm 左右为止。称取装入筒内砂的质量 m_1（准确至 1g）。以后每次标定及试验都应该维持装砂高度与质量不变。

②将开关打开，让砂自由流出，并使流出砂的体积与工地所挖试坑内的体积相当（可等于标定罐的容积），然后关上开关，称灌砂筒内剩余砂质量 m_3（准确至 1g）。

③不晃动储砂筒的砂，轻轻地将灌砂筒移至玻璃板上，将开关打开，让砂流出，直到筒内砂不再下流时，将开关关上，并细心地取走灌砂筒。

④收集并称量留在板上的砂或称量筒内的砂（准确至 1g）。玻璃板上的砂就是填满锥体的砂 m_2。

⑤重复上述测量三次，取其平均值。

（2）标定量砂的单位质量 γ

①用水确定标定罐的容积 V（准确至 1mL）。

②在储砂筒中装入砂并称重，并将灌砂筒放在标定罐上，将开关打开，让砂流出，在整个流砂过程中，不要碰动灌砂筒，直到砂不再下流时，将开关关闭，取下灌砂筒，称取筒内剩余砂的质量（准确至 1g）。

③按式（5）计算填满标定罐所需砂的质量 m_a：

$$m_a=m_1-m_2-m_3 \tag{5}$$

式中：m_a——标定罐中砂的质量 g；

m_1——装入灌砂筒内砂的总质量，g；

m_2——灌砂筒下部圆锥体内砂的质量，g；

m_3——灌砂入标定罐后，筒内剩余砂的质量，g。

④重复上述测量三次，取其平均值。

⑤按式（6）计算量砂的单位质量：

$$\gamma_g = \frac{m_a}{V} \tag{6}$$

式中：γ_g——量砂的单位质量，g/cm^3；

V——标定罐的体积，cm^3。

（3）试验步骤

①在试验地点，选一块平坦表面，并将其清扫干净，其面积不得小于基板面积。

②将基板放在平坦表面上。当表面的粗糙度较大时，则将盛有量砂 m_5（g）的灌砂筒放在基板中间的圆孔上，将灌砂筒的开关打开，让砂流入基板的中孔内，直到储砂筒内的砂不再下流时关闭开关。取下灌砂筒，并称量筒内砂的质量 m_6（准确至 1g）。当需要检测厚度时，应先测量厚度后再进行这一步骤。

③取走基板，并将留在试验地点的量砂收回，重新将表面清扫干净。

④将基板放回清扫干净的表面上（尽量放在原处），沿基板中孔凿洞（洞的直径与灌砂筒一致）。在凿洞过程中，应注意勿使凿出的材料丢失，并随时将凿出的材料取出装入塑料袋中，不使水分蒸发，也可放在大试样盒内。试洞的深度应等于测定层厚度，但不得有下层材料混入，最后将洞内的全部凿松材料取出。对土基或基层而言，为防止试样盘内材料的水分蒸发，可分几次称取材料的质量。全部取出材料的总质量为 m_w（准确至 1g）。

⑤从挖出的全部材料中取出有代表性的样品，放在铝盒或洁净的搪瓷盘中，测定其含水量（w，以%计）。样品的数量如下：用小灌砂筒测定时，对于细粒土，不少于 100g；对于各种中粒土，不少于 500g。用大灌砂筒测定时，对于细粒土，不少于 200g；对于各种中粒土，不少于 1000g。对于粗粒土或水泥、石灰、粉煤灰等无机结合料稳定材料，宜将取出的全部材料烘干，且不少于 2000g，称其质量 m_d（准确至 1g）。当为沥青表面处治或沥青贯入结构类材料时，则省去测定含水量的步骤。

⑥将基板安放在试坑上，将灌砂筒安放在基板中间（储砂筒内放满砂质量 m_1），使灌砂筒的下口对准基板的中孔及试洞，打开灌砂筒的开关，让砂流入试坑内。在此期间，应注意勿碰动灌砂筒，直到储砂筒内的砂不再下流时，关闭开关。小心取走灌砂筒，并称量筒内剩余砂的质量 m_4（准确到 1g）。

⑦如清扫干净的平坦表面的粗糙度不大，也可省去上述②和③的操作。在试筒挖好后，将灌砂筒直接对准放在试坑上，中间不需要放基板。打开筒的开关，让砂流入试坑内。在此期间，应注意勿碰动灌砂筒。直到储砂筒内的砂不再下流时，关

闭开关，小心取走灌砂筒，并称量剩余砂的质量 m'_4（准确至 1g）。

⑧仔细取出试筒内的量砂，以备下次试验时再用，若量砂的湿度已发生变化或量砂中混有杂质，则应该重新烘干、过筛，并放置一段时间，使其与空气的温度达到平衡后再用。

3. 计算

（1）按式（7）或式（8）计算填满试坑所用的砂的质量 m_b。

灌砂时，试坑上放有基板时：

$$m_b = m_1 - m_4 - (m_5 - m_6) \qquad (7)$$

灌砂时，试坑上不放基板时：

$$m_b = m_1 - m'_4 - m_2 \qquad (8)$$

式中：m_b——填满试坑的砂的质量，g；

m_1——灌砂前灌砂筒内砂的质量，g；

m_2——灌砂筒下部圆锥内砂的质量，g；

m_4，m'_4——灌砂后，灌砂筒内剩余砂的质量，g；

m_5，m_6——灌砂筒下部圆锥体内及基板和粗糙表面间砂的合计质量，g。

（2）按式（9）计算试坑材料的湿密度 p_w；

$$p_w = \frac{m_w}{m_b} \times \gamma_s \qquad (9)$$

式中：m_w——试坑中取出的全部材料的质量，g；

γ_s——量砂的单位质量，g/cm^3。

（3）按式（10）计算试坑材料的干密度 p_d：

$$p_d = \frac{p_w}{1 + 0.01w} \qquad (10)$$

式中：w——试坑材料的含水量，%。

（4）水泥、石灰、粉煤灰等无机结合料稳定土，可按式（19）计算干密度 p_d：

$$p_d = \frac{m_d}{m_b} \times \gamma_g \qquad (11)$$

式中：m_d——试坑中取出的稳定土的烘干质量，g。

当试坑材料组成与击实试验的材料有较大差异时，可以试坑材料作标准击实，求取实际的最大干密度。

灌砂法是施工过程中最常用的试验方法之一。为提高试验精度，使试验做得准确，应注意以下几个环节：

（1）量砂要规则。量砂如果重复使用，一定要注意晾干，处理一致，否则影响量砂的松方密度。

（2）每换一次量砂，都必须测定松方密度，漏斗中砂的数量也应该每次重做。因此，宜事先准备较多数量量砂。切勿到试验时临时找砂，又不作试验，仅使用以前的数据。

（3）地表处理要平整，只要表面凸出一点（即使1mm），使整个表面高出一薄层，其体积也会算到试坑中去，会影响试验结果。因此本方法一般宜采用放上基板先测定一次粗糙表面消耗的量砂，按式（10）计算填坑的砂量，只有在非常光滑的情况下方可省去此操作步骤。

（4）在挖坑时，试坑周壁应笔直，避免出现上大下小或上小下大的情形，这样就会使检测密度偏大或偏小。

（5）灌砂时检测厚度应为整个碾压层厚，不能只取上部或者取到下一个碾压层中。

（二）环刀法

环刀法是测量现场密度的传统方法。国内习惯采用的环刀容积通常为$200cm^3$，环刀高度通常约5cm。用环刀法测得的密度是环刀内土样所在深度范围内的平均密度。它不能代表整个碾压层的平均密度。由于碾压土层的密度一般是从上到下减小的，若环刀取在碾压层的上部，则得到的数值往往偏大；若环刀取的是碾压层的底部，则所得的数值将明显偏小，就检查路基土和路面结构层的压实度而言，我们需要的是整个碾压层的平均压实度，而不是碾压层中某一部分的压实度，因此，在用环刀法测定土的密度时，应使所得密度能代表整个碾压层的平均密度。然而，这在实际检测中是比较困难的，只有使环刀所取的土恰好是碾压层中间的土，环刀法所得的结果才可能与灌砂法的结果大致相同。另外，环刀法适用面较窄，对于含有粒料的稳定土及松散性材料无法使用。

1. 仪具与材料

（1）人工取土器或电动取土器。

人工取土器包括环刀、环盖、定向筒和击实锤系统（导杆、落锤、手柄）。环刀内径6～8cm，高2～3cm，壁厚1.5～2mm。

电动取土器由底座、行走轮、立柱、齿轮箱、升降机构、取芯头等组成。电动取土器主要技术参数为：工作电压DC24V（36Ah），转速50～7r/min，无级调速，整机质量约35kg。

（2）天平：感量0.1g（用于取芯头内径小于70mm样品的称量），或1.0g（用于取芯头内径 100mm 样品的称量)。

（3）其他：镐、小铁锹、修土刀、毛刷、直尺、钢丝锯、凡士林、木板及测定含水量设备等。

2. 试验方法与步骤

（1）用人工取土器测定黏性土及无机结合料稳定细粒土密度

①擦净环刀，称取环刀质量 m_2（准确至 0.1g）。

②在试验地点，将面积约为 30cm × 30cm 的地面清扫干净，并将压实层铲去表面浮动及不平整的部分，达到一定深度，使环刀打下后，能达到要求的取土深度，但不得扰动下层。

③将定向筒齿钉固定于铲平的地面上，顺次将环刀、环盖放入定向筒内与地面垂直。

④将导杆保持垂直状态，用取土器落锤将环刀打入压实层中，至环盖顶面与定向筒上口齐平为止。

⑤去掉击实锤和定向筒，用镐将环刀及试样挖出。

⑥轻轻取下环盖，用修土刀自边至中削去环刀两端余土，用直尺检测直至修平为止。

⑦擦净环刀外壁，用天平称取环刀及试样合计质量 m_1（准确至 0.1g）。

⑧自环刀中取出试样，取具有代表性的试样，测定其含水量。

（2）用人工取土器测定砂性土或砂层密度

①如为湿润的砂土，试验时不需要使用击实锤和定向筒。在铲平的地面上，细心挖出一个直径较环刀外径略大的砂土柱，将环刀刃口向下，平置于砂土柱上，用两手平稳地将环刀垂直压下，直至砂土柱突出环刀上端约 2cm 时为止。

②削掉环刀口上的多余砂土，并用直尺刮平。

③在环刀上口盖一块平滑的木板，一手按住木板，另一只手用小铁锹将试样从环刀底部切断，然后将装满试样的环刀转过来，削去环刀刃口上部的多余砂土，并用直尺刮平。

④擦净环刀外壁，称环刀与试样合计质量 m_1（精确至 0.1g）。

⑤自环刀中取具有代表性的试样测定其含水量。

⑥干燥的砂土不能挖成砂土柱时，可直接将环刀压入或打入土中。

（3）用电动取土器测定无机结合料细粒土和硬塑土密度

①装上所需规格的取芯头。在施工现场取芯前，选择一块平整的路段，将四只行走轮打起，四根定位销钉采用人工加压的方法，压入路基土层中。松开锁紧手柄，

旋动升降手轮，使取芯头刚好与土层接触，锁紧手柄。

②将电瓶与调速器接通，调速器的输出端接入取芯机电源插口。指示灯亮，显示电路已通；启动开关，电动机工作，带动取芯机构转动。根据土层含水量调节转速，操作升降手柄，上提取芯机构，停机，移开机器。由于取芯头圆筒外表有几条螺旋状突起，切下的土屑排在筒外顺螺纹上旋抛出地表，因此，将取芯套筒套在切削好的土芯立柱上，摇动即可取出样品。

③取出样品，立即按取芯套筒长度用修土刀或钢丝锯修平两端，制成所需规格土芯，如拟进行其他试验项目，装入铝盒，送试验室备用。

④用天平称量土芯带套筒质量 m_1，从土芯中心部分取试样测定含水量。

按式（12）和式（13）分别计算试样的湿密度 p_w 及干密度 p_d：

$$p_w = \frac{4 \times (m_1 - m_2)}{\pi d^2 h} \qquad (12)$$

$$p_d = \frac{p_w}{1 + 0.01w} \qquad (13)$$

式中：p_w——试样的湿密度，g/cm^3；

p_d——试样的干密度，g/cm^3；

m_1——环刀或取芯套筒与试样合计质量，g；

m_2——环刀或取芯套筒质量，g；

d——环刀或取芯套筒直径，cm；

h——环刀或取芯套筒高度，cm；

w——试样的含水量，%。

（三）核子密度湿度仪法

该法是利用放射性元素（通常是 γ 射线和中子射线）测量土或路面材料的密度和含水量。

这类仪器的特点是测量速度快，需要人员少。该类方法适用于测量各种土或路面材料的密度和含水量，有些进口仪器可储存打印测试结果。其缺点是：放射性物质对人体有害，另外需要打洞的仪器，在打洞过程中使洞壁附近的结构遭到破坏，影响测定的准确性。对于核子密度湿度仪法，可作施工控制使用，但需与常规方法比较，以验证其可靠性。

1. **仪具与材料**

（1）核子密度湿度仪：符合国家规定的关于健康保护和安全使用标准，密度的测定范围为 $1.12 \sim 2.73g/cm^3$，测定误差不大于 $10.03g/cm^3$，含水率测量范围为 0 ~

0.64g/cm³，测定误差不大于 0.013g/cm³。它主要包括下列部件：

① γ 射线源：双层密封的同位素放射源，如铯 137、钴 60 或镭 226 等。

②中子源：如镅 241、铍等。

③探测器：γ 射线探测器或中子探测器等。

④读数显示设备：如液晶显示器、脉冲计数器、数率表或直接读数表。

⑤标准板：提供检验仪器操作和散射计数参考标准用。

⑥安全防护设备：符合国家规定要求的设备。

⑦刮平板、钻杆、接线等。

（2）细砂：0.13 ~ 0.3mm。

（3）天平或台秤。

（4）其他：毛刷等。

2. 试验方法与步骤

本方法用于测定沥青混合料面层的压实密度时，在表面用散射法测定，所测定沥青面层的层厚应不大于根据仪器性能决定的最大厚度。用于测定土基或基层材料的压实密度及含水量时，打洞后用直接透射法测定，测定层的厚度不宜大于 20cm。

（1）准备工作

①每天使用前按下列步骤用标准板测定仪器的标准值：

a. 接通电源，按照仪器使用说明书建议的预热时间预热测定仪。

b. 在测定前，应检查仪器性能是否正常，在标准板上取 34 个读数的平均值建立原始标准值，并与使用说明书提供的标准值校对，如标准读数超过使用说明书规定的界限时，应重复此标准的测量，若第二次标准计数仍超出规定的界限时，须视作故障并进行仪器检查。

②在进行沥青混合料压实层密度测定前，应用核子法对钻孔取样的试件进行标定；测定其他材料密度时，宜与挖坑灌砂法的结果进行标定。标定的步骤如下：

a. 选择压实的路表面，按要求的测定步骤用核子仪测定密度，记录读数。

b. 在测定的同一位置用钻机钻孔法或挖坑灌砂法取样，量测厚度，按规定的标准方法测定材料的密度。

c. 对同一种路面厚度及材料类型，在使用前至少测定 13 处，求取两种不同方法测定的密度的相关关系，其相关系数应不小于 0.9。

③测试位置的选择

a. 按照随机取样的方法确定测试位置，但与距路面边缘或其他物体的最小距离不得小于 30cm。核子仪距其他射线源不得少于 10m。

b. 当用散射法测定时，应用细砂填平测试位置路表结构凹凸不平的空隙，使路表面平整，能与仪器紧密接触。

c. 当使用直接透射法测定时，应在表面上用钻杆打孔，孔深略深于要求测定的深度，孔应竖直圆滑并稍大于射线源探头。

（2）测定步骤

①如用散射法测定时，应按图5-1的方法将核子仪平稳地置于测试位置上。

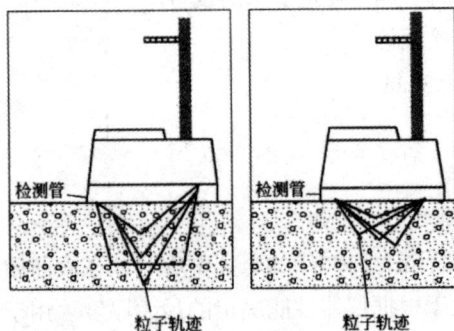

图5-1　用散热法测定的方法

②如用直接透射法测定时，应按图5-2的方法将放射源棒放下插入已预先打好的孔内。

图5-2　用投射法测定的方法

③打开仪器，测试员退出仪器2m以外，按照选定的测定时间进行测量，到达测定时间后，读取显示的各项数值，并迅速关机。

各种型号的仪器具体操作步骤略有不同，可按照仪器使用说明书进行。

（3）使用安全注意事项

①仪器工作时，所有人员均应退到距仪器 2m 以外的地方。

②仪器不使用时，应将手柄置于安全位置，仪器应装入专用的仪器箱内，放置在符合核辐射安全规定的地方。

③仪器应由经有关部门审查合格的专人保管，专人使用。对从事仪器保管及使用的人员，应遵照有关核辐射检测的规定，不符合核防护规定的人员，不宜从事此项工作。

（四）钻芯法

沥青混合料面层的施工压实度是指按规定方法测得的混合料试样的毛体积密度与标准密度之比，以百分率表示。对沥青混合料，国内外均以取样测定作为标准试验方法。

1. 仪具与材料

（1）路面取芯钻机。

（2）天平：感量不大于 0.1g。

（3）溢流水槽。

（4）吊篮。

（5）石蜡。

（6）其他：卡尺、毛刷、小勺、取样袋（容器）、电风扇。

2. 试验方法与步骤

（1）钻取芯样。按"路面钻孔及切割取样方法"钻取路面芯样，芯样直径不宜小于 100mm。当一次钻孔取得的芯样包含有不同层位的沥青混合料时，应根据结构组合情况用切割机将芯样沿各层结合面锯开分层进行测定。

（2）测定试件密度

①将钻取的试件在水中用毛刷轻轻刷净黏附的粉尘。如试件边角有松散颗粒，应仔细清除。

②将试件晾干或用电风扇吹干（不少于 24h），直至恒重。

按现行《公路工程沥青及沥青混合料试验规程》的沥青混合料试件密度试验方法测定试件的视密度或毛体积密度。当试件的吸水率小于 2% 时，采用水中重法或表干法测定；当吸水率大于 2% 时，用蜡封法测定；对空隙率很大的透水性混合料及开级配混合料用体积法测定。

3. 计算

（1）当计算压实的沥青混合料的标准密度采用马歇尔击实试件成型密度或试验

路段钻孔取样密度时，沥青面层的压实度按式（14）进行计算：

$$K = \frac{p_s}{p_0} \times 100 \qquad (14)$$

式中：K——沥青面层的压实度，%；

p_s——沥青混合料芯样试件的视密度或毛体积密度，g/cm^3；

p_0——沥青混合料的标准密度，g/cm^3。

（2）由沥青混合料实测最大密度计算压实度时，应按式（14）进行空隙率折算密度，再按式（15）进行压实度的计算：

$$p_0 = p_1 \left(\frac{100 - w}{100} \right) \qquad (15)$$

式中：p_0——沥青混合料的标准密度，g/cm^3；

p_1——沥青混合料的实测最大密度，g/cm^3，具体试验方法见《公路工程沥青及沥青混合料试验规程》中的内容；

W——试件的空隙率，%。

4. 试验检测中应注意的问题

压实度的大小取决于实测的压实密度，同样也与标准密度的大小有关。但目前对标准密度的规定并不统一，有些工程在压实度达不到时便重新进行马歇尔试验，调整标准密度使压实度达到要求，这样实际上是弄虚作假。为了防止这种情况出现，新的检测方法规定了三种标准密度，第一种是马歇尔击实试件密度；第二种是试验路段钻孔取样密度；第三种是由实测最大密度按空隙率折算的标准密度。在进行检测时，应结合工程实际情况，采用相应的标准密度。

四、压实度检测结果评定

路基、路面压实度以 1 ~ 3km 长的路段为检验评定单元，按要求的检测频率及方法进行现场压实度抽样检查，求算每一测点的压实度 K。

压实度评定要点是：

（1）控制平均压实度的置信下限，以保证总体水平；

（2）规定单点极值不得超出给定值，防止局部隐患；

（3）规定扣分界限以区分质量优劣。

检验评定段的压实度代表值 K（算术平均值的下置信界限）为：

$$K = \bar{k} - t_a S / \sqrt{n} \geq K_0 \qquad (16)$$

式中：$\bar{k}$——检验评定段内各测点压实度的平均值；

t_a——t 分布表中随测点数和保证率（或置信度）而变的系数，高速、一级公路：基层、底基层为 99%，路基、路面面层为 95%；其他公路：基层、底基层为 95%，路基、路面面层为 90%；

S——检测值的均方差；

n——检测点数；

K_0——压实度标准值。

（1）路基、基层和底基层：$K \geqslant K_0$，且单点压实度 k_i 全部大于等于规定值减 2 个百分点时，评定路段的压实度可得规定满分；当 $K \geqslant K_0$，且单点压实度全部大于等于规定极值时，对于测定值低于规定值减 2 个百分点的测点，按其占总检查点数的百分率计算扣分值。$K < K_0$ 或某一单点压实度 K_i 小于规定极值时，该评定路段压实度为不合格，评为零分。

路堤施工段短时，分层压实度要点点符合要求，且实际样本数不小于 6 个。

（2）沥青面层：当 $K \geqslant K_0$ 且全部测点大于等于规定值减 1 个百分点时，评定路段的压实度可得规定的满分；当 $K \geqslant K_0$ 时，对于测定值低于规定值减 1 个百分点的测点，按其占总检查点数的百分率计算扣分值。$K < K_0$ 时，评定路段的压实度为不合格，评为零分。

第二节　路面弯沉检测

一、弯沉测量的目的

一是利用弯沉仪测定路面表面在标准轴载作用下的轮隙回弹弯沉值，用作评定路面强度的指标，二是通过对路面结构分层测定所得的回弹弯沉值，根据弹性体系垂直位移理论解，反算路面各结构层的材料回弹模量值。

二、弯沉测量方法

用弯沉指标来表示路面强度的做法早在 20 世纪 30 年代便开始了。美国在 50 年代研制了贝克曼弯沉梁。我国也仿照贝克曼弯沉梁研制了现在的弯沉仪。为了提高测量精度和解决弯沉测量时支座位移的问题，前苏联、瑞士、法国研制了光学弯沉仪，它的特点是把测点与读数装置分开，消除了支座位移的影响。近年来，日本、丹麦等国研制了动力式落锤弯沉仪，用以测量冲击荷载作用下路面表面的弯沉，它可模拟快速行车对路面的弯沉效应。贝克曼梁法测弯沉属传统方法，速度慢，静态测试，比较成熟，目前属于标准方法。以下主要介绍贝克曼弯沉仪测量法。

三、贝克曼梁法测弯沉

（一）试验目的和使用范围

（1）本方法适用于测定各类路基路面的回弹弯沉，用以评定其承载能力，可供路面结构设计使用。

（2）沥青路面的弯沉以路表温度20℃时为准，在其他温度测试时，对厚度大于5cm的沥青路面，弯沉值应予以温度修正。

（二）仪具与材料

（1）路面弯沉仪：由贝克曼梁、百分表及表架组成。贝克曼梁通常由铝合金制成。其前臂（接触路面）与后臂（装百分表）长度比为2:1。弯沉仪有两种：一种长3.6m，前后臂分别为2.4m和1.2m；另一种加长的弯沉仪长5.4m，前后臂分别为3.6m和1.8m。要求刚度高，质量小，精度高，灵敏度高和使用方便。仪器构造如图5-3所示。

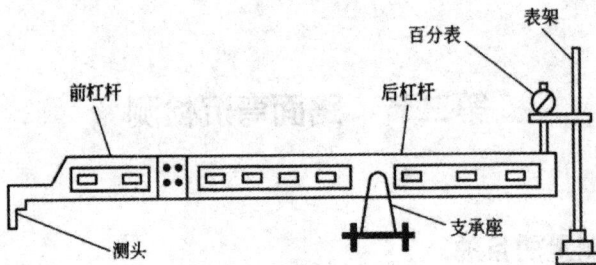

图5-3 弯沉仪构造示意

（2）测试车：采用双轴、后轴双侧4轮的载重车。测试车可根据需要按公路等级选择，高速公路、一级公路和二级公路采用后轴为100kN的BZZ-100型汽车。其他等级公路采用后

轴为60kN的BZZ-60型汽车。其标准轴载车的主要参数见表5-4，并要求轮胎花纹清晰，没有明显磨损。车上所装重物应稳固均匀，汽车行驶时荷载不得移动。测试前应对轮胎气压进行检验。

表5-4　标准轴载车的主要参数

标准轴载等级	BZZ-100	BZZ-60
后轴标准轴载（kN）	100 ± 1	60 ± 1
一侧双轮荷载（kN）	50 ± 0.5	30 ± 0.5
轮胎充气压力（MPa）	0.7 ± 0.05	0.5 ± 0.05
单轮传压当量圆直径（cm）	21.30 ± 0.5	19.5 ± 0.5
轮迹宽度	满足能自由插入弯沉仪测头的测试要求	

（3）接触式路面温度计。

（4）其他：粉笔、小旗、皮尺、口哨等。

（三）试验方法与试验步骤

1. **试验前的准备工作**

（1）检查并保持测定用标准车的车况及制动性能良好，轮胎内胎符合充气压力。

（2）向汽车车槽中装载（铁块或集料），并用地中衡称量后轴总质量，符合要求的轴重规定，汽车行驶及测定过程中，轴重不得变化。

（3）汽车轮胎着地面积：在平整光滑的硬质路面上用千斤顶将汽车后轴顶起，在轮胎下方放一张新的复写纸，轻轻放下千斤顶，即在方格纸上印上轮胎印痕，用求积仪或数方格的方法，测算轮胎的接地面积 F（精确至 $0.1cm^2$）。

（4）检查弯沉仪百分表测量灵敏情况。

（5）计算后轮的单位面积压力及荷载当量圆直径。

①压力为：

$$p = \frac{P}{2F} \tag{17}$$

②单圆荷载直径：

$$D = \sqrt{\frac{4F}{\pi}} \tag{18}$$

③双圆荷载直径：

$$d = \frac{D}{\sqrt{2}} \tag{19}$$

（6）当在沥青路面上测定时，用路表温度计测定试验时的气温及路表温度时（一天气温不断变化，应随时检查），并通过气象台了解前 5d 的平均气温（日最高气温及最低气温的平均值）。记录沥青路面修建或改建时材料、结构、厚度、施工及养护等情况。

2. 测试步骤

（1）在测试路段内布置测点，其距离视测试需要而定。测点应在路面行车车道的轮迹带上，并画上标记。

（2）将测试车后轮轮隙对准测点后约 3～5cm 处的位置上。

（3）将弯沉仪插入汽车后轮之间的缝隙处，与汽车的方向一致，轮臂不得碰到轮胎，弯沉仪测头置于测点上（轮隙中心前方 3～5cm 处），并安装百分表于弯沉仪的测定杆上，百分表调零，用手指轻轻叩打弯沉仪，检查百分表是否稳定回零。弯沉仪可以是单侧测定，也可以是双侧测定。

（4）测定者吹哨发令指挥汽车缓缓前进，百分表随路面变形的增加而持续向前转动。当表针转到最大值时，迅速读取初读数 d1。汽车仍然向前行驶，表针反向回转，待汽车驶出弯沉影响半径（3m 以上）后，吹口哨或挥动指挥红旗，汽车停止。待表针回转稳定后，再次读取终读数 d2。汽车前进的速度宜为 5km/h 左右。当弯沉仪的杠杆比为 1:2 时，则回弹弯沉值（mm）如下：

$$l_1 = 2(d_1 + d_2) \times \frac{1}{100} \qquad (20)$$

（5）将回弹弯沉测量的结果记录在记录表中。

（6）如需测定总弯沉值和残余弯沉值，则应用"后退加荷法"，即：先将试验车停驻在弯沉影响半径范围以外，在测点先安置好弯沉仪测头，读记百分表读数 d_3。然后指挥试验车缓缓地由前向后倒退至测点，并使弯沉仪测头刚好对准轮胎间隙中心，待百分表稳定后读计数值 d_4；即指挥汽车向前缓缓驶离测点至影响半径范围之外，待百分表稳定后读计数值 d_5，则：

①总弯沉为：

$$l_Z = 2(d_4 - d_3) \times \frac{1}{100} \qquad (21)$$

②回弹弯沉：

$$l_1 = 2(d_4 - d_5) \times \frac{1}{100} \qquad (22)$$

③残余弯沉：

$$l_e = l_Z - l_1 \qquad (23)$$

3. 弯沉仪的支点变形修正

（1）当采用 3.6m 的弯沉仪对半刚性基层沥青路面、水泥混凝土路面等进行弯沉测试时，有可能引起弯沉仪支座处变形，因此应检验支点有无变形。用另一台检验用的弯沉仪安装在检测用的弯沉仪后方，其测点架于测定用的弯沉仪的支点旁。当汽车开动时，同时读取两台弯沉仪的读数，如测验用的弯沉仪百分表有读数，则应记录并进行支点变形修正。

（2）当采用长 5.4m 的弯沉仪测定时，可不进行支点变形修正。进行弯沉仪支点变形修正时，路面测点的回弹弯沉值按式（24）进行计算：

$$L_T =)(L_1 - L_2 \times 2 + L_3 - L_4 \times 6 \qquad (24)$$

式中：L_1——车轮中心临近弯沉仪测头时测定用弯沉仪的最大读数，0.01mm；

L_2——汽车驶出弯沉影响半径后测定用弯沉仪的终读数，0.01mm；

L_3——车轮中心临近弯沉仪测头时检验用弯沉仪的最大读数，0.01mm；

L_4——汽车驶出弯沉影响半径后检验用弯沉仪的终读数，0.01mm。

式（24）适用于测定用弯沉仪支座处有变形，但百分表架处路面无变形的情况。

4. 温度修正

沥青面层厚度大于 5cm，且路面湿度超过（20±2）℃范围时，回弹弯沉值应进行温度修正，温度的修正有两种方法。

（1）查图法。测定时的沥青层平均温度按式（25）计算：

$$T = (T_{25} + T_m + T_e)/3 \qquad (25)$$

式中：T——测定时沥青层平均温度，℃；

T_{25}——根据 T_0 由图 5-4 决定的路表下 25mm 处的温度，℃；

T_m——根据 T_0 由图 5-5 决定的沥青层中间深度的温度，

T_e——根据 T_0 由图 5-6 决定的沥青层地面处的温度，℃。

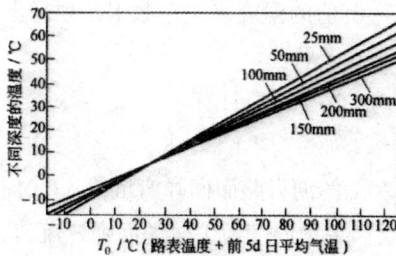

图5-4　沥青面层平均温度的确定

（线上的数字表示路表下的不同深度）

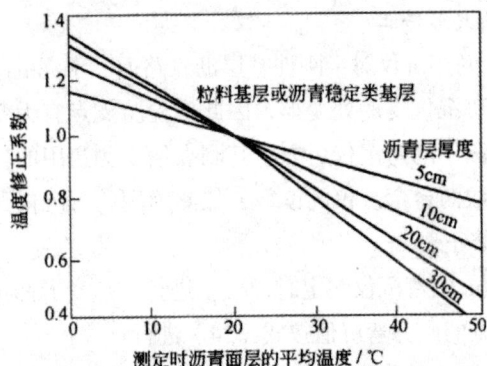

图5-5　路面弯沉温度修正系数曲线
（适用于粒料基层或沥青稳定类基层）

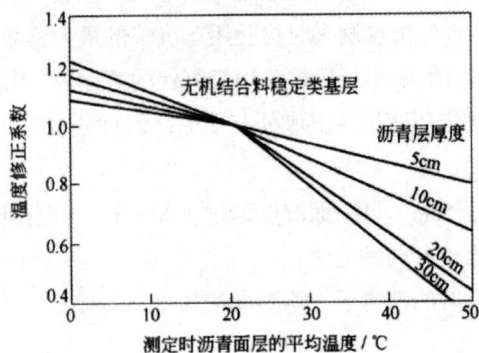

图5-6　路面弯沉温度修正系数曲线
（适用于无机结合料稳定的半刚性基层）

图 5-4 中 T_0 为测定时路表温度与测定前 5d 日平均气温的平均值之和，平均气温为日最高气温与最低气温的平均值。

不同基层的沥青路面弯沉值的温度修正系数 K，根据沥青平均温度 T 及沥青层厚度，分别由图 5-5 及图 5-6 求取。

沥青路面回弹弯沉按式（26）进行计算：

$$L_{20}=L_T K \tag{26}$$

式中：L_{20}——换算为 20℃的沥青路面回弹弯沉值，0.01mm；

L_T——测定时沥青面层内平均温度为 T 时的回弹弯沉值，0.01mm；

K——温度修正系数。

（2）经验计算法。测定时的沥青面层平均温度 T 由经验公式确定：

$$T=a+bT_0 \tag{27}$$
$$a=-2.65+0.52h$$
$$b=0.62-0.008h$$

式中：T_0——测定时路表温度与测定前 5d 日平均气温的平均值之和，℃；

h——沥青面层厚度。

弯沉温度修正系数经验公式：

当 T ≥ 20℃时，

$$K = e\left(\frac{1}{T} - \frac{1}{20}\right)^h \tag{28}$$

当 T < 20℃时，

$$K = e^{0.002h(20-T)} \tag{29}$$

5. 测试数据的整理与计算

在确定原有路面计算弯沉值中，在同一段落各测点的弯沉值比较接近且每车道不少于 20 点；各段的最小长度应与施工方法相适应，一般不小于 500m，机械化施工不小于 1km 的要求，且土基干湿类型和土质应相同，将全线进行段落划分，统计计算各段的计算参数，见式（30）~ 式（33）。

（1）平均弯沉值 $\overline{L_0}$：

$$\overline{L_0} = \frac{1}{n}\sum_{i=1}^{n} L_i \tag{30}$$

（2）标准偏差 S：

$$S = \sqrt{\frac{\Sigma\left(L_i - \overline{L_0}\right)^2}{n-1}} \tag{31}$$

（3）变差系数 C_v：

$$C_V = \frac{S}{\overline{L_0}} \times 100\% \tag{32}$$

（4）代表弯沉 L_0：

$$L_0 = \overline{L_0} + Z_a S \tag{33}$$

式中：L_0——路段的计算回弹弯沉值，0.01mm；

$\overline{L_0}$——路段内原有路面的平均弯沉值，0.01mm；

S——弯沉值的均方差，0.01mm；

Z_a——与保证率有关的系数，高速公路、一级公路取 2.0，二级公路取 1.645，二级以下公路取 1.5。

第三节 路面平整度及结构层厚度的试验检测

一、路面平整度

（一）路面平整度概述

路面平整度是评定路面质量的主要技术指标之一，它关系到行车的安全、舒适以及路面所受冲击力的大小和使用寿命，不平整的路表面会增大行车阻力，并使车辆产生附加的振动作用。这种振动作用会造成行车颠簸，影响行车的速度和安全，影响驾驶的平稳和乘客的舒适。同时，振动作用还会对路面施加冲击力，从而加剧路面和汽车机件的损坏和轮胎的磨损，并增大油料的消耗。而且，对于位于水网地区，不平整的路面还会积滞雨水，加速路面的水损坏。因此，为了减少振动冲击力，提高行车速度和增加行车舒适性、安全性，路面应保持一定的平整度。

影响路面平整度因素涉及设计、施工、自然条件等方方面面，优良的路面平整度要依靠优良的施工装备、精细的施工工艺、严格的施工质量控制以及经常和及时的养护来保证。影响沥青混凝土路面平整度的因素主要有：不均匀沉降、摊铺工艺、碾压工艺、横接缝处理、配合比设计、下承层病害等。

平整度的测试设备分为断面类及反应类两大类。断面类实际上是测定路面表面凹凸情况的，如最常用的 3m 直尺及连续式平整度仪，还可用精确测定高程得到；反应类测定路面凹凸引起车辆振动的颠簸情况。反应类指标是司机和乘客直接感受到的平整度指标，因此它实际上是舒适性能指标，最常用的测试设备是车载式颠簸累积仪。现已有更新型的自动化测试设备，如纵断面分析仪、路面平整度数据采集系统测定车等。常见的几种平整度测试方法的特点及技术指标比较见表 5-5。国际上通用国际平整度指数 IRI 衡量路面行驶舒适性或路面行驶质量，可通过标定试验得出 IRI 与标准差 σ 或单向累计值 VBI 之间的关系。

表5-5 平整度测试方法的特点及技术指标比较

方法	特点	技术指标
3m直尺法	设备简单，结果直观，间断测试，工作效率低，反应凸凹程度	最大间隙h（mm）

续表

方法	特点	技术指标
连续式平整度仪法	设备较复杂，连续测试，工作效率高，反应凸凹程度	标准差 σ（mm）
颠簸累计仪法	设备复杂，工作效率高，连续测试，反应舒适性	单向累计值VBI（cm/km）

（二）平整度测试方法

1. 3m 直尺法

3m 直尺法有单尺测定最大间隙及等距离（1.5m）连续测定两种。两种方法测定的路面平整度有较好的相关关系：前者常用于施工质量控制与检查验收，单尺测定时要计算出测定段的合格率；等距离连续测试也可用于施工质量检查验收，要算出标准差，用标准差来表示平整程度。

（1）试验目的和适用范围

用于测定压实成型的路基、路面各层表面的平整度，以评定路面的施工质量及使用质量。

（2）测试要点

在测试路段路面上选择测试地点：

①当为施工过程中质量检测需要时，测试地点根据需要确定，可以单杆检测。

②当为路基、路面工程质量检查验收或进行路况评定需要时，应首尾相接连续测量 10 尺。除特殊需要外，应以行车通一侧车轮轮迹（距车道线 80～100cm）带作为连续测定的标准位置。

③对旧路面已形成车辙的路面，应取车辙中间位置为测定位置，用粉笔在路面上做好标记。

（3）计算

单杆检测路面的平整度计算，以 3m 直尺与路面的最大间隙为测定结果。连续测定 10 尺时，判断每个测定值是否合格，根据要求计算合格百分率，并计算 10 个最大间隙的平均值。

$$合格率 = （合格尺数/总测尺数）\times 100\%$$

（4）报告

单杆检测的结果应随时记录测试位置及检测结果。连续测定 10 尺时，应报告平均值、不合格尺数、合格率。

2. 连续式平整度仪法

（1）试验目的与适用范围

用于测定路表面的平整度评定路面的施工质量和使用质量，但不适用于在已有较多坑槽、破损严重的路面上测定。

（2）仪器设备

①连续式平整度仪：构造如图 5-7 所示。

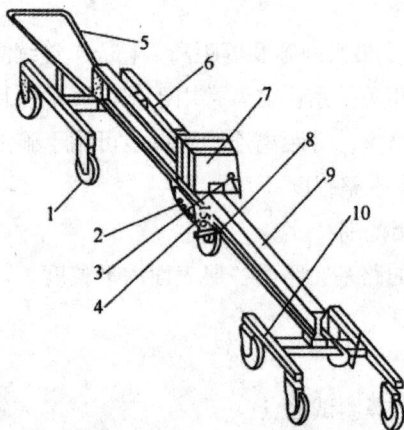

图5-7 连续式平整度仪构造示意

1—脚轮；2—拉簧；3—离合器；4—测架；5—牵引架；
6—前架；7—纵断面绘图仪；8—测定轮；9—纵梁；10—后架

除特殊情况外，连续式平整度仪的标准长度为 3m，其质量应符合仪器标准的要求。中间为一个 3m 长的机架，机架可缩短或折叠，前后各有 4 个行走轮，前后两组轮的轴间距离为 3m。机架中间有一个能起落的测定轮。机架上装有蓄电源及可拆卸的检测箱，检测箱可采用显示、记录、打印或绘图等方式输出测试结果。测定轮上装有位移传感器，自动采集位移数据时，测定间距为 10cm，每一计算区间长 100m。输出一次结果。当为人工检测、无自动采集数据及计算功能时，应能记录测试曲线。机架头装有一牵引钩及手拉柄，可用人力或汽车牵引。

②牵引车：小面包车或其他小型牵引汽车。

③皮尺或测绳。

（3）试验要点

①选择测试路段路面测试地点，同 3m 直尺法。

②将连续式平整度测定仪置于测试路段路面起点上。

③在牵引汽车的后部，将平整度的挂钩挂上后，放下测定轮，启动检测器及记录仪，随即启动汽车，沿道路纵向行驶，横向位置保持稳定，并检查平整度检测仪表上测定数字显示、打印、记录的情况。检测设备中如某项仪表发生故障，即停车检测。牵引平整度仪的速度应均匀，速度宜为5km/h，最大不得超过12km/h。在测试路段较短时，也可用人力拖拉平整度仪测定路面的平整度，但拖拉时应保持匀速前进。

（4）计算

①连续式平整度测定仪测定后，可按每10cm间距采集的位移值自动计算100m计算区间的平整度标准差，还可记录测试长度、曲线振幅大于某一定值（3mm、5mm、8mm、10mm等）的次数、曲线振幅的单向（凸起或凹下）累计值及以3m机架为基准的中点路面偏差曲线图，并打印输出。当为人工计算时，在记录曲线上任意设一基准线，每隔一定距离（宜为1.5m）读取曲线偏离基准线的偏离位移值、

②每一计算区间的路面平整度以该区间测定结果的标准差表示，按式（34）进行计算：

$$\sigma_i = \sqrt{\frac{\Sigma\left(\overline{d} - d_i\right)^2}{n-1}} \qquad （34）$$

式中：σ_i——各计算区间的平整度计算值，mm；

d_i——以100m为一个计算区间，每隔一定距离（自动采集间距为10cm，人工采集间距为1.5m）采集的路面凹凸偏差位移值，mm；

n——计算区间用于计算标准差的测试数据个数。

③计算一个评定路段内各区间平整度标准差的平均值、标准差、变异系数。

（5）报告

试验应列表报告每一个评定路段内各测定区间的平整度标准差、各评定路段平整度的平均值、标准差、变异系数以及不合格区间数。

3. 车载式颠簸累积仪法简介

（1）目的和适用范围

①本方法规定用车载式颠簸累积仪测量车辆在路面上通行时后轴与车厢之间的单向位移累积值VBI表示路面的平整度，以cm/km计。

②本方法适于测定路面表面的平整度，以评定路面的施工质量和使用期的舒适性。但不适用于已有较多坑槽、破损严重的路面测定。

（2）主要设备

本试验需要下列仪具：

①车载式颠簸累积仪：由机械传感器、数据处理器及微型打印机组成，传感器固定安装在测试车的底板上。

仪器的主要技术性能指标如下：

a. 测试速度：可在 30 ~ 50km/h 范围内选定；

b. 最小读数：1cm；

c. 最大测试幅值：30cm；

d. 最大显示值：9999cm；

e. 系统最高反应频率：5kHz。

②测试车：旅行车、越野车或小轿车。

（3）工作原理

测试车以一定的速度在路面上行驶，由于路面上的凹凸不平，引起汽车的激振，通过机械传感器可测量后轴同车厢之间的单向位移累积值 VBI，以 cm/km 计。VBI 越大，说明路面平整性越差，人体乘坐汽车时越不舒适。

（4）使用技术要点

①仪器安装应准确、牢固，便于操作。

②测试速度以 32km/h 为宜，一般不宜超过 40km/h。

（5）注意事项

①检测结果与测试车机械系统的振动特性和车辆行驶速度有关。减振性能好，则 VBI 测值小；车速越高，VBI 测值越大。因此，必须通过对机械系统的良好保养和检测时严格控制车速来保持测定结果的稳定性。

②用车载式颠簸累积仪测出的颠簸累积值 VBI，与用连续式平整仪测出的标准差 σ 概念不同，可通过对比试验，建立两者的相关关系，将 VBI 值换算为 σ 用于路面平整度评定。

③通过大量研究观察得出：$\sigma = 0.6IRI$。

④国际平整度指数 IRI 是国际上公认的衡量路面行驶舒适性或路面行驶质量的指数。可以通过标定试验，建立 VBI 与 IRI 的相关关系，将颠簸累积仪测出的颠簸累积值 VBI 换算为国际平整度指数 IRI。

关于车载式颠簸累积仪测定平整度试验方法可详见《公路路基路面现场测试规程》中的内容。

（6）报告

①应列表报告每一个评定路段内各测定区间的颠簸累积值，各评定路段颠簸累积值的平均值、标准差、变异系数。

②测试速度。

③试验结果与国际平整度指数等其他平整度指标建立的相关关系式、参数值、相关系数。

（三）平整度指标间相互关系的建立

1. 国际平整度指数

平整度测定的方法和仪器很多，相应采用的指标也各不相同。为了使采用不同方法和仪器测定的结果可以相互比较，需要寻找一个标准的（或通用的）平整度指标，它同其他平整度指标有良好的相关关系。同时，采用反应类平整度仪测定时，为使测定结果具有时间稳定性，必须经常进行标定；而标定曲线的精度取决于标定路段采用的平整度指标同反应类测定系统的相关性。

为了解决上述问题，世界银行于 1982 年组织了包括巴西、英、美、法等国专家参加的国际研究小组，在巴西进行了大规模的路面平整度试验。在此基础上提出来用国际平整度指数（IRI）作为评价标准的建议。

国际平整度指数（IRI）是一项标准化的平整度指标。它同反应类平整度测定系统类似，但是采用的是数学模型模拟 1/4 车轮（即单轮，类似于拖车）以规定速度行驶在路面断面上，

分析行驶距离内动态反应悬挂系的累积竖向位移量。标准的测定速度规定为 80km/h，其测定结果的单位为 m/km。这一指标与反应类仪器的平均调整坡相似，称作参照平均调整坡（RARS80）。

求得每一个位置的变量值后，即可计算该位置的调整坡（RS）。

IRI 为路段长度内 RS 变量的平均值。因此，当每个断面点的调整坡求得后，便可按式（35）计算 IRI 值：

$$IRI = \frac{1}{n-1}\sum_{i=2}^{a} RS_i \qquad (35)$$

上述计算过程已编制电算程序，在测量得到纵断面的高程资料后，便可按抽样点间距利用此程序计算该段路面平整度的国际平整度指数 IRI 值。

国际平整度指数 IRI 作为通用指标的效果，可以通过考察不同平整度测定方法的测定结果转换成以 IRI 表征后的一致性得到证实。

图 5-8 所示为各类路面国际平整度指数 IRI 变化范围。

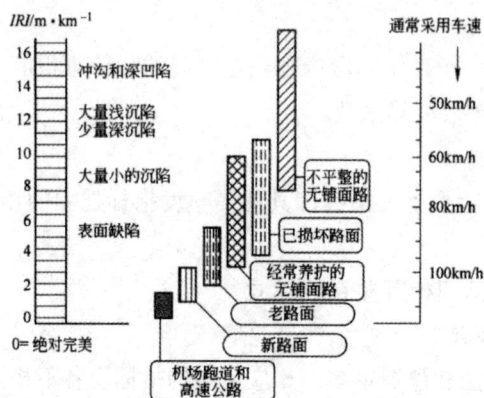

图5-8 各类路面国际平整度指数IRI变化范围

2. VBI与其他平整度指标相关关系的建立

用车载式颠簸累积仪测定的VBI值需要与其他平整度指标（如连续式平整度仪测出的标准差、国际平整度指数（IRI）等）进行换算时，应将车载式颠簸累积仪的测试结果进行标定，即与相关的平整度仪测量结果建立相关关系，相关系数均不得小于0.90。

为与其他平整度指标建立相关关系，选择的标定路段应符合下列要求：

（1）有5～6段不同平整度的现有道路，从好到坏不同程度的都应各有一段。

（2）每段路长宜为250～300m。

（3）每一段中的平整度应均匀，段内应无太大差别。

（4）标定路段应选纵坡变化较小的平坦、直线地段。

（5）选择交通量小或可以疏导的路段，减少标定时车辆的干扰。

标定路段起讫点用油漆做好标记，并每隔一定距离作中间标记，标定宜选择在行车道的正常轮迹上进行。

（1）用连续式平整度仪进行标定

①用于标定的仪器应使用按规定进行校准后能准确测定路面平整度的连续式平度仪。

②按现行操作规程用连续式平整度仪沿选择的每个路段全程连续测量平整度3～5次，取其平均值作为该路段的测试结果（以标准差表示）。

③用车载式颠簸累积仪沿各个路段进行测量，重复3～5次后，取其各次颠簸累积值的平均值为该路段的测试结果，与平整度仪的各段测试结果相对应。标定时的测试车速应在30～50km/h范围内选用一种或两种稳定的车速分别进行，记录车

速及搭载量，以后测试时的情况应与标定时的相同。

④整理相关关系。

将连续式平整度仪测定的标准差 σ 及车载式颠簸累积仪测出的颠簸累积值 VBIv 绘制出曲线并进行回归分析，建立相关关系：

$$\sigma = a + bVBI_v \tag{36}$$

式中：σ——用连续式平整度仪测定的以标准差表示的平整度，mm；

VBI$_v$——测试速度为 V 时用颠簸累积仪测得的累积值 VBI，cm/km；

a，b——回归系数。

（2）将车载式颠簸累积仪测定结果换算成国际平整度指数的标定方法

①将所选择的标定路段在标记上每隔 0.25m 做出补充标记。

②在每个路段上用经过校准的精密水平仪分别测出每隔 0.25m 标点上的国际平整度指数 IRI。

③用车载式颠簸累积仪测试得到各个路段的测试结果。

④将各个路段的国际平整度指数 IRI 与颠簸累积值 VBI，绘制出曲线并进行回归分析，建立相关关系：

$$IRI = a + bVBI_t \tag{37}$$

式中：IRI——国际平整度指数，m/km；

VBI$_t$——测试速度为 t 时颠簸累积仪测得的颠簸累积值，cm/km；

a，b——回归系数。

二、路面结构层厚度检测方法

（一）路面结构层厚度概述

在路面设计中，不论是刚性路面，还是沥青路面，最终需要决定的是各个层次的厚度。路面厚度测定常采用射线或超声检测技术，通常用反射法测定面层厚度，但是仅仅在水泥混凝土路面厚度中使用比较成功。对于沥青路面尚在研制阶段，则难以保证测量精度。我国多采用钻取芯样或挖坑测定的方法测量沥青路面碾压的厚度，路面自动测厚仪也在研制开发。在先进的厚度无损检测中，路面雷达测试系统能在高速行驶状态下实时收集路面结构层资料，并通过计算机自动分析出路面各层厚度、湿度、空隙位置和内部破损情况，在路面检测中得到越来越广泛的应用。

公路路面工程的评价往往依据多项指标。很多发达国家都普遍装备了综合测试专用车，车上配有各种检测仪器以及数据处理设备等。只要到测试现场一次，就能测取各种所需的数据，方便且效率高。一台路面综合检测专用车约需要人民币几百万元，如此昂贵的价格限制了它在我国的推广与应用。但由于它有许多优点，在一些检测中心配置还是可能的，可用来测定多项指标值，建立数据库，评价路面使用性能。

（二）厚度检测方法

1. 挖坑法

根据现行规范的要求，随机取样决定挖坑检查的位置。如为旧路，该点有坑洞等显著缺陷或接缝时，可在其旁边检测。

选一块约 40cm × 40cm 的平坦表面作为试验地点，用毛刷将其清扫干净。根据材料坚硬程度，选择镐、铲、凿子等适当的工具，开挖这一层材料，直至层位底面。在便于开挖的前提下，开挖面积应尽量缩小，坑洞大体呈圆形，边开挖边将材料铲出，置于搪瓷盘中。用毛刷将坑底清扫，确认为坑底面下一层的顶面。

将钢板尺平放横跨于坑的两边，用另一把钢尺或直尺等量具在坑的中部位置垂直伸至坑底，测量坑底至钢板尺的距离，即为检查层的厚度，以 cm 计，精确至 0.1cm。

2. 钻孔取样法

根据现行规范的要求，随机取样决定挖坑检查的位置。如为旧路，该点有坑洞等显著缺陷或接缝时，可在其旁边检测。

用路面取芯钻孔机钻孔，芯样的直径应为 100mm。如芯样仅供测量厚度，不作其他试验时，对沥青面层与水泥混凝土板也可用直径 50mm 的钻头；对基层材料有可能损坏试件时，也可用直径 130mm 的钻头，但钻孔深度必须达到层厚。仔细取出芯样，清除底面灰尘，找出与下层的分界面。

3. 施工过程中的简易方法

在施工过程中，当沥青混合料尚未冷却时，可根据需要，随机选择测点，用大改锥插入量取或挖坑量取沥青层的厚度（必要时用小锤轻轻敲打），但不得使用铁镐等扰动四周的沥青层。挖坑后清扫坑边，架上钢板尺，用另一钢板尺量取层厚，或用改锥插入坑内量取深度后用尺读数，即为层厚，以 cm 计，精确至 0.1cm。

（三）填补试坑或钻孔

补填工序如有疏忽，易成为隐患而导致开裂，因此，所有挖坑、钻孔均应仔细做好。按下列步骤用取样层的相同材料填补试坑或钻孔。

（1）适当清理坑中残留物，钻孔时留下的积水应用棉纱吸干。

（2）对无机结合料稳定层及水泥混凝土路面板，按相同配比用新拌的材料并用小锤击实。水泥混凝土中宜掺加少量快凝早强的外掺剂。对无结合料粒料基层，可用挖坑时取出的材料，适当加水拌和后分层填补，并用小锤击实。

（3）对正在施工的沥青路面，用相同级配的热拌沥青混合料分层填补并用加热的铁锤或热夯压实。旧路钻孔也可用乳化沥青混合料修补。所有补坑结束时，宜比原面层略鼓出少许，用重锤或压路机压实平整。

（四）结构层厚度的评定

路面厚度是关系到质量和造价的重要指标，既不能给承包商提供偷工减料的可能机会，又要考虑正常施工条件下的厚度偏差情况，采用平均值的置信下限作为合格指标，单点极值作为扣分指标。

计算一个评定路段检测的厚度的平均值、标准差、变异系数，并计算代表厚度。厚度代表值按式（38）进行计算：

$$x_1 = \bar{x} - \frac{t_a S}{\sqrt{n}} \qquad (38)$$

式中：x_1——厚度代表值；

$\bar{x}$——厚度平均值；

t_a——分布在表中随测点数和保证率（或置信度）而变的系数，采用保证率，高速公路、一级公路：基层、底基层为99%，面层为95%；其他公路：基层、底基层为95%，面层为90%；

S——标准差；

n——检测数量。

当厚度代表值大于等于设计厚度减代表值允许偏差时，则按单个检查值的偏差是否超过极值来评定合格率和计算应得分数；当厚度代表值小于设计厚度减去代表值允许偏差时，则厚度指标评为零分。代表值和极限值的允许偏差见实测项目表。

沥青面层一般按沥青铺筑层总厚度进行评定，但高速公路和一级公路多分2～3层铺筑，还应进行上面层厚度检查和评定。

第四节　路面抗滑性能的试验检测

一、手工铺砂法

（一）目的与适用范围

本方法适用于测定沥青路面及水泥混凝土路面表面构造深度，用以评定路面表面的宏观粗糙度、路面表面的排水性能及抗滑性能。

（二）仪具与材料

（1）人工铺砂仪：由圆筒、推平板组成。

①量砂筒：形状尺寸如图 5-9（a）所示，一端是封闭的，容积为（25×0.13）mL，可通过称量砂筒中水的质量以确定其容积 F，并调整其高度，使其容积符合要求。带一专门的刮尺将筒口量砂刮平。

②推平板：形状尺寸如图 5-9（b）所示，推平板应为木制或铝制（φ50mm），底面粘一层厚 1.5mm 的橡胶片，上面有一圆柱把手。

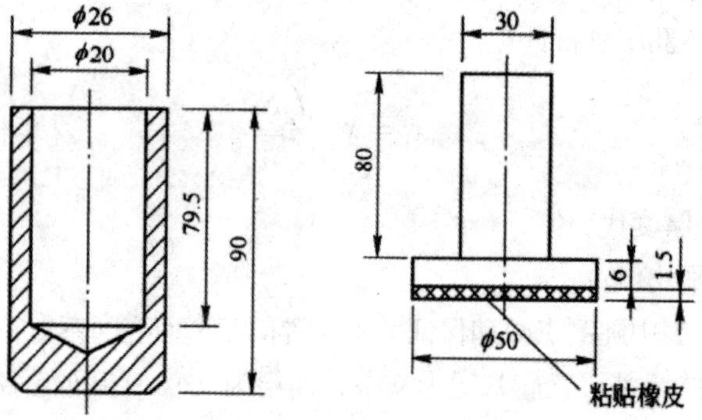

（a）量砂筒　　　　　　（b）推平板

图5-9　量砂筒和推平板形状尺寸（单位：mm）

③刮平尺：可用 30cm 钢尺代替。

（2）量砂：足够数量的干燥洁净的均匀砂，粒径为 0.13 ~ 0.3mm。

（3）量尺：钢板尺、钢卷尺，或采用已按式（38）将直径换算成构造深度作为刻度单位的专用的构造深度尺。

（4）其他：装砂容器（小铲）、扫帚或毛刷、挡风板等。

（三）方法与步骤

1. 准备工作

（1）量砂准备：取洁净的细砂晾干、过筛，取 0.13 ~ 0.3mm 的砂置于适当的容器中备用。量砂只能在路面上使用一次，不宜重复使用；回收砂必须经干燥、过筛处理后方可使用。

（2）对测试路段按随机取样选点的方法，决定测点所在横断面位置。测点应选在行车道的轮迹带上，距路面边缘不应小于1m。

2.　试验步骤

（1）用扫帚或毛刷子将测点附近的路面清扫干净，面积不小于 30cm×30cm。

（2）用小铲装砂沿筒向圆筒中注满砂，手提圆筒上方，在硬质路面上轻轻地叩打 3 次，使砂密实，补足砂面用钢尺一次刮平。不可直接用量砂筒装砂，以免影响量砂密度的均匀性。

（3）将砂倒在路面上，用底面粘有橡胶片的推平板，由里向外重复做摊铺运动，稍稍用力将砂细心地尽可能地向外摊开，使砂填入凹凸不平的路表面的空隙中，尽可能将砂摊成圆形，并不得在表面上留有浮动余砂。注意摊铺时不可用力过大或向外推挤。

（4）用钢板尺测量所构成圆的两个垂直方向的直径，取其平均值（精确至5mm）。

（5）按以上方法，同一处平行测定不少于 3 次，3 个测点均位于轮迹带上，测点间距 3 ~ 5m。该处的测定位置以中间测点的位置表示。

（四）计算

（1）路面表面构造深度测定结果按式（39）进行计算：

$$TD = \frac{1000V}{\pi D^2 / 4} = \frac{31831}{D^2} \tag{39}$$

式中：TD——路面表面构造深度，mm；

V——砂的体积，V=25cm³；

D——推平砂的平均直径，mm。

（2）每一处均取 3 次路面构造深度的测定结果的平均值作为试验结果（精确至0.1mm）。

（3）计算每一个评定区间路面构造深度的平均值、标准差、变异系数。

（五）报告

（1）列表逐点报告路面构造深度的测定值及 3 次测定的平均值，当平均值小于0.2mm 时，试验结果以"＜0.2mm"表示。

（2）每一个评定区间路面构造深度的平均值、标准差、变异系数。

二、电动铺砂法

（一）目的和适用范围

本方法适用于测定沥青路面及水泥混凝土路面表面构造深度，用以评定路面表面的宏观粗糙度及路面表面的排水性能和抗滑性能。

（二）仪具与材料

（1）电动铺砂仪：利用可充电的直流电源将量砂通过砂漏铺设成宽度5cm、厚度均匀一致的器具，如图5-10所示。

（2）量砂：足够数量的干燥洁净的匀质砂，粒径为0.13～0.3mm。

（3）标准量筒：容积50mL。

（4）玻璃板：面积大于铺砂器，厚5mm。

（5）其他：直尺、扫帚、毛刷等。

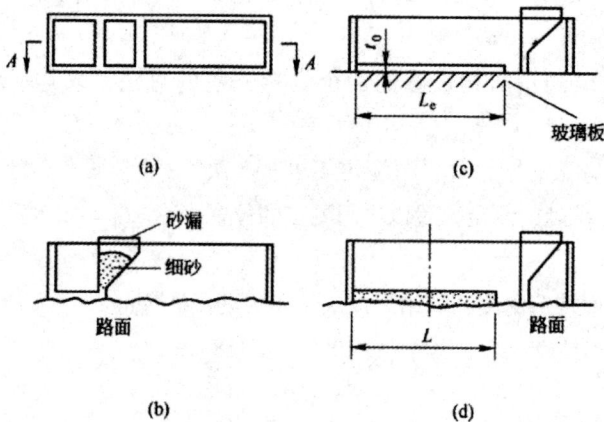

图5-10　电动铺砂仪示意

（a）平面图；（b）A-A断面；（c）标定；（d）测定

（三）方法与步骤

1. 准备工作

（1）量砂准备：取洁净的细砂，晾干，过筛，取粒径为0.13～0.3mm的砂置于适当的容器中备用。已在路面上使用过的砂如回收重复使用时，应重新过筛并晾干。

（2）对测试路段按随机取样选点的方法，决定测点所在横断面的位置。测点应选在行车道的轮迹带上，距路面边缘不应小于1m。

2. 电动铺砂器标定

（1）将铺砂器平放在玻璃板上，将砂漏移至铺砂器端部。

（2）将灌砂漏斗口和量筒口大致齐平。通过漏斗向量筒中缓缓注入准备好的量砂至高出量筒成尖顶状为止，用直尺沿筒口一次刮平，其容积为50mL。

（3）将漏斗口与铺砂器砂漏上口大致齐平。将砂通过漏斗均匀倒入砂漏，漏斗前后移动，使砂的表面大致齐平，但不得用任何其他工具刮动砂。

（4）开动电动马达，使砂漏向另一端缓缓运动，量砂沿砂漏底部铺成图5-10所示的宽5cm的带状，待砂全部漏完后停止。

（5）按图5-11和式（33）由 L_1 及 L_2 的平均值决定量砂的摊铺长皮 L_0，精确至1mm：

$$L_0 = (L_1 + L_2)/2 \qquad (40)$$

式中：L_0——量砂的摊铺长度，mm。

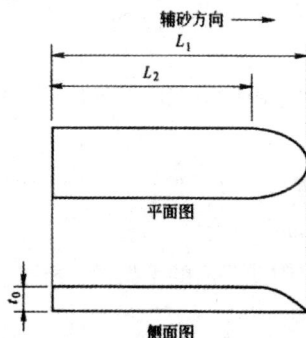

图5-11 确定 L_0 及 L 的方法

（6）重复标定3次，取平均值决定 L（精确至1mm）；标定应在每次测试前进行，用同一种量砂，由同一试验员承担测试。

3. **测试步骤**

（1）将测试地点用毛刷刷净，面积大于铺砂仪。

（2）将铺砂仪沿道路纵向平稳地放在路面上，将砂漏移至端部。

（3）按上述电动铺砂器标定相同的步骤，在测试地点摊铺50mL量砂，按图5-11的方法量取摊铺长度 L_1 及 L_2，计算 L（准确至1mm）。

（4）按以上方法，同一处平行测定不少于3次，3个测点均位于轮迹带上，测点间距3～5m。该处的测定位置以中间测点的位置表示。

（四）计算

（1）按式（41）计算铺砂仪在玻璃板上摊铺的量砂厚度 t_0：

$$t_0 = \frac{V}{BL_0} \times 1000 = \frac{1000}{L_0} \qquad (41)$$

式中：t_0——量砂在玻璃板上摊铺的标定厚度，mm；

V——量砂体积，F=50mL；

B——铺砂仪铺砂宽度，50mm；

L_0——玻璃板上 50mL 量砂摊铺的长度，mm。

（2）按式（42）计算路面构造深度 TD:

$$TD = \frac{L_0 - L}{L} \times t_0 = \frac{L_0 - L}{LL_0} \times 1000 \qquad (42)$$

式中：TD——路面的构造深度，mm；

L——路面上 50mL 量砂摊铺的长度，mm。

（3）每一处均取 3 次路面构造深度的测定结果的平均值作为试验结果（精确至 0.1mm）。

（4）计算每一个评定区间路面构造深度的平均值、标准差、变异系数。

（五）报告

（1）列表逐点报告路面构造深度的测定值及 3 次测定的平均值，当平均值小于 0.2mm 时试验结果以 "< 0.2mm" 表示。

（2）每一个评定区间路面构造深度的平均值、标准差、变异系数。

三、摆式仪测定路面抗滑值试验方法

（一）目的和适用范围

本方法适用于以摆式摩擦系数测定仪（摆式仪）测定沥青路面及水泥混凝土路面的抗滑值，用以评定路面在潮湿状态下的抗滑能力。

（二）仪具与材料

（1）摆式仪：形状及结构如图 5-12 所示，摆及摆的连接部分总质量为（1300±30）g，摆动中心至摆的重心距离为（410±5）mm，测定时摆在路面上滑动长度为（126±1）mm，摆上橡胶片端部距摆动中心的距离为 508mm，橡胶片对路面的正向静压力为（22.2±0.5）N。

（2）橡胶片：用于测定路面抗滑值时的尺寸为 6.35mm×25.4mm×76.2mm，橡胶物理性质技术要求应符合表 5-6 的要求。当橡胶片使用后，端部在长度方向上磨损超过 1.6mm 或边缘在宽度方向上磨耗超过 3.2mm，或有油污染时，即应更换新的橡胶片。新橡胶片应先在干燥路面上测 10 次后再用于测试。橡胶片的有效使用期为 1 年。

（3）标准量尺：长 126mm。

（4）洒水壶。

（5）橡胶刮板。

（6）路面温度计：分度不大于 1 度。

（7）其他：皮尺式钢卷尺、扫帚、粉笔等。

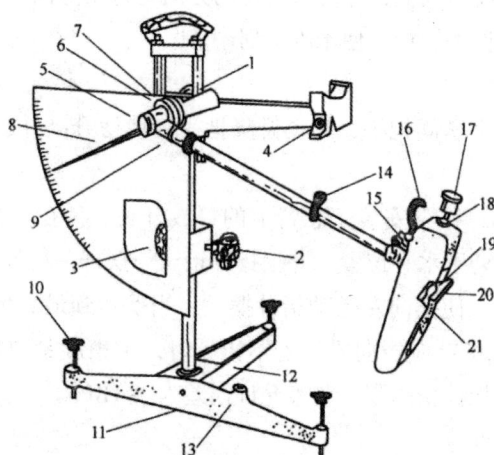

图5-12 摆式结构仪示意

1,2—紧固把手；3—升降把手；4—释放开关；5—转向节螺盖；6—调节螺母；7—针簧片或毡垫；
8—指针；9—连接螺母；10—调平螺栓；11—底座；12—垫块；13—水准泡；
14—卡环；15—定位螺丝；16—举升柄；17—平衡锤；
18—并紧螺母；19—滑溜块；20—橡胶片；21—止滑螺丝

表5-6 橡胶物理性质技术要求

性能指标	温度				
	0℃	10℃	20℃	30℃	40℃
弹性（%）	43 ～ 49	58 ～ 65	66 ～ 73	71 ～ 77	74 ～ 79
硬度（度）	55 ± 5				

（三）方法与步骤

（1）准备工作

①检查摆式仪的调零灵敏情况，并定期进行仪器的标定。当用于路面工程检查验收时，仪器必须重新标定。

②对测试路段按随机取样方法，决定测点所在横断面位置。测点应选在行车车道的轮迹带上，距路面边缘不应小于 1m，并用粉笔作出标记。测点位置宜紧靠铺砂法测定构造深度的测点位置，并与其一一对应。

（2）试验步骤

①仪器调平。

a.将仪器置于路面测点上，并使摆的摆动方向与行车方向一致。

b.转动底座上的调平螺栓，使水准泡居中。

②调零

a.放松上、下两个紧固把手，转动升降把手，使摆升高并能自由摆动，然后旋紧把手。

b.将摆向右运动，按下安装于悬臂上的释放开关，使摆上的卡环进入开关槽，放开释放开关，摆即处于水平位置，并把指针抬至与摆杆平行处。

c.按下释放开关，使摆向左带动指针摆动，当摆达到最高位置后下落时，用左手将摆杆接住，此时指针应指向零。若不指零时，可稍旋紧或放松摆的调节螺母，重复本项操作，直至指针指向零。调零允许误差为 ±1BPN。

（3）校核滑动长度

①用扫帚扫净路面表面，并用橡胶刮板清除摆动范围内路面上的松散粒料。

②让摆自由悬挂，提起摆头上的举升柄，将底座上垫块置于定位螺丝下面，使摆头上的滑溜块升高。放松紧固把手，转动立柱上的升降把手，使摆缓缓下降。当滑块上的橡胶片刚刚接触路面时，即将紧固把手旋紧，使摆头固定。

③提起举升柄，取下垫块，使摆向右运动。然后，手提举升柄使摆慢慢向左运动，直至橡胶片的边缘刚刚接触路面。在橡胶片的外边摆动方向设置标准尺，尺的一端正对准该点。再用于提起举升柄，使滑溜块向上抬起，并使摆继续运动至左边，使橡胶片返回落下再一次接触地面，橡胶片两次同路面接触点的距离应在126mm（即滑动长度）左右。若滑动长度不符合标准时，则升高或降低仪器底正面的调平螺丝来校正，但需调平水准泡，重复此项校核直至滑动长度符合要求。而后，将摆和指针置于水平释放位置。

校核滑动长度时应以橡胶片长边刚刚接触路面为准，不可借摆力量向前滑动，以免标定的滑动长度过长。

（4）用喷壶的水浇洒试测路面，并用橡胶刮板刮除表面泥浆。

（5）再次洒水，并按下释放开关，使摆在路面滑过，指针即可指示出路面的摆值。但第一次测定，不做记录。当摆杆回落时，用左手接住摆，右手提起举升柄使滑溜块升高，将摆向右运动，并使摆杆和指针重新置于水平释放位置。

（6）重复（5）的操作测定5次，并读记每次测定的摆值，即BPN。5次数值中最大值与最小值的差值不得大于3BPN。如差值大于3BPN时，应检查产生的原因，并再次重复上述各项操作，至符合规定为止。取 5 次测定的平均值作为每个测点路面的抗滑值（即摆值 F_B），取整数，以 BPN 表示。

（7）在测点位置上用路表温度计测记潮湿路面的温度（精确至 1℃）。

（8）按以上方法，同一处平行测定不少于 3 次，3 个测点均位于轮迹带上，测点间距 3 ~ 5m。该处的测定位置以中间观点的位置表示。一处均取 3 次测定结果的平均值作为试验结果（精确至 1BPN）。

（四）抗滑值的温度修正

当路面温度为 T 时测得的值为 F_{BT}，必须按下式换算成标准温度 20℃的摆值 F_{B20}：

$$F_{B20}=F_{BT}+\triangle F \tag{43}$$

式中：F_{B20}——换算成标准温度 20℃时的摆值，BPN；

F_{BT}——路面温度时测得的摆值，BPN；

T——测定的路表潮湿状态下的温度，℃；

$\triangle F$——温度修正值，按表 5-7 选用。

表 5-7　温度修正值

温度（T/℃）	0	5	10	13	20	25	30	35	40
温度修正值（$\triangle F$）	–6	–4	–3	–1	0	+2	+3	+5	+7

（五）报告

（1）测试日期、测点位置、天气情况、洒水后潮湿路面的温度，并描述路面类型、外观、结构类型等。

（2）列表逐点报告路面抗滑值的测定值 F_{BT} 经温度修正后的 F_{B20} 及 3 次测定的平均值。

（3）每一个评定路段路面抗滑值的平均值、标准差、变异系数。

四、抗滑性能检测中应注意的问题

（1）在使用摆式仪前必须按照说明书或者按《公路工程集料试验规程》中给出的方法对摆式仪进行标定，否则所测数据缺乏可靠性。

（2）用摆式仪法测定时"标定滑动长度"是一个非常重要的环节，标定时应取滑溜块与路面正好轻轻接触的点进行量取。切不可给摆锤一个力，让它有滑动后再量取，这样标定，则滑动长度偏长，所测摆值偏大。

（3）在用手工铺砂法测路面构造深度时，不同的人进行测试，所测结果往往差别较大，测试时应严格掌握操作方法中的细节问题。

第五节　水泥混凝土芯样劈裂程度试验

一、目的和适用范围

从硬化混凝土结构物中钻取和检查芯样，测定芯样的劈裂抗拉强度，作为评定结构品质的主要指标。

二、仪具与材料

（1）压力机。

（2）劈裂夹具、木质三合板垫条，如图5-13所示。

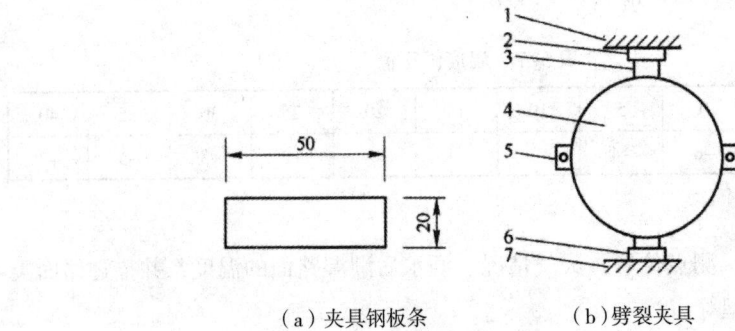

（a）夹具钢板条　　　　　　（b）劈裂夹具

图5-13　芯样劈裂试验装置示意图（单位：mm)

1，7—压力机压板车；2，6—夹具钢垫条；3—木质或纤维层；4—试件；5—侧杆

三、试验方法与步骤

（一）检查

（1）外观检查：每个芯样应详细描述有无裂缝、接缝、分层、麻面或离析等情况，必要时应记录以下事项：

①集料情况：估计集料的最大粒径、形状及种类，粗细集料的比例与级配。

②密实性：检查并记录存在的气孔及其位置、尺寸与分布情况，必要时应拍下照片。

（2）测量

①测平均直径 d_m：在芯样的中间及两面各 1/4 处按两个垂直方向测量三对数值确定芯样的平均直径 d_m（精确至 1.0mm）。

②测平均长度 1m: 取芯样直径两端侧面测定钻取后芯样的长度及端面加工后的长度（精确至 1.0mm）。

（3）表观密度：如有必要，应测定芯样的表观密度。

（二）试验步骤

（1）试件的制作：试件两端平面应与它的轴线相垂直，误差不应大于 ±1，端面凹凸每 100mm 不超过 0.05mm，承压线凹凸不应大于 0.25mm。

（2）湿度控制：试验前试件应在（20±2）℃的水中浸泡 40h，从水中取出后立即进行试验。如有专门要求，可用其他养护或湿度控制条件。

（3）劈裂试验

①将试件、劈裂垫条和垫层放在压力机上，借助夹具两侧杆，将试件对中。

②开动压力机，当压力机压板与夹具垫条接近时，调整球座使压力均匀接触试件。当压力加到 5kN 时，将夹具的侧杆抽出，以（60±4）N/s 的速度连续、均匀加荷。直至试件劈裂为止，记下破坏荷载（精确至 0.01N）。

四、计算

芯样劈裂抗拉强度 R_a 按式（44）进行计算：

$$R_a = \frac{2P}{\pi A} = \frac{2P}{\pi d_m L_m} \tag{44}$$

式中：R_a——芯样劈裂抗拉强度，MPa，计算结果精确至 0.1MPa

P——极限荷载，N；

A——芯样劈裂面面积，mm^2；

d_m——芯样截面的平均直径，mm；

L_m——芯样平均长度，mm。

第六章　桥梁基础施工

第一节　明挖扩大基础施工

一、基础的定位放样

基坑是为建筑基础所开挖的临时性坑井。基坑是一种临时性工程，它可以提供一个能按照设计指定位置进行基础砌筑作业的空间。

基坑开挖前，首先应进行基础的定位放样工作，以便将设计图上的基础位置准确地设置到桥址上。定位放样工作应根据桥梁中心线与墩台的纵横轴线，确定基础边线的定位点，再放线得到基坑的开挖范围。图 6-1 为桥台基础的定位放样示例图，图中阴影部分为桥台基础外缘线，放样时首先放基坑顶部四角的边桩冬 B、C、D。基坑底部每边的尺寸应较设计平面尺寸各增加 0.5 ～ 1.0m 的富余量，以便于支撑、排水与立模板（如果是坑壁垂直的无水基坑坑底，可不必加宽，也可直接利用坑壁作为基础模板）。按一定的放坡开挖至坑底（A′、B′、C′、D′）后，在基础灌注前定出 a-b-c-d-e-f-g-h 各点。若基坑较浅，可使用挂线板，拉线挂垂球进行定位。若基坑较深，用设置定位桩形成的定位线 1-1、2-2…等进行定位。一般可用水准测量方法检查基坑各定位点的标高及开挖过程中的标高。

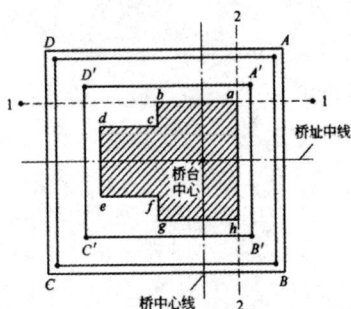

图6-1　桥台基础定位放样示意图

二、陆地基坑开挖

陆地基坑开挖时，基坑大小应满足基础施工要求。渗水土质的基坑坑底开挖尺寸需按基坑排水设计和基础模板设计而定，一般基底尺寸应比设计平面尺寸各边增宽 0.5 ～ 1.0m。基坑开挖可采用垂直开挖、放坡开挖、支撑加固或其他加固的开挖方法，根据地质条件、基坑深度、施工期限、经验以及有无地表水或地下水等现场因素综合确定开挖方法。

（一）坑壁不加支撑的基坑

以下场所进行基坑施工时，可考虑选用坑壁不加支撑的基坑：干涸无水的河滩、河沟；筑堤能排除地表水的河沟；地下水位低于基底，或渗透量少、不影响坑壁稳定以及基础埋置不深、施工期较短、挖基坑时不影响邻近建筑物安全的施工场所。

无水基坑的施工方法：对于一般小桥涵的基础，由于基坑工程量不大，可采用人力施工法；对于大、中桥基础工程，由于基坑通常较深，且基坑平面尺寸较大、挖方量多，可采用机械或半机械施工法。

（二）坑壁有支撑的基坑

当基坑壁坡不稳定并有地下水渗入，或放坡开挖场地受到限制，或基坑较深、放坡开挖工程数量较大，不符合技术经济要求时，可视具体情况，采取适宜的坑壁加固措施，如挡板支撑、钢木结合支撑、混凝土护壁、锚杆支护等。

坑壁有支撑的施工，按土质情况不同，可一次开挖完成或分段开挖，但每次开挖深度不宜超过 2m。

三、水中基础的基坑开挖

桥梁墩台基础大多位于地表水位以下，且水流较大，围堰法是桥梁水中基础最常用的施工方法。

围堰的作用主要是防水和围水，有时还起着支撑施工平台和基坑坑壁的作用。围堰的结构形式和材料要根据水深、流速、地质情况、基础形式以及通航要求等条件进行选择。围堰必须满足下列要求：

（1）围堰施工一般应安排在枯水期进行。

（2）围堰顶高宜高出施工期间最高水位 70cm 以上，最低应不小于 50cm，用于防御地下水的围堰宜高出水位或地面 20 ～ 40cm。

（3）围堰外形应适应水流排泄，不应过多压缩流水断面，以免壅水过高危害围堰安全，以及影响通航、导流等，围堰内形应适应基础施工的要求，并留有适当的工作面积。堰身断面尺寸应保证有足够的强度和稳定性，不致发生破裂、滑动或倾覆现象。

（4）围堰要求防水严密，应尽量采取措施防止或减少渗漏，以减轻排水工作，同时应有措施防护水流对围堰外围边坡的冲刷以及筑围堰后引起的河床冲刷。

常用的围堰类型及适用条件见表6-1。

表6-1　围堰的类型及适用条件

围堰类型		适用条件
土石堰	土堰	适用于水深＜2m，流速≤0.5m/s，河床浅滩；如外坡有防护措施时，可不限于小于0.5m/s的流速
	草（麻）袋堰	适用于水深3.5m以内，流速1.0～2.0m/s，河床不透水
土石堰	木桩竹条堰	适用于水深1.5～7m，流速≤2.0m/s，能打桩、不透水河床，盛产竹木地区
	竹篱堰	适用于水深1.5～7m，流速≤2.0m/s，能打桩、不透水河床，盛产竹木地区
	竹笼堰	适用于范围较广，盛产竹木地区
	堆石土堰	适用于河床不透水，多岩石的河谷，水流速度3m/S以内
木堰	木板堰	适用于水深2m，流速≤2.0m/s，较坚实土质河床，盛产木材地区
	木笼堰	适用于深水、急流，或有流水、深谷、险滩，河床坚硬平坦无覆盖层，盛产木材地区
套箱	木（钢）套箱	适用于深水，流速≤2.0m/s，无覆盖层，平坦的岩石河床
	钢丝网混凝土套箱	适用于深水，流速≤2.0m/s，无覆盖层，平坦的岩石河床
板桩围堰	木板桩围堰	单层木板桩适用于水深2～4m，能打下木板桩的土质河床；双层木板桩中填亚黏土墙，适用于水深4～6m
	钢板桩围堰	适用于水深或深基坑，较坚硬的土石河床，防水性能好，整体刚度较强
	钢筋混凝土板桩围堰	适用于深水或深基坑，各种土质河床，可作为基础结构的一部分，也有采用拔除周转使用的，能节省大量木材

四、基坑排水

基坑的坑底通常位于地下水位以下，地下水会经常渗进坑内。为便于施工，必须设法排除基坑内的水。

基坑排水可采用以下排水方法：

（1）集水坑排水法：适用范围较广，除严重流砂外，一般情况均可适用。

（2）井点排水法：若基坑土质不好，地下水位较高，或用集水坑排水有流砂涌泥现象产生时，可采用井点排水法，用以降低地下水位。

（3）板桩法、沉井法：适用于较深或土质渗透性较大的基坑。

（4）帷幕法：用冻结法、硅化法、水泥灌浆法、沥青灌浆法等将基坑周围的土处理成封闭不透水的帷幕。

五、基底检验与处理

（一）基底检验

基坑已挖至基底设计高程或已按设计要求加固处理完毕后，需经过基底检验，方能进行基础圬工施工。施工负责人应提前通知检验人员，及时进行基底检验，以免因等候检验，基底暴露时间过久而风化变质。

1. 检验内容

（1）检查基坑的平面位置、坑底尺寸、高程是否符合设计要求，偏差值是否在规范允许范围内。

（2）检查基坑地面土质及其均匀性、稳定性，坑壁坡面是否平顺稳定，有无排水措施，容许承载力能否满足设计要求。

（3）检查挖基和地基加固、处理过程中的有关施工记录和试验等资料。

（4）检查基底地基经加固、处理后的效果是否达到设计要求。

2. 检验方法

（1）小桥和涵洞基底的地基检验：包括直观法、触探器法、物理试验、载荷试验等。

（2）大、中桥和填土高 12m 以上涵洞基底的地基检验：包括直观法、触探法、挖试坑或钻探试验等方法测定土的容许承载力，确认符合设计要求后，即可进行基础施工。

（二）基底处理

天然地基上的基础靠基底土壤来承担荷载，故基底土壤状态的好坏，对基础、墩台及上部结构有极大影响。因此，不能仅仅检查土壤容许承载力的大小，还应采取合理的措施，为土壤更有效地承担荷载创造条件，进行基底处理工作。基底处理方法视基底土质而异，表 6-2 中汇总了一些常用的处理方法。

表6-2 基底处理方法汇总

基底地质	处理办法
岩层	1. 未风化的岩层基底，应清除岩面碎石、石块、苔藓等； 2. 风化的岩层基底，开挖基坑尺寸要少留或不留富余量，灌注基础坬工时，同时将坑底填满，封闭岩层； 3. 岩层倾斜时，应将岩面凿平或凿成台阶，使承载面与重力线垂直，以免滑动； 4. 砌筑前，岩层表面用水冲洗干净
碎石及砂类土壤	承重面应修理平整夯实，砌筑前铺一层2cm厚的浓稠水泥砂浆
黏土层	1. 铲平坑底时，不能扰动土壤天然结构，不得用土回填； 2. 必要时，加砌一层10cm厚的夯填碎石，碎石面不得高出基底设计标高； 3. 基坑挖完处理后，应在最短期间砌筑基础，防止暴露过久变质
湿陷性黄土	1. 基底必须有防水措施； 2. 根据土质条件，使用重锤夯实、换算、挤密桩等措施进行加固，改善土层性质； 3. 基础回填不得使用砂、砾石等透水土壤，应用原土加夯封闭
软土层	1. 基底软土小于2m时，可将软土层全部挖除，换以中、粗砂、砾石等力学性质较好的填料，分层夯实； 2. 软土层深度较大时，应布置砂桩（或砂井）穿过软土层，上层铺砂垫层
冻土层	1. 冻土基础开挖宜用天然或人工冻结法施工，并应保持基底冻层不融化； 2. 基底设计标高以下，铺设一层10～30cm粗砂或10cm的贫混凝土垫层作为隔热层
溶洞	1. 暴露的溶洞应用浆砌片石、混凝土填充，或填砂、砾石后，压水泥浆充实回固； 2. 检查有无隐蔽溶洞，在一定深度内钻孔检查； 3. 有较深的溶沟时，也可用钢筋混凝土盖板或梁跨越，也可改变跨径避开
泉眼	1. 插入钢管或做木井，引出泉水使与坬工隔离，以后用水下混凝土填实； 2. 在坑底凿成暗沟，上放盖板，将水引出至基础以外的汇水井中抽出，坬工硬化后，停止抽水

　　软土及软弱地基是沉积的软弱饱和黏土层，沉降量大，进行处理时，可根据软土层的厚度及其物理力学性质、承载力大小、施工期限、施工机具和材料供应等因素，采取换填土、砂砾垫层、袋装砂井、排水塑料板桩、生石灰桩、真空预压及粉体喷射搅拌法等处理方法，可获得良好效果。

六、基础施工

　　明挖基坑中，有的基坑渗漏很小，易于排水进行基础施工；有的渗漏严重，不易将水排干。为了便于施工及保证施工质量，浇砌基础时应尽可能使基底处于干的状态。基础施工用料应在挖基完成前准备，以保证能够及时浇砌基础，避免基底土质变差。通常，基础施工可分为无水砌筑、排水砌筑及水下灌注 3 种。

排水砌筑施工时，以下几个方面应加以注意：①确保在无水状态下砌筑圬工；②禁止带水作业及用混凝土将水赶出模板外的灌注方法；③基础边缘部分应严密隔水；④必须待水泥浆或混凝土终凝后，水下部分圬工才允许浸水。

一般只有在排水困难时，基础施工才采用水下灌注混凝土。基础圬工的水下灌注分为水下封底和水下直接灌注两种。前者封底后仍要排水再砌筑基础，封底只是起封闭渗水的作用，其混凝土只作为地基而不作为基础本身，适用于板桩围堰开挖的基坑。

浇筑基础时，应做好与台身、墩身的接缝联结，一般有如下要求：

（1）混凝土基础与混凝土台身、墩身的接缝，周边应预埋直径不小于 16mm 的钢筋或其他铁件，埋入与露出的长度不应小于钢筋直径的 30 倍，间距不大于钢筋直径的 20 倍。

（2）混凝土或浆砌片石基础与浆砌片石墩台身的接缝，片石厚度不应小于 15cm，片石的强度要求不低于基础或台身、墩身混凝土或砌体的强度。

施工后的基础平面尺寸，其前后、左右边缘与设计尺寸的容许误差不大于 ±50mm。

第二节 钢筋混凝土预制桩

一、预制

长度 10m 以下的桩在预制厂制作，较长桩在施工现场附近露天预制。预制场地应保持地面平整、夯实，并防止浸水沉陷。

预制桩混凝土浇筑工作应由桩顶向桩尖连续浇筑，严禁中断，制作完成后，应洒水养护不少于 7 天。上层桩必须在下层桩的混凝土达到设计强度等级的 30% 以后，方可进行浇筑。

预制桩主筋上端应伸至最上一层钢筋网之下，宜采用对焊。

混凝土预制桩的截面边长不应小于 200mm，混凝土强度等级不宜低于 C30，纵向钢筋的混凝土保护层厚度不宜小于 30mm。

预制桩的桩身配筋应按吊运、打桩及桩在使用中的受力等条件计算确定。采用锤击法沉桩时，预制桩的最小配筋率不宜小于 0.8%。静压法沉桩时，最小配筋率不宜小于 0.6%，主筋直径不宜小于打入桩桩顶以下 4 ~ 5 倍桩身直径长度范围内箍筋应加密，并设置钢筋网片。

预制桩的分节长度应根据施工条件及运输条件确定，每根桩的接头数量不宜超过 3 个。

预制桩的桩尖可将主筋合拢焊在桩尖辅助钢筋上，当持力层为密实砂和碎石类土时，宜在桩尖处包以钢板桩靴，加强桩尖。

预制桩制作质量规定：桩的表面应平整、密实，掉角深度小于 10mm，且局部蜂窝和掉角的缺损总面积不得超过该桩表面全部面积的 0.5%，同时不得过分集中；由于混凝土收缩产生的裂缝，深度应小于 20mm，宽度应小于 0.25mm；横向裂缝长度不得超过边长的一半；制作完成的预制桩应在每根桩上标明编号及制作日期，如设计不埋设吊环，则应标明绑扎点位置。

二、起吊

吊运时，应根据吊点布置位置，经验算合格后才起吊。预制混凝土桩吊点一般不设吊环，起吊前应标出吊点位置，用钢丝绳捆绑。捆绑处应加麻布、木块衬垫保护，以防损坏桩的表面和棱角。吊点的位置偏差不应超过设计位置 20mm 吊桩时要使各吊点同时受力，徐徐起落，避免震动损坏桩身。使用起重机或浮吊起吊时，应使桩纵轴线夹角不小于 45°。

桩的吊点位置一般多采用两个吊点，较长的桩可采用三个吊点和四个吊点，沉桩吊立时一般多采用一个吊点。各种吊点的位置根据吊运、吊立过程中产生的最大正负弯矩绝对值相等的条件确定，如图 6-2 所示。由于各种桩的体型不一样，其吊点的位置有时要做相应的变更。小于等于三个吊点时，按正负弯矩相等的原则确定；多于三个吊点时按反力相等的原则确定。

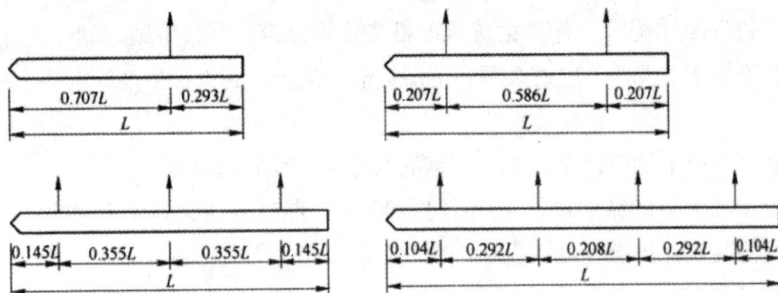

图6-2 桩的吊点位置示意

三、运输与堆放

（一）运输

在预制桩的搬运过程中，应使支承点与吊点位置相一致，偏差不得大于 20mm。若支撑点位置相差较大时，应检验预制桩的应力。运输过程中应保证预制桩捆载牢固，使各支点同时受力。

可采用平板拖车或前后托架拖车进行预制桩的搬运。若 $ 用前后托架拖车搬运，需在前托架拖车上加设活动转盘。

在山区用汽车装运桩时，为避免爬坡路段出现预制桩向后滑脱的情况，可用型钢制成后兜托板，并用钢丝绳与前托架捆牢。

驳船装桩时，应按沉桩顺序分层装驳，垫平放稳。堆放形式应能使驳船在装卸桩时保持船身稳定。

在冰面上运桩时，可以用卷扬机或拖拉机直接拖拉。

（二）堆放

堆放预制桩的场地应靠近沉桩地点。场地应平整坚实，做好必要的防水措施，防止湿陷和不均匀沉陷。

应考虑不同类型和尺寸桩的先后使用顺序分别堆放。堆放支点位置与吊点相同，偏差不得超过 20mm。当桩需长期堆放时，为避免桩身翘曲，可采用多个支点。各支点垫木应均匀放置，且垫木顶面应在同一水平面上。采用多层堆放方式时，各层垫木应位于同一垂直面上。混凝土管桩的堆放：对于直径 400mm 的混凝土管桩最高可堆放 6 层，直径 550mm 的混凝土管桩不宜超过 4 层。钢管桩的堆放：直径 900mm 最多堆放 3 层；直径 600mm 的最多 4 层；直径 400mm 的最多堆放 5 层，H 型钢桩最多堆放 6 层。

四、沉桩

（一）桩位放样及控制

在旱地施工时，应先定出桩基的中线，再在边排桩位以外的适当距离处钉立木桩，设置纵横两方向的定位板，在定位板上定出桩位的坐标。施工时按坐标拉线，确定桩位。在基坑内沉桩时，可将定位板设在围堰或基坑支撑上。在浅水中沉桩时，定位板可设在脚手桩上。在深水中沉桩，水深大于 4m 时，如采用向导框架控制桩位，框架的桩位空间应较桩径大 2 ~ 3cm，钢制框架可大 10 ~ 15cm，用木夹箍调整。放样时可用经纬仪交汇出上游的一排迎水桩，再以迎水桩为基准，用大型角尺测定其他桩位。在夜间深水区沉桩时，可采用激光经纬仪定位。激光定位法是由陆上两台氮氖激光经纬仪计算角度，发射出两束激光，交汇在沉桩船的光电接收靶，通过机械扫描，光电转换，电子放大在荧光屏上，显示出两个相应的光点位置。根据光点位置移动船位至两束激光的交点上来确定桩位（平面控制角度）。

放桩位时应详细复核防止差错，特别是对迎水桩和与桥中心线不对称的桩群。施工桩位的轴线位置与设计轴线的偏差，纵行和横行的轴线不应超过 2cm；单桩轴线不应超过 1cm。

（二）沉桩顺序

沉桩顺序是一个很重要的问题，因为对于一个基础沉入较多的桩，会把基底以下的土挤密或隆起，对于初始相对密度很低的非黏性土一般要下沉。例如，采用从基础四周向内沉桩的办法，则愈往中间沉，基底以下的土就挤得愈密，受荷载后势必会使基础产生不均匀的沉降，因此必须慎重考虑沉桩的顺序。

图 6-3 为不同沉桩顺序和相应的土体挤密隆起情况。可知，先沉入的桩入土较深，后沉入的桩入土较浅，且后沉入的桩附近土隆起最高。因此，沉桩时必须综合考虑现场地形条件、

土质情况、桩距大小、斜桩方向、桩架移动方便等因素，确定合适的沉桩顺序。

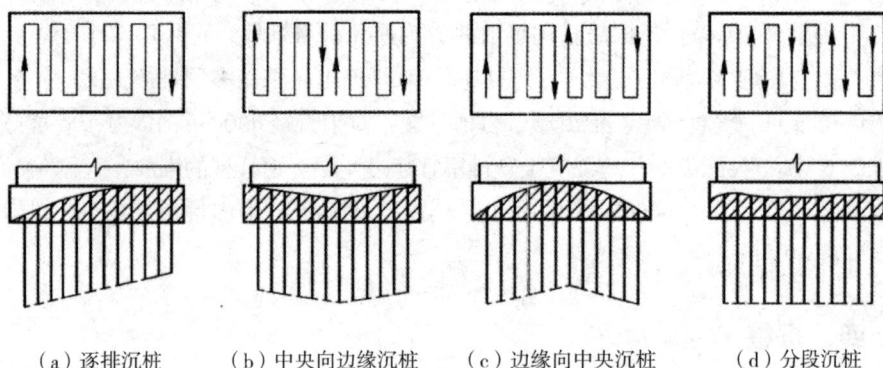

（a）逐排沉桩　　（b）中央向边缘沉桩　　（c）边缘向中央沉桩　　（d）分段沉桩

图 6-3　沉桩顺序和土体挤密隆起情况

当基础较小、桩数较少、桩距较大时，可从中间开始分向两边或周边对称进行沉桩；当基础较大、桩数较多、桩距较小时，应将基础分为数段，而后在各段范围内分别进行沉桩。

当基础内包括直桩与多方向的斜桩时，特别在水深、流急、有潮水影响的河流中，安排沉桩顺序时应设法减少移动船位、变更桩架斜度的作业次数。深水沉桩可

参考图6-4所示的顺序。当斜桩的水平投影相交时，应先沉位置在下的斜桩，避免桩头的相互干扰。

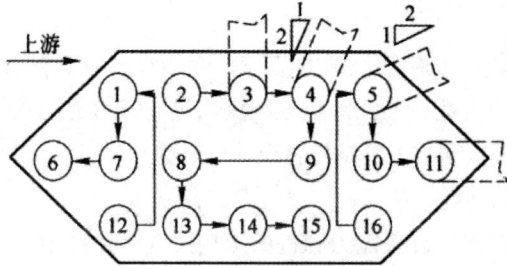

图6-4　深水沉桩顺序示意

在靠近斜坡沉桩时，会使土体产生侧移从而影响斜坡的稳定性。一般先下沉最靠近斜坡的桩、最后下沉距斜坡最远的桩，这样先下沉的桩在土中可起到加筋作用，减小土向斜坡方向的侧移。对于敏感性很高的黏土，由于沉桩引起的重塑，会减小土的抗剪强度，不宜最先下沉靠近斜坡的桩。

（三）吊插桩

以桩架沉桩时，应在沉完一根桩后再吊插另一根桩；在围堰内沉桩时，可利用吊机吊桩；有导向框架时，也可以连续吊插若干根桩或插好全部桩后，再逐根下沉。

在松软土中插桩时，桩位容易向前移动，应将桩向后移一些插入；在斜坡上插桩，如斜桩与斜坡为同一方向时，应将桩向坡上方移动一些。

在群桩基础中，先沉入的桩已将土挤密，继续插桩时，桩位应略移向已沉好的桩。

在深水急流中插桩时，应考虑水流及浮力作用，宜向迎水方向移动一些，必要时可在上游加设临时挡流设施，或用导向框架插桩。

应根据试桩情况考虑插桩时桩位移动距离的大小。

插好桩后，应立即将桩头用锤压住，检查锤、桩帽和桩的中心是否一致、桩位有无移动，并检查桩的垂直度或倾斜度是否符合规定。

（四）锤击沉桩

1. 锤击混凝土桩的施工

（1）施工要点

①沉桩前应检查桩架、桩锤、动力机械、射水管路以及电缆等主要设备。

②用柴油锤沉直桩前，应将桩架导杆调成垂直。在第一节桩入土3m时应停锤

复核桩架导杆的垂直度，如发现问题必须校正后方可继续沉桩。

用单动汽锤沉桩，初期必须严格控制锤的动能，保证桩能均匀下沉。沉斜桩时，桩架应符合斜桩的坡度。插好桩将锤压于桩上复测一次，若误差大于 3mm/m，则必须校正。

③刚开锤时，坠锤或单动汽锤的落锤高度不宜超过 0.5m；双动汽锤应降低汽压，减少每分钟的锤击数；柴油锤应控制供油量。以后视桩的情况逐渐加大冲击动能，直至桩的入土深度和贯入度都符合设计要求为止。

（2）接桩注意的问题

①若桩架高度、起吊设备能力和桩的结构强度等条件都许可，可在现场将桩节预先连接好，一次起吊和下沉，在预先连接混凝土桩时，两节桩必须成一直线。

②就地接桩宜在下节桩顶露出地面或水面以上至少 1m 时进行，并要求两节桩的中轴线必须符合。若已沉入第一节桩，直桩的垂直度或斜桩的斜度超过设计规定的 1% 时，不得接桩。应将第一节桩拔出重新下沉，符合规定后再接桩。

③凡用法兰盘接桩时应上足螺栓并拧紧，经锤击数次后将螺栓再拧紧一遍，然后点焊或将丝扣凿毛固定，最后涂刷沥青清漆，并在法兰盘的空隙处全部填满沥青砂胶以防腐蚀。

④凡用钢套筒接桩的桩，必须将桩头弄净、整平后进行焊接。

（3）沉桩复打

对发生"假极限"、"吸入"、上浮、下沉现象的桩以及射水沉桩都要进行复打。"假极限"是桩在饱和的细、中、粗砂中连续锤击下沉时，使流动的砂紧密夹实于桩的周围，妨碍土中水分沿桩上升，在桩尖下形成水压很大的"水垫"，使桩产生暂时的极大贯入阻力，休止一定时间后阻力降低。"吸入"是桩在黏性土中连续锤击时，由于土的摩擦力大大减少，在休止一定时间后，桩周围水消失，而桩周土摩擦力恢复增大。桩的上浮、下沉会影响土对桩的阻力。射水沉桩由于射水的冲刷，使桩周围土的摩擦力减小。因此，上述几种情况，在休止一定时间后均需要进行复打。休止时间按土质不同而异，可由试验确定。

（4）锤击沉桩发生损坏的探查方法

锤击时混凝土桩突然出现急剧下沉、桩身倾斜时，可能发生桩身折断、接头破裂或桩尖劈裂等损坏，此时可采用测桩法（无破损检验法）检验，对于混凝土管桩也可采用灌水探查、圆桶探查、铁钩探查、电钳探查、照明探查等方法。

（5）锤击时桩发生损坏的补救方法

①河床以上部分混凝土桩发生桩身露筋，混凝土发生剥落、产生较多裂纹时，

如为混凝土管桩，应根据桩的破损情况，用薄钢板制成拼装式的套筒，用吊具将套筒套入桩顶，顺桩身落在河床上。待套筒正确就位后，向套筒内灌注不低于 C20 的水下混凝土。

②河床以下混凝土管桩断裂时，如仅是桩壁的混凝土破损，钢筋未变形，可在管内灌注水下混凝土直至桩的顶部。如有少量钢筋弯曲，可用通桩器逐次将钢筋冲直，加设钢筋骨架或钢轨后填充混凝土。钢筋骨架或钢轨必须伸出破损部分以上和以下各 1.0 ~ 1.5m。

③混凝土管桩的桩头靠近法兰盘部分产生裂纹或稍有剥落时，可采用在桩顶法兰盘下加钢夹箍、钢抱箍或以钢丝缠绕桩头的补救方法。

④桩身破损部分在截除桩头以下 1m 左右时，可将自破损处以上的桩身混凝土全部凿除，主筋保留并弄直。然后，在该处浇筑不低于桩身混凝土强度的混凝土块，混凝土块的尺寸按桩身尺寸可适当增大些，其中心轴线必须与原桩中心轴线相一致。混凝土块顶部应伸入承台地面以上 20cm，其底部应在桩凿除线以下 20cm，即可按完整桩使用。

经加固处理后的基桩，应进行静载试验。经试验合格后方可使用，如不合格，或发现有断桩现象，应拔出重沉新桩，通常可使用双动汽锤、振动锤、拔桩汽锤及滑车组拔除坏桩；如桩入土深度已超过设计深度的 60% ~ 70% 时，对于混凝土管桩，确定钢筋混凝土填心后能在质量上有所保证时，仍可按好桩使用，但一般情况下，断桩率不应超过基桩总数的 2%；若修复工序过多，或限于工期和其他原因，可放弃坏桩另补新桩。

（6）混凝土管桩填心

在混凝土管桩填心前，应先进行桩内清孔、探查后再实施填充。

①管桩内清孔方法包括：活底吸泥筒清孔、吸泥机清孔、射水清孔。

②管桩内填充方法包括：填充透水性土、填充混凝土。

2. 锤底沉管桩的施工

（1）锤底沉管桩的施工方法

由薄钢管卷制的钢管、平板桩靴和半干硬性混凝土桩塞组成的锤底沉管桩是用管内落锤冲击混凝土桩塞，使其下沉至设计标高。

锤击沉桩开始前，将半干硬性混凝土倒入管底形成桩塞。桩塞压实后的高度不得小于钢管管径的 2.5 倍。在锤击过程中，落锤沿钢管内壁上下自由运动。锤的形状为圆柱形，直径不宜过小，否则在沉桩过程中会使桩产生移位。

（2）锤底沉管桩的水上施工

锤底沉管桩的水上施工具体步骤及内容，见表6-3。

表6-3　锤底沉管桩的水上施工

步骤	具体内容
设置水上沉桩平台	一般可采用长×宽×高=6m×3m×2m的钢浮箱。平台四角设4台手动卷扬机，通过牵动锚固定于河岸（或河床）的4根钢丝索来固定和移动平台位置。平台上设1台打桩机，能在轨道上前后移动，焊在平台上的1对三角架可用作桩架。打桩机两侧码放待沉的钢管，平台尾部堆放砂石水泥及配重砂袋等。此外，还配有1台电焊机和1套氧割装置，1台测量仪器用于确定桩位、检查桩的贯入度等。桩靴应在岸上或平台上与钢管焊接好，并加焊4根φ20mm短钢筋，以增强管身与桩靴的连接
立桩	可通过松紧平台四角卷扬机的4根钢丝束来调整桩位。打桩机上的扣环和安装在浮箱上的三角架是支承钢管的支点，打桩机的小范围移动和转动，可使桩支承位置发生变化，从而可对钢管的垂直度和位置作微量的调整。桩位可由架设在岸上的测量仪器监控，桩身可用木工的水平尺检查。由于管壁较薄，在搬运和起吊过程中需防止碰撞
桩塞制作	钢管就位后，把拌好的半干硬性混凝土倒入钢管内制成桩塞，然后开始沉桩工作。桩塞混凝土的配合比一般可采用水泥:砂:碎石=1:2:4（体积比），W/C≤0.25，碎石的最大粒径不超过25mm。在长时间锤击或混凝土集料不很坚硬的情况下，桩塞会被打散失效。如果制好后1h以内不能完成沉桩工作时，必须添加一些新鲜的半干硬性混凝土补充桩塞，其添加量应能使桩塞的压实高度增高约相当于钢管管径的高度
锤底沉桩	开始沉桩时，由于半干硬性混凝土尚处于松散状态未与钢管形成整体，必须先轻击若干锤后使桩塞初步压实
桩的接长或割断	钢管的接长用电焊方法来完成。钢管的切割采用气割（无特殊要求时）
检查	在沉桩过程中和沉桩完成后，将电灯吊入钢管内，检查钢管内部和底部的各项细节

（3）锤底沉桩的主要优点

①施工简单，经济效果好。钢管本身起落锤导向架的作用，不需要专设桩架，一般只需要设简单的支架。与普通的锤击沉入钢管相比，因为这种桩在沉桩过程中自身仅承受拉力，故更能充分发挥钢材的材料特性。锤击时除空气阻力稍大外，锤击能量损失不大，也不会在桩头发生破裂情况。因此，锤底沉管桩的钢管管壁可以很薄，落锤的重量也可以轻些。钢管重量轻、吊运方便、桩的接长和割断工艺较简单。

②施工噪声小。锤底沉管桩的锤击点是在钢管内，且多半是在地面以下，与普通的沉桩相比，施工噪声大大降低。

③适用范围广。锤底沉管桩几乎适用于所有适于锤击沉桩的地方，特别是施工场地狭小、空间受限制的地方。沉斜桩的施工工艺也同沉竖直桩一样简便，并有各种不同的管径满足不同荷载的要求。

④一般桩身不需配筋，仅在桩顶埋设用于桩身与承台连接的钢筋。

⑤便于检查。沉桩过程中或沉桩完成后用电灯吊入钢管内，即可作直观的检查。

（五）振动沉桩

1. 施工方法

振动配合射水下沉混凝土管桩，吊装振动锤和桩帽（机座）与桩顶法兰盘连接牢固。沉桩开始时，可仅由桩的自重和射水下沉。在射水下沉缓慢或不下沉时，可开动振动锤并同时射水使其下沉。振动持续一段时间后，再行振动下沉。如此交替下沉，沉至接触高度时，拆去振动锤及输水管，先接长射水管再接桩，重新装上振动锤，然后继续沉桩。沉桩至距设计标高适当距离时，提高射水管，使射水嘴缩入桩内，停止射水，立即进行干振，将桩沉至设计标高。每根桩的下沉应一气呵成，不可中途停顿或较长地间歇，以免桩周的土恢复，继续下沉困难。接桩、接输水管和停水干振的间歇时间也应力求缩短。振动锤与桩头法兰盘连接螺栓必须拧紧，不得有间隙或松动，否则振动不能充分向下传递，影响管桩下沉，接头也易振坏。

一个基础内的桩全部下沉完毕后，为了避免先沉入的桩周围土被邻近桩下沉射水破坏，影响其承载力，皮将全部基桩再复振一次。

2. 施工要点

每次振动持续时间过短，则未能破坏土的结构；时间过长则易损坏振动锤部件。振动持续时间长短应根据不同机械和不同土质通过试验决定，一般不宜超过 10 ~ 15min。使用射水时可以适当减少振动持续时间。

停振后的射水时间应适当控制，时间过短影响下沉，时间太长没有必要。其适当时间需根据已沉桩的下沉量与振动射水时间关系曲线进行比较得出。

当基底土层中含有大量卵石或碎石或破碎岩层，如采用高压射水振动沉桩尚难下沉时，可采用开口的桩靴，并在桩内用吸泥机配合吸泥，甚为有效。

3. 振动锤的优缺点

振动锤的优缺点，见表6-4。

表6-4   振动锤的优缺点

项目	具体内容
优点	（1）振动锤沉桩时与桩连接成整体，只需保持桩的方向，不需锤的导向设备； （2）在下沉钢筋混凝土管桩时，用振动沉桩比锤击沉桩所产生的冲击力小，同时对桩头的传力也较均匀，不易损坏桩头； （3）下沉斜度不大的斜桩，几乎和下沉直桩一样方便，而沉桩效能并不降低。不存在锤与桩的中线不重合而发生偏心弯矩的可能； （4）下沉速度较快，尤其在砂性土中效果较显著； （5）振动锤体积较小，质量较轻，移动比其他桩锤方便，所需起吊设备较小； （6）振动锤击沉桩时噪声小
缺点	（1）振动时易使桩的连接螺栓松动； （2）必须有电力供应，在无电源地区，需要增加发电设备，增加了施工费用； （3）振动锤与桩帽的连接比较费时（尤其在高空作业时）

（六）射水沉桩

射水沉桩的射水多与锤击或振动相辅使用，在砂夹卵石层或硬土层中沉桩，一般应以射水为主、振动为辅。在砂黏土和黏土中沉桩，不宜采用射水，如必须使用时，应以锤击或振动为主、射水为辅，并应谨慎控制水压和水量。如果土层适宜且射水设备能力足够，也可单用射水。但不论采取何种施工方法，当桩尖接近设计标高时，应停止射水，单用锤击或振动下沉至设计深度。停止射水的标高应根据沉桩试验及施工情况决定，没有资料时，不得小于2m。

射水沉桩的水压、水量和射水管的尺寸及其布置对沉桩效率有很大影响。水压小，冲不散土层；水量小，则带不走冲开的土。因此，在沉桩前需仔细研究水压和水量，并结合地质条件和锤的类型等，通过试桩来进行确定。

（七）静力压桩

静力压桩是以较小的静压力将桩沉入土中，从而获得较大桩承载力的沉桩工艺。静力压桩时的一般阻力只为桩极限承载力的1/3左右，且施工时无噪声、无震动，可节约造价，提高质量。

静压力桩适用于可塑黏性土，但不宜用于坚硬状态的黏土和中密以上的砂土。施工要点如下：

（1）用桩架吊桩时因压桩架底盘较宽，必须将桩运至底盘前然后吊起。小心吊桩，避免与桩架相撞。

（2）吊桩竖直后用撬棍将桩稳住并推至底盘插桩口缓慢落下，离地面10cm左右，再用几根撬棍协助拔位，对准桩位插桩。

（3）使用2台卷扬机同时启动放下压梁时，必须使其同步运行，确保压梁不偏斜。在压桩过程中，应始终保持压梁中轴线与桩帽、桩身中轴线在同一直线上。

（4）多节桩施工时，接桩面应距地面1m以上，以便于操作。

（5）压桩沉入深度是以设计标高或允许静压力值控制，或标高与静压力值同时控制的，故在压桩过程中，装在压梁柱的压力表必须正确反映每根桩的压力。

（6）压桩时，应尽量避免中途停歇，如必须要停歇时（按接桩、接送桩等），应尽量减少停歇时间，并考虑将桩尖停歇在软弱土层中，使再启动时减小阻力。

（7）施工过程中，应密切注视压桩力是否与桩轴线符合，压梁导轮和龙口的接触是否正常，有无卡住现象。一些机具要求"同步"运行，发生问题应及时调整。

（8）桩尖接近设计标高时，注意严格控制进程，不得过早或过迟停压。

（八）沉管灌注桩

沉管灌注桩是将底部套有预置的钢筋混凝土桩尖或装有活瓣桩尖的钢管，用锤击或振动下沉至要求的入土深度后，在钢管内安放钢筋笼、灌注混凝土、拔出钢管而形成的，它属于位移（排土）桩性质的桩。

沉管灌注桩的适用范围为一般黏性土、淤泥或淤泥质土、砂土及人工填土等土层，不宜用于标准贯入 $N_{63.5}$、锤击数大于12击的砂土或15击的黏性土及碎石土。

沉管灌注桩是一种施工快速、经济效益高的桩型，其具有如下优点：易于调整桩长以适合桩尖承载地层的标高变化；因桩管底封闭，不受地下水的影响；桩内钢筋不以操作和锤击应力来决定，并可根据受力条件，配设不通长的钢筋骨架；可以辅用管内夯管冲压等方法形成桩底扩大的桩。但沉管灌注桩施工时需经试桩试验，制订防止缩颈、断桩等措施，确保工程质量。

第三节　钻孔灌注桩

一、护筒埋设

（一）护筒的作用和一般要求

1. 护筒的作用

护筒在钻孔过程中的作用包括：固定桩位、引导货头方向；保护孔口，防止地面石块掉入孔内；防止钻孔过程中的沉渣回流；保持孔内水位（泥浆）高出地下水水位或施工水位一定高度，形成静水压力，以起到防止孔壁坍塌。此外，护筒也是桩顶标高控制依据之一。

2. 护筒埋设的一般要求

（1）护筒可用钢板或钢筋混凝土制作。

（2）护筒内径一般应比桩径稍大，一般大 200 ~ 400mm，可根据钻孔情况选用。

（3）护筒高度宜高出地面 0.3m 或水面 1.0 ~ 2.0m。

（4）当钻孔内有承压水时，应高于稳定后的承压水位 2.0m 以上。若承压水位不稳定或稳定后承压水位高出地下水位很多，应先做试桩，鉴定在此类地区采用灌注桩基的可行性。试桩结果报监理工程师批准后，方可采用钻孔灌注桩基。

（5）当处于潮水影响地区时，护筒高度应高于最高施工水位 1.5 ~ 2.0m，并应采取稳定护筒内水头的措施。

（6）护筒中心竖直线应与桩中心线重合，除设计另有规定外，一般平面允许误差为 50mm，竖直线倾斜不大于 1%；干处可实测定位；水域可依靠导向架定位。

（7）护筒埋置深度应根据图纸要求或桩位的水文地质情况确定，一般情况下埋置深度宜为 2 ~ 4m，特殊情况下应加深以保证钻孔和灌注混凝土的顺利进行。有冲刷影响的河床，应沉入局部冲刷线以下不小于 1.0 ~ 1.5m。

（8）在钻孔排渣、提钻头除土或因故停钻时，应保持孔内具有规定的水位和要求的泥浆相对密度和黏度。

（9）当设计为斜桩时，为保证开孔斜度准确，埋设的护筒应准确，长度不宜小于 3m。护筒直径只宜比钻锥直径大 20 ~ 30mm。护筒埋设的斜度宜稍大于设计斜度，应埋筑紧密。

（10）斜孔孔壁较易坍塌，故孔内水头、护壁泥浆相对密度、黏度等指标应比钻竖孔时稍大，可掺入适量添加剂以改善泥浆性能。

（二）护筒的种类

护筒为可重复使用的设备，故在构造上要求坚固耐用，便于安装、拆除，不漏水。根据所用材料，主要分为木护筒、钢筋混凝土护筒和钢护筒三种。必要时护筒顶部需设置护筒盖。

（三）护筒的埋设和沉入

护筒埋设工作是钻孔灌注桩施工的开始，护筒平面位置与竖直度准确与否，护筒周围和护筒地脚是否紧密、不透水，对成孔、成桩的质量都有重大影响。埋设时，护筒中心轴线应对正测量标定的桩位中心，其偏差不得大于 5cm，并应严格保持护筒的竖直位置，如图 6-5 所示。

护筒埋设的具体方法为：

（1）在旱地或岸滩埋设护筒。

（2）在水深小于 3m 的浅水处理设护筒。

（3）在水深 3m 以上的深水河床沉入护筒。

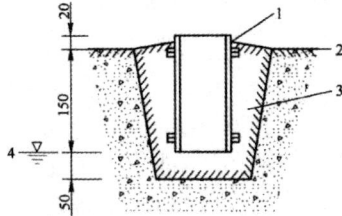

图 6-5　挖埋护筒示意

1—护筒；2—地面；3—穷填黏土；4—施工水位

二、泥浆制备

（一）泥浆的作用

钻孔泥浆由水、黏土（或膨润土）和添加剂组成。在钻孔中，由于泥浆相对密度大于水的相对密度，故护筒内同样高的水头，泥浆的静水压力比水大。由于静水压力的作用，泥浆可作用在井孔壁形成一层泥皮，阻隔孔内外渗流，保护孔壁免于坍塌。

此外，泥浆还有浮悬钻渣的作用，使钻进正常进行。在冲击和正循环回转钻进中，悬浮钻渣的作用更为重要。人力或机动推钻、反循环回转、冲抓钻进中，泥浆主要是起护壁作用，在较好的黏性土层中用以上方法钻进，还可用清水护壁而不必使用泥浆。

（二）泥浆的调制和使用技术要求

（1）钻孔泥浆一般由水、黏土（或膨润土）和添加剂按适当配合比配制而成，其性能指标可参照表 6-5 选用。

表 6-5　泥浆性能指标

钻孔方法	地层情况	泥浆性能指标							
		相对密度	黏度（Pa·s）	含砂率（%）	胶体率（%）	失水率（mL/30min）	泥皮厚（mm/30min）	静切力（Pa）	酸碱度（pH）
正循环	一般地层	1.05 ~ 1.20							
	易坍地层	1.20 ~ 1.45							

续表

钻孔方法	地层情况	泥浆性能指标							
		相对密度	黏度（Pa·s）	含砂率（%）	胶体率（%）	失水率（mL/30min）	泥皮厚（mm/30min）	静切力（Pa）	酸碱度（pH）
反循环	一般地层 易坍地层 卵石层	1.02~1.06 1.06~1.10 1.10~1.15	16~20 18~28 20~35	≤4 ≤4 ≤4 ≤4	≥95 ≥95 ≥95	≤20 ≤20 ≤20	≤3 ≤3 ≤3	1~2.5 1~2.5 1~2.5	8~10 8~10 8~10
推钻冲抓	一般地层	1.10~1.20	18~24	≤4	≥95	≤20	≤3	1~2.5	8~10
冲击	易坍地层	1.20~1.40	22~30	≤4	≥95	≤20	≤3	3~5	8~11

（2）直径大于 2.5m 的大直径钻孔灌注桩对泥浆的要求较高，应根据钻孔的工程地质情况、孔位、钻机性能、泥浆材料条件等选择泥浆。在地质复杂、覆盖层较厚、护筒下沉不到岩层的情况下，宜使用丙烯酰胺类（PHP）泥浆，此泥浆的特点是低固相、高黏度、不分散。

（三）泥浆的制备

1. 黏土的选择

选择黏土时应本着就地取材的原则，选择水化快、造浆能力强、黏度大的膨润土或接近地表经过冻融的黏土为好。

2. 高级泥浆（稳定液）的原料

在用正、反循环回转钻进直径大于 1.2m、孔深大于 30m 的井孔，且地层松散易坍孔时，宜采用固壁和悬浮钻渣效能高的高级泥浆（稳定液）。

高级泥浆的原料一般可采用以下材料：膨润土、羧甲基纤维素（CMC）、铁铬木质素磺酸盐（FCI）、硝基腐殖酸钠盐（煤碱剂）、碳酸钠、聚丙烯酰胺絮凝剂（PHP）、加重剂、锯木屑或稻草末等。以上各种掺加剂的用量，最好先作试配，试验其配合液的各项性能指标是否符合要求。各种掺加剂宜先制成小剂量溶剂，按循环周期均匀加入，并及时测定泥浆指标，防止掺加剂过量。

3. 泥浆的调制

制浆前，应先把黏土块尽量打碎，以便易于成浆、缩短搅拌时间及提高泥浆质量。制浆有机械搅拌、人工搅拌和钻锥搅拌三种方法。

（1）泥浆搅拌机是一个两端封闭的圆鼓，内部装有焊着金属叶片的水平轴。搅拌时，先将定量的清水加入搅拌鼓，然后慢慢地加进要求质量的黏土，并开动机器搅拌。成浆后，打开出浆门出浆。

（2）人工搅拌是先将黏土加水放入制浆池内浸透，然后人工进行搅拌。

（3）钻锥搅拌。冲击钻孔时，将黏土原料投入孔底，利用冲击锤上下冲击，搅拌成泥浆。在黏土地层中钻进，可先采用清水护壁，待陆续钻进时，孔内的清水与钻锥切削下来的黏土在钻锥回转或冲击搅动下，自然形成泥浆。但如黏土含砂多，则制成的泥浆质量不满足要求时，需要加以净化改进。若黏土层很厚，钻进过程中泥浆中的黏土含量将逐渐增加，需及时加水稀释泥浆，保持泥浆的各项性能指标。

（四）泥浆的循环和净化处理

用冲抓锥、冲击锥钻孔时泥浆并不是连续不断地流动。当钻进一个时期，检查试验出孔孔内泥浆性能不符合要求时，需根据不同情况采取不同的方法予以净化改善。

1. 重力沉淀法

重力沉淀法是将沉底池中的沉渣用设在沉淀池上的抓斗龙门吊机清除。

2. 机械净化法

机械净化泥浆法是把孔内排出的混有钻渣的泥浆送到二级或三级高频振动泥浆筛上，首先把 0.5mm 以上的大颗粒筛出，通过皮带运输机装入汽车运走，混有 0.5mm 以下砂粒的泥浆用泥浆泵压入旋流除渣器，净化后返回井孔。旋流除渣器分离出来的砂粒再通过皮带运输机装入汽车运走。

3. 深水处泥浆的循环和净化

深水处泥浆的循环和净化可采用两种方法实现。一种方法是在岸上设黏土库、制浆池、沉淀池，制造或沉淀净化泥浆。另配备 2～3 只船，船上均设有储浆池和设泥浆槽的储渣浆池，轮流补足净化泥浆和接受钻孔流出的含钻渣泥浆。此法的优点是使用的船只可较小，缺点是泥浆循环补换较麻烦。另一种方法是除黏土库和制浆池设在岸上外，其余泥浆槽、沉淀池、储浆池等均设在船上，用泥浆泵压送泥浆。储浆池和沉淀池隔开。

三、成孔

（一）钻孔方法

目前，钻孔均采用机械成孔方法，主要方法有：螺旋钻成孔法、正循环回转钻成孔法（见图 6-6）、反循环回转钻成孔法、潜水钻机成孔法、冲抓钻进成孔法、冲击钻进成孔法、钻斗钻（即机动推钻）成孔法、挖孔法。

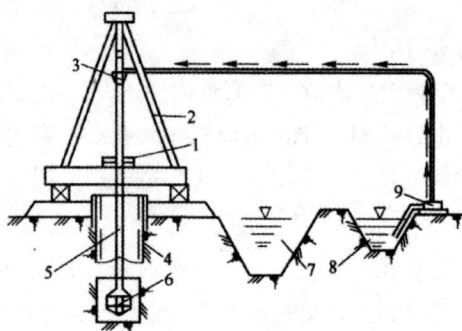

图6-6　正循环旋转钻孔示意图

1—钻机；2—钻架；3—泥浆笼头；4—护筒；5—钻杆；
6—钻头；7—沉淀池；8—泥浆池；9—泥浆泵

（二）各种钻孔方法的适用范围

各种钻孔方法的适用范围与土层、孔径、孔深、是否需要泥浆悬浮钻渣以及钻机的构造、功率大小等因素有关，也与施工队伍的经济技术实力及管理水平有关，见表6-6。

表6-6　各种钻（挖）孔方法的适用范围

钻孔方法	适用范围			泥浆作用
	土层	孔径（cm）	孔深（m）	
螺旋钻	黏性土、砂类土、含少量砂砾石、卵石（含量少于30%，粒径小于10cm）的土	长螺旋：40～80 短螺旋：150～300	长螺旋：12～30 短螺旋：40～80	干作业不需要泥浆
正循环回转钻	黏性土、粉砂、细砂、中砂、粗砂，含少量砾石、卵石（含量少于20%）的土、软岩	80～250	30～100	浮悬钻渣并护壁
反循环回转钻	黏性土、砂类土、含少量砾石、卵石（含量少于20%，粒径小于钻杆内径2/3）的土	80～300	用真空泵<35，用空气吸泥机可达65，用气举式可达120	护壁
潜水钻	淤泥、腐殖土、黏性土、稳定的砂类土，单轴抗压强度小于20MPa的软岩	非扩孔型：80～300 扩孔型：80～655	标准型：50～80 超深型：50～150	正循环浮悬钻渣，反循环护壁

续表

钻孔方法	适用范围			泥浆作用
	土层	孔径（cm）	孔深（m）	
冲抓钻	淤泥、腐殖土、密实黏性土、砂类土、砂砾石、卵石	100～200	大于20m时进度慢	护壁
冲击钻	实心锥：黏性土、砂类土、砾石、卵石、漂石、较软岩石空心锥：黏性土、砂类土、砾石、松散卵石	实心锥：80～200空心锥（管锥）：60～150	50	浮悬钻渣并护壁
钻斗钻	填土层、黏土层、粉土层、淤泥层、砂土层以及短螺旋不易钻进的含有部分卵石、碎石的底层	100～300	78	干作业时不需要泥浆
挖孔	各种土石	方形或圆形：一般：120～200最大：350	25	支撑护壁不需要泥浆

四、成桩

（一）钢筋笼的制作

钢筋笼的制作可采用卡板成型法、支架成型法、胎具成型法、箍筋成型法和加劲筋成型法等。制作钢筋笼时，对于长桩骨架宜分段制作，分段长度应根据吊装条件确定，应确保不变形，接头应错开；对于预制钢筋骨架或钢筋网必须具有足够的刚度和稳定性；骨架的焊接拼装应在坚固的工作台上进行，且操作时应符合下列要求：

（1）拼装时应按设计图纸放大样，放样时应考虑焊接变形和预留拱度。

（2）钢筋拼装前，对有焊接接头的钢筋来说，应检查每根接头是否符合焊接要求。

（3）拼装时，在需要焊接的位置用楔形卡卡住，防止电焊时局部变形。待所有焊接点卡好后，先在焊缝两端点焊定位，然后进行焊缝施焊。

（4）骨架焊接时，不同直径的钢筋的中心线应在同一平面上。为此，较小直径的钢筋在焊接时，下面宜垫以厚度适当的钢板。

（5）施焊顺序宜由中到边对称地向两端进行，先焊骨架下部，后焊骨架上部。相邻的焊缝采用分区对称跳焊，不得顺方向一次焊成。

钢筋网焊点应符合设计规定，当设计无规定时，如焊接网的受力钢筋为 I 级或冷拉 I 级钢筋时，如焊接网只有一个方向为受力钢筋，网两端边缘的两根锚固横向钢筋与受力钢筋的全部相交点必须焊接；如焊接网的两个方向均为受力钢筋，则沿网四周边缘的两根钢筋的全部相交点均应焊接，其余的交叉点可根据运输和安装条件决定，一般可焊接或绑扎一半交叉点。当焊接网的受力钢筋为冷拔低碳钢丝，而另一方向的钢筋间距小于 100mm 时，除网两端边缘的两根钢筋的全部相交点必须焊接外，中间部分的焊点距离可增大至 250mm。

在现场绑扎钢筋网时，应遵守下列规定：

（1）钢筋接头的布置，应符合有关规定。

（2）钢筋的交叉点应用铁丝绑扎结实，必要时，也可用点焊焊牢。

（3）除设计有特殊规定者外，柱和梁中的箍筋应与主筋垂直。

（4）墩、台身、桩柱中的竖向钢筋搭接时，转角处的钢筋弯钩应与模板成45°，中间钢筋的弯钩应与模板成90°。如采用插入式振捣器浇筑小型截面柱时，弯钩与模板的角度最小不得小于15°，在浇筑过程中不得松动。

（5）箍筋弯钩的叠合处，在梁中应沿梁长方向置于上面并交错布置，在柱中应沿柱高方向交错布置，若是方柱则必须位于箍筋与柱角竖向钢筋交接点上。但有交叉式箍筋的大截面柱，其接头可位于箍筋与任何一根中间纵向钢筋的交接点上。圆柱或圆管涵螺旋形箍筋的起点和终点应分别绑扎在纵向钢筋上。

在钢筋与模板间应设置垫块，垫块应与钢筋扎紧，并互相错开。非焊接钢筋骨架的多层钢筋之间应用短钢筋支垫，保证位置准确。钢筋混凝土保护层厚度应符合设计要求。在浇筑混凝土前，应对已安装好的钢筋及预埋件（钢板、锚固钢筋等）进行检查。

（二）钢筋笼的吊放

应在骨架外侧设置控制保护层厚度的垫块，其间距竖向为 2m，横向圆周不得少于 4 处。骨架顶端应设置吊环。骨架入孔一般用吊机，无吊机时，可采用钻机钻架、灌注塔架。起吊应按骨架长度的编号入孔。

（三）水下混凝土的灌注

1.灌注水下混凝土的主要设备

灌注水下混凝土的主要设备包括搅拌机、泵送机具及钢导管等。搅拌机的搅拌能力应能满足桩孔在规定时间内灌注完毕，灌注时间不得超过首批混凝土的初凝时间。泵送机具宜采用混凝土泵，距离稍远的宜采用混凝土搅拌运输车。采用普通汽车运输时，运输容器应严密坚实，不漏浆、不吸水，便于装卸，混凝土不应离析。

水下混凝土一般用钢导管灌注，导管内径一般为 200 ~ 350mm，视桩径大小而定。导管使用前应进行水密承压和接头抗拉试验，严禁用压气试压。进行水密试验的水压不应小于孔内水深 1.3 倍的压力，也不应小于导管壁和焊缝可能承受灌注混凝土时最大内压力 p 的 1.3 倍，p 可按式（1）进行计算：

$$p= \gamma_c h_c \sim \gamma_w H_w \tag{1}$$

式中：p——导管可能受到的最大内压力，kPa；

γ_c——混凝土拌和物的重度，kN/m³；

h_c——导管内混凝土柱最大高度，m，以导管全长或预计的最大高度计；

γ_w——井孔内水或泥浆的重度，kN/m³；

H_w——井孔内水或泥浆的深度，m。

2. 水下混凝土的配制

配制水下混凝土可采用火山灰水泥、粉煤灰水泥、普通硅酸盐水泥或硅酸盐水泥，使用矿渣水泥时应采取防离析措施。水泥的初凝时间不宜小于 2.5h，水泥的强度等级不宜低于 42.5。

粗集料宜优先选用卵石，如采用碎石宜适当增加混凝土配合比的含砂率。集料的最大粒径不应大于导管内径的 1/6 ~ 1/8 和钢筋最小净距的 1/4，同时不应大于 40mm。细集料宜采用级配良好的中砂。

混凝土配合比的含砂率宜采用 0.4 ~ 0.5，水灰比宜采用 0.5 ~ 0.6。有试验依据时，含砂率和水灰比可酌情增大或减小。

混凝土拌和物应有良好的和易性，在运输和灌注过程中应无显著离析、泌水现象。灌注时应保持足够的流动性，其坍落度宜为 180 ~ 220mm。混凝土拌和物中宜掺用外加剂、粉煤灰等材料。

每立方米水下混凝土的水泥用量不宜小于 350kg，当掺有适宜数量的减水缓凝剂或粉煤灰时，可不少于 300kg。

对沿海地区及有盐碱腐蚀性地下水地区，应配制防腐蚀混凝土。

3. 灌注水下混凝土的技术要求

（1）首批灌注混凝土的数量应能满足导管首次埋置深度（≥ 1.0m）和填充导管底部的需要，如图 6-7 所示，所需混凝土数量可参考式（2）和式（3）进行计算：

$$V \leq \frac{\pi D^2}{4}\left(H_1 + H_2\right) + \frac{\pi d^2}{4} h_1 \tag{2}$$

式中：F——灌注首批混凝土所需数量，m³；

D——桩孔直径，m；

H_1——桩孔底至导管底端间距，m，一般为0.4m；

H_2——导管初次埋置深度，m；

d——导管内径，m；

h_1——桩孔内混凝土达到埋置深度H_2时，导管内混凝土柱平衡导管外（或泥浆）压力所需的高度，m，即：

$$h_1 = H_w \gamma_w / \gamma_c \qquad (3)$$

式中，H_w、γ_w、γ_c意义同式（1）。

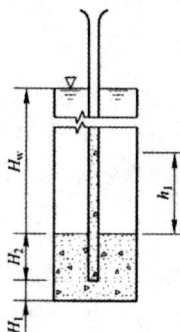

图6-7 计算首批混凝土数量示意

（2）混凝土拌和物运至灌注地点时，应检查其均匀性和坍落度等，如不符合要求，应进行第二次拌和，二次拌和后仍不符合要求时，不得使用。

（3）首批混凝土拌和物下落后，混凝土应连续灌注。

（4）在灌注过程中，特别是潮汐地区和有承压力地下水地区，应注意保持孔内水头。

（5）在灌注过程中，导管的埋置深度宜控制在2～6m之间，应经常测探井孔内混凝土面的位置，及时地调整导管埋深。

（6）为防止钢筋骨架上浮，当灌注的混凝土顶面距钢筋骨架底部1m左右时，应降低混凝土的灌注速度。当混凝土拌和物上升到骨架底口4m以上时，提升导管，使其底口高于骨架底部2m以上，即可恢复正常灌注速度。

（7）灌注的桩顶标高应比设计高出一定高度，一般为0.5～1.0m，以保证混凝土强度，多余部分接桩前必须凿除，残余桩头应无松散层。在灌注将近结束时，应核对混凝土的灌入数量，以确定所测混凝土的灌注高度是否正确。

（8）在灌注过程中，应将孔内溢出的水或泥浆引流至适当地点处理，不得随意排放，污染环境及河流。

4. **灌注混凝土**

（1）从孔底及附近孔壁渗入地下水的上升速度较小时，可采用在空气中灌注混凝土桩的方法，其技术要求应符合规范规定。

（2）当孔底渗入的地下水上升速度较大时，应视为有水桩，按钻孔灌注柱用导管法在水中灌注混凝土。灌注混凝土之前，孔内的水位至少应与孔外稳定水位有同样高度；若孔壁土质易树塌，应使孔内水位高于地下水位 1 ~ 1.5m。

（3）空气中灌注的桩如为摩擦桩，且土质较好，短期内无支护不致引起孔壁坍塌时，可在灌注过程中逐步由下至上拆除支护。需在水中灌注摩擦桩时，应先向孔中灌注水，至少与地下水位相平。随着灌注的混凝土升高，孔内水位上升，逐层拆除支护，利用水头维护孔壁。在水中灌注的柱桩，应尽可能不拆除孔壁支护。

（4）在空气中灌注混凝土柱桩，若地质条件允许拆除支护，当钢护筒或钢筋混凝土护筒需要拆除时，在灌注混凝土和逐步拆除护筒过程中，应始终维持混凝土顶面比护筒底端最少高出 1.5 ~ 2.0m，以免拔护筒时，护筒底脚土粒掉入混凝土桩内，以及孔外地下水从护筒底下间隙中渗入孔内。

5. **灌注方法**

导管法的施工过程如图 6-8 所示。导管居中插入到离孔底 0.30 ~ 0.40m（不能插入孔底沉积的泥浆），导管上口接漏斗，在接口处设隔水球，以隔绝混凝土与管内水的接触。在漏斗中存备足够的混凝土，放开隔水球，存备的混凝土通过隔水球向孔底猛落，这时孔内水位骤长外溢，说明混凝土已灌入孔内。若落下有足够数量的混凝土，则会将导管内水全部压出，并使导管下口埋入孔内混凝土内 1m 深，保证钻孔内的水不可能重新流入导管。随着混凝土不断通过漏斗、导管灌入钻孔，钻孔内初期灌注的混凝土及其上面的水泥浆或泥浆不断被顶托升高，相应地不断提升导管和拆除导管，直到钻孔内混凝土灌注完毕。

导管的直径和壁厚可按表 6-7 和表 6-8 选用。导管分节长度应便于拆装与搬运。导管两端用法兰盘及螺栓连接，并垫橡皮圈以保证接头不漏水。为了首批灌注的混凝土数量能保证将导管内的水全部压出并满足导管初次埋入深度的需要，应计算漏斗应有的最小容量而确定漏斗的尺寸大小。漏斗和储料槽最小容量可参照图 6-8 和下述公式。

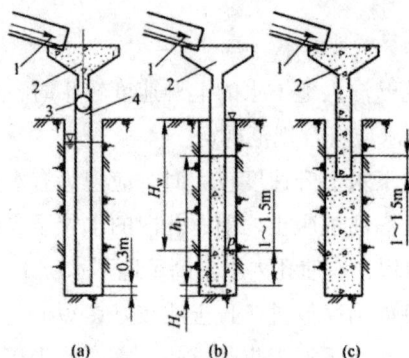

图6-8 导管法的施工过程

1—通混凝土储料槽；2—漏斗；3—隔水球；4—导管

表6-7 导管直径

导管直径（mm）	通过混凝土数量（m³·h⁻¹）	桩径（m）
200	10	0.6 ~ 0.9
250	17	1.0 ~ 1.5
300	25	>1.5
350	35	>1.5

表6-8 导管壁厚

导管长度（m）	导管壁厚（mm）	
	导管直径200 ~ 250mm	导管直径300 ~ 350mm
<30	3	4
30 ~ 50	4	5
50 ~ 100	5	6

$$V = h_1 \times \frac{\pi d^2}{4} + H_c \times \frac{\pi D^2}{4} \qquad (4)$$

$$h_1 = \frac{H_w \gamma_w}{\gamma_c} \qquad (5)$$

式中：V——首批混凝土的最小储量或储料斗容积，m³；

H_c——导管初次埋深加上开始时导管离孔底的间距，m；

h₁——孔内混凝土高度达到埋设深度时，导管内混凝土柱与导管外水平衡所需高度，m；

H_w——孔内混凝土面至孔内水面的距离，m ；

γ_w，γ_c——分别为孔内水或泥浆、混凝土的密度；

D——导管、钻孔桩的直径，m。

漏斗顶端应比桩顶（桩顶在水面以下时应比水面）高出至少 3m，以保证在灌注混凝土最后阶段时，管内混凝土能顶出桩管外混凝土及其上的水或泥浆重量的需要。

6. 灌注水下混凝土应注意的问题

（1）首批混凝土的数量应能满足导管埋置深度不小于 1.0m 和充填导管底部的需要。

（2）灌注应连续进行，严禁中途停工。水下混凝土严禁有夹层和松散层。

（3）后续混凝土要徐徐灌入，以免在导管内形成高压气囊，挤出管节间的橡皮垫，导致导管漏水。

（4）在灌注过程中应经常用测探锤或超声波法测探导管的埋置深度，宜控制在 2 ~ 6m 之间。导管不可提升过猛，否则会导致管底提离混凝土面或埋入过浅，而使导管内进水造成断桩夹泥；也要避免导管埋入过深，使得导管内混凝土无法压出或导管不能提升，致使浇灌中止而断桩。

（5）提升导管时要保持位置居中、轴线竖直，逐步提升，拆除导管的动作要快。

（6）当灌注的混凝土顶面距钢筋骨架底部 1m 左右时，应降低混凝土的灌注速度以防钢筋骨架上浮。当混凝土上升到骨架底部 4m 以上时，提升导管，使其底口高于骨架底部 2m 以上，再恢复正常的灌注速度。

（7）为了确保桩顶质量，灌注的桩顶标高应比设计高出 0.5 ~ 1.0m，待混凝土凝结前，挖除多余的桩头，但应保留 10 ~ 20cm，以待随后修凿，接筑承台。

（8）灌注混凝土即将结束时，因导管内混凝土压力降低，混凝土上升困难可加水稀释泥浆。在拔最后一节导管时，提升必须缓慢，以防止桩顶沉淀的泥浆挤入导管形成泥心。

（9）及时记录混凝土灌注的时间、混凝土面的深度、导管埋深等。灌注中如果发生故障，应及时查明原因，合理确定处理方案，及时进行处理。

第七章　桥梁墩台施工

第一节　混凝土墩台、石砌墩台施工

一、混凝土墩台的施工

（一）墩台模板

模板一般用木材、钢料或其他符合设计要求的材料制成。木模板重量轻，便于加工，但装拆时易损坏，重复使用寿命短。钢模板造价较高，但可重复多次使用，且拼装拆卸方便。

模板的设计与施工应符合如下要求：

（1）足够的强度、刚度和稳定性，能可靠地承受施工过程中的各项荷载，保证结构物形状、尺寸准确。

（2）模板板面平整，接缝严密不漏浆。

（3）容易拆装，施工时操作方便。

墩台施工时，应根据墩台高度、墩台形式、机具设备、施工期限等条件，选用适宜的模板类型。模板安装前应对模板尺寸进行检查，安装时要坚实牢固，以免振捣混凝土时引起跑模漏浆，模板安装位置要符合结构设计要求。

常用的模板类型见表7-1

表7-1　常用的模板类型

种类	具体内容
整体吊装模板	整体吊装模板将墩台模板水平分成若干段，每段模板组成一个整体，在地面拼装后吊装就位。分段高度可视起吊能力而定，一般可为2～4m。整体吊装模板安装时间短，无需设施工接缝；将拼装模板的高空作业改为平地操作，有利于施工安全；模板的刚性较强，可少设拉筋，对建造较高的桥墩较为经济
组合型钢模板	组合型钢模板以各种长度、宽度及转角的标准构件，用定型的连接件将钢模板拼成结构用模板，具有体积小、重量轻、运输方便、装拆简单、接缝紧密等优点，适用于在地面进行拼装，整体吊装的结构上

续表

种类	具体内容
拼装式模板	各种尺寸的标准模板以销钉连接，并与拉杆加劲构件等组成墩台所需形状的模板。拼装式模板由于在厂内加工制造，因此板面平整、尺寸准确，故应用广泛
滑动钢模板	滑动钢模板适用于各种类型的桥墩

（二）浇筑混凝土

墩台混凝土施工前，应将基础顶面冲洗干净，凿除表面浮浆并整修连接钢筋。灌注混凝土时，应经常检查模板、钢筋及预埋件的位置和保护层的尺寸。施工过程中，应保证混凝土的配合比、水灰比和坍落度等技术性能指标满足规范要求。

1. 混凝土的运送

墩台混凝土的水平与垂直运输配合方式与适用条件可参照表 7-2 选用。

表7-2　墩台混凝土的水平与垂直运输配合方式与适用条件

水平运输	垂直运输	适用条件	备注
人力混凝土手推车、内燃翻斗车、轻便轨人力推运翻斗车，或混凝土吊车	手推车	墩高 H < 10m	搭设脚手平台，铺设坡道，用卷扬机拖拉手推车上平台
	轨道爬坡翻斗车	H < 10m	
	皮带输送机	中、小桥梁，水平运距较近	倾角不宜超过15°，速度不超过1.2m/s，高度不足时，可用两台串联使用
		H < 10m	
	履带（或轮胎）起重机，起吊高度≈20m	10m < H < 20m	用吊斗输送混凝土
	木质或钢质扒杆	10m < H < 20m	用吊斗输送混凝土
	墩外井架提升	H > 20m	在井架上安装扒杆提升吊斗
	墩外井架提升	H > 20m	适用于空心桥墩
	无井架提升	H > 20m	适用于滑动模板
轨道牵引车输送混凝土翻斗车或混凝土吊斗汽车倾卸车，汽车运送混凝土吊斗、内燃翻斗车	履带（或轮胎）起重机，起吊高度≈30m	大、中桥梁，水平运距较远	20m < H < 30m	用吊斗输送混凝土
	塔式吊机		30m < H < 50m	用吊斗输送混凝土
	墩外井架提升		H < 50m	井架可用万能杆件组装
	墩内井架提升		H > 50m	适用于空心桥墩
	无井架提升		H > 50m	适用于滑动模板

续表

水平运输	垂直运输	适用条件	备注
索道吊机		H > 50m	
混凝土输送泵		H < 50m	可用于大体积实心墩台

2. 混凝土的灌注速度

为保证灌注质量，混凝土的配制、输送及灌注的速度应满足：

$$\upsilon \geq Sh/t \tag{1}$$

式中：υ——混凝土配料、输送机灌注的容许最小速度，m^3/h；

S——灌注的面积，m^2；

h——灌注层的厚度，m；

t——所用水泥的初凝时间，h。

如混凝土的配制、输送及灌注需时较长，则应采用式（2）进行计算：

$$\upsilon \geq Sh/(t-t_0) \tag{2}$$

式中：t_0——混凝土配制、输送及灌注所消耗的时间，h。

（三）混凝土浇筑

为防止墩台基础第一层混凝土中的水分被基底吸收或基底水分渗入混凝土，对墩台基底处理除应符合天然地基的有关规定外，还应符合以下规定：

（1）基底为非黏性土或干土时，应将其润湿。

（2）如为过湿土时，应在基地设计标高下夯填一层 10 ~ 15cm 厚片石或碎（卵）石层。

（3）基底面为岩石时，应加以润湿，铺一层厚 2 ~ 3cm 水泥砂浆，并在水泥砂浆凝结前浇筑第一层混凝土。

墩台身钢筋的绑扎应和混凝土的灌注配合进行。在配置第一层垂直钢筋时，应有不同的长度，同一断面的钢筋接头应符合设计要求。如无设计要求时，则可取墩台身受力钢筋的净保护层不小于 30mm，承台基础受力钢筋的净保护层不小于 35mm。墩台身混凝土宜一次连续灌注，否则应按桥涵施工规范的要求，处理好连接缝。墩台身混凝土未达到终凝前，不得泡水。

二、石砌墩台施工

石砌墩台是用片石、块石及粗料石以水泥和砂浆砌筑，具有就地取材和经久耐用等优点，在石料丰富地区建造墩台时，应优先考虑石砌墩台方案。

（一）石料、砂浆与脚手架

石料与砂浆的规格要符合有关规定，浆砌片石一般适用于高度小于 6m 的墩台身、基础、镶面以及各式墩台身填腹；浆砌块石一般用于高度大于 6m 以下的墩台身、镶面或应力要求大于浆砌片石砌体强度的墩台；浆砌粗料石则用于磨耗及冲击严重的分水体及破冰体的镶面工程以及有整齐美观要求的桥墩台身等。

将石料吊运并安砌到正确位置是砌石工程中比较困难的工序。当石料质量小或距地面不高时，可用简单的跳板直接运送；当石料质量较大或距地面较高时，可采用固定式动臂吊机或桅杆式吊机或井式吊机，将材料运到墩台上，然后再分运到安砌地点。用于砌石的脚手架应环绕墩台搭设，用以堆放材料，并提供施工人员的工作面。脚手架一般常用固定式轻型脚手架（适用于 6m 以下的墩台）、简易活动脚手架（适用于 25m 以下的墩台）以及悬吊式脚手架（适用于较高的墩台）。

（二）墩台砌筑施工要点

在砌筑前应按设计图放出实样，再进行基础及墩台的砌筑。

1. 墩台砌筑的定位放样

墩台放样是根据桥位施工测量定出的墩台中心线，放出砌筑基础与墩台的轮廓线，并根据墩台的轮廓线进行砌筑。

（1）垂线法

当墩台身和基础较低时，可依平面轮廓线砌筑圬工。对于直坡墩台可用吊垂球的方法控制定位石的位置，如图 7-1（a）所示。对于斜坡墩台可用规板控制定位石的位置，如图 7-1（b）所示，规板构造如图 7-2 所示。

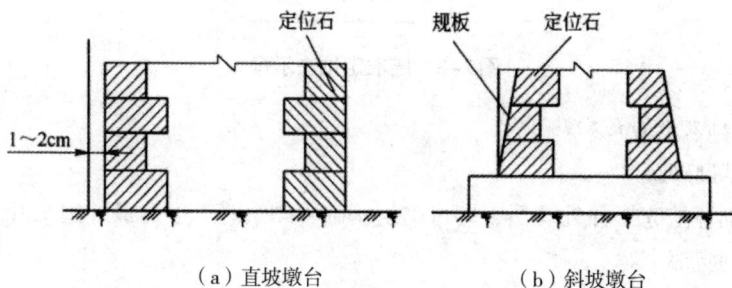

（a）直坡墩台　　　　　　　（b）斜坡墩台

图7-1　垂线定位法示意

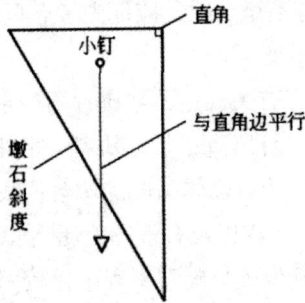

图7-2　规板构造示意

（2）瞄准法

当墩台身较高时，可采用瞄准法控制定位石的位置，如图7-3所示。当墩台身每升高1.5～2.0m时，沿墩台平面棱角埋设铁钉，使上下铁钉位于一个垂直平面上，并挂以铅丝。砌筑时，拉直铅丝，使之与下段铅丝瞄成一直线，即可依此安砌定位石于正确位置。定位时，每砌高2～3m时，应用仪器测量中线及进行各部尺寸的校核，以确保各部尺寸的正确。

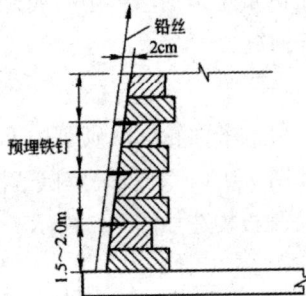

图7-3　瞄准定位法示意

2. 基础及墩台的砌筑

（1）基础砌筑

当基础开挖完毕并处理后，即可砌筑基础。砌筑时，应自最外边缘开始，砌好外圈后填砌腹部。

基础一般采用片石砌筑。当基底为土质时，基础底层石块直接干铺于基土上，只在已砌石块的侧面铺上砂浆即可；当基底为岩石时，应将其表面清洗、润湿后，先坐浆再砌石块。第一层砌筑的石块应尽可能挑选大块的，平放铺砌，且交替丁放和顺放，并用小石块将空隙填塞，灌以砂浆，然后开始一层一层平砌。每砌2～3

层就要大致找平后再砌。

（2）墩台身砌筑

当基础砌筑完毕，并检查平面位置和标高均符合设计要求后，即可砌筑墩台。砌筑前应将基础顶洗刷干净。砌筑时，桥墩先砌上下游圆头石或分水尖；桥台先砌四角转角石，然后在已砌石料上挂线，砌筑边部外漏部分，最后填砌腹部。砌筑方法常采用挤浆法。

墩台身可采用浆砌片石、块石或粗斜石砌筑（内部均用片石填腹）。表面石料一般采用一丁一顺的排列方法，使之连接牢固。墩台砌筑时应均匀升高，高低不应相差过大，每砌 2～3 层应大致找平。

墩台平面尺寸误差，对于片、块石砌体不超过 ±3cm，对于粗斜石砌体不超过 ±1.5cm。

墩台表面应砌缝，靠外露面需另外勾缝，靠隐蔽面随砌随刮平，以利于美观和防水。

勾缝的形式，一般采用凸缝或平缝，也可采用凹缝，如图 7-4 所示。勾缝砂浆标号应按设计文件规定。砌筑时，外层砂浆留出距石面 1～2cm 的空隙，以备勾缝。勾缝最好在整个墩台砌筑后，自上而下进行，以保证勾缝整齐干净。浆砌体勾缝后应在砂浆初凝后洒水养护 7～14d。

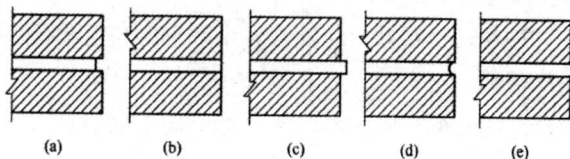

(a)　　　(b)　　　(c)　　　(d)　　　(e)

图7-4　勾缝的形式

第二节　装配式墩台施工

一、砌块式墩台施工

砌块式墩台安装前的准备工作与石砌墩台相同，只是预制砌块的形式因墩台形状不同而有很多变化。基坑坑底整平后，经检验合格后铺设砂、砾石或碎石垫层并夯实整平，铺好坐浆后安装墩台。其施工方法和注意事项为：

（1）预制砌块时，吊环宜设于凹窝内，使其不突出顶面，以免妨碍拼装，同时也省去切除吊环工序。

（2）吊运安装机具可采用各种自行式吊车、龙门架、简易缆索吊机设备或各种扒杆。

（3）砌块安装时应对准位置安放平稳，若位置不准确时，应吊起重放，不得用撬棍拨移。

（4）安砌时，平缝用较干砂浆。砌缝宽度应不大于1cm，为防止水平缝砂浆全被上层砌块挤出，可在水平缝中垫以铁片，其厚度需小于铺筑的砂浆。竖向砌缝中砂浆应插捣密实，砌筑外露面时应预留2cm的空缝备作勾缝之用，隐蔽面砌缝可随砌随刮平。竖向砌缝错缝应不小于20cm。

（5）每安装高1m左右的砌块应进行找平，控制灰缝厚度和标高。

二、柱式墩台施工

装配式柱式墩台是将桥墩分解成若干轻型部件集中预制，再运送到现场装配而成的。其形式有双柱式、排架式、板凳式和钢架式等。

装配式柱式墩台的施工工序为预制构件、安装连接与混凝土填缝养护等。其中拼装接头是关键工序，既要牢固、安全，又要结构简单，便于施工。常用的拼装接头有：承插式接头、钢筋锚固接头、焊接接头、扣环式接头和法兰盘接头。

装配柱式墩台需注意以下几点：

（1）对预制的立柱和环形基础，应检查各个墩台的高度和环形基础标高是否符合要求，否则要进行调整。

（2）最好采用自行式吊车安装柱式墩台，也可采用木扒杆。

（3）挖好基坑后即铺设砂砾石或碎石垫层并夯实整平，符合设计高度后，吊装杯式基础。其平面位置要仔细校正，使同一排架墩台的各个杯口中心位于同一直线上。

（4）将立柱用吊机吊入杯口就位时，要在纵横方向吊线，使墩、台柱身竖直，并注意使各柱顶平面位置和高度符合要求，然后用楔子塞入杯口内打紧，对重大、细长的墩、台柱，打紧楔子后还需用风缆或木撑校正固定。

三、后张法预应力混凝土装配墩施工

装配式预应力钢筋混凝土墩分为基础、装配墩身和实体墩身三大部分。装配墩身由基本构件、隔板、顶板及顶帽构成，用高强度钢丝穿入预留的孔道内，张拉锚固而成。实体墩身是装配墩身与基础的连接段，其作用是锚固预应力钢筋，调节装配墩身高度及抵御洪水时漂流物的冲击等。

装配式预应力钢筋混凝土墩的施工工艺流程分为施工准备、预制构件及装配墩身三方面。实体墩身灌注时要按装配构件孔道的相对位置，预留张拉孔道及工作孔。安装构件应做到平、稳、准、实、通五个关键，即起吊平、构件顶面平、内外壁砂浆接缝要抹平；起吊、降落、松钩要稳；构件尺寸准、孔道位置准、中线准及预埋配件位置准；接缝砂浆要密实；构件孔道要畅通。张拉预应力的钢丝束分两种，一种是直径为 5mm 的高强度钢丝，用 18φ5 锥形锚；另一种用 7φ4mm 钢绞线，用 JMI2-6 型锚具，采用一次张拉工艺，张拉顺序如图 7-5 所示。孔道压浆前先用高压水冲洗。压浆最好由下而上压注，采用纯水泥浆，为了减少水泥浆的收缩及泌水，可掺入质量为水泥质量（0.8～1.0）/10000 的铝粉。压浆分初压与复压，初压后，大约停 1h，待砂浆初凝即进行复压。压浆时，构件上的砂浆接缝全部湿润，这说明接缝砂浆空隙中压入了水泥浆，起到了密实接缝的作用。实体墩身的封锚采用与墩身同标号的混凝土，同时要采用防水措施。顶帽上封锚采用钢筋网罩焊在垫板上，单个或多个连在一起，然后用混凝土封锚。

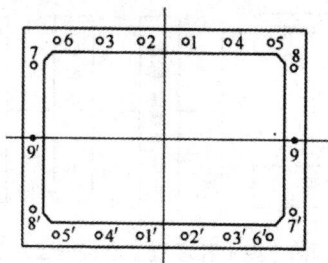

图 7-5 张拉顺序示意图

四、无承台大直径钻孔埋入空心桩墩施工

无承台大直径钻孔埋入空心桩墩由预钻孔、预制大直径钢筋混凝土桩墩节、吊拼桩墩节并用预应力后张连成整体、桩周填石压浆、桩底高压压浆、吊拼墩节、浇筑或组装盖梁等部分组成，它综合了预制桩质量的可靠性和钻孔成桩的工艺简便、成本低、适应性强等优点。

钻埋预应力空心桩的技术特点是：

（1）直径大，承载力高。桩径一般大于 φ2.5m，钻埋空心桩已达 φ5.0m，沉挖空心桩已达 φ6.0～8.0m。由于采用了桩周填石压浆、桩底高压压浆、桩节间通过预应力形成整体，故使桩基承受的垂直荷载和水平荷载成倍增大。

（2）无承台、空心截面，节省了围堰工程，减少了桩身混凝土体积，不仅简化了施工工序，而且减少了下部结构费用。

（3）施工快，工期短，由于采用大直径桩，桩数少，多数情况下可以单桩独柱，加之钻机设备的先进与完善，一个枯水季节可完成基础工程；预制桩节、墩节与钻孔平行作业，大大加速了工程进度。

（4）钻埋空心桩墩适用于土质地基，沉挖空心桩适用于松散的砂、砾、漂石和风化岩层，且环保效果好，施工振动少、噪声低，城镇区施工对居民干扰少。

（5）桩节、墩节预制，桩周、桩底压浆，节间用高强预应力筋连成整体，各项作业技术含量高，桩墩质量有保障。

钻（挖）孔埋置空心桩工序流程图如图7-6所示。先按正常工艺钻孔，同时预制钢筋混凝土桩壳，待桩孔完成清孔检查合格后，填石块于孔底，再将桩壳分节吊放，沉入钻孔内（底节桩壳设有桩底板和注浆管），各节桩壳用预应力筋连接，桩周再插入注浆和填入石块，然后桩周和桩底分次压注水泥砂浆或水泥浆，最后浇筑顶盖混凝土而完成空心桩。

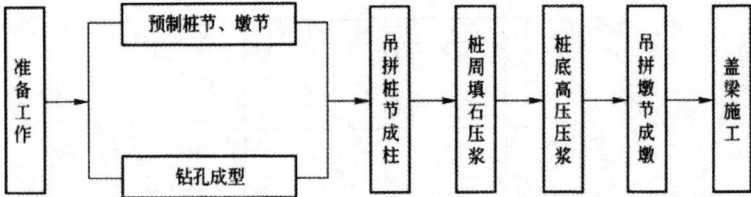

图7-6　钻（挖）孔埋置空心桩墩工序流程图

此类桩成桩工序多，但各道工序可平行流水作业，施工速度较同样直径、同样深度的沉井快；桩底、桩周压注水泥浆可增加桩底承载力和桩壁摩阻力，故其总承载力比同直径同深度的钻孔灌注桩大；在同一荷载时，空心桩长度可比钻孔桩长度短。

钻孔埋置预制空心桩也可以顶部直径扩大，在桩上部的预制桩壳扩大直径，并采用填实压浆混凝土。

第三节　滑动模板施工

一、滑动模板构造

滑动模板是将模板悬挂在工作平台的围堰上，沿着所施工的混凝土结构截面的周界组拼装配，并随着混凝土的灌注由千斤顶带动向上滑升。由于桥墩类型、提升工具类型不同，滑动模板构造也稍有差异，但其主要部件与功能大致相同，一般主要由工作平台、内外模板、混凝土平台、工作吊篮和提升设备等组成。

工作平台是整个滑模结构的骨架，应具有足够的强度和刚度。工作平台由辐射梁、栏杆、外钢环、内钢环、步板组成，除提供施工操作的场地外，还用它把滑模的其他部分与顶杆相互连接起来，使整个滑模结构支承在顶杆上。

用于上下壁厚相同的直坡空心桥墩的滑模，内外模板应采用薄钢板制作，内外模板均通过立柱固定在工作平台的辐射梁上，用于上下壁厚相同的斜坡空心墩的收坡滑模，内外模板仍需固定在立柱上，但立柱架（或顶梁）不是固定在辐射梁上，并可利用收坡丝杆沿辐射方向移动立柱架及内外模板位置。用于斜坡式不等壁厚空心墩的收坡滑模，则内外立柱均固定在辐射梁上，而在模板与立柱间安装收坡丝杆，以便分别移动内外模板的位置。

混凝土平台由辐射梁、步板、栏杆等组成，利用立柱支承在工作平台的辐射梁上，供堆放及灌注混凝土的施工操作用。

工作吊篮是悬挂在工作平台的辐射梁和内外模板的立柱上，它随着滑模的提升而向上移动，供施工人员对刚脱模的混凝土进行表面修饰和养生等施工操作用。

提升设备由千斤顶、顶杆、顶杆导管等组成，通过顶升工作平台的辐射梁使整个滑模提升。

二、滑动模板提升工艺

滑动模板提升设备主要由提升千斤顶、支承顶杆及液压控制装置等几部分组成。

（一）螺旋千斤顶提升步骤

螺旋千斤顶提升步骤如图 7-7 所示。

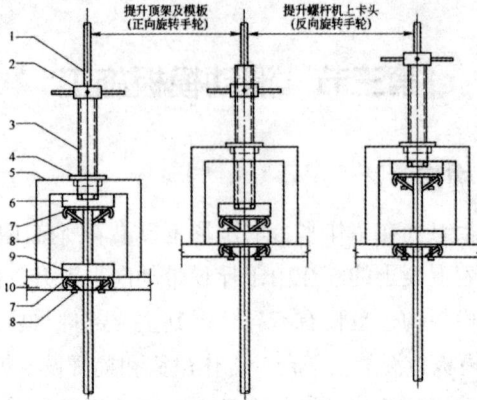

图7-7 螺旋千斤顶提升示意图

1—顶杆；2—手轮；3—螺杆；4—顶座；5—顶架上横梁；6—上卡头；

7—卡瓦；8—卡板；9—下卡头；10—顶架下横梁

（1）转动手轮使螺杆旋转，使千斤顶顶座及顶架上横梁带动整个滑模徐徐上升。此时上卡头、卡瓦、卡板卡住顶杆，而下卡头、卡瓦、卡板则沿顶杆向上滑行，当滑至与上下卡瓦接触或螺杆不能再旋转时，即完成一个行程的提升。

（2）向相反方向转动手轮，此时，下卡头、卡瓦、卡板卡住顶杆，整个滑模处于静止状态。仅上卡头、卡瓦、卡板连同螺杆、手轮沿顶杆向上滑行，至上卡头与顶架上横梁接触或螺杆不能再旋转时为止，即完成整个一个循环。

（二）液压千斤顶提升步骤

液压千斤顶提升步骤如图7-8所示。

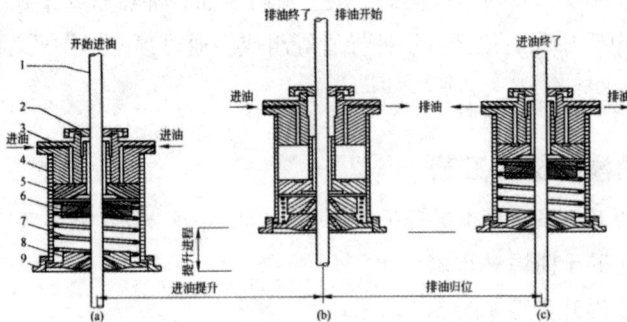

图7-8 液压千斤顶提升示意图

1—顶杆；2—行程调整帽；3—缸盖；4—钢筒；5—活塞；

6—上卡头；7—排油弹簧；8—下卡头；9—底座

（1）进油提升。利用油泵将油压入缸盖与活塞间，在油压作用时，上卡头立即卡紧顶杆，使活塞固定于顶杆上如图 7-8（a）所示。随着缸盖与活塞间进油量的增加，使缸盖连同缸筒、底座及整个滑模结构一起上升，直至上、下卡头紧时如图 7-8（b）所示，提升暂停。此时，缸筒内排油弹簧完全处于压缩状态。

（2）排油归位。开通回油管路，解除油压，利用排油弹簧推动下卡头使其与顶杆卡紧，同时推动上卡头将油排出缸筒，在千斤顶及整个滑模位置不变的情况下，使活塞回到进油前位置。至此，完成一个提升循环如图 7-8（c）所示。为了使各液压千斤顶能协同一致地工作，应将油泵与各千斤顶用高压油管连通，由操纵台统一控制。

三、滑动模板的设计要点

（一）荷载取值

作用在滑动模板上的荷载有静荷载与活荷载。静荷载如工作平台、内外模板、混凝土平台、工作吊篮、提升设备、液压管线等的自重；操作人员、施工机具、平台上堆放的材料及半成品等的重力以及滑升时混凝土与模板间的摩阻力等属于垂直活荷载；向模板内倾倒混凝土时所产生的冲击力，新浇筑混凝土对模板的侧压力以及风荷载等属于水平活荷载。具体可按有关规范与设计要求分别取值。

（二）确定支承顶杆和千斤顶的数量

（1）支承顶杆的数量：其最小值 n 按式（3）进行计算：

$$n \geqslant KP/N \tag{3}$$

式中：P——滑动模板提升时全部静荷载和垂直活荷载；

K——工作条件系数，液压千斤顶取值为 0.8；

N——单根支承千斤顶的容许承载能力，按式（4）进行取值：

$$N = \phi A[\sigma] \tag{4}$$

ϕ——纵向弯曲系数，可根据长细比大小查表确定；

A——支承顶杆的截面面积；

$[\sigma]$——支承顶杆的抗压容许应力。

提升过程中支承顶杆实际受力情况比较复杂，其容许承载能力应根据工程实践的经验选用。计算确定的支承杆数量，还应根据结构物的平面和局部构造加以适当的调整。

（2）千斤顶的数量：液压千斤顶起重力约为 30kN，施工时考虑其他因素后，按

15kN 取值，大体上与支承顶杆的承载能力相同。即一根支承顶杆上安装一台千斤顶，所需千斤顶数量与支承杆数量相同。

（三）确定支承顶杆、千斤顶、顶升架和工作平台的布置方案

（1）支承顶杆和千斤顶的布置方案：一般有均匀布置、分组集中布置以及分组集中与均匀布置相结合等方案。在筒壁结构中多采用均匀布置方案，在平面较为复杂的结构中则宜采用分组集中与均匀相结合布置方案。

在布置千斤顶时，应使各千斤顶所承受的荷载大致相同，以利于同步提升。当平台上荷载分布不均匀时，荷载较大的区域和摩阻力较大的区段，千斤顶布置的数量多些。考虑到平台荷载内重外轻，在数量上内侧应较外侧布置多些，以避免顶升架提升时向内倾斜。

（2）顶升架的布置方案：应根据结构形式、建筑平面、平台荷载与刚度等布置。筒壁结构顶升架可采用均匀布置方案，间距控制在 1.2 ~ 2.5m。

（3）工作平台的布置方案：必须保证结构的整体性与足够的刚度，布置方案应根据施工对象的结构特点、荷载大小和分布情况，顶升架和千斤顶的布置要求，以及垂直运输方式等确定。圆形结构中，工作平台的承重结构、承重桁架或梁宜采用辐射形布置。方形结构中，工作平台的承重结构可单向或双向布置。

（四）模板的设计

模板的设计内容包括模板尺寸的确定和模板的刚度。模板必须具有足够的刚度，才能保证浇筑混凝土和提升过程中，在混凝土侧压力作用下不发生超过允许的变形值。一般条件下，模板在水平荷载作用下，其支点间在力的作用方向的变形不应超过 1/1000。作用在模板上的水平荷载主要是新浇筑混凝土的侧压力，此时，模板按简支板计算。因为在滑模施工中，模板有一定倾斜度，出模混凝土具有 0.05 ~ 0.25MPa 的强度，所以模板底部的混凝土对模板已不存在侧压力。在侧压力作用的高度范围内，模板承受的侧压力图形如图 7-9 所示。

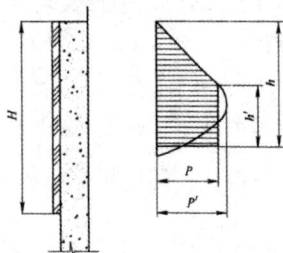

图 7-9　作用在模板上的侧压力图形

新浇混凝土的侧压力计算式为：

$$P = \frac{1}{2}\gamma h \tag{5}$$

式中：P——新浇混凝土侧压力的计算最大值，kPa；

γ——混凝土的容重，kN/m^3；

h——侧压力的计算作用高度，0.65H ~ 0.70H，H 为模板高度。

侧压力的合力为 0.75Ph，合力作用点距模板上口的距离在 3h/5 处。

（五）顶升架与工作平台的设计

顶升架的构造形式根据结构水平截面形状、部位和千斤顶的类型决定。通常采用一字型的单模梁式或双横梁式。顶升架承受提升的全部垂直荷载和混凝土与模板的侧压力等水平荷载，其计算内容包括顶升架立柱间的净宽，和立柱设计。对于等截面结构的滑模工程，净宽 W 为：

$$W=A+2（B+C+D）+E \tag{6}$$

式中：A——结构的截面宽度，m；

B——模板的厚度，m；

C——围堰的宽度，m；

D——支承围堰的支托宽度，m；

E——由于模板的倾斜度要求两侧放宽的尺寸，m。

顶升架的横梁底面与模板顶面间的距离，对于钢筋混凝土结构取值 0.45 ~ 0.50m，主要是为了绑扎水平钢筋和预埋件的要求。

顶升架的立柱按拉弯构件计算。工作平台的计算可视其具体受力情况，按常用的结构计算方法进行强度验算。

四、滑模浇筑混凝土施工要点

（一）滑模组装

在墩位上就地进行滑模组装的步骤为：

（1）在基础顶面搭枕木垛，定出桥墩中心线。

（2）在枕木垛上先安装内钢环，并准确定位，再依次安装辐射梁、外钢环、立柱、顶杆、千斤顶、模板等。

（3）提升整个装置、撤去枕木垛，再将模板落下就位，随后安装余下的设施；待模板滑升至一定高度，安装内外吊架；组装完毕后进行全面检查，并及时纠正偏差。

（二）灌注混凝土

滑模宜灌注低流动性或半干硬性混凝土，灌注时应分层、分段对称进行。灌注后混凝土表面距模板上缘宜有不小于 10～15cm 的距离。混凝土入模时，宜用插入式振动器振捣，振捣时应避免触及钢筋及模板，振动器插入下一层混凝土的深度不得超过 5cm。脱模时混凝土强度应为 0.2～0.5MPa，以防在自重压力下坍塌变形。为加速提升混凝土的强度，可掺入一定量的早强剂。脱模后 8h 左右开始养生。

（三）提升与收坡

整个桥墩灌注过程可分初次滑升、正常滑升和滑升三个阶段。从开始灌注混凝土到模板首次试升为初次滑升阶段；初凝混凝土的高度一般为 60～70cm，分三次灌注，在底层混凝土强度达到 0.2～0.4MPa 时即可试升。将所有千斤顶同时缓慢起升 5cm，观察底层混凝土的凝固情况。现场鉴定可用手指按刚脱模的混凝土表面，如果基本按不动，但留有指纹，砂浆不沾手，用指甲划过有痕迹，滑升时能耳闻"沙沙"的摩擦声，则表明混凝土已具有约 0.2～0.4MPa 的脱模强度，可以再缓慢提升一次，使每次灌注的厚度与每次提升的高度基本一致。在正常气温条件下，提升时间不宜超过 1h。最后滑升阶段是混凝土已经灌注到需要高度，不再继续灌注，但模板尚需继续滑升的阶段。灌完最后一层混凝土后，每隔 1～2h 将模板提升 5～10cm，滑动 2～3 次后即可避免混凝土与模板胶合。

随着模板的提升，应转动收坡丝杆，调整墩壁曲面的半径，使之符合设计要求的收坡坡度。

（四）接长顶杆、绑扎钢筋

模板每提升至一定高度后，就需要穿插机型接长顶杆、绑扎钢筋等工作。钢筋接头应事先配好，并错开接头。对预埋件及预理的接头钢筋，抽离滑模后，要及时清理使之外露。

（五）混凝土停工后的处理

在整个施工过程中，由于工序的改变，或发生意外事故，使混凝土的灌注工作停止较长时间，即需要进行停工处理。例如，每隔半小时左右稍微提升模板一次，以免黏结；停工时在混凝土表面要插入短钢筋等，以加强新老混凝土的黏结；复工时还需将混凝土表面凿毛，并用水冲走残渣，湿润混凝土表面，灌注一层厚度为 2～3cm 的 1:1 水泥砂浆，然后再灌注原配合比的混凝土，继续滑模施工。

五、爬升模板与翻升模板施工简介

爬升模板施工与滑动模板施工相似，不同的是支架通过千斤顶支承预埋在墩壁中的预埋件上。待浇筑好的墩身混凝土达到一定强度后，将模板松开，千斤顶上顶，把支架连同模板升到新的位置，模板就位后，再继续浇筑墩身混凝土。如此往复循环，逐节爬升。

翻升模板施工是采用一种特殊钢模板，一般由三层模板组成一个基本单元，并配置有随模板升高的混凝土接料工作平台。当浇筑完上层模板的混凝土后，将最下层模板拆除翻上来拼装，循环施工。翻升模板也能够用于有坡度的桥墩施工。

第四节　V型墩施工要点

V型、Y型及X型桥墩具有结构新颖轻巧、外形美观匀称等优点，桥墩施工方法与桥梁的结构体系密切相关。

V型墩类桥梁属刚架桥系统，其施工方法除了具有连续梁桥的施工特点外，还有着自身结构的施工特点。通常可分为V型墩结构、锚跨结构和挂孔部分三个施工阶段，其中V型墩结构是全桥的施工重点。V型墩结构的施工方法与斜腿钢构相类似，它由两个斜腿和其顶部主梁组成倒三角形结构，如图7-10所示。

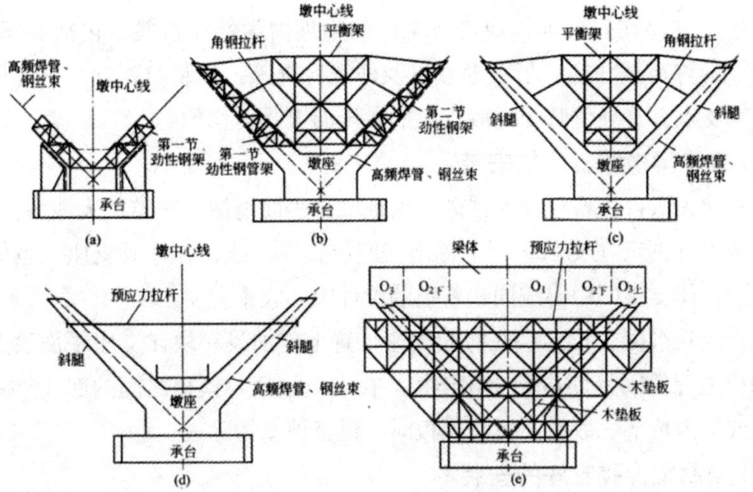

图7-10　V型墩施工步骤示意

根据该类桥梁的结构特点，可将墩座和斜腿合为一部分，斜腿间的主梁为另一部分，分别施工，施工顺序如下：

（1）将斜腿内的高度钢丝束、锚具与高频焊管连成一体，并和第一节劲性骨架一起安装在墩座及斜腿位置处，灌注墩座混凝土，如图7-10（a）所示。

（2）安装平衡架、角钢拉杆及第二节劲性骨架，如图7-10（b）所示。

（3）分两段对称灌注斜腿混凝土，如图7-10（c）所示。

（4）张拉临时斜腿预应力拉杆，并拆除角钢拉杆及部分平衡架构件，如图7-10（d）所示。

（5）拼装V型腿间墩旁膺架，灌注主梁0号节段混凝土，张拉斜腿及主梁钢丝束或粗钢筋，最后拆除临时预应力拉杆与墩旁膺架，使其形成V型墩结构，如图7-10（e）所示。

V型墩的施工应综合考虑现有架设设备，预制、架设构件的时间以及工地现场条件等因素。施工时选择架设拼装图式与程序，应尽可能地符合桥梁结构体系的受力要求。

第五节　支座安设

一、板式橡胶支座的安设

板式橡胶支座在安装前，应进行全面的物理力学性能检验，包括支座长、宽、厚、硬度、容许荷载、容许最大温差以及外观检查等。安装时，支座中心尽可能对准梁的计算支点，必须使整个橡胶支座的承压面上受力均匀。

（一）现浇梁橡胶支座的安装

（1）先除去墩台垫石顶面的浮砂，保证墩台表面清洁、平整、无油污。

（2）按设计图纸在支承垫石上标出支座位置中心线，在橡胶支座上也标上十字交叉中心线，使支座的中心线同垫石上的设计中心线重合。

（3）在浇筑混凝土梁前，在橡胶支座位置上需加设一块比支座平面稍大的支承钢板，钢板上焊锚固钢筋与梁体相连接。在支承钢板与模板之间的四周空隙处用棉纱、油灰或软木填塞，以后在拆除模板时，再将填塞物除去。

（二）预制梁橡胶支座的安装

（1）先除去支承及与支座接触的底平面浮砂，垫石表面应清洁、平整、无油污。

（2）应保证预制梁及支座接触底平面的水平与平整，预先处理好蜂窝状表面或倾斜度。

（3）按设计图在支承垫石上标出支座位置中心线，在橡胶支座上也标上十字交叉中心线。安放支座垫石中心线应同支座中心线相重合。为使落梁准确，在架第一跨梁时，可在梁底面画好两个支座的十字位置中心线，在梁的端立面上标出两个支座位置中心铅直线，落梁时同墩台上的位置中心线相吻合。多跨梁可依第一跨梁为基准落梁。

（4）架梁、落梁时，操作应平稳，防止支座偏心受压或产生初始剪切变形。

（5）在安装 T 型梁支座时，若支座比梁肋底宽，则应在支座与梁之间加设比支座略大的钢筋混凝土垫块或厚钢板作过渡，以免橡胶支座局部超载，出现应力集中现象。钢筋混凝土垫块或钢板与梁底间应用环氧树脂砂浆黏结。

（6）一般情况下，橡胶支座安装落梁后，其顶面应保持水平。

预制梁橡胶支座安装时，应尽可能地保证梁底、支座、垫石相互平行、密贴，避免偏正、脱空、不均匀支承现象的发生。

（三）四氟滑板橡胶支座的安装

四氟乙烯板式橡胶支座是于普通板式橡胶支座上黏接一层厚 1.5 ~ 3mm 的聚四氟乙烯板而制成的。除具有普通板式橡胶支座的竖向刚度与弹性变形、能承受垂直荷载及适应梁端转动外，因四氟乙烯与梁底不锈钢板间的低摩擦系数，可使桥梁上部构造的水平位移不受限制。四氟滑板橡胶支座的安装施工方法与板式橡胶支座基本相同，但应注意下列事项：

（1）安装四氟滑板橡胶支座必须精心细致，支座应按设计支承中心准确就位，梁底钢板与支承垫石顶面尽可能保持平行、平整，与支座上下面全部密贴。同一片梁的各个支座应位于同一平面上，避免出现支座偏心受压、不均匀支承及个别脱空的现象。

（2）支座四氟板的储油凹坑内，安装时应充满不会挥发的"295"硅脂作润滑剂，以降低摩擦系数。

（3）与四氟板面接触的不锈钢板面不允许出现损伤、拉毛现象。

（4）落梁时，为防止梁与支座发生横向滑移，宜用木制三角垫块在梁两侧加以定位，待落梁工作全部完毕后拆除。

（5）支座与不锈钢板的相对位置要视安装时的温度而定。但若不锈钢板有足够的长度，则安装时将支座与不锈钢板的中心对齐即可。

（6）在使用四氟滑板橡胶支座的上部连续体系中，若固定端的板式橡胶支座的设计计算水平力不平衡，为提高可靠度，防止固定支座的纵横向滑移，可设置防滑装置。

（四）橡胶支座安装时的调整

橡胶支座安装后，若发现下述情况则应及时调整：

（1）个别支座脱空，出现不均匀受力。

（2）支座发生较大的初始剪切变形。

（3）支座偏压严重，侧面异常鼓出而局部脱空。

调整方法一般可用千斤顶顶起梁端，在支座上下表面铺涂一层环氧树脂砂浆。再次落梁，在重力作用下，使支座上下表面相互平行且同梁底、墩台顶面全部密贴，同时使一片梁两端的支座处在同一平面内。控制梁的纵向倾斜度，以支座不产生明显初始剪切变形为宜。

二、盆式橡胶支座的安设

盆式橡胶支座顶、底面积均较大，支座下埋设在桥墩顶的钢垫板面积也较大，浇筑墩顶混凝土时需使垫板下混凝土浇筑密实。盆式橡胶支座的主要部分是聚四氟乙烯板与不锈钢板的滑动面和密封在缸盆内的橡胶垫块，均不能有污物和损伤，否则容易降低使用寿命。

盆式橡胶支座各部件应满足以下组装要求：支座底面和顶面的钢垫板必须埋置密实，垫板与支座间平整密贴，支座四周不得有 0.3mm 以上的缝隙；支座中线、水平、位置偏差不大于 2mm；活动支座的聚四氟乙烯板和不锈钢板不得有刮伤、撞伤；氯丁橡胶板块密封在缸盆内，安装时排除空气、保持密封；支座组拼要保持清洁。

盆式橡胶支座施工时应注意：

（1）安装前除了应检查支座垫石，标高除应符合设计要求外，还应注意两个方向的四角高差不得大于 2mm。支承垫石的高度应考虑支座养护、检查的方便，并应考虑更换支座时的可能性，一般为 30 ~ 50cm。

（2）安装前应全面检查支座，查看零件有无丢失、损坏，橡胶块与底盆间有无压缩空气等。活动支座安装前用丙酮或酒精仔细擦洗各相对滑移面，擦净后在四氟板的储油槽内注满"295"硅脂润滑剂，并注意保持清洁。

（3）支座上、下各部件纵横向必须对中，当安装温度与设计温度不同时，活动支座上下各部件错开的距离必须与计算值相等。

（4）安装纵横向活动支座时，其上、下座板的导向挡块必须保持平行，交叉角不得大于 5°，否则将影响位移性能，支座顺桥中心线必须与主梁中心线重合或平行。

（5）支座与桥梁上部、下部构造的连接方式，可以焊接，也可用地脚螺栓锚固，或两种办法同时使用。

（6）当采用地脚螺栓连接时，支座上座板与地脚螺栓应按设计要求做好，再浇上部混凝土。支座下板与墩台的连接则应预留地脚螺栓孔。孔的尺寸应不小于3倍地脚螺栓的直径，深度稍大于地脚螺栓的长度。孔中浇筑环氧树脂砂浆，初凝前插进地脚螺栓并带好螺母，其外露螺母顶面的高度不得大于螺母的厚度，待砂浆完全凝固后再拧紧螺母。

（7）梁底支座安装部位的混凝土要求平整干净，最好局部用钢模板。

（8）现浇主梁的桥梁先将支座上、下座板临时固定相对位置，整体吊装支座，固定在设计位置上。主梁为预制吊装的桥梁，通常是先固定支座的上座板，而后确定底盆在墩台上的固定位置。

（9）顶推的连续梁应先将下座板固定在墩台上。墩台上设临时支座，当主梁顶推完毕，且校正位置后，拆除临时支座，使梁落在支座上。

第六节　墩台附属工程

一、桥台锥坡施工

（一）锥坡填土

锥坡填土施工应首先放出锥坡底脚椭圆曲线，再根据坡脚的设计高度与宽度，用片石或块石砌筑锥坡坡脚。坡脚底层应用碎石或砾石作反滤层，以防止锥坡内土方被水冲刷流失。石块缝隙需用砂浆填满。

坡脚砌筑完毕后在锥坡内填土。宜采用透水性土分层填筑夯实，达到最佳密实度的90%以上，每层厚度不得超过0.3m。若采用不易风化的块石填料，应注意层次均匀，铺填密实，不可自由堆砌。对于有坡面防护的锥坡，锥坡填土时应留出坡面防护的砌筑位置。

（二）坡面砌筑

锥坡坡面一般采用干砌、浆砌片石或块石，并以碎石或砂作垫层，随砌随垫。砌筑时用坡面长尺或铁丝调整坡面石块的平整度与坡度，注意石料轴线必须垂直于坡面，砌筑的石块应相互咬接，其空隙以小片石楔紧塞实。待坡体土方稳定后，坡面石块缝隙用砂浆填密并勾缝。浆砌砌体应在砂浆初凝后覆盖养护7~14d。

二、台后泄水盲沟施工

（1）地下水较少时，泄水盲沟以片石、碎石或卵石等透水材料砌筑，并按坡度设置。沟底用黏土夯实，盲沟应建在下游方向，出口处应高出一般水位0.2m。平时无水的干河沟应高出地面0.3m。

（2）如桥台在挖方内，横向无法排水时，泄水盲沟在平面上可在下游方向的锥体填土内折向桥台前端排水，在平面上成L形。

（3）盲沟施工时应注意下列事项：

①盲沟所用各类填料应洁净、无杂质，含泥量应小于2%。

②各层的填料要求层次分明，填筑密实。

③盲沟应分段施工，当日下管填料一次完成。

④盲沟滤管一般采用无砂混凝土管或有孔混凝土管，也可用短节混凝土管代替，但应在接头处留1～2cm间隙，供地下水渗入。

⑤盲沟滤管基底应用混凝土浇筑，并与滤管密贴，纵坡应均匀，无反向坡；管节应逐节检查，不合格者不得使用。

⑥管道安装完毕后，应将管内砂浆残渣、杂物清除干净。

三、导流建筑物施工

（1）导流建筑物应和路基、桥涵工程综合考虑施工，以避免在导流建筑物范围内取土、弃土破坏排水系统。

（2）砌筑用石料的抗压强度不得低于20MPa；砌筑用砂浆标号，在温和及寒冷地区不低于5号，在严寒地区不低于7.5号。

（3）导流建筑物的填土应达到最佳密度90%以上。坡面砌石按照锥体护坡要求办理。若使用漂石时，应采用栽砌法铺砌；若采用混凝土板护面，板面砌缝为10～20mm，并用沥青麻筋填塞。

（4）抛石防护宜在枯水季节施工。石块应按大小不同规格掺杂抛投，但底部及迎水面宜用较大石块。水下边坡不宜陡于1:1.5。顶面可预留10%～20%的沉落量。

（5）石笼防护基底应铺设垫层，使其大致平整。石笼外层应用较大石块填充，内层则可用较小石块码砌密室，装满石块后，用铁丝封口。石笼间应用铁丝连成整体。在水中安置石笼，可用脚手架或船只顺序投放，铺放整齐，笼与笼间的空隙应用石块填满。石笼的构造、形状及尺寸应根据水流及河床的实际情况确定。

第八章　钢筋混凝土简支梁桥施工

第一节　模板与支架

一、模板和支架的制作要求

（1）具有足够的强度、刚度和稳定性，能可靠地承受施工过程中可能产生的各项荷载。

（2）保证工程构造物的设计形状，尺寸及各部分相互之间位置的正确性。

（3）构造和制作力求简单，装拆既要方便又要尽量减少构件的损伤，以提高装、拆、运的速度和增加周转使用的次数。

（4）模板的接缝务必严实、紧密，以确保现浇混凝土在强烈振动下不致漏浆。

二、模板分类

按模板制作材料的不同可分为：木模（板）、钢模（板）、钢木结合模（板）、胶合板模（板）、钢竹模（板）、塑料模（板）、玻璃钢模（板）、铝合金模（板）等。有时也可因地制宜利用土模或砖模。

按模板的梁体成型时的作用可分为：内模、外模、侧模、端模、底模等。

按模板的装拆方法可分为：零拼式模板、分片装拆式模板、整体装拆式模板等。

桥梁施工常用的模板有木模、钢模和钢木结合模板。就地浇筑桥梁的模板，常用木模和钢模。对预制安装构件，除钢模、木模外，也可采用钢木结合模板、土模、砖模和钢筋混凝土模板等。模板形式的选择，主要取决于同类桥跨结构的数量和模板材料的供应。

（一）木模

木模包括胶合板木模，它可按结构要求预先制作，然后在支架上用连接件迅速拼装。木模的基本构造包括：紧贴混凝土表面的壳板、支承壳板的肋木和立柱或横档。壳板可以竖直拼装或水平拼装。壳板的接缝可做成平缝、搭接缝或企口缝。

（二）钢模

桥梁用钢模一般做成大型块件。图 8-1 为一种 T 梁钢模板的结构组成。侧模由钢壳板、角钢做成的水平肋和竖向肋，支托竖向肋的直撑、斜撑，固定侧模用的顶横杆和底部拉杆以及安装在壳板上的振捣架等构成。底模用钢板制成，通过垫木支承在底部钢横梁上。在拼装钢模板时，所有紧贴混凝土的接缝内部，都用止浆垫使接缝密闭不漏浆。止浆垫一般采用柔软、耐用和弹性大的橡胶板或泡沫塑料。

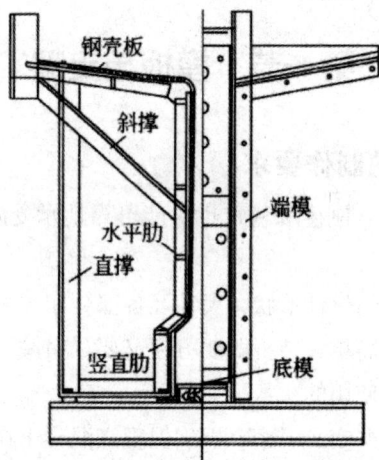

图8-1　T梁钢模板的结果组成示意

（三）钢木结合模

如果将钢模板中的钢制壳板换成水平拼装的木壳板，用埋头螺栓连接在角钢竖肋筋上，在木壳板上再钉一层薄铁皮，这样就做成了钢木结合模板。这种模板不仅节约木材，成本低，而且具有较大的刚度和紧密稳固性，也是一种较好的模板。

不管何种模板，为了避免壳板与混凝土粘连，以利脱模，通常均需在壳板面上涂以隔离剂，如专用脱模剂、石灰乳浆、肥皂水、润滑油或废机油等。

（四）其他模板

近年来竹胶板模、塑料壳模以及玻璃钢模等也在桥梁工程中有所使用，土模目前已很少采用。

三、常用模板构造

（一）空心板模板

图 8-2 所示是常用于空心板梁的木制芯模的构造。芯模是形成空心所必需的模

板，其结构形式直接影响到制作是否简便经济，装拆是否方便，周转率是否高的问题。为了便于搬运装拆，每根梁的模板分成两节。木壳板的侧面装置铰链，使壳板可以转动。芯模的骨架和活动撑板，每隔约70cm设一道。撑板下端的半边朝梁端一侧，用铰链与壳板连接。安装时，借榫头顶紧壳板纵面的上下斜缝，并在撑板上部设置 ϕ20 的拉杆。撑板将壳板撑实后，在模壳外用铅丝捆扎，以防散开或变形。拆模时只需用拉杆将撑板从顶部拉脱，并借铰链先松开半模板，取出后再脱右半模板，也可用充气胶囊或钢管作内芯模。

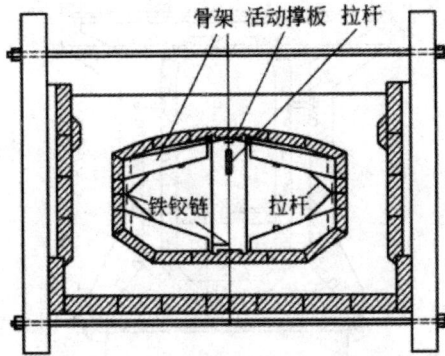

图8-2　空心板梁木制芯模构造示意

（二）T型梁模板

常用T型梁的分片装拆式木模结构如图 8-3 所示。相邻横隔板之间的模板，形成一个柜箱。在柜箱内的横档上，可安装附着式振捣器。梁体两侧的一对柜箱，用顶部横木和穿通梁肋的螺栓拉杆来固定，并借柱底的木楔进行装、拆调整。

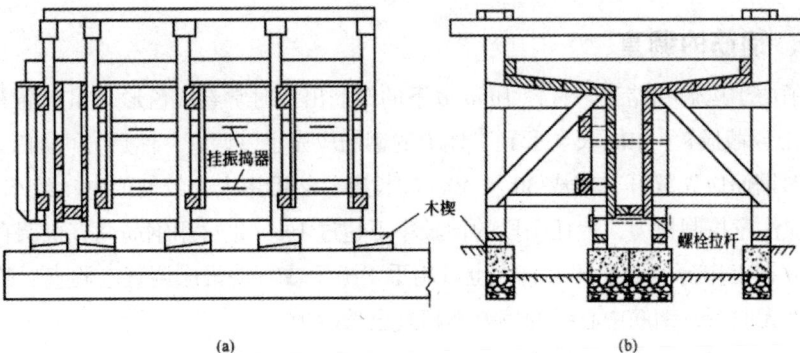

(a)　　　　　　　　　　　　(b)

图8-3　T型梁木模构造示意

（三）箱型梁模板

图8-4为一种箱型截面钢模板的结构组成。内模在竖向分为上、下两部分，上、下部在横向又分成两半，中线处上、下部都用铰连接。上、下部竖向连接处做成斜面。利用设在内模下部顶面轨道上的小车可将内模上部运出梁体外。然后，将可伸缩撑杆换装到内模下部两侧的连接角钢上，缩短撑杆，使内模下部两侧绕下部铰转动即行脱模，再滑移拖出梁体。

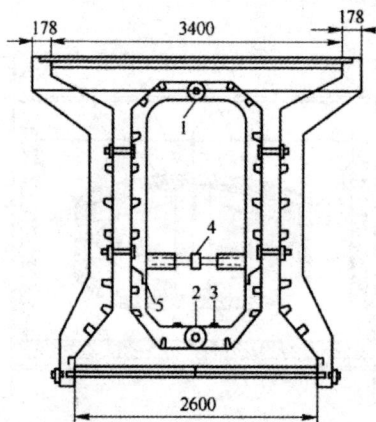

图8-4　箱型截面钢模板的结构组成示意
1—上铰；2—下铰；3—轨道；4—伸缩杆；5—接缝

第二节　钢筋工程

一、钢筋的调直

为了便于运输和储存，直径1mm以下的钢筋出厂时常卷成盘形，粗钢筋常弯成"发卡"形或截成8～10m长。运到工地上的钢筋应先予以调直，然后方可加工弯制。

盘形钢筋应先放开，截成30～40m的长度，然后用人力绞磨或电动绞车拉直，拉直时应注意控制拉力，使任一段的伸长率不超过1%，也可用钢筋调直机调直。粗钢筋可放在工作台上用手锤敲直，也可用手工扳子或自动机床调直。调直后的钢筋应挺直、无曲折，钢筋中心线的偏差不超过全长的1%。

二、钢筋的冷拉及时效强化

将钢材于常温下进行冷拉使产生塑性变形，从而提高屈服强度，称为冷拉强化。将经过冷拉的钢筋于常温下存放 15～20d 或加热到 100～200 丈并保持一定时间，称为时效处理。前者称为自然时效，后者称为人工时效。冷拉以后再经过时效处理的钢筋，其屈服点进一步提高，抗拉极限强度也有所增长，塑性继续降低。由于时效过程中内应力的消减，故弹性模量可基本恢复。工地或预制构件常利用这一原理，对钢筋或低碳盘钢按工艺要求进行冷拉加工，以提高屈服强度节约钢材。冷拉时钢筋被拉直，表面锈渣剥落，因此，冷拉还可同时完成调直、除锈工作。

冷拉时，钢筋的应力和伸长率是影响钢筋冷拉质量的两个主要参数。在冷拉时最好采用同时控制钢筋应力和伸长率的方法，即"双控"，以应力控制为主，伸长率控制为辅。

三、钢筋焊接连接

钢筋连接常用的方法有：绑扎连接、焊接连接、冷压连接。除个别情况（如不准出现明火）外，应尽量采用焊接连接，以保证质量、提高效率和节约钢材。

钢筋的对焊过程：将两钢筋成对接形式水平安置在对焊机夹钳中，使两钢筋接触，通以低电压的强电流，把电能转化为热能（电阻热）。当钢筋加热到一定程度后，即施加轴向压力挤压（称为顶锻），便形成对焊接头。

闪光对焊具有生产效率高、操作方便、节约钢材、焊接质量高、接头受力性能好等许多优点。钢筋闪光对焊过程：先将钢筋夹入对焊机的两电极中，闭合电源，使钢筋两端面轻微接触，这时即有电流通过。由于接触轻微，钢筋端面不平，接触面很小，故电流密度和接触电阻很大，因此接触点很快熔化，形成"金属过梁"。过梁进一步加热，产生烧化，火花般的熔化金属微粒自钢筋两端面的间隙中喷出，形成闪光现象，故称闪光对焊。通过烧化使钢筋端部温度升高到要求温度后，便快速将钢筋挤压，然后断电，即形成对焊接头。

根据所用对焊机功率大小及钢筋品种、直径不同，闪光对焊又分连续闪光焊、预热闪光焊、闪光 – 预热闪光焊等不同工艺。钢筋直径较小时，可采用连续不够平整时，宜采用闪光 – 预热闪光焊。

（1）连续闪光焊。采用连续闪光焊时，先闭合电源，然后使两钢筋端面轻微接触，形成闪光。闪光一旦开始，徐徐移动钢筋形成连续闪光过程。待钢筋烧化到规定的长度后，以适当的压力迅速进行顶锻，使两根钢筋焊牢。

（2）预热闪光焊。预热闪光焊是在连续闪光焊前增加一次预热过程。采用这种焊接工艺时，先闭合电源，然后使两钢筋端面交替地接触和分开。这时钢筋端面的间隙中即发出断续的闪光，而形成预热过程。当钢筋烧化到预定的预热留量后，随即进行连续闪光和顶锻，使钢筋焊牢。

（3）闪光－预热闪光焊。在预热闪光焊前加一次闪光过程，目的是使不平整的钢筋端面烧化平整，使预热均匀。采用这种焊接工艺时，首先连续闪光，最后进行顶锻，以完成整个焊接的过程。

四、钢筋的弯制成型

下料后的钢筋，可在工作平台上用手工或电动弯筋器按规定的弯曲半径弯制成型。钢筋的两端也应按图纸完成所需的弯钩。如钢筋图中对弯曲半径未作规定，则宜按相应施工规范的要求进行弯制。如需要较长的钢筋，最好在接长以后再弯制，这样较易控制尺寸。

五、钢筋骨架的组成与钢筋的安装

（一）钢筋骨架的组成

钢筋骨架可以焊接成型，也可以绑扎成型，但为了使搬运、安装和灌注混凝土过程中不致变形、松散，骨架必须有足够的刚度。

焊接钢筋骨架应在紧固的焊接工作台上施工。骨架的焊接一般采用电弧焊，先焊成单片平面骨架，再组拼成立体骨架。由于焊接过程中温度变化，骨架会产生翘曲变形，同时将引起甚至会导致焊缝开裂的收缩应力。为了防止或减小这种变形和应力，一般宜采用双跨径骨架。不得不采用单面焊时，则需在垂直骨架平面的方向做成预拱骨架中心向两端对称、错开地焊接，先焊骨架下部，后焊骨架上部；在同一断面处，如钢筋层次多，各道焊缝也应互相交错跳焊。

实践表明，装配式简支梁焊接钢筋骨架焊接后，在骨架平面内还会发生两端上翘的焊接变形。为此，尚应结合骨架在安装时可能产生的挠度，将骨架拼成具有一定的预拱度，再行施焊。

焊接成型的钢筋骨架，安装用一般起重设备吊入模板内即可。但在模板内安装钢筋之前，必须详细检查模板各部分的尺寸，以及模板有无歪斜、裂缝及变形等现象。若有不符要求之处需预先处理好。

绑扎骨架钢筋的安装，应事先拟定安装顺序。一般的梁肋钢筋，先放箍筋，再安下排主筋，后装上排钢筋。为了保证达到设计及构造要求，钢筋安装工作中应注意以下几点：

（1）钢筋的接头应按规定要求错开布置。

（2）钢筋的交叉点应用铁丝绑扎结实，必要时可用电焊焊接。

（3）除设计有特殊规定者外，箍筋应与主筋垂直。箍筋弯钩的叠合处，应在梁中沿纵向置于上面并交错布置。

（4）为保证混凝土保护层的厚度，应在钢筋与模板间设置错开的垫块，如水泥浆块、混凝土垫块或其他形式的垫块。

（5）为保证及固定钢筋间的横向净距，两排钢筋之间可使用混凝土分隔块，或用短钢筋绑扎固定。

（6）必要时可增加装配钢筋，以保证钢筋骨架足够的刚度。

（二）钢筋的安装

钢筋安装顺序可根据钢筋混凝土构件的形状、钢筋配置情况、混凝土浇筑的先后而定，一般可依下列次序进行：

（1）基础钢筋的安装。先在模板侧壁上标明主筋位置，然后将主筋置于基坑底上，每隔 3～4 根安置 1 根分布钢筋，并用铁丝把分布钢筋与主筋紧密绑扎以固定主筋位置，再安置其余的分布钢筋，最后进行全部绑扎工作。如有伸入躯体的直立钢筋应进行绑扎固定。

（2）墩台钢筋的安装。宜预先制成钢筋骨架，然后整体安装。对于大型桥墩、桥台，有时采用边安装钢筋边浇筑混凝土的方法。

（3）上部构造钢筋的安装。应由下而上进行安装，其顺序是：主梁、横梁、副纵梁和桥面板。梁上的上部钢筋和侧壁的钢筋，可按图 8-5 所示的方法固定。桥面板钢筋的安装，其步骤与基础钢筋相同。

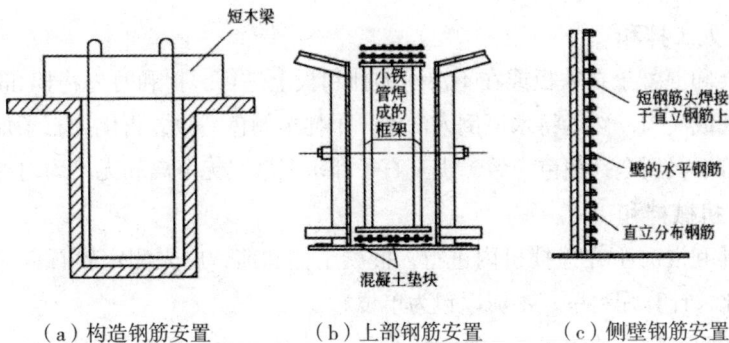

（a）构造钢筋安置　　（b）上部钢筋安置　　（c）侧壁钢筋安置

图8-5　钢筋安置法示意

（4）桩、立柱和装配式钢筋混凝土构件的钢筋安装。通常都是先做好钢筋骨架，然后安装于模板内，同时应用混凝土垫块支承，以保证护层的厚度。

为了提高钢筋安装工作速度并保证安装质量，可根据结构形状、起重和运输条件，尽可能预先制成立体骨架式平面网，再放入模板内进行绑扎或焊接。制成的骨架应注意有足够的刚性和不变形性，以便运输和吊装，在钢筋的交叉点最好采用焊接。安装钢筋时，其位置允许偏差不应大于表 8-1 的规定。

表 8-1　钢筋位置允许偏差

项次	项目		允许偏差（mm）
1	两排以上受力钢筋的钢筋排距		±5
2	同一排受力钢筋的钢筋间距	梁、板、拱肋	±10
		基础、墩、台、柱	±20
3	钢筋弯起点位置的钢筋间距		±20
4	焊接预埋件	中心线位置	5
		水平高差	±3
5	保护层厚度	墩、台、基础	±10
		柱、梁、拱肋	±5
		板	±3

第三节　混凝土

一、混凝土的拌和

（一）人工拌和

人工拌和混凝土在铁板或在不渗水的拌和板上进行。拌和时先将拌和所需的砂料堆正中耙成浅沟，然后将水泥倒入沟中，干拌至颜色一致，再倒入石子加水拌和，反复混拌若干次到全部颜色一致，直至石子和水泥砂浆无分离和无不均匀现象为止。

（二）机械拌和

机械拌和混凝土在搅拌机内进行。混凝土拌和前，应先测定砂石料的含水率，调整配合比，计算配料单，水泥以包为单位。

假设实验室配合比为水泥：砂：石子 =1:x:y，水灰比为 W/C，现场砂、石含水率分别为 w_x、w_y，则施工配合比为：水泥：砂：石子 =1:x（1+w_x）:y（1+w_y）。

　　为了拌制出均匀优质的混凝土，除合理地选择搅拌机的类型外，还必须正确地确定搅拌制度，其内容包括进料容量、搅拌时间与投料顺序等。

　　进料容量是指搅拌前搅拌筒可容纳的各种原材料的累计体积，几何容量则是指搅拌筒内几何容积。进料容量与几何容量的比称为搅拌筒的利用系数，其值一般为0.22～0.40。不同类型的搅拌机都有一定的进料容量，如果装料的松散体积超过额定进料容量的一定值（如10%以上），就会使搅拌筒内无充分的拌和空间，影响混凝土搅拌的均匀性。但数量也不宜过少，否则会降低搅拌机的生产效率。

　　从原材料全部投入搅拌筒中起到开始卸料时所经历的时间称为搅拌时间。为了获得混合均匀、强度和工作性都能满足要求的混凝土，所需最低限度的搅拌时间称为最短搅拌时间。最短搅拌时间随搅拌机的类型与容量、骨料的品种、粒径及对混凝土的工作性要求等因素的不同而异。混凝土搅拌应保证最短的搅拌时间，但并非越长越好，搅拌时间过长，不但会影响搅拌机的生产率，而且对混凝土的强度提高也无益处。甚至由于水分的蒸发和较软骨料颗粒被长时间的研磨而破碎变细，还会引起混凝土工作性的降低，从而影响混凝土的质量。

　　确定原材料投入搅拌筒内的先后顺序，应综合考虑到能否保证混凝土的搅拌质量，提高混凝土的强度，减少机械的磨损与混凝土的粘罐现象，减少水泥飞扬，降低电耗以及提高生产率等多种因素。按原材料加入搅拌筒内投料顺序的不同，普通混凝土的搅拌方法可分为：一次投料法、二次投料法和水泥裹砂法等。

二、混凝土的运输

　　混凝土从搅拌站拌和完毕到浇筑进模板的过程中，可能要进行水平运输、垂直运输和混凝土分配三部分工作。混凝土运输的基本要求如下：

　　（1）混凝土运输路线应尽量短，尽可能减少转运次数。道路应平坦，以保证车辆行驶平稳。

　　（2）混凝土运输过程中不应发生离析、泌水和水泥浆流失现象，坍落度前后相差不得超过30%，如有离析现象，必须在灌注前进行二次搅拌。二次搅拌时不得任意加水，可同时加水和水泥以保持原水灰比不变。如二次搅拌仍不符合要求，则不得使用。

　　（3）混凝土从拌和机内卸出，经运输、灌注直至振捣完毕所需的运输时间不宜超过表8-2中的规定。

表8-2　混凝土运输允许延续时间

从搅拌机倾出时的混凝土温度（℃）	运输允许延续时间（min）
20 ~ 30	45
10 ~ 19	60
5 ~ 9	90

混凝土运输工具种类繁多，应根据结构物特点、混凝土灌注量、运输距离、道路及现场条件等确定选用混凝土的运输设备。水平运距短时，可选取用人力手推车、内燃翻斗车、轻便轨道人力翻斗车等；运距远时，可选用轨道牵引翻斗车或吊斗、混凝土搅拌运输车等。

泵送混凝土能同时满足水平运输与垂直运输的需要，而且可直接灌入模板内，可节省劳动力和起吊运输工具，从而降低费用。对于施工条件困难、结构复杂的桥梁构筑物，以及需要高速灌注的大体积混凝土等特别适用。

用泵输送混凝土应有较大的流动性，同时为保证输送的畅通，还应严格控制石料的最大粒径，最好选用卵石。碎石最大粒径与输送管内径之比，宜不超过 1:3，卵石宜不超过 12.5；

砂率宜控制在 40% ~ 50% 之间。为了提高混凝土的流动性以减少管道堵塞的危险，宜掺加助泵剂（减水剂或引气剂）。

用混凝土泵输送混凝土时，首先要确定泵的安装地点及管道布置。混凝土泵可直接与搅拌机相连接，也可用倾卸汽车或混凝土搅拌运输车等其他运输机械为其运料。管路布置应使管道最短，弯曲最少，管子拆装时混凝土泵的停歇时间最短。混凝土泵的供料必须是连续的，不能有超过 30min 的停歇，否则应每过 15 ~ 20min，将曲轴开动 3 ~ 4 转，使混凝土沿输送管移动一点，以免发生阻塞现象。通常混凝土泵的输送量很大，因此在浇筑地点应设置布料装置，以便将输送来的混凝土进行摊铺或直接浇筑入模，从而减轻繁重的体力劳动，充分发挥混凝土泵的使用效率。布料装置由可回转、可伸缩的臂架和输送管组成，常称之为布料杆。

在运距近又有高差而灌注速度和灌注方式稳定时，可采用带式运输系统输送混凝土。带式输送系统是将搅拌机和输送带组成流水作业线，使上料、搅拌、混凝土输送形成连续作业，能加快速度，节约劳力，提高效益。

混凝土的垂直运输，可利用各种起重机械配合吊斗等容器来装运混凝土，选用起重机械时应考虑桥梁的施工高度及混凝土的运送条件。

三、混凝土灌注

混凝土灌注前仔细检查模板和钢筋的尺寸及预埋件的位置是否正确，并检查模板的清洁、润滑和紧密程度。

（一）允许间隙时间

混凝土灌注应依照次序，逐层连续灌完，不得任意中断，并应在前层混凝土开始初凝前即将次层混凝土灌捣完毕，其允许间隙时间以混凝土尚未初凝或振捣器尚能顺利插入为准。

（二）工作缝的处理

当间歇时间超过表 8-3 所规定的数值时，应按工作缝处理，其方法如下：

表8-3　灌注混凝土允许间歇时间

混凝土入模温度（℃）		20 ~ 30	10 ~ 19	5 ~ 9
允许间歇时间/h	普通水泥	1.5	2.0	2.5
	矿渣、火山灰质水泥	2.0	2.5	3.0

（1）需待下层混凝土强度达到 1.2MPa（钢筋混凝土为 2.5MPa）后方可灌注上层混凝土。

（2）在灌注混凝土前应凿除施工缝处下层混凝土表面的水泥砂浆和松弱层，使坚实混凝土层外露并凿成毛面。

（3）旧混凝土经清理干净后，用水清洗干净并排除积水。垂直接缝应刷一层水泥净浆；水平接缝应铺一层厚为 1 ~ 2cm 的 1:2 水泥砂浆。斜缝可把斜面凿毛呈台阶状。

（4）无筋构件的工作缝应加锚固钢筋或石榫。

（5）对施工接缝处的混凝土，应仔细地加强振捣，使新旧混凝土紧密结合。

工作缝宜留置在结构受剪力和弯矩较小且便于施工的部位。

（三）混凝土灌注时的分层厚度

每层混凝土的灌注厚度应根据拌和能力、运输距离、灌注速度、气温及振捣能力来决定，一般为 15 ~ 25cm。

（四）混凝土的自由倾落高度

为了保证混凝土在垂直灌注过程中不发生离析现象，灌注无筋或少筋混凝土时，混凝土拌和物的自由倾落高度不宜超过 2m。当倾落高度超过 2m 时，应用滑槽或串筒输送；当倾落高度超过 10m 时，串筒内应附设减速设备。灌注钢筋较密的混凝土时，自由倾落高度不宜超过 30cm。在溜槽串筒的出料口下面，混凝土堆积高度不宜超过 1m。

（五）混凝土灌注的最小进度

分层灌注混凝土时，为了保证其整体性，后灌注层应在先灌注层开始初硬之前灌注完毕。根据这一条件，混凝土灌注的最小进度为：

$$h = \frac{H}{t} \tag{1}$$

每小时混凝土的最小灌注量为：

$$V = hA \tag{2}$$

式中：h——混凝土灌注的最小进度，m/h；

H——混凝土灌注层的厚度，m；

t——混凝土开始初硬之前的时间，h；

V——混凝土的最小浇筑量，m^3/h；

A——灌注层的面积，m^2。

（六）斜层灌注混凝土的方法

大型构造物每小时的混凝土灌注量相当大，使混凝土的生产能力很难适应。采用斜层灌注混凝土的方法，可以减少灌注层的面积，从而减少每小时的混凝土灌注量。如一块板的长度为 l，高度为 h，则斜层长度 l′ =h/sina，如图 8-6 所示。

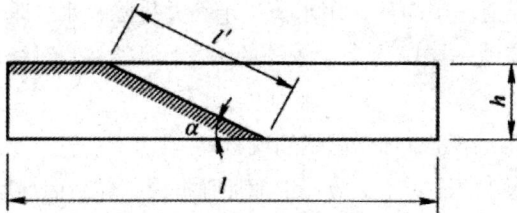

图8-6 斜层浇筑大面积的混凝土板示意

（七）分单元灌注混凝土的方法

对于大型构造物如桥梁墩台，当其截面积超过 100 ~ 150m^2 时，为了减少混凝土每小时的需要量，可把整体混凝土分成几个单元来灌注。分单元灌注混凝土还可防止墩台表面发生裂缝。大体积混凝土体硬化时，由于水泥放出大量热量，内部温度显著增高，与空气接触的外层体积的缩小速率快于内部体积，于是表面产生相当大的拉应力而发生裂缝现象。当分单元灌注混凝土时，因每个单元与相邻单元接合前已经历了一定时间，收缩的影响显著减少。

分单元灌注混凝土时，每个单元面积最好不小于 $50m^2$，其高度不超过 2m，上下两个单元间的垂直缝应彼此相间、互相错开约 1～1.5m。单元间应保证结合良好，以求得整体性，结合处应按工作缝处理。

（八）上部构造混凝土的灌注

（1）简支梁混凝土的灌注。灌注上部构造混凝土可以采用水平分层灌注法或斜层灌注法。整体式简支板梁混凝土的灌注，宜不间断地一次灌注完毕。一般采用斜层灌注法，从两端同时开始，向跨中灌注，将梁和行车道板一次灌注完毕。也可采用水平层灌注法，在所有钢筋绑扎安装后，把上部构造分层一次灌注完毕，灌注时通过上部钢筋的缝隙，从上面把混凝土灌入模板内并进行捣实。

（2）悬臂梁、连续梁混凝土的灌注。混凝土灌注顺序从跨中向两端墩台进行，在桥墩处（刚性支点）设接缝，待支架稳定后，灌注接缝混凝土。

跨径较大的并且在满布式支架上灌注简支梁式上部构造，以及在基底刚性不同的支架上灌注悬臂梁式和连续梁式上部构造，其灌注方法要选用适当，应不使灌注的混凝土因支架沉陷不均匀，而发生裂缝。

（九）混凝土中外加剂的掺加

根据混凝土的特殊要求，可在灌注过程中掺入外加剂。外加剂可采用表8-4中的几类：

表8-4　外加剂的分类

种类	主要内容
高效减水剂	以萘磺酸甲醛化合物、卢-萘磺酸盐芳香族树脂等为主要成分，可显著改善混凝土的和易性，节约水泥，适用于高强度混凝土、大流动性混凝土、泵送混凝土和预应力混凝土
早强减水剂	以木钙、硫酸钠和萘磺酸盐等为主要成分，适用于有减水和早强要求的混凝土
普通减水剂	以木质磺酸盐或腐殖酸盐等为主要成分，可改善混凝土的和易性，节约水泥，适用于普通混凝土、大流动性混凝土和防水混凝土
引气减水剂	以松香热聚物、松脂皂等为主要成分，适用于防冻、抗渗混凝土
缓凝减水剂	以蔗糖、蔗糖化钙或木钙衍生物为主要成分，适用于大体积混凝土、水下混凝土和泵送混凝土
膨胀剂	以明矾石、石膏等为主要成分，适用于地下防水混凝土、混凝土构件接头
早强剂	有早强要求的混凝土可采用氯化钙（适用于无筋混凝土）、三乙醇胺等早强
防水剂	氯化铁、硅酸钠、引气剂、三乙醇胺等外加剂可用于有防水、抗冻要求的混凝土

种类	主要内容
阻锈剂	有阻锈要求的钢筋混凝土可采用亚硝酸钠等阻锈剂
抗冻剂	以明矾石、石膏等为主要成分，适用于有抗冻要求的混凝土

四、混凝土振捣

为了使混凝土具有需要的密实度，提高混凝土的强度与耐久性，应采用振捣器捣实，仅在缺乏或无法采用振捣器时，方可采用人工振捣。

（一）人工振捣

采用人工振捣的混凝土，适用于坍落度大、混凝土数量少或布筋较密的场合，且应按规定分层灌注。为使混凝土密实、表面平整、无蜂窝麻面等现象，每层需以捣钎捣实，并需沿模板边缘捣边，捣边时要用手锤或木锤轻敲模板外侧，应注意振捣均匀。

（二）机械振捣

1. 插入式振捣

用插入式振捣器插入混凝土内部振捣，适用于非薄壁构件的振捣，如实心板、墩台基础和墩台身。振捣棒插入混凝土时要垂直，振捣时快插慢拔、插点要均匀，可按行列式或交错式进行，两点间距离以 1.5 倍作用半径为宜，如图 8-7 所示。作用半径一般为 40 ~ 50cm。振捣上一层的混凝土时，振捣器应略插入下层混凝土 5 ~ 10cm 以消除两层之间的接触面。应与侧模保持 5 ~ 10cm 的距离，避免振动碰撞模板。

振捣时间以混凝土不再下沉、不再产生气泡、水泥砂浆开始上浮、表面平整为止。插入式振捣器振捣时间约为 15 ~ 30s。应严格控制振捣时间，不可过久振捣，避免混凝土离析。

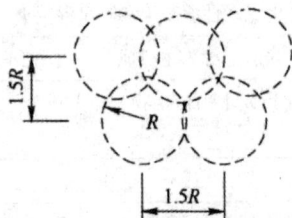

图8-7　插入式振捣器移位示意图

2. 平板式振捣

平板式振捣是用平板式振捣器放在混凝土浇筑层的表面振捣，适用于较大面积混凝土的振捣，如实心板、空心板的底板和顶板、桥面和基础等。平板式振捣器的移位间距应以使振捣器平板能覆盖已振实部分 1cm 左右，振捣时间约为 20 ~ 40s。

3. 附着式振捣

附着式振捣是用附着式振捣器安装在模板外部振捣，适用于振捣薄壁构件，如 T 型梁等。振捣器的布置与构件厚度有关，当厚度小于 15cm 时，可两面交错布置；当厚度大于 15cm 时，应两面对称布置。振捣器布置的间距不应大于它的作用半径。附着式振捣器振捣时间约为 40 ~ 60s。该方法为通过振捣模板达到捣实混凝土的目的，效果并不理想，且对模板要求很高，故一般只有在钢筋过密而无法采用插入式振捣器时才会采用。

五、养护与拆模

（一）养护

混凝土的凝结与硬化是由于水泥水化反应的结果。为使已浇筑的混凝土能获得所要求的物理力学性能，在混凝土浇筑后的初期，采取一定的工艺措施，建立适当的水化反应条件的工作，称为混凝土的养护。由于温度和湿度是影响水泥水化反应速度和水化程度的两个主要因素，因此，混凝土的养护就是对凝结硬化过程中进行温度和湿度的控制。

根据混凝土在养护过程中所处温度和湿度条件的不同，混凝土的养护一般可分为标准养护、自然养护和热养护。混凝土在温度为（20±3）℃和相对湿度为 90% 以上的潮湿环境或水中进行的养护称为标准养护。在自然气候条件下，对混凝土采取相应的保湿、保温等措施所进行的养护称为自然养护。为了加速混凝土的硬化过程，对混凝土进行加热处理，将其置于较高温度条件下进行硬化的养护称为热养护。

1. 自然养护

在施工现场，对混凝土进行自然养护时，根据所采用的保湿措施的不同，可分为覆盖浇水养护和塑料膜保湿养护两类。

（1）覆盖浇水养护

覆盖浇水养护是在混凝土表面覆盖吸湿材料，采取人工浇水或蓄水措施，使混凝土表面保持潮湿状态的一种养护方法。所用的覆盖材料，应具有较强的吸水保湿能力，常用的有麻袋、帆布、草帘、芒席、锯末等。

开始覆盖和浇水的时间，一般在混凝土浇筑完毕后 3 ~ 12h 内（根据外界气候条件的具体情况而定）即应进行。浇水养护日期的长短，主要取决于水泥的品种和用量。在正常水泥用量情况下，采用硅酸盐水泥拌制的混凝土，不得少于 7 昼夜；采用缓凝型外加剂或抗渗性要求的混凝土，不得少于 14 昼夜。每日浇水次数视具体情况而定，以能保持混凝土经常处于足够的润湿状态即可。但当日平均气温低于 5T 时，不得浇水。

（2）塑料薄膜保湿养护

塑料薄膜养护是用防蒸发材料密封混凝土表面，阻止混凝土中的水分蒸发，使混凝土保持或接近饱水状态，保证水泥水化反应正常进行的一种养护方法。它与湿养护法相比，可改善施工条件，节省人工，节约用水，保证混凝土的养护质量。根据所用密封材料的不同，保湿养护又可分为塑料布养护和薄膜养护剂养护。

2. 蒸汽养护

蒸汽养护方法是最常用的热养护方法。在冬季施工或需要混凝土强度快速增长时，常采用蒸汽养护。蒸汽养护一般分为预护、升温、恒温和降温四个阶段。预护是指混凝土浇筑完毕后在常温下凝固一段时间（约 3 ~ 4h）。升温速度与结构表面系数有关，一般不得超过 10 ~ 15℃ /h。恒温时间视养护温度和要达到的强度而定，一般在 8 ~ 12h 之间。降温速度与升温速度相同。养护最高温度与水泥种类有关。

（二）拆模

模板拆除应遵循先支后拆、先拆非承重、后拆承重的顺序，自上而下进行。

非承重侧模板应在混凝土强度保证其表面及棱角不致因拆模而受损坏方可拆除，一般抗压强度应达到 2.5MPa。

芯模和预留孔道的内模，应在混凝土强度能保证其表面不发生塌陷和裂缝现象时方可抽撤。预应力混凝土结构的承重底模，应在施加预应力后拆除。

拆除立杆（拉杆）时，要特别注意防止失稳，一般最后一道水平横撑杆要与立杆（拉杆）同时拆下。卸落支架时，要设专人用仪器观测梁、拱的变形情况并做详细记录。

现浇钢筋混凝土桥落架工作，应从挠度最大处支架上的落架设备开始向两支点进行。宜逐渐增大，并要纵向对称、横向一致同时卸落。简支梁、连续梁宜从跨中向支座依次循环卸落；悬臂梁应先卸挂梁及悬臂的支架，再卸无铰跨内的支架。

在拆除模板及其支架以前，应进行混凝土立方体试压，以确定所达到的强度。混凝土立方体应取自浇筑承重结构的混凝土中，并且应与承重结构处于相同的条件下进行养护。

模板及其支架的拆除期限与混凝土硬化的速度、气温及结构性质等有关。拆除模板及其支架的最短期限可参见表8-5。

表8-5　拆除模板及其支架的最短期限（昼夜）

混凝土强度达到设计强度的百分比	拆除项目	昼夜平均温度			
		20～30℃	15～20℃	10～15℃	5～10℃
25%	横梁、柱的侧面模板，以及不承受混凝土重量的模板	2	3	4	5
50%	跨径小于3m的板的底面模板，墩台直立横板，主梁侧面模板	6	7	8	10
75%	跨径大于3m的底面模板，墩台直立横板，主梁侧面模板	12	14	18	24
100%	跨径不小于12m的主梁底面模板及其支架，拱桥模板，拱架及其支架	21	25	28	35

模板拆除时，应尽量避免对混凝土的震动，已拆除模板的结构，应在混凝土达到设计强度时才允许承受全部计算荷载。

第四节　预应力工程

一、先张法预应力混凝土简支梁的制造工艺

（一）张拉台座

台座是先张法施加预应力的主要设备之一，承受构件制作时预应力筋的全部张拉力。张拉台座必须在受力后不倾覆、不移动、不变形。张拉台座按构造形式可分为框架式、槽式和墩式；按材料可分为钢筋混凝土式、钢筋混凝土和型钢组合式及钢管混凝土式；按使用方式可分为拆装配式和固定式；按受力形式可分为轴心压柱式、偏心压柱式和无压柱式。

台座的长度和宽度根据施工现场的实际情况和生产板梁的数量决定，长度一般为50～120m。台座主要由承力支架、横梁、定位钢板和台面等组成，如图8-8所示，台座材料要求有足够的强度与稳定性。

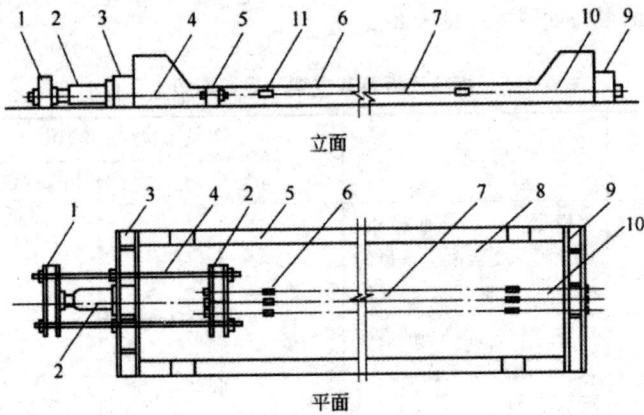

图8-8 槽式台座示意图

1—活动前横梁；2—千斤顶；3—固定前横梁；4—大螺丝杆；5—活动后横梁；

6—传力柱；7—预应力筋；8—台面；9—固定后横梁；10—工具式螺丝杆；11—夹具

1. **承力支架**

承力支架是台座的重要组成部分，要承担全部张拉力，在设计和建造时应保证不变形、无位移、经济、安全和操作方便。目前，在桥梁施工中所采用的承力支架多为槽式（见图8-9），这种支架一般能承受1000kN以上的张拉力。

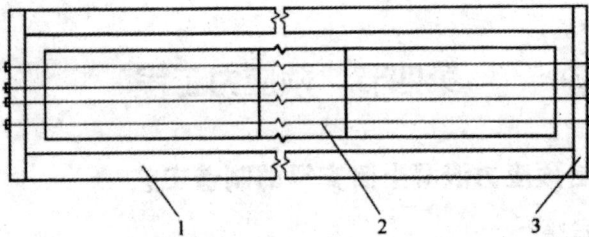

图8-9 槽式承力支架

1—压杆；2—钢筋；3—横梁

2. **台面**

台面是制作构件的底模，要求坚固、平整、光滑。一般可在夯实平整的地基上浇铺一层素混凝土，并按规定留出伸缩缝作为台面。

3. **横梁**

横梁是将预应力筋的全部张拉力传给承力支架的两端横向构件，可用型钢或钢筋混凝土制作，并根据横梁的跨度、张拉力的大小，计算确定其断面尺寸，以保证其强度、刚度和稳定性，避免受力后产生变形或翘曲。

4. 定位板

定位板是用来固定预应力钢筋的位置的，一般用钢板制作，必须具有足够的厚度，以保证其刚度。圆孔位置是按照梁体预应力钢筋来设计位置。孔径的大小应比预应力钢筋略大 2～4mm，以便穿筋。

施工中多采用集中张拉台座，其主要形式有：

（1）框架式台座。框架式台座是由纵梁、横梁、横系梁组成框架，一般采用钢筋混凝土在现场整体浇筑。其中横梁也可采用装配式型钢组合梁，现场只浇筑混凝土纵梁和系梁。台座应选择在硬地基上，若有局部软土需进行地基处理，压实整平地基后铺设砾石（碎石）层，再浇筑混凝土底板。

（2）墩式台座。墩式台座分重力式（见图 8-10）和桩式两种。横梁直接和墩或桩基连成整体共同承受张拉力，台座底板的制作和要求应与框架式台座相同。

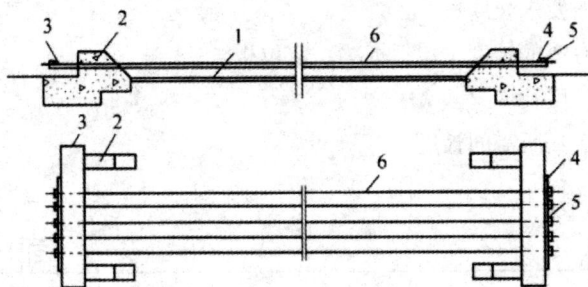

图8-10 重力式台座构造示意图

1—台面；2—承力架；3—横梁；4—定位钢板；5—夹具；6—预应力筋

墩式台座优点是构造简单、造价低廉；缺点是稳定性较差、变形较大。重力式台座需具有足够的强度和刚度，抗倾覆系数不应小于 1.5，抗滑系数不应小于 1.3。当预制板梁的数量较少、张拉吨位较小时，可选用墩式台座。

（3）拼装式钢管混凝土台座。拼装式钢管混凝土台座具有施工迅速、方便、重复使用、节省造价的优点，它以钢管混凝土作为压柱，节间用法兰盘连接。压柱的两端采用型钢主柱和型钢框架装片石压重的平衡体，与压柱连接组成台座承力架。主柱和平衡体都可以拆卸。

（二）预应力钢筋的制备

1. 钢筋下料

预应力钢筋的下料长度是通过计算确定的，计算时应考虑构件或台座长度、锚夹具长度、千斤顶长度、焊接接头或墩头预留量、冷拉伸长值、弹性回缩值和外露长度等因素。

图 8-11 中，钢筋下料长度的计算公式（按一端张拉）为：

$$L = \frac{L_0}{1 + \delta_1 - \delta_2} + n_1 l_1 + l_2$$

$$L_0 = L_1 + L_2 + L_3 \tag{3}$$

式中：L——下料长度；

δ_1——钢筋冷拉率；

δ_2——钢筋回缩率；

n_1——对焊接头的数量；

l_1——每个对焊接头的预留量；

l_2——镦粗头的预留量；

L_0——钢筋的要求长度；

L_1——长线台座的长度（包括横梁、定位板）；

L_2——夹具长度；

L_3——张拉机具所需的长度。

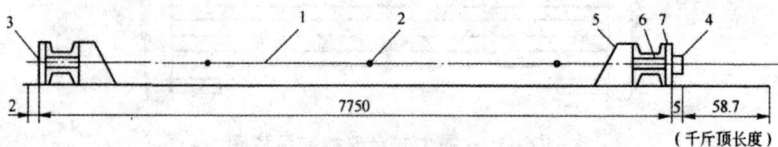

图 8-11　长线台座预应力钢筋下料长度示意图

1—粗钢筋；2—对焊接头；3—垫板；4—螺丝端杆；5—台座；6—帮条锚具；7—螺母

2. 钢筋对焊

钢筋对焊必须在冷拉前对预应力钢筋的接头进行对焊，以免冷拉钢筋高温回火后失去冷拉所提高的强度。

普通低合金钢筋的对焊工艺，多采用闪光对焊。对焊后应进行热处理，以提高焊接质量。

预应力筋有对焊接头时，宜将接头设置在受力较小处，在结构受拉区及在相当于预应力筋 30 倍直径长度（不小于 50cm）范围内，对焊接头的预应力筋截面面积不得超过钢筋总截面面积的 25%。

3. 镦粗

制作预应力混凝土构件需要夹具和锚具，会耗费一定的优质钢材。可将预应力钢筋端部做一个大头（即镦粗头），加上开孔的垫板，来代替夹具和锚具，如图8-12所示。钢筋的镦粗头可以采用电热镦粗；高强钢丝可以采用液压冷镦；冷拔低碳钢丝可以采用冷冲镦粗。冷拉钢筋端头的镦粗及热处理工作应在钢筋冷拉前进行。

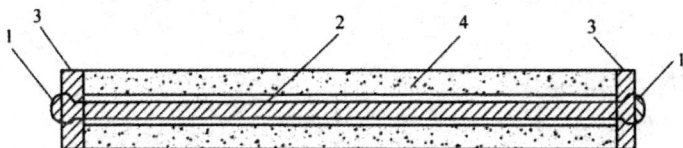

图8-12　预应力钢筋（或钢丝）镦粗头示意

钢筋或钢丝的镦粗头制成后，要经过拉力试验。当钢筋或钢丝本身拉断，而镦粗头仍不破坏时，则认为合格；同时进行外观检查，不得有烧伤、歪斜和裂缝。

4. 钢筋冷拔

为了提高钢筋的强度并达到节约钢筋的目的，预应力粗钢筋一般在使用前需要进行冷拔，即在常温下用超过钢筋屈服强度的拉力拉伸钢筋。

对预应力钢筋进行冷拉，具有下列好处：

（1）钢筋冷拉后，屈服点提高，长度变长。如预应力钢筋采用Ⅳ级钢筋，可使它的屈服点由588000kPa提高到735000kPa，加上它的伸长，可以节省钢筋30%左右。

（2）冷拉后可以使强度高低不齐的钢筋达到比较一致的强度，不会因个别钢筋的屈服点较低而影响构件的质量。

（3）钢筋冷拉后韧性和塑性有所降低，可以减少变形，使钢筋与混凝土的变形比较接近，可以减少构件受拉部分混凝土出现裂缝的现象。

（4）可以检验钢筋对焊接头的质量。

（5）盘圆钢筋的冷拉过程又是调直过程，减少了整直工序。

（6）钢筋在冷拉过程中表面锈蚀自动脱落，可以减轻除锈工作。

钢筋冷拔按照控制方法可分为"单控"（控制冷拉伸长率或控制应力）和"双控"（同时控制应力和冷拉伸长率）两种。目前，由于材质不良，即使统一规格的钢筋采用相同冷拉伸长率，冷拉后建立的屈服强度也不一致；或在同一控制应力下，伸长率又不一致。因此，最好采用"双控"冷拉，既可保证质量，又可在设计上充分利用钢材强度。采用"双控"冷拉时，应以应力控制为主，伸长率控制为辅。只有在没有测力设备的情况下，采用"单控冷拉"。

5. 冷拉时效

冷拉后的钢筋，在一定的温度下给予适当的时间"休息"，而不立即加载，从而使钢筋的屈服强度比冷拉完成时有所提高，钢筋的这种性质称为"冷拉时效"。

钢筋的"冷拉时效"有自然时效和人工时效两种。自然时效就是将冷拉后的钢筋在 25 ~ 30℃下放置 1 ~ 2d；人工时效就是将冷拉后的钢筋在 100℃的恒温下保持 2h。

（三）预应力筋的张拉

1. 张拉前的准备工作

先张法梁的预应力筋是在底模整理后，在台座上对已加工好的预应力筋进行张拉。对于长线台座，预应力筋之间的连接或者预应力筋与拉杆、拉索的连接，必须先用连接器串联后才能张拉。先张法通常采用一端张拉，另一端在张拉前设置好固定装置或安放好预应力筋的放松装置。但也有采用两端张拉的方法。

张拉前先安装定位板，检查定位板的筋孔位置和孔径大小是否符合设计要求，然后将定位板固定在横梁上。检查预应力筋数量、位置、张拉设备和锚具后，方可进行张拉。

2. 张拉工艺

先张法施加预应力工艺是在预制构件时，先在台座上张拉预应力筋，然后支模浇筑混凝土使构件成型的方法。

先张法张拉预应力筋，分单根张拉和多根张拉；单向张拉和双向张拉。单根张拉设备比较简单，吨位要求小，但张拉速度慢，张拉的顺序不会导致台座承受过大的偏心力。多根张拉张拉速度快，一般需有两个大吨位千斤顶。数根预应力筋张拉时，必须使它们的初始长度一致，张拉后每根力筋的应力均匀。因此，可在预应力筋的一端选用螺丝杆锚具和横梁、千斤顶组成张拉端，另一端选用镦粗夹具为固定端，这样可以利用螺丝端杆的螺帽调整各根力筋的初始长度。如果力筋直径较小，在保证每根力筋下料长度精确的情况下，可两端采用镦粗夹具。将多根张拉固定端的镦粗夹具改为夹片锚具，用小型穿心式张拉千斤顶先单根施加部分拉力，同时使每根预应力筋均匀受力，然后在另一端多根张拉到位，就是双向张拉。双向张拉速度快，预应力筋拉力均匀。

先张法预应力筋张拉程序可参照表 8-6 进行。表中 σ_k 为张拉时的控制应力（包括预应力损失在内）。张拉控制应力应符合设计要求，需要超张拉时，可比设计要求增加 5%。张拉力筋时，为保证施工安全，应在超张拉放松至 $0.9\sigma_k$ 时安装模板、普通钢筋及预埋件等。

表8-6 先张法预应力筋张拉程序

Ⅱ、Ⅲ、Ⅳ级钢筋	$0 \to$ 初应力 $\to 105\% \sigma_k$（持荷 2min）$\to 90\% \sigma_k \to \sigma_k$（锚固）
碳素钢丝、钢绞线	$0 \to$ 初应力 $\to 105\% \sigma_k$（持荷 2min）$\to 0 \to \sigma_k$（锚固）
冷拔低碳钢丝	$0 \to 105\% \sigma_k$（持荷 2min）$\to \sigma_k$ 或 $0 \to 103\% \sigma_k$（锚固）

3. 一般操作

（1）调整预应力筋长度。采用螺丝杆锚具，拧动端头螺帽，调整预应力筋长度，使每根预应力筋受力均匀。

（2）初始张拉。一般施加 10% 的初始张拉应力，将预应力筋拉直，锚固端和连接器处拉紧，在预应力筋上选定适当的位置刻画标记，作为测量延伸量的基点。

（3）正式张拉

①一端固定，一端单根张拉：张拉顺序由中间向两侧对称进行，如横梁、承力架受力安全也可从一侧进行。单根预应力筋张拉吨位不可一次拉至超张拉应力。

②一端固定，一端多根张拉：千斤顶必须同步顶进，保持横梁平行移动，预应力筋均匀受力。分级加载拉至超张拉应力。

③一端单根张拉，一端多根张拉：先张拉单根预应力筋，由延伸量和油表压力读数双控制施加 30%～40% 的张拉力，同时使预应力筋受力均匀，先顶锚锚固一端，再张拉多根预应力筋至超张拉应力。

4. 持荷

按预应力筋的类型选定持荷时间为 2～5min，使预应力筋完成部分徐舒，完成量约为全部量的 20%～25%，以减少钢丝锚固后的应力损失。

5. 锚固

补足或放松预应力筋的拉力至控制应力。测量、记录预应力筋的延伸量，并核对实测值与理论计算值，其误差应在 ±6% 范围内。锚固预应力筋，千斤顶应回油至零。

（四）混凝土的浇筑

混凝土浇筑前除按操作规程检查外，对先张构件还应检查台座受力、夹具、预应力筋数量、位置及张拉吨位等是否符合要求。

混凝土浇筑除按正常规程操作外，还应注意以下事项：

（1）尽量采用侧模振捣工艺。

（2）先张构件使用振捣棒振捣时应避免触及力筋，防止发生受振滑移和断筋伤人事故，不得触及充气胶管。

（3）浇筑混凝土时防止充气胶管上浮和偏位，应随时检查定位箍筋和压块固定的情况。

（4）先张构件用蒸汽养护，开始时恒温温度应按设计规定进行，不得任意提高，以免造成不可补救的预应力损失。待混凝土强度达到 10MPa 时，可适当提高温度，但不得超过 60℃。

（五）预应力筋的放松

当混凝土达到设计规定的放松强度之后，可在台座上放松受拉预应力筋（简称"放张"），对预制梁施加预应力。当设计无规定时，一般应在大于混凝土设计强度标准值的 75% 时进行。本部分内容对几种常见的放松方法进行介绍。

1. 千斤顶放松法

在台座固定端的承力支架和横梁之间，张拉前预先安放千斤顶，如图 8-13 所示。待混凝土达到规定的放松强度后，两个千斤顶同时回程，使拉紧的预应力筋徐徐回缩，张拉力被放松。

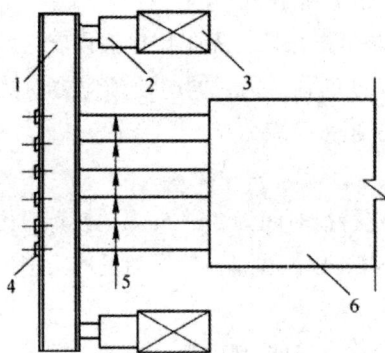

图8-13　千斤顶放松张拉力的布置示意

1—横梁；2—千斤顶；3—承力支架；4—夹具；5—钢筋；6—构件

2. 砂箱放松法

以砂箱代替千斤顶，如图 8-14 所示。使用时从进砂口灌满烘干的砂子，加上压力压紧。待混凝土达到规定的放松强度后，打开出砂口，砂子即慢慢流出，放砂速度应均匀一致，预应力筋随之徐徐回缩，张拉力即被放松。当单根钢筋采用拧松螺母的方法放松时，宜先两侧后中间、分阶段、对称地进行。

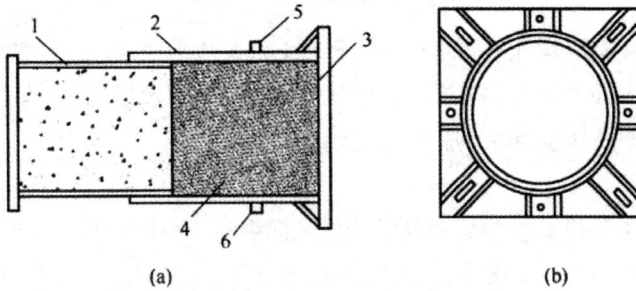

图8-14 砂箱放松法示意

1—活塞；2—套箱；3—套箱底板；4—砂子；5—进砂口；6—出砂口

3．张拉放松法

（1）在张拉端利用连接器、拉杆、双螺帽放松预应力筋。施加应力不应超过原张拉时的控制应力，之后将固定在横梁定位板前的双螺帽慢慢拖动，同一组放松的预应力筋螺帽旋动的距离应相等，然后再将千斤顶回油、张拉，放松螺帽，反复进行，慢慢放松预应力筋。

（2）在台座固定端设置落案和张拉架，张拉架顶紧横梁使预应力筋锚固在张拉架上。放松时，再略微拉紧预应力筋，让其伸长一些，然后拧松螺帽，再将千斤顶回油、预应力筋就慢慢回缩，张拉力即被释放。

4．滑楔放松法

张拉前将三块U形滑楔放在台座横梁与螺帽之间，如图8-15所示在中间滑楔上设置螺杆、螺丝顶住预应力筋。张拉完成后，旋松螺丝，因反力作用，而使中间滑楔向上滑动，将预应力筋慢慢放松。

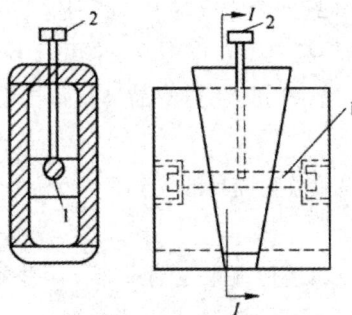

图8-15 楔放松法示意

1—螺杆；2—螺丝

5. 氧割法

直接用氧炔焰沿构件端部将锚固在台座上的预应力筋切断，这种放松预应力筋的方法对预应力冲击很大，易产生裂缝和造成预应力大量损失。氧割操作人员只准沿横向站立，严禁站在预应力筋上进行操作。

6. 手工法

采用各种手工机具将预应力筋沿构件端部锯断或剪断。预应力筋全部放松后，可用"乙炔－氧气"烧割或用电弧切割外露的钢筋。切割时要防止烧伤端部混凝土，切割后的外露端头应用砂浆封闭或涂刷防蚀材料，防止生锈。长线台座上预应力筋的切割顺序，宜由放张端开始，逐次切向另一端。

二、后张法预应力混凝土简支梁的制造工艺

（一）预应力钢筋的制备

1. 高强钢丝束的制备

钢丝束的制备包括下料和编束工序。若高强碳素钢丝的盘径小于 1.5m，则下料前应先在调直机上整直。对于在厂内已经矫直回火处理且盘径为 1.7m 的高强钢丝，一般不必整直就可下料。如发现局部存在波弯现象，可先在木制台座上用木锤整直后下料。调直好的钢丝，最好成直线存放。如果需将钢丝盘起来存放时，其盘径应不小于钢丝直径的 400 倍，否则钢丝将发生塑性变形和弯曲。下料前除应抽样试验钢丝的力学性能外，还要测量钢丝的圆度。

钢丝的下料长度 L 应为：

$$L=L_0+L_1 \tag{4}$$

式中：L_0——构件混凝土预留孔道长度；

L_1——固定端和张拉端（或两个张拉端）所需钢丝工作长度。

当构件的两端均采用锥形锚具、双作用或三作用千斤顶张拉钢丝时，其工作长度一般可取 140 ~ 160cm。当采用其他类型锚具及张拉设备时，应根据实际需要，计算钢丝工作长度。

对于采用锥形螺杆锚具和墩头锚具的钢丝束，为保证每根钢丝下料长度相等，钢丝需在应力状态下切断下料。

为了防止钢丝扭结，必须进行编束。编束时，可将钢丝对齐后穿入特制的梳丝板并排列整齐，如图 8-16 所示，然后一边梳理钢丝一边每隔 1.0 ~ 1.5m 衬以长 3 ~ 4cm 的螺旋衬圈或短钢管，并设在衬圈处，用 2 号铁丝缠绕 20 ~ 30 道捆扎成束。图 8-17 所示为用 24φ5 钢丝配合锥形锚编制的钢丝束断面。这种制束工艺对防

锈、压浆有利，但操作较繁琐。另一种编束方式是每隔一个螺旋衬圈 1.0 ~ 1.5m 先用 18 ~ 20 号铅丝将钢丝编成帘状。然后每隔 1.5m 设置一个螺旋衬圈，并将编好的钢丝绕衬圈围成圆束。

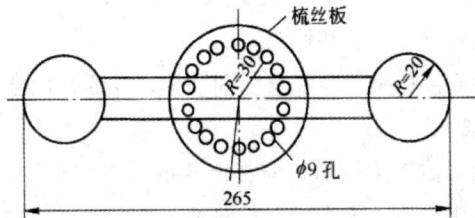

图8-16　梳丝板示意图

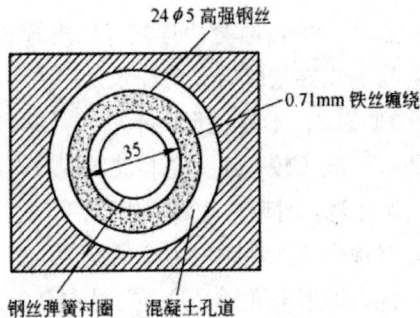

图8-17　钢丝束断面示意图

绑扎好的钢丝束，应标出其长度和设计编号，并按编号分批堆放。

当采用环销锚锚具时，钢丝宜先绑扎成小束而后绑扎成大束。绑束完毕后，在钢丝束的两端按分丝的要求，将钢丝束分成内外两层，并分别用铅丝编结成帘状或做出明显的标志，以防两端内外层钢丝交错张拉。

2. **钢绞线束的制备**

钢绞线是用若干根钢丝围绕一根中心芯丝绞捻而成的。如 7φ5 钢绞线是由六根直径为 5mm 的钢丝围绕一根直径为 5.15 ~ 5.20mm 的钢丝扭结后，经低温回火处理而成的。

钢绞线出厂时缠于圆盘上。使用时按需要长度下料。钢绞线束的下料长度也由孔道长度和工作长度决定。

钢绞线的成束，可采用与钢丝束编扎相同的方法，即用 18 ~ 20 号铅丝每隔 1 ~ 1.5m 绑扎一道，但应在编束前进行预拉工作。当采用专门的穿束机时，无需对钢绞线进行预拉和编束。

（二）预应力孔道的形成

后张法施工的预应力梁，在浇筑梁体混凝土前，需在预应力筋的设计位置预先安放制孔器，以便在梁体制成后在梁内形成孔道。在进行预应力工艺时，即可将预应力筋穿入孔道，然后进行张拉和锚固。

预应力孔道的形成包括制孔器的安装和抽拔以及通孔检查等工作。

1. 制孔器的种类

为了在混凝土内形成钢束管道，应在浇筑混凝土前预先安放制孔器。按制孔的方式可分为埋置式制孔器和抽拔式制孔器两种。

埋置式制孔器在梁体制成后将留在梁内，形成的孔道壁对预应力筋的摩阻力小，但加工成本高，使用后不能回收。其种类主要有铁皮管、铝合金波纹管以及塑料波纹管等。铁皮管以薄铁皮制作，安放时分段连接。铁皮管制孔器的缺点是制作慢、费人工、接缝和接头处容易漏浆导致以后穿束和张拉的困难。波纹管由铝合金片材用制管机卷制而成，横向刚度大，不易变形、不漏浆，纵向也便于弯成各种线型，与构件混凝土的黏结也较好，故比较适用。塑料波纹管具有抗腐蚀性好、能防止氯离子浸入、防电流腐蚀、强度高、耐疲劳性好等优点，因此其应用越来越广泛。

抽拔式制孔是将制孔器预先安放在预应力束的设计位置上，待混凝土强度达到抽拔要求后将它拔出，构件内即形成孔道。这种方法制孔的最大优点是制孔器能够周转使用，因此应用较广。常用的抽拔式制孔器（俗称抽拔管）有以下三种：

（1）橡胶管制孔器。它分为夹布胶管和钢丝网胶管两种。通常选用具有 5 ~ 7 层夹布的高压输水（气）管作为制孔器，要求管壁牢固，耐磨性能好，能承受 5kN 以上的工作拉力，并且弹性恢复性能好，有良好的挠曲适应性。

预应力混凝土 T 梁的预留孔道长度一般在 25m 以上，而胶管的出厂长度不到 25m，考虑制孔器安装和抽拔的方便，常采用专门的接头。

胶管内如利用充气或充水来增加刚度，管内压力不得低于 500kPa。充气（水）后胶管的外径应符合孔道直径的要求。为增加胶管的刚度和控制位置的准确，需在橡胶管内置圆钢筋芯棒。

（2）金属伸缩管制孔器。它是一种用金属丝编织成的可伸缩网套，具有压缩时直径增大而拉伸时直径减小的特性。为了防止漏浆和增强刚度，网套内可衬以普通橡胶衬管和插入圆钢或 5mm 钢丝束芯棒。

（3）钢管制孔器。钢管制孔器用表面平整光滑的钢管焊接制成，抽拔力大，但不能弯曲，仅适用于短而直的孔道。

无论采用何种制孔器，都应按设计规定或施工需要预留排气排水和灌浆用的孔眼。

2. 制孔器的抽拔

制孔器可由人工逐根或用机械分批地进行抽拔工作。抽拔时先抽芯棒，后拔胶管；先拔下层胶管，后拔上层胶管。抽拔完毕后，应用通孔器进行通孔检查。

抽拔时机的选择是能否顺利抽拔和保证成孔质量的关键。制孔器的抽拔要在混凝土初凝之后与终凝之前进行，抽拔过早混凝土容易塌陷而堵塞孔道；抽拔过迟则可能拔断胶管。根据经验，抽拔胶管的时间可参考表8-7或按式（5）估算：

$$H = \frac{100}{T} \tag{5}$$

式中：H——混凝土浇筑完毕至抽拔制孔器的时间，h；

T——预制构件所处的环境温度，℃。

表8-7 抽拔制孔器的时间

环境温度（℃）	抽拔时间（h）
＞30	3
30～20	3～5
20～10	5～8
＜10	8～12

（三）预应力筋的张拉

混凝土强度达到设计强度的75%时，方可进行构件预应力筋的张拉工作。

预应力筋张拉时，应避免构件呈过大的偏心状态，为此，应对称于构件截面进行张拉，或先张拉靠近截面重心处的预应力筋，后张拉距截面重心较远处的预应力筋。对曲线预应力筋或长度不小于25m的直线预应力筋，宜在两端同时张拉；长度小于25m的直线预应力筋，可在一端张拉。

1. 张拉程序

后张法预应力筋的张拉应符合设计要求，设计无规定时，其张拉程序可参照相关规范进行。

2. 操作方法

预应力筋的张拉操作方法与配用的锚具和千斤顶的类型有关。如张拉钢丝束可配用锥形锚具、锥锚式千斤顶；张拉粗钢筋可配用螺丝端杆锚具、拉杆式千斤顶；张拉精乳螺纹钢筋可配用特质螺帽、穿心式千斤顶；张拉钢绞线束可配OVM锚、穿心式千斤顶。

以锥形锚具配锥锚式千斤顶为例，介绍张拉操作方法：

（1）张拉准备工作。钢丝穿过锚环，放入锚塞并使钢丝均匀分布在锚塞周围，用手锤轻敲锚塞，装上对中套，将钢丝用楔块楔在千斤顶夹盘内。

（2）初始张拉。两端同时张拉至钢丝达到初应力（约 $10\%\sigma_k$）。由于钢丝在夹盘上未楔紧，钢丝发生滑移，当滑移停止后打紧楔块，使钢丝牢牢固定在夹盘上。分两次进行楔块打紧，第一次均匀地将每只楔块敲击两锤，第二次则重击楔块使钢丝卡紧，在两端补足张拉的初应力。在分丝盘沟槽处的钢丝上标出测量伸长量的起点标记，在夹盘前端的钢丝上也标出用以辨认是否滑丝的标记。

（3）正式张拉。两端轮流分级加载张拉，每级加载值为油压表读数 5000kPa 的倍数，直至超张拉值并持荷，以消除预应力筋的部分松弛损失。控制张拉应力，测量钢丝伸长量。

（4）顶锚。当张拉到控制张拉应力后，钢丝伸长量若与计算伸长量相符合，即可进行顶锚（顶锚力约为控制张拉力的 50% ~ 55%）。顶锚时先从一端开始，此时钢筋因回缩发生预应力损失，应在另一端补足预应力损失及进行顶锚。若回缩量大于 3mm，必须重新张拉。

3. 预应力筋张拉允许偏差

预应力筋张拉的允许偏差应符合表 8-8 的规定。

表8-8 预应力筋张拉的允许偏差

序号	项目		允许偏差	检验频率		检验方法
				范围	点数	
1	张拉应力值		±5%	每根（束）	1	压力表测量或查张拉记录
2	预应力筋断裂或滑脱数	先张法	5%总根数，且每米不大于2丝	每个构件	1	观察
		后张法	3%总根数，且每米不大于2丝		1	
3	每端滑移量		符合设计规定		1	尺量
4	每端滑丝量		符合设计规定	每根（束）	1	
5	先张法预应力筋中心位移		5mm	每个构件	1	

（四）孔道压浆

孔道压浆是用压浆机将水泥浆压入孔内，填满预应力筋与孔道间的空隙，使预应力筋与混凝土牢固黏结成为一个整体。孔道压浆的目的是防止孔道内预应力筋锈蚀，并与构件混凝土结成整体，保证构件的强度和耐久性。预应力筋张拉完毕后应尽快进行孔道压浆。

孔道压浆的操作要点如下：

（1）冲洗孔道。为保持灰浆的流动性，压浆前应先用清水冲洗湿润孔道，同时要检查灌浆孔、排气孔是否畅通。

（2）确定灰浆配合比。根据孔道形式、灌浆方法、材料性能及设备条件试验确定灰浆的配合比。孔道压浆一般宜采用水泥浆，孔道较大时，可在水泥浆中掺入适量的细砂。压浆水泥宜采用普通硅酸盐水泥，强度等级不宜低于 42.5，水灰比应控制在 0.4 ~ 0.45 之间。掺入减水剂时，水灰比可减少到 0.35。泌水率不超过 3%，拌和后 3h 泌水率宜控制在 2%，泌水应在 24h 内被重新吸收。水泥浆自调制开始到压入孔道的间隔时间不得超过 30 ~ 45min。

（3）压浆方法。压浆时，对曲线孔道和竖向孔道应以最低点的压浆孔压入，由最高点的排气孔排气和泌水。压浆顺序宜先压注下层孔道，后压注上层孔道。压浆应缓慢、均匀、连续地进行，不得中断，如中间因故停顿时，应立即将已灌入孔道的灰浆用水冲洗干净后重新压浆。压浆时，每一工作班应留取不少于 3 组的立方体试件，检查其 28d 抗压强度。压浆过程中及压浆后 48h 内，混凝土温度不得低于 5℃，否则应采取保温措施。当温度高于 35℃时，压浆宜在夜间进行。

（五）封锚锚固

孔道压浆后应立即将锚固端水泥浆冲洗干净，并将端面混凝土凿毛。在绑扎端部钢筋网和安装封锚模板时，要妥善固定，以免浇筑封锚混凝土时模板走样。封锚混凝土标号应符合设计规定，一般不宜低于构件混凝土标号的 80%。封锚混凝土必须严格控制梁体长度。浇筑后 1 ~ 2h 带模养护，脱模后继续洒水养护不少于 7d。对于长期外露的锚具，应采取可靠的防锈措施。

第九章　桥梁工程设计技术

第一节　钢筋混凝土矩形截面梁设计

一、钢筋混凝土受弯构件构造要求

（一）钢筋混凝土板的构造要求

1. 板的截面形式

板的截面形式（见图9-1）主要有实心矩形、空心矩形。实心矩形截面板适用于小跨径板，空心矩形截面板适用于大跨径板，空心矩形板可减小自重和节省混凝土。

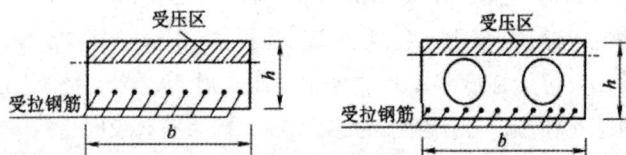

图9-1　板常见截面形式示意

2. 板的类型

板的类型有单向板和双向板。只考虑一个方向受力的板称为单向板，同时考虑两个方向受力的板称为双向板。对梁桥相邻主梁和相邻横隔板共同支撑的翼缘板也称行车道板或（桥面板），周边均有支承，当长短边之比≥2时，受力主要沿短边方向分配，长边方向受力很小，按单向板计算；长短边之比＜2时，两个方向同时受力，按双向板计算。对肋梁桥外梁外侧翼缘板等一边支承悬臂板及人行道板等两边支承板，受力以跨径方向为主，按单向板计算。如图9-2所示。

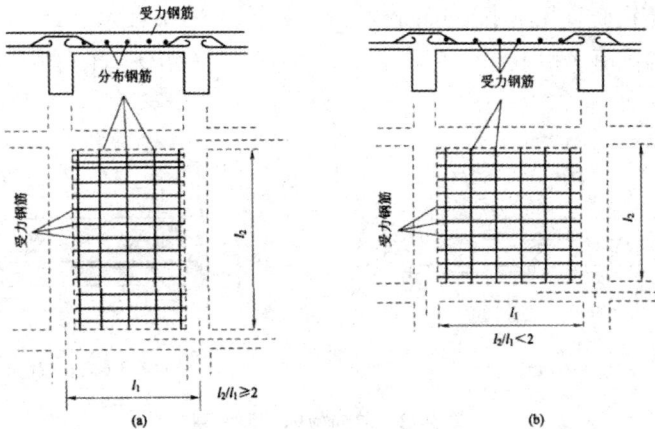

图9-2　四边支承板示意图

3. 板的厚度

钢筋混凝土板的厚度要满足承载力、刚度、抗裂以及构造要求。按刚度要求，单跨简支板 h ≥ L/35 跨连续板 h ≥ L/40；悬臂板 h ≥ L/12。按构造要求，行车道板厚度不宜小于 100mm，就地现浇的人行道板厚度不小于 80mm，装配式人行道板的厚度不宜小于 60mm；空心板的顶板和底板厚度均不宜小于 80mm。

现浇板的宽度一般较大，设计时可取单位宽度 b=1000mm 进行计算。预制板的宽度一般控制在 1 ~ 1.5m。

4. 板中钢筋构造

（1）板的受力钢筋。板的纵向受拉钢筋也称为主钢筋。单向板内主钢筋沿跨度方向短边方向）布置在板的受拉区，双向板内主钢筋沿两方向布置在板的受拉区，短向钢筋在外侧，长向钢筋在内侧。钢筋数量由计算确定。一般人行道板的主钢筋直径不宜小于 8mm，行车道板内的主钢筋直径不小于 10mm。在跨中和连续板支点处，板内主钢筋间距不宜大于 200mm。近梁肋处的板内主钢筋，可在 1/6 ~ 1/4 计算跨径处按 30° ~ 45° 弯起，并且通过支承而不弯起的主筋每米板宽内不得少于 3根，并不少于主钢筋截面积的 1/4。

（2）板的分布钢筋。单向板内除沿受力方向布置主钢筋外，还应在主钢筋内侧布置与其垂直的分布钢筋。钢筋用量按构造要求确定。其作用是将板面上的荷载更均匀地传递给主筋，并承担混凝土收缩及温度变化在垂直板跨方向产生的拉应力，同时在施工中固定主钢筋的位置，把荷载分布到板的主钢筋上去。分布钢筋宜采用 HPB235 级和 HRB335 级的钢筋。行车道板内的分布钢筋直径不小于 8mm，人行道板内的分布钢筋直径不小于 6mm；分布钢筋的间距不宜大于 250mm；单位长度上分布钢筋的截面面积不宜小于该方向板截面面积的 0.1%。单向板内配筋见图 9-3 所示。

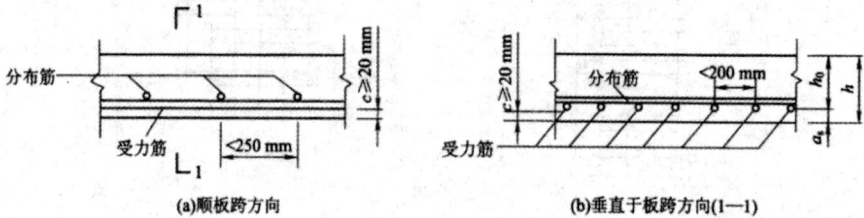

图 9-3　单向板内配筋示意

5. 混凝土保护层

钢筋混凝土板中混凝土保护层是指纵向受力钢筋的外边缘到混凝土外表面的距离，其最小厚度取决于周围环境和混凝土的强度等级，混凝土保护层最小厚度见表 9-1，同时应不小于主筋公称直径。混凝土结构的环境类别见表 9-2。

表 9-1　普通钢筋混凝土保护层最小厚度

序号	构件类别	环境条件		
		I	II	III、IV
1	基础、桩基承台：（1）基坑底面有垫层或侧面有模板（受力主筋）；	40	50	60
	（2）基坑底面无垫层或侧面无模板（受力主筋）	60	75	85
2	墩台身、挡土结构、涵洞、梁、板、拱圈、拱上建筑（受力主筋）	30	40	45
3	人行道构件、栏杆（受力主筋）	20	25	30
4	箍筋	20	25	30
5	缘石、中央分隔带、护栏等行车道构件	30	40	45
6	收缩、温度、分布、防裂等表层钢筋	15	20	25

表 9-2　混凝土结构的环境类别

一	室内正常环境
二	（1）室内潮湿环境；非严寒和寒冷地区的露天环境；与无侵蚀性的水或土壤直接接触的环境
	（2）严寒和寒冷地区的露天环境；与无侵蚀性的水或土壤直接接触的环境

续表

三	使用除冰盐的环境；严寒和寒冷地区冬季水位变动的环境；滨海室外环境
四	海水环境
五	受人为或自然的侵蚀性物质影响的环境

（二）钢筋混凝土梁的构造要求

1. 梁的截面形式

梁的截面形式主要有矩形、T形、I字形和箱形。矩形截面梁适用于小跨径梁，T形、I字形和箱形截面梁适用于大跨径梁。如图 9-4 所示。

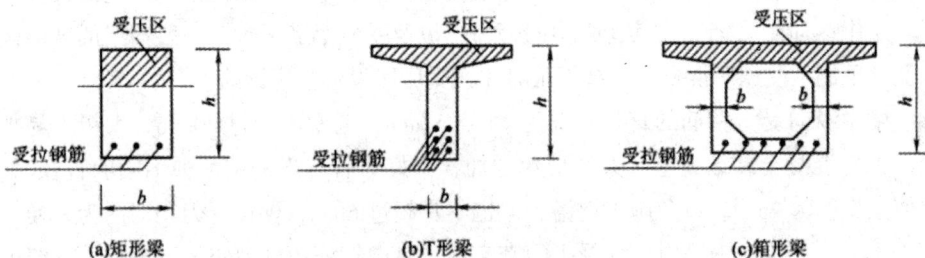

图9-4　梁常见截面形式示意

2. 梁的截面尺寸

梁的截面尺寸要满足承载力、刚度和抗裂要求。考虑施工制模方便，截面尺寸应模数化，矩形梁的截面宽度一般取 150mm、180mm、200mm、220mm、250mm……以 50 为模；梁的截面高度 800mm 以下，以 50 为模，超过 800mm，以 100mm 为模。矩形梁的高宽比一般为 2 ~ 3。T形梁由主梁、翼缘板和横隔板组成。主梁高度主要与梁的跨径、间距及作用大小有关。公路桥梁中常用的 T形简支梁桥，其主梁高与跨径之比约为 1/10 ~ 1/18。T形梁上翼缘尺寸按行车道板的受力和构造要求确定，T形梁的腹板（梁肋）宽度与配筋形式有关，当采用焊接骨架时，腹板宽度较小，一般采用 150 ~ 200mm。

3. 梁中钢筋

梁内钢筋包括纵向受力钢筋（主钢筋）、弯起钢筋（斜筋）、箍筋、架立钢筋及纵向水平防裂钢筋等，如图 9-5 所示。

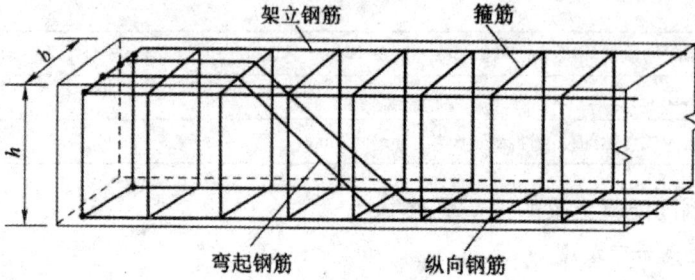

图9-5 简支梁钢筋骨架示意

（1）纵向受力钢筋。梁中纵向受力钢筋的作用是承受弯矩。钢筋用量需计算确定。梁中纵向受力钢筋按其受力不同分为受拉及受压钢筋两种。一般当梁的截面高度受到限制、受压区混凝土承载不足时才在受压区设置受压钢筋。

梁中纵向受力钢筋的直径一般为 14 ~ 32mm，通常不超过 40mm，太粗不易加工，且与混凝土黏结力差，太细根数增加，不好布置。当采用两种不同的直径时，差值至少应为 2mm，以免施工混淆，但也不宜超过 6mm，保证受力均匀。为了便于混凝土浇筑，保证钢筋周围混凝土的密实性，纵向钢筋的排列应由下至上，下粗上细，对称布置，上下左右对齐。纵向钢筋的净间距应满足图 9-6 所示的要求。

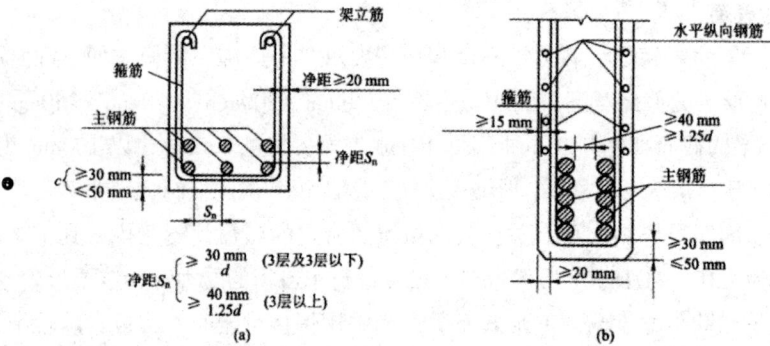

图9-6 梁主钢筋净距和混凝土保护层示意

（2）弯起钢筋。梁中弯起钢筋斜段部分的作用是承受剪力，一般由纵向受拉钢筋弯起而成，水平段部分的作用是承受支座负弯矩。钢筋用量需计算确定。弯起钢筋弯起角度一般取 45°，当梁截面高度 h > 800mm 时，取 60°。梁底层角部钢筋不应弯起，顶层角部钢筋不应弯下。若仅将纵向受拉钢筋弯起还不足以满足斜截面抗剪强度要求，或者由于构造上的要求需增设斜钢筋时，可单独配置专门的斜钢筋，这种钢筋也称为鸭筋。简支梁第一排弯起钢筋的末端弯折点应位于支座中心截面处，以后各排弯起钢筋的末端弯折点应落在或超过前一排弯起钢筋的弯起点。弯起筋必须与主钢筋焊接。

（3）箍筋。梁中箍筋的作用是承受剪力，联结纵向受拉钢筋和受压区混凝土使其共同工作，并与其他钢筋一起形成钢筋骨架，固定其位置，便于浇灌混凝土。钢筋用量需计算确定。箍筋形式如图9-7所示。

(a)双肢、开口式　　(b)双肢、封闭式　　(c)四肢、封闭式

图9-7　箍筋形式示意

梁内只配受拉钢筋时，可采用开口箍筋；若梁内不仅配置了纵向受拉钢筋，还配有纵向受压钢筋，或者梁同时承受弯矩和扭矩作用，应采用封闭式箍筋。

箍筋直径不小于8mm或纵向钢筋直径的1/4。固定受拉钢筋的箍筋间距不应大于梁高的1/2及400mm；固定受压钢筋的箍筋间距还不应大于受压钢筋直径的5倍，且不应大于400mm。

当梁内配有按计算需要的纵向受压钢筋时，箍筋间距不应大于主钢筋直径的15倍，且不应大于400mm。同时，同排内任一纵向受压钢筋离箍筋折角处的纵向钢筋的间距不应大于150mm或15倍箍筋直径两者中的较大者，否则应设置复合箍筋。相邻箍筋的弯钩接头，其位置沿纵向应交替布置。

在钢筋绑扎搭接接头范围内，当搭接钢筋受拉时，箍筋间距不应大于主钢筋直径的5倍，且不大于100mm，当搭接钢筋受压时，箍筋间距不应大于主钢筋直径的10倍，且不大于200mm。近梁端第一根箍筋应设在距端面一个混凝土保护层距离处。

（4）架立钢筋。梁中架立钢筋的作用是固定箍筋，与其他钢筋一起形成钢筋骨架，并承受混凝土收缩、温度变化而产生的拉应力。钢筋用量按构造要求确定。架立钢筋设置在梁受压区的角部，其用量按构造要求确定。架立钢筋的直径一般取10～14mm。当采用焊接骨架时，为保证骨架的刚度，架立钢筋的直径应适当加大。

（5）纵向水平防裂钢筋。纵向水平防裂钢筋的作用是增加梁的钢骨架的刚性及梁的抗扭能力，抵抗温度应力及混凝土收缩应力，承受梁侧向变形。钢筋用量按构造要求确定。当梁高大于 1000mm 时，沿梁肋高度的两侧，在箍筋外侧水平方向设置纵向水平防裂钢筋。钢筋直径一般为 8 ~ 10mm，每个腹板内纵向水平防裂钢筋截面积为其总面积的 0.001 ~ 0.002 倍，其间距在受拉区不应大于梁肋宽度，且不应大于 200mm，在受压区不应大于 300mm，在梁支点附近剪力较大区段纵向水平防裂钢筋间距宜为 100 ~ 150mm。

二、钢筋混凝土受弯构件破坏形态

（一）受弯构件正截面受弯破坏形态

试验证明，钢筋混凝土受弯构件的正截面破坏特征与配筋率、钢筋和混凝土强度等级、截面形式等因素有关，但以配筋率对构件正截面破坏特征的影响最为明显。受弯构件的配筋率 p 是指构件所配置的纵向受力钢筋截面面积 A_s 与截面有效面积 bh_0 的比值，即：

$$p = \frac{A_s}{bh_0} \tag{1}$$

$$a_s = \frac{\Sigma f_{sdi} A_{si} a_{si}}{\Sigma f_{sdi} A_{si}} \tag{2}$$

式中：A_s——纵向受力钢筋截面面积，A_{si} 为第 i 种纵向受力钢筋截面面积；

b——梁的截面宽度；

h_0——梁截面的有效高度，$h_0 = h - a_s$；

a_s——纵向受力钢筋合力作用点至受拉边缘的距离，a_{si} 为第 i 种纵向受力钢筋合力作用点至截面受拉边缘的距离。

试验表明，随配筋率变化，受弯构件正截面有三种破坏情况，分别是适筋破坏、超筋破坏和少筋破坏。

1. 适筋梁破坏形态

纵向受力钢筋配筋率适中的梁称为适筋梁。适筋梁破坏特点是受拉钢筋首先达到屈服强度，产生较大的塑性变形，随之梁的裂缝和变形增大，受压区高度逐渐减小，最后受压区混凝土达到其极限压应变而破坏，如图 9-8（a）所示。适筋梁破坏有明显的预兆，属于塑性破坏。由于适筋梁能充分利用材料强度，故实际工程中应将梁设计成适筋梁。

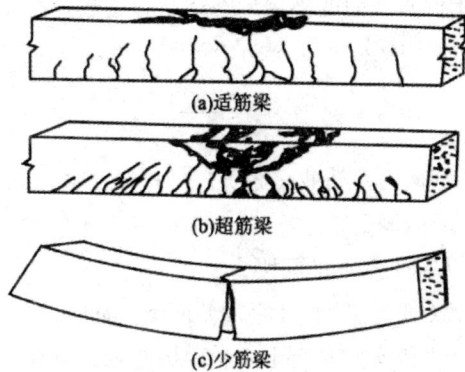

(a)适筋梁

(b)超筋梁

(c)少筋梁

图9-8　梁的三种破坏形态示意

2. 超筋梁破坏形态

纵向受力钢筋配筋率过大的梁称为超筋梁。超筋梁破坏特点是受压区混凝土首先达到极限压应变,混凝土被压碎,而此时纵向受拉钢筋仍处于弹性工作阶段,应力尚未达到屈服强度。梁裂缝开展不宽且延伸不高,挠度尚不大。如图9-8(b)所示。超筋梁破坏没有明显的预兆,属于脆性破坏,由于超筋梁没有充分利用钢筋强度,浪费材料,故实际工程应禁止将梁设计成超筋梁,并通过控制梁的最大配筋率 p_{max} 来保证。

3. 少筋梁破坏形态

纵向受力钢筋配筋率过少的梁称为少筋梁。少筋梁破坏特点是受拉区混凝土一开裂,受拉钢筋立即达到屈服强度,经过流幅进入强化阶段,梁产生很宽的裂缝、很大的挠度,构件立即发生破坏。如图9-8(c)所示。少筋梁破坏没有明显的预兆,属于脆性破坏,由于少筋梁没有充分利用混凝土强度,浪费材料,故实际工程应禁止将梁设计成少筋梁,并通过控制梁的最小配筋率 p_{min} 来保证。

（二）受弯构件斜截面受剪破坏形态

试验表明,受弯构件斜截面的破坏形态与弯矩和剪力的组合有关。这种关系通常用剪跨比来表示。对于承受集中荷载作用下的梁,集中荷载作用点到支点的距离a 一般称为剪跨,剪跨a 与梁有效高度 h_0 的比值,称为剪跨比,用 λ 表示。

$$\lambda = a / h_0 \qquad\qquad （3）$$

剪跨比 λ 也可以表示为: $\lambda = M/（Vh_0）$,此式又称为广义剪跨比。

式中:M——剪切破坏截面的弯矩;

V——剪切破坏截面的剪力。

试验表明，受弯构件斜截面的破坏形态还与腹筋数量有关。腹筋是指箍筋和弯起筋。配箍筋的数量一般用配箍率 p_{sv} 表示：

$$_{sv} \frac{sv}{bs}\qquad(4)$$

式中：A_{sv}——同一截面内箍筋截面面积，$A_{sv}=nA_{svi}$；n 为同一截面内箍筋肢数；

A_{sv1}——单肢箍筋截面面积；

s_v——沿构件长度方向上箍筋的间距；

b——矩形截面宽度，T 形截面、I 字形截面腹板宽度。

试验表明，随剪跨比和配箍率变化，受弯构件斜截面有三种破坏情况，分别是斜拉破坏、剪压破坏和斜压破坏。

1. 斜压破坏

当剪跨比较小，一般 $\lambda < 1$，或梁中腹筋配置过多或截面尺寸过小时，随荷载增加，梁腹部出现若干平行的斜裂缝，混凝土被斜裂缝分割成若干个斜向受压短柱，在箍筋和弯起筋尚未屈服时，斜裂缝间斜向混凝土柱体首先被压碎，梁发生斜压破坏，见图 9-9（a）所示。梁破坏时的承载力取决于混凝土斜压短柱的抗压强度，因而承载力很高。这种破坏类似于正截面的超筋破坏，破坏时混凝土被压碎，腹筋未达到屈服强度，破坏比较突然，属于脆性破坏。这种梁不能充分利用钢筋的强度，设计中应避免。

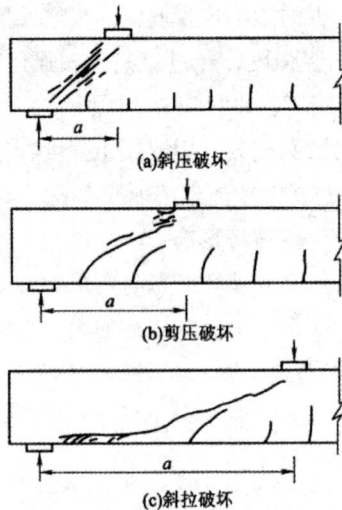

图9-9 斜截面破坏的主要形态示意

2. 剪压破坏

当剪跨比适中，一般 $1 \leqslant \lambda \leqslant 3$，梁中腹筋配置适量时，随荷载增加，在剪弯区段受拉区边缘首先出现一些垂直裂缝，然后斜向延伸形成斜裂缝，梁腹部出现若干平行的斜裂缝，其中一条逐渐发展形成主要斜裂缝，称为临界斜裂缝。斜裂缝出现后，原来由混凝土承受的拉力转由与斜裂缝相交的箍筋承受，在箍筋未屈服前，箍筋能限制斜裂缝的开展和延伸，荷载尚能增加，当箍筋屈服后，箍筋不能控制斜裂缝开展和延伸，最后斜裂缝上端剪压区混凝土被压碎，梁发生剪压破坏，见图 9-9（b）所示。梁破坏时的承载力取决于混凝土的强度和腹筋数量，当截面尺寸一定时，其承载力小于斜压破坏时的承载力，大于下面所述的斜拉破坏时的承载力。这种破坏类似于正截面的适筋破坏，破坏时混凝土被压碎，腹筋达到屈服强度，但破坏突然，属于脆性破坏。

3. 斜拉破坏

当剪跨比较大，一般 $\lambda > 3$，梁中腹筋配置数量过少时，斜裂缝出现后，原来由混凝土承受的拉力转由与斜裂缝相交的箍筋承受，箍筋很快屈服，不能抑制斜裂缝开展，斜裂缝迅速向上延伸，梁被斜向拉断，发生斜拉破坏，见图 9-9（c）所示。梁破坏时的承载力取决于混凝土的抗拉强度，因而承载力很低。这种破坏类似于正截面的少筋破坏，破坏时斜裂缝宽度很小，破坏突然，属于脆性破坏，这种破坏危险性较大，设计中应避免。

（三）受弯构件斜截面受弯破坏形态

在钢筋混凝土受弯构件中，斜裂缝的产生与开展除了可能引起斜截面受剪破坏外，还可能发生斜截面受弯破坏。破坏时，斜裂缝左右两部分绕裂缝顶端受压区的公共铰转动，与斜裂缝相交的箍筋、弯起钢筋及纵向受拉钢筋均能达到其抗拉强度设计值，受压区混凝土的应力能达到抗压强度设计值。

第二节　钢筋混凝土 T 形截面梁设计

一、基础内容

矩形截面受弯构件虽然构造简单、施工方便，但由于截面受拉区混凝土对于截面的抗弯能力不起作用，反而增加构件自重，因此对于截面尺寸较大的矩形截面受弯构件，为节省混凝土，减轻构件自重，可挖去受拉区两侧的混凝土，将纵向受拉钢筋集中布置在肋部，形成如图 9-10 所示的 T 形截面，它和原来的矩形截面所能承担的弯矩是相同的。T形截面伸出的部分称为翼缘，翼缘宽度为 b_f，厚度为 b_f'；中间部分称为梁肋或腹板，肋宽为 b，截面总高为 h。判断截面是否属于 T 形截面，主要看翼缘部分是否在受压区，翼缘部分在受压区则属于 T 形截面梁。工字形、Ⅱ形、箱形和空心板梁，在承受正弯矩时，截面受拉区翼缘不参加受力，但上部翼缘在受压区，混凝土受压区的形状与 T 形截面相似，因此在计算正截面承载力时也可按 T 形截挖去部分、面处理。

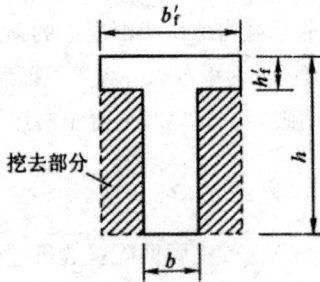

图9-10　T形截面梁示意

对中间带有圆孔的空心板，可按抗弯等效原则，换算为等效工字型截面，方法是在保持截面面积、惯性矩和形心位置不变的情况下，将空心板的圆孔（直径为 D）换算为 b_k，h_k 的矩形孔，如图 9-11 所示。

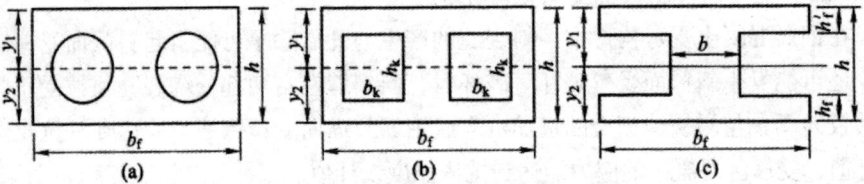

图9-11　空心板截面抗弯等效换算

按面积相等，得：

$$b_k h_k = \frac{\pi D^2}{4} \tag{5}$$

按惯性矩相等，得：

$$\frac{b_k h^3{}_k}{12} = \frac{\pi D^2}{64} \tag{6}$$

联立解得：

$$h_k = \frac{\sqrt{3}}{2}D, b_k = \frac{\sqrt{3}}{2}\pi D \qquad (7)$$

等效工字形截面上翼缘厚度为：

$$h'_f = y_1 - \frac{h_k}{2} = y_1 - \frac{\sqrt{3}}{4}D \qquad (8)$$

下翼缘厚度为：

$$h_f = y_2 - \frac{h_k}{2} = y_2 - \frac{\sqrt{3}}{4}D \qquad (9)$$

腹板厚：

$$b = h_f - 2b_k = b_f - \frac{\sqrt{3}}{4}\pi D \qquad (10)$$

这样就可以按 T 形截面进行计算了。

（一）T 梁翼缘计算宽度

试验与理论研究表明，T 形梁受弯后，翼缘的纵向压应力沿翼缘宽度方向分布是不均匀的，靠近肋部压应力较大，离肋部越远压应力越小，为此，在设计中需要把受压翼缘的计算宽度 b'_f 限制在一定范围内，并假定在 b'_f 范围内压应力是均匀分布的，其应力值取峰值应力。如图 9-12 所示。

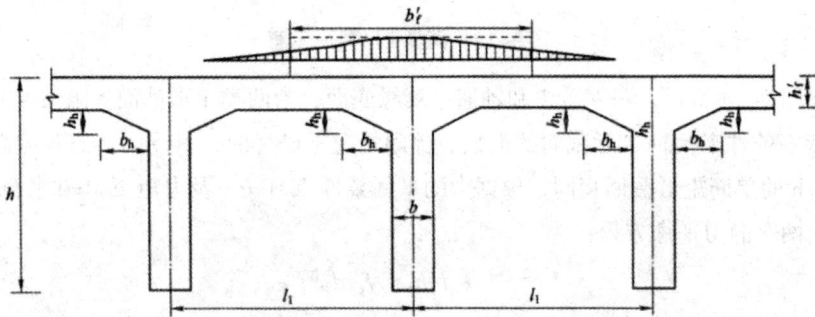

图9-12　T型截面受压翼缘的应力分布和计算宽度

翼缘计算宽度 b'_f 与受弯构件的工作情况（整体肋形梁或独立梁）、梁的计算跨度 h'_f 翼缘厚度岠等因素有关。桥梁设计规范中规定，对于 T 形截面受弯构件位于受压区的翼缘计算宽度 b'_f，可按下列规定采用。

（1）内梁翼缘计算宽度取下列三者中的最小值。

①对于简支梁，取计算跨径的 1/3。对于连续梁，各中间跨正弯矩区段，取该跨计算跨径的 2 倍；边跨正弯矩区段，取该跨计算跨径的 0.27 倍；各中间点负弯矩区段，取该支点相邻两跨计算跨径之和的 0.07 倍。

②取相邻两梁的平均间距。

③取 b+2b_h+12 h'_f，其中 b 为梁的腹板宽，b_h 为承托长度，h'_f 为不计承托的翼缘厚度。当 h_h/b_h < 1/3 时，b_h 取 $3h_h$，其中 h_h 为承托根部厚度。

（2）外梁翼缘的计算宽度取相邻内梁翼缘计算宽度的一半，加上腹板宽度的 1/2，再加上外侧悬臂板平均厚度的 6 倍或外侧悬臂板实际宽度两者中的较小值。

（二）两类 T 形截面的判别

如图 9-13（a）所示，x ≤ h'_f 中和轴在翼缘内，为第一类 T 形截面，如图 9-14（b）所示，x > h'_f，中和轴在腹板内，为第二类 T 形截面。两类 T 形截面受力不同，计算公式也必然不同，因此计算时必须首先判别截面属于哪一类 T 形截面。

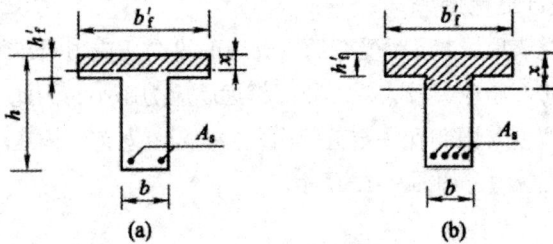

图 9-13　两类 T 形截面示意

如图 9-14 所示，x= h'_f，中和轴通过翼缘底面，为两类 T 形截面界限情况，可用这个特定条件来判别 T 形截面的类型。界限情况下破坏时，其受力状态与截面尺寸为 h'_f ×h 的单筋矩形截面相同，根据力的平衡条件 $\Sigma H=0$，及力矩 $\Sigma M=0$ 平衡条件，可列出两个静力平衡方程：

$$f_{cd}b'_f h'_f = f_{sd} A_s \tag{11}$$

$$M_u = f_{cd}b'_f h'_f (h_0 - h'_f / 2) \tag{12}$$

当进行截面设计时，Md 已知，As 未知，可用以下公式判别：

第一类 T 形截面，

$$\gamma_0 M_d \le f_{cd} b'_f h'_f \left(h_0 - h'_f / 2\right) \tag{13}$$

第二类 T 形截面，　　　　$\gamma_0 M_d > f_{cd} b'_f h'_f \left(h_0 - h'_f / 2\right)$ 　　　（14）

当进行强度复核时，As 为已知，Md 未知，可用下列公式判别：

第一类 T 型截面：　　　　　　　　　$f_{sd}A_s \le f_{cd}b'_f h'_f$　　　　　　　　（15）

第二类 T 型截面：　　　　　　　　　$f_{sd}A_s > f_{cd}b'_f h'_f$　　　　　　　　（16）

这是因为当 $f_{sd}A_s \le f_{cd}b'_f h'_f$ 或 $\gamma_0 M_d \le f_{cd}b'_f h'_f(h_0-h'_f/2)$ 时，即钢筋所承受的拉力小于或等于全部翼缘高度混凝土受压时所承担的压力，不需要全部翼缘混凝土受压就足以与钢筋负担的拉力或弯矩设计值相平衡，故 $x \le h'_f$，属于第一类 T 形截面。反之，说明仅仅翼缘高度内的混凝土受压尚不足以与钢筋负担的拉力或弯矩设计值相平衡，中和轴将下移，即 $x > h'_f$，属于第二类 T 形截面。

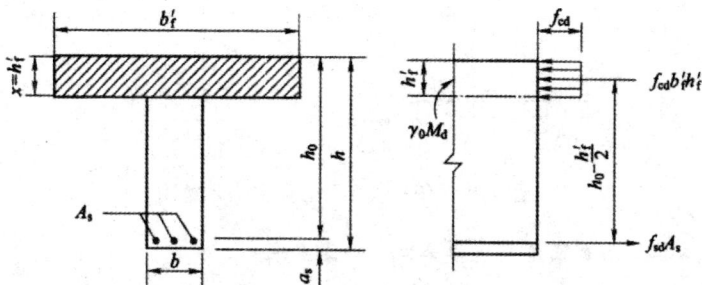

图9-14　两类T形截面界限时的受力示意图

二、钢筋混凝土T形截面受弯构件正截面承载力计算

由于 T 形截面混凝土受压区较大，混凝土足够承担压力，不需增设受压钢筋，所以，T 形截面梁一般设计成单筋截面。

（一）基本计算公式及适用条件

1. 第一类 T 形截面基本计算公式及适用条件

（1）基本计算公式。第一类 T 形截面受力情况如图 9-15 所示，受压区面积仍是宽为 b'_f 的矩形，而受拉区形状与截面受弯承载力无关。故这种类型可按截面为 $b'_f \times h$ 的矩形截面进行承载力计算，计算时只需将单筋矩形截面公式中的梁宽 b 用 b'_f 代替。

由所有力在水平方向内力之和为零的平衡条件可得：

$$\Sigma H = 0, \ f_{cd}b'_f x = f_{sd}A_s \qquad (17)$$

由所有力对受拉钢筋合力作用点取矩力矩之和等于零的平衡条件得：

$$\Sigma H = 0, \ r_0 M_d = f_{cd}b'_f x(h_0 - x/2) \qquad (18)$$

设计时应满足：

$$r_0 M_d \leq M_u, \quad M_u = f_d b'_f x (h_0 - x/2) \tag{19}$$

（2）适用条件。为防止截面出现超筋破坏，应满足 x ≤ ξ_b h_0，对于第一类T形截面，x ≤ h'_f，由于 h'_f / h_0 一般都较小，因而 ξ 值较小，均满足此条件，所以不必验算。

为防止截面出现少筋破坏，应满足 p ≥ p_min，其中：p=As/（bh_0）。

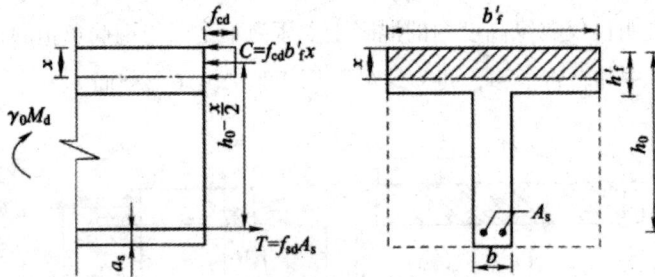

图9-15　第一类T形截面受力示意图

2. 第二类T形截面基本计算公式及适用条件

（1）基本计算公式。第二类T形截面受力情况如图9-16所示。

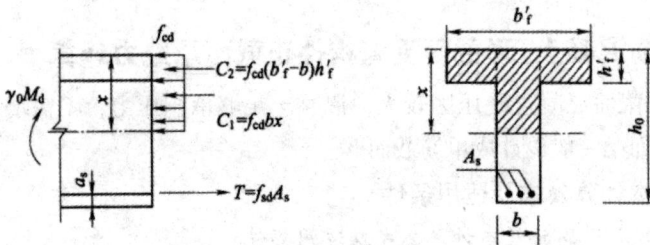

图9-16　第二类T形截面受力示意图

由所有力在水平方向内力之和为零的平衡条件可得：

$$\Sigma H = 0, \quad f_{cd}(b'_f - b) h'_f + f_{cd} bx = f_{sd} A_s \tag{20}$$

由所有力对受拉钢筋合力作用点取矩，力矩之和等于零的平衡条件得：

$$\Sigma M = 0, \quad \gamma_0 M_d = f_{cd}(b'_f - b) h'_f(h_0 - h'_f/2) + f_{cd} bx (h_0 - x/2) \tag{21}$$

设计时应满足：

$$\gamma_0 M_d \leq M_u, \quad M_u = f_{cd}(b'_f - b) h'_f(h_0 - h'_f/2) + f_{cd} bx (h_0 - x/2) \tag{22}$$

（2）适用条件。为防止截面出现超筋破坏，应满足 x ≤ ξ_b h_0；为防止截面出现少筋破坏，应满足 p ≥ p_min，由于第二类T形截面受压区已进入腹板，相应的受拉钢筋配置较多，配筋率一般均能满足最小配筋率要求，所以不必验算。

（二）计算类型及计算方法

在实际设计中，T形受弯构件正截面受弯承载力计算包括截面设计、截面复核两类问题。

1. 截面设计

已知截面尺寸、材料强度级别、弯矩设计值为 $\gamma_0 M_d$，求受拉钢筋截面积 A_s。

步骤一：求有效高度

$h_0 = h - a_s$，对于空心板等截面，可根据等效工字形截面下翼缘厚度 h_f，在实际截面中布置一层或两层钢筋来假设 a_s 值。对于预制或现浇 T 形梁，可假设 $a_s = 30mm + （0.07 \sim 0.1）h$。

步骤二：判别 T 形截面类型

若：$\gamma_0 M_d \leq f_{cd} b'_f h'_f （h_0 - h'_f /2）$，为第一类 T 形截面；

若：$\gamma_0 M_d > f_{cd} b'_f h'_f （h_0 - h'_f /2）$，为第二类 T 形截面。

步骤三：求 A_s

对第一类 T 形截面：计算方法与 $h'_f \times h$ 的单筋矩形梁完全相同，即先求出受压区高度 x，再求所需的受拉钢筋面积 A_s。

对第二类 T 形截面，利用基本公式解出 x 值：

$$x = h_0 - \sqrt{h_0^2 - 2\left[\gamma_0 M_d - f_{cd}(b'_f - b)h'_f(h_0 - h'_f/2)\right]/(f_{cd}b)}$$

当 $h'_f < x \leq \xi_b h_0$ 时，$A_s = [f_{cd}bx + f_{cd}(b'_f - b)h'_f]/f_{sd}$；

当 $x > \xi_b h_0$ 时，须重新进行截面设计。

步骤四：选择钢筋直径和数量，按照构造要求进行布置。

2. 截面复核

已知受拉钢筋数量及钢筋布置、截面尺寸和材料强度级别，验算截面的正截面抗弯承载力。

步骤一：验算钢筋布置是否符合规范要求。

步骤二：判别 T 形截面类型。

若 $f_{sb}A_s \leq f_{cd} b'_f h'_f$，为第一类 T 形截面；若 $f_{sb}A_s > f_{cd} b'_f h'_f$，为第二类 T 形截面。

步骤三：求 M_u

对第一类 T 形截面类型，按 $b'_f \times h$ 单筋矩形梁的计算方法求 M_u。

对第二种 T 形截面类型，利用基本公式，解出 x 值：

$$x = \left[f_{sd}A_s - f_{cd}(b_f' - b)h_f' \right] / (f_{cd}b)$$

当 $x \leq \xi_b h_0$ 时，$M_u = f_{cd}(b_f' - b)h_f'(h_0 - h_f'/2) + f_{cd}bx(h_0 - x/2)$

当 $x > \xi_b h_0$ 时，取 $x = \xi_b h_0$，$M_u = f_{cd}b\xi_b h_0^2(1 - 0.5\xi_b) + f_{cd}(h_f' - b)h_f'(h_0 - h_f'/2)$

步骤四：验算正截面抗弯承载力是否满足要求

若 $\gamma_0 M_d < M_u$，则满足正截面抗弯承载力要求；

若 $\gamma_0 M_d = M_u$，则处于极限状态；

若 $\gamma_0 M_d > M_u$，则不满足正截面抗弯承载力要求，可提高材料强度、增大截面尺寸。

第三节　预应力混凝土简支梁设计

一、预应力混凝土基础内容

（一）预应力混凝土结构对材料的要求

1. 对钢筋的要求

预应力混凝土结构中，通常既配置预应力钢筋，也配置非预应力钢筋。对非预应力钢筋一般与普通混凝土结构所用的钢筋要求一样，而预应力钢筋由于从构件制作到受荷破坏始终处于高应力状态，因此对预应力钢筋要有更高的质量要求，具体要求如下：

（1）强度高。因为混凝土的预压应力是通过张拉钢筋得到的，为了使混凝土在预应力损失后仍能获得较高的预压应力，钢筋的初始张拉应力就必须较高，因此预应力钢筋应具有较高的抗拉强度。

（2）与混凝土之间有足够的黏结强度。由于在先张法构件中，预应力是依靠钢筋和混凝土之间的黏结力来传递的，因此必须保证其间的黏结强度，防止钢筋在混凝土中滑移。通常采用变形钢筋。

（3）良好的可焊性、可镦性。由于结构中的钢筋常常需要接长使用，也常需要经过镦粗加以锚固，因此，要求钢筋的这些加工性能要好。

（4）足够的塑性。为了避免构件发生脆性破坏，要求预应力钢筋在拉断时应具有一定的延伸率，尤其当构件处于低温环境和冲击荷载条件下及在抗震结构中，更应保证钢筋的塑性。

（5）应力松弛损失要低。预应力钢筋中的预应力会因钢筋应力松弛而降低，为了降低预应力损失，应尽量使用低松弛钢筋作为预应力钢筋。

目前国内常用的钢材类预应力钢筋有高强度光面钢丝、刻痕钢丝、钢铰线和精轧螺纹钢筋。在中小型构件中也可采用冷拔中等强度钢丝和冷拔低碳钢丝。非钢材类预应力钢筋有碳素纤维增强塑料简称 CFRP）、玻璃纤维增强塑料（简称 GFRP）及芳纶纤维增强塑料（简称 AFRP）。

2. 对混凝土的要求

与普通钢筋混凝土结构相比，预应力混凝土结构对混凝土有更高的质量要求，具体要求如下：

（1）强度高。预应力混凝土必须具有较高的抗压强度，才能承受很高的预压应力，有效地减小构件截面尺寸，减轻构件自重。一般混凝土强度等级应不低于 C30，当采用光面钢丝、钢铰线和精轧螺纹钢作为预应力筋时，混凝土强度等级应不低于 C40。

（2）收缩、徐变小。尽可能采用干硬性混凝土，并加强振捣与养护，以减小混凝土的收缩与徐变，从而减少预应力损失。

（3）快硬、早强。混凝土快硬、早强，能尽早施加预应力，加快施工进度。

（4）匀质性好。预应力混凝土结构中，混凝土处于高应力状态，因此要求混凝土要具有较高匀质性，在施工时要建立严格的检查制度。

（5）不得掺加对钢筋有侵蚀作用的添加剂，如氯化钠、氯化钙等。

目前国内常用的预应力混凝土有 C40、C50、C60。

二、预应力混凝土分类

1. 按预应力度分类

国内通常把混凝土结构内配有纵筋的结构总称为加筋混凝土结构系列。根据国内工程界的习惯，将采用加筋混凝土结构按其预应力度分成全预应力混凝土、部分预应力混凝土和钢筋混凝土等三种结构。

（1）预应力度的定义

桥梁设计规范中将预应力度（λ）定义为：

$$\lambda = \sigma_{pe} / \sigma_{st} \tag{23}$$

式中：σ_{pe}——扣除全部预应力损失后的预加力在构件抗裂边缘产生的预压应力；

σ_{st}——由作用短期效应组合产生的构件抗裂边缘的法向应力；

λ——预应力度。

对于预应力混凝土受弯构件，预应力度也可定义为由预应力大小确定的消压弯矩 M_0 与按作用短期效应组合计算的弯矩值 M_s 的比值，即：

$$\lambda = M_0 / M_s \tag{24}$$

式中：M_0——消压弯矩，即消除构件控制截面受拉区边缘混凝土的预压应力，使其恰好为零的弯矩；

M_s——按短期效应组合计算的弯矩值。

（2）加筋混凝土结构的分类。

①全预应力混凝土：$\lambda \geq 1$，沿预应力筋方向的正截面不出现拉应力。

②部分预应力混凝土 $1 > \lambda > 0$，沿预应力筋方向的正截面出现拉应力或出现不超过规定宽度的裂缝；

当对拉应力加以限制时，为部分预应力混凝土 A 类构件；当拉应力超过限值或出现不超过限值的裂缝时，为部分预应力混凝土 B 类构件。

③钢筋混凝土：$\lambda = 0$，无预加应力。

全预应力混凝土结构是结构在承受全部外加作用时必须保持全截面受压，这种结果虽有刚度大、抗疲劳、防渗漏等优点，但是在工程实践中也发现一些严重缺点，如结构构件的反拱过大，以至于桥面铺装施工的实际厚度变化较大，易造成桥面损坏，影响行车顺畅；当预加力过大时，锚下混凝土横向拉应变超出极限拉应变，沿预应力钢筋纵向易出现不能恢复的水平裂缝，这比垂直裂缝对结构的耐久性的影响更为严重。

部分预应力混凝土结构是针对全预应力混凝土在理论和实践中存在的问题，在近十几年发展起来的一种新的预应力混凝土结构。它是介于全预应力混凝土结构和普通钢筋混凝土结构之间的预应力混凝土结构，兼顾了预应力混凝土和钢筋混凝土的优点。这种结构在按正常使用极限状态设计时，对作用短期效应组合，容许其截面受拉边缘出现拉应力或出现裂缝，这既克服了全预应力混凝土的一些缺点，也扩大了其应用范围。部分预应为混凝土结构，一般同时采用预应力钢筋和非预应力钢筋，不仅能充分发挥预应力钢筋的作用，也能充分发挥非预应力钢筋的作用，从而节约了预应力钢筋，进一步改善了预应力混凝土的使用性能。同时它又促进了预应力混凝土结构设计思想的重大发展，使设计人员可以根据结构使用要求来选择适当的预应力度，进行合理的结构设计。

部分预应力混凝土结构具有以下优点：

a.改善了构件的使用性能，如减小或避免梁纵向和横向的裂缝；减小了构件弹性和徐变变形所引起的反拱度，保证了桥面行车顺畅。

b. 节省高强预应力钢筋，简化施工工艺，降低工程造价。部分预应力构件预应力度较低，在保证构件极限承载力的条件下，可以用普通钢筋来代替部分预应力钢筋承受外加作用荷载），也可以用强度较低的钢筋来代替高强度钢丝，或者减少高强度预应力钢丝束的数量，这对构件的设计、施工、使用以及经济方面都会带来好处。

c. 提高构件的延性。和全预应力混凝土相比，部分预应力混凝土受弯构件配置了非预应力钢筋，使其破坏时所呈现的延性较全预应力混凝土要好，提高了结构在承受反复作用时的能量耗散能力，因而这种结构有利于抗震、抗爆。

d. 可以合理地控制裂缝。与普通钢筋混凝土相比，部分预应力混凝土结构由于具有适量的预应力，其挠度与裂缝宽度均比较小，当作用（或荷载）最不利效应组合卸载后，其恢复性能较好，裂缝能很快闭合。由于作用（或荷载）最不利效应组合出现的概率极小，因此在正常使用状态下，其裂缝实际上也是经常闭合的。所以部分预应力混凝土构件的综合使用性能一般都比普通钢筋混凝土构件好。

部分预应力混凝土的缺点是：与全预应力混凝土相比抗裂性较低，刚度较小，设计计算略为复杂；与普通钢筋混凝土相比，施加预应力的工艺复杂。

2. 按预应力筋与混凝土的黏结情况分类

按预应力筋与混凝土的黏结情况可分为有黏结预应力混凝土结构和无黏结预应力混凝土结构。有黏结预应力混凝土结构是指预应力筋直接与混凝土黏结，或通过预留孔道在张拉预应力筋后，再通过灌浆使之与混凝土黏结的预应力结构。分为先张法预应力混凝土结构和后张法预应力混凝土结构。无黏结预应力混凝土结构是指预应力筋可以自由伸缩、滑动，不与周围混凝土黏结的预应力混凝土结构。

（1）有黏结预应力混凝土结构

①先张法预应力混凝土结构。先张法，即先张拉钢筋，后浇筑混凝土的施工方法，如图 9-17 所示。先在张拉台座上，按设计规定的拉力张拉钢筋，并用锚具临时锚固，再浇筑混凝土，待混凝土达到设计强度值的 75% 以上时，放张预应力筋，即将临时锚固松开或将钢筋剪断，让钢筋的回缩力通过钢筋与混凝土之间的黏结作用传递给混凝土，使混凝土获得预压应力。

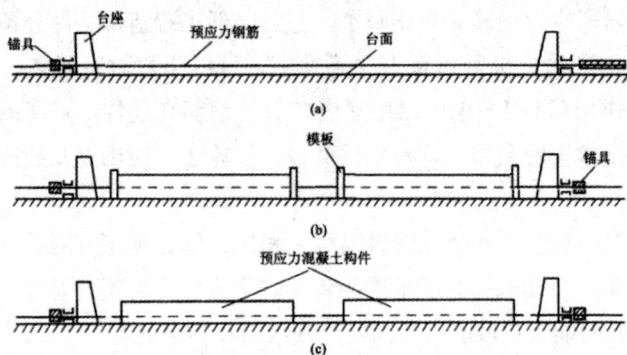

图9-17 先张法施工工序

先张法所用的预应力钢筋，一般采用高强钢丝、钢绞线和直径较小的冷拉钢筋等，不设锚具，而是借助钢筋与混凝土之间的黏结力，来获得自锚。

先张法施工工序简单，临时固定的锚具可以重复使用，在大批量生产时比较经济，质量也比较稳定，一般适用于配置直线预应力钢筋的中小型构件。先张法需配备庞大的张拉设备，构件尺寸大，起重、运输不便。

②后张法预应力混凝土结构。后张法，是先浇筑混凝土，待混凝土结硬后，再张拉钢筋的施工方法，如图9-18示。先浇筑混凝土，并在其中预留穿束孔道（或设套管），待混凝土达到设计强度值的75%以上时，将钢筋穿入预留孔道内，将千斤顶支承于混凝土构件端部，张拉钢筋，同时使构件受到反向压力。待钢筋张拉到控制拉力后，即用特制的锚具将钢筋锚固于混凝土构件上，使混凝土获得并保持其预压应力。最后，在预留孔道内压注水泥浆，使钢筋与混凝土黏结成为整体。

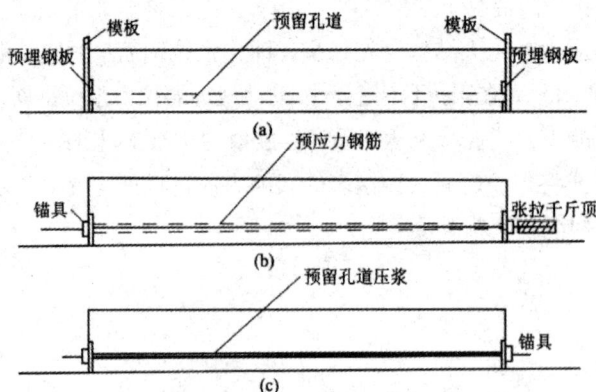

图9-18 后张法施工工序

后张法一般在施工现场制作，适用于配置直线或曲线预应力钢筋的构件。

由上可知，施工工艺不同，建立预应力的方法也不同。先张法是靠黏结力来传递并保持预加应力的。后张法是靠工作锚具来传递和保持预加应力的。先张法和后张法预应力混凝土均为有黏结预应力混凝土。

（2）无黏结预应力混凝土结构。无黏结预应力混凝土构件，是指配置无黏结预应力钢筋的后张法预应力混凝土构件。无黏结预应力钢筋，是指全长涂有专用防腐油脂涂料层和外包层的单根或多根高强钢丝、钢绞线或粗钢筋，其与周围混凝土不建立黏结力，张拉时可沿着纵向发生相对滑动。

无黏结预应力钢筋一般是将预应力钢筋沿其全长的外表面涂刷沥青、油脂等润滑防锈材料，然后用纸带或塑料袋包裹或套以塑料管。在施工时，跟普通钢筋一样，可以直接放入模板中，然后浇筑混凝土，待混凝土达到强度要求后，再利用混凝土构件本身作为支承件张拉钢筋。钢筋应力达到控制应力之后，用锚具将钢筋锚固于混凝土构件上，形成无黏结预应力混凝土构件。这种方法省去了传统后张法预应力混凝土的预埋管道、穿束、压浆等工艺，节省了施工设备，简化了施工工艺，缩短了工期。另外，在张拉时，由于摩阻力小，可用于曲线配筋构件，其综合经济性好。但无黏结预应力混凝土也存在不足之处，即开裂作用相对较低，而且开裂时，仅出现一条或几条裂缝，随后稍加作用，裂缝的宽度与高度即迅速扩展，使构件很快破坏。因此，需要设置一定数量的非预应力钢筋以改善构件的受力性能。

三、锚具及张拉设备

夹具和锚具是在制作预应力构件时锚固预应力钢筋的工具。一般以构件制成后能够重复使用的称为夹具，永远锚在构件上，与构件联成一体共同受力，不再取下的称为锚具。为了简化起见，有时也将夹具和锚具统称为锚具。

1. 锚具

（1）对锚具的要求。无论是先张法所用的临时夹具，还是后张法所用的永久性工作锚具，都是保证预应力混凝土施工安全、结构可靠的技术关键性设备。因此，在设计、制造或选择锚具时，一定要保证锚具受力安全可靠，构造简单、紧凑、制作方便，预应力损失要小，用钢量少，张拉锚固方便迅速，设备简单。

（2）锚具的分类。锚具的形式繁多，按其传力锚固情况可分为以下几种：

①依靠摩阻力锚固的锚具。如楔形锚、锥形锚和JM锚具等，都是借张拉钢筋的回缩或千斤顶顶压，带动锥销或夹片将钢筋楔紧于锥孔中而锚固的。

②依靠承压锚固的锚具。如镦头锚，钢筋螺纹锚等，都是利用钢丝的镦粗头或

钢筋螺纹承压进行锚固的。

③依靠黏结力锚固的锚具。如筋束锚固，压花锚具等，都是利用钢筋与混凝土之间的黏结力进行锚固的。

对于不同形式的锚具，往往需要有专门的张拉设备配套使用。因此，在设计中，锚具与张拉设备的选择，应同时考虑。

2. 千斤顶

各种锚具都必须配置相应的张拉设备，才能顺利地进行张拉、锚固。与夹片式锚具配套的张拉设备，是一种大直径的穿心单作用千斤顶。它常与夹片锚具配套使用。其他各种锚具也都有各自适用的张拉千斤顶。

3. 制孔器

预制后张法构件时，需预留预应力钢筋孔道。目前，国内桥梁构件预留孔道所用的制孔器主要有抽拔橡胶管和螺旋金属波纹管。

（1）抽拔橡胶管。在钢丝网胶管内事先穿入钢筋（称芯棒），再将胶管连同芯棒一起放入模板内，待浇筑完混凝土且其强度达到要求后，抽去芯棒，再拔出胶管，则形成预留孔道。

（2）螺旋金属波纹管（简称波纹管）。这种金属波纹管，是用薄钢带经卷管机压波后卷成。在浇筑混凝土之前，将波纹管按筋束设计位置，绑扎在与箍筋焊接在一起的钢筋托架上，再浇筑混凝土，结硬后即可形成穿束的孔道。使用波纹管制孔的穿束方法，有先穿法与后穿法两种。先穿法是在浇筑混凝土之前将钢筋穿入波纹管中，绑扎就位后再浇筑混凝土。后穿法是浇筑混凝土成孔后再穿钢筋。

4. 穿索机

在桥梁悬臂施工和尺寸较大的构件制作中，一般采用后穿法。对于大跨径桥梁有的钢筋很长，人工穿十分困难，所以采用穿索机。

穿索机有液压式和电动式两种类型，桥梁中多用前者。一般采用单根钢绞线穿入，穿筋时应在钢绞线前端套一子弹形帽子，以减小穿筋阻力。

5. 水泥浆及压浆机

（1）水泥浆。在后张法预应力混凝土构件中，钢筋张拉锚固后必须给预留孔道压注水泥浆，使钢筋与混凝土结成整体，以免钢筋锈蚀。为保证孔道内水泥浆密实，应严格控制水灰比，一般以 0.40 ～ 0.45 为宜。如加入占水泥质量 0.25% 的木质素磺酸钙等适量的减水剂，则水灰比可降至 0.35。所用水泥不应低于 42.5 级，水泥浆的强度不应低于混凝土强度等级的 80%，且不低于 30N/mm^2。

（2）压浆机。压浆机是孔道灌浆的主要设备。其主要由灰浆搅拌桶、贮浆桶和压送灰浆的灰浆泵以及供水系统组成。压浆机的最大工作压力可达约 1.50N/mm² （15个大气压），可压送的最大水平距离为 150m，最大竖直高度为 40m。

6. **张拉台座**

采用先张法生产预应力混凝土构件时，需设置用作张拉和临时锚固钢筋的张拉台座。因台座需要承受预应力钢筋的巨大回缩力，因此应具有足够的强度、刚度和稳定性。批量生产时，应尽量设计成长线台座，以提高生产效率。张拉台座的台面，即预制构件的底模，宜采用预应力混凝土滑动台面，以防止在使用过程中台面开裂，提高产品质量。

二、预应力混凝土受弯构件的构造要求

（一）常用预应力构件

1. 预应力混凝土空心板

如图 9-19（a），其挖空部分采用圆形、圆端形、矩形等形式。跨径较大的后张法空心板则采用薄壁箱形截面，仅在顶板做成拱形。空心板的截面高度与跨度有关，一般高跨比取 h/L=1/15 ~ 1/20，板宽取 1100 ~ 1400mm，顶板和底板的厚度均不宜小于 80mm。先张法预应力混凝土空心板的适用跨径为 8 ~ 20m，一般采用直线配筋，在预制厂生产；后张法预应力混凝土空心板的适用跨径为 16 ~ 22m。

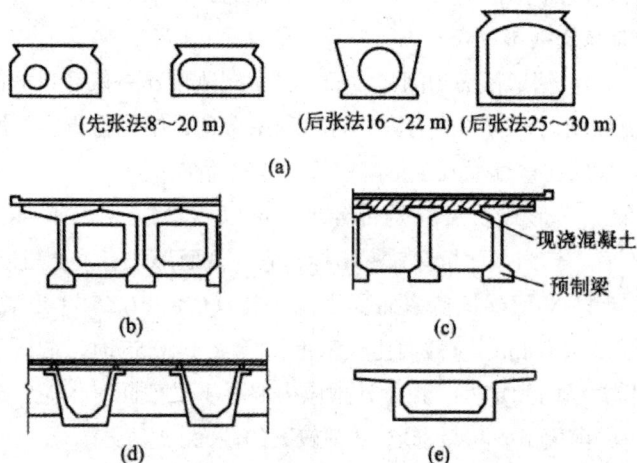

图9-19 预应力混凝土简支梁桥常用截面形式

2. 预应力混凝土 T 形梁

如图 9-19（b），T 形截面是我国应用最广泛的预应力混凝土简支梁桥截面形

式，为了布置钢筋的要求，常将下缘加宽成马蹄形。预应力混凝土T形简支梁桥的标准跨径为 25 ~ 50m。T形梁的高跨比一般为 h/L=1/15 ~ 1/25。腹板一般取 160 ~ 200mm。下缘加宽部分的尺寸，根据布置钢筋的构造要求确定，力口宽部分的高度应与钢筋的弯起相配合。在支点附近区段，通常是全高加宽，以满足钢筋弯起和梁端布置锚具、安放千斤顶的需要。T形梁的上翼缘作为行车道板，其尺寸按计算要求确定，上翼缘宽度一般取 1600 ~ 2500mm，悬臂端的最小板厚不得小于 100mm，两腹板间的最小板厚应不小于 120mm。预制混凝土T梁的吊装重量较大，50m梁每片达到 140t，其跨径及重量往往受起吊设备的限制。

3. 预应力混凝土工字梁现浇整体组合式截面梁

如图 9-19（c），这种梁是在预制工字梁安装定位后再现浇横梁和桥面混凝土，使截面整体化。其受力性能如同T形截面，但横向联系较T形梁好，构件吊装重量相对较轻。特别是它能较好地适用于各种斜桥，平面布置较容易。

4. 预应力混凝土槽形截面梁

如图 9-19（d），槽形梁属于组合式截面梁，预制主梁采用开口槽形截面。槽形梁架设就位后，再横向铺设先张法预应力混凝土板或钢筋混凝土板，最后再浇筑混凝土铺装层，将全桥连接成整体。槽形组合式截面具有抗扭刚度大，荷载横向分布均匀，承载力高，结构自重轻、节省钢材等优点，而且槽形截面运输及吊装的稳定性好。槽形组合式截面适用跨度为 16 ~ 30m，高跨比一般为 1/16 ~ 1/20。

5. 预应力混凝土箱形截面梁

如图 9-19（e），箱形截面为闭口截面，其抗扭刚度比一般开口截面大得多，可以使荷载分布更加均匀，跨越能力大，材料利用合理，结构自重轻，所以预应力混凝土箱形截面梁常用在连续梁及T形刚构等大跨径桥梁中。

预应力梁的截面形式及尺寸是否合理，可以用参数 $\lambda = (K_s+K_x)/h$ 来表示，h 为梁的截面高度，λ 为截面抗弯效率指标，它与截面形式有关。矩形截面的 λ 值为 1/3；空心板梁的 λ 值随挖空率而变化，一般为 0.4 ~ 0.55；T形截面的 λ 值可达 0.5 左右。当 λ < 0.45 时，截面比较笨重；当 λ > 0.55 时，截面过于单薄，要注意验算腹板和翼缘的稳定性。在设计预应力混凝土梁截面时，应在综合考虑结构受力和简化施工的前提下，尽量选取 λ 值较大的截面。

（二）预应力筋的选择及布置原则

1. 预应力筋的估算

预应力混凝土梁的设计，应满足不同设计状况下规范规定的控制条件要求，如承载力、抗裂性、裂缝宽度、挠度及应力等。在这些控制条件中，最重要的是满足结构在正常使用极限状态下的使用性能要求，保证结构在承载能力极限状态下具有一定的安全储备。对桥梁结构来说，结构使用性能要求包括抗裂性、裂缝宽度、挠度和反拱等。一般情况下按抗裂性及裂缝宽度限值控制设计。在截面尺寸已定的情况下，结构的抗裂性及裂缝宽度主要与预加力的大小有关。而构件的承载力则与预应力钢筋和普通钢筋的总量有关。因此，预应力混凝土梁钢筋数量估算的一般方法是先根据结构正常使用极限状态正截面抗裂性或裂缝宽度限值，确定预应力钢筋的数量，然后再按构件的承载能力极限状态要求，确定普通钢筋的数量。即预应力混凝土梁钢筋数量估算的基本原则是按结构使用性能要求确定预应力钢筋数量，极限承载力不足部分由普通钢筋来补充。

2. 预应力筋的布置原则

（1）大部分预应力钢筋在靠近支点时，均需逐步弯起，以保证构件无论是在施工阶段，还是在使用阶段，其任意截面上下缘混凝土的法向应力都不致超过规定的限值。同时，预应力钢筋弯起将产生预剪力，这对抵消支点附近较大的外荷载剪力也是非常有利的。此外，从构造上来说，预应力钢筋的弯起，可使锚固点分散，有利于锚具的布置，使梁端部承受的集中力也相应地分散，从而可改善局部承压的受力情况。

（2）预应力钢筋束的弯起点一般设在距支点 L/4 ~ L/3 处，弯起角度一般不宜大于 20°。对于弯出梁顶锚固的钢筋，弯起角度常在 25° ~ 30° 之间，以免摩擦应力损失过大。钢筋弯起的曲线可采用圆弧线、抛物线或悬链线三种形式。在矢跨比较小的情况下，这三种曲线的坐标值相差不大。但从施工角度来说，选择悬链线比较方便，但是悬链线弯起不急；从满足弯起角度来说，圆弧线比较好，施工放样也比较方便。

桥梁设计规定中规定，后张法预应力混凝土构件的曲线形预应力钢筋，其曲线半径应符合下列规定：

①钢丝束，钢铰线束的钢丝直径 ≤ 5mm 时，不宜小于 4m；钢丝直径大于 5mm 时，不宜小于 6m。

②精轧螺纹钢筋的直径 ≤ 25mm 时，不宜小于 12m；直径大于 25mm 时，不宜小于 15m。

3. 非预应力筋的作用

在部分预应力混凝土结构中通常配置有非预应力钢筋，预应力筋可以平衡一部分作用，提高抗裂度，减少挠度；非预应力钢筋则可以改善裂缝的分布，增加极限承载力和提高破坏时的延性。同时非预应力筋还可以配置在难以配置预应力筋的部分结构中。部分预应力混凝土结构中配置的非预应力筋，一般都采用中等强度的变形钢筋，这种钢筋对分散裂缝的分布、限制裂缝宽度以及提高破坏时的延性更为有效。

根据非预应力钢筋在结构中功能的不同，可分为以下三种：

（1）用非预应力钢筋来加强应力传递时梁的承载力，如图9-20所示，这类非预应力钢筋主要在梁施加预应力时发挥作用，按照非预应力筋在梁中位置的不同，承担施加预应力时可能出现的拉应力，或承担受拉区过高的预压应力。

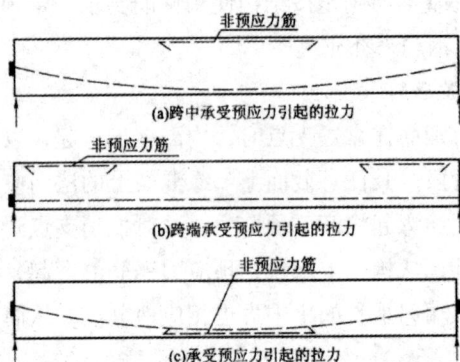

图9-20　非预应力筋加强应力传递时梁的承载力

（2）用非预应力筋来承受临时作用或者意外作用，这些作用可能在施工阶段出现。

（3）用非预应力筋来改善梁的结构性能，提高梁的承载能力，这些非预应力钢筋在正常使用状态与承载能力极限状态都发挥重要作用，它有利于分散裂缝的分布，限制裂缝的宽度，并能增加梁的抗弯承载力，提高破坏时的延性。在悬臂梁和连续梁的尖峰弯矩区配制这种非预应力筋的作用会更显著，如图9-21所示。

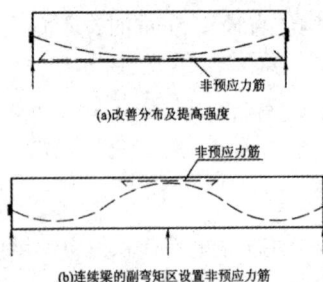

图9-21　用非预应力筋来改善梁的结构性能及提高强度

4. 非预应力筋的选择

（1）箍筋的设置。预应力混凝土 T 形截面梁或箱形截面梁应设置直径不小于 10mm 和 12 的箍筋，且应采用带肋钢筋，其间距不宜大于 250mm；自支座中心起长度不小于一倍梁高范围内应采用闭合式箍筋，其间距不宜大于 100mm。此外，在 T 形截面梁配有预应力钢筋的马蹄形加宽部分，应设置直径不小于 8mm 的闭合式辅助箍筋，其间距不应大于 200mm，马蹄内尚应设直径不小于 12mm 的定位钢筋。

（2）纵向水平防收缩钢筋。设置在腹板两侧的纵向水平防收缩钢筋，其直径为 6 ~ 8mm，钢筋的截面面积宜为（0.001 ~ 0.002）bh，其 b 为腹板宽度，h 为梁的高度。其间距在受拉区不应大于腹板宽度，且不应大于 200mm，在受压区不应大于 300mm，在支点附近剪力较大区段和预应力混凝土梁的锚固区段，腹板两侧纵向钢筋截面面积应予增加，纵向钢筋间距宜为 100 ~ 150mm。

（3）局部加强钢筋。在锚具底面集中力作用处，需布置钢筋网或螺旋筋进行局部加固，以加强局部抗压和抗剪强度。

在先张法预应力混凝土构件中，预应力钢筋端部周围应采用以下局部加强措施：

①对单根预应力钢筋，其端部应设置长度不小于 150mm 的螺旋筋。

②对多根预应力钢筋，在构件端部 10d（d 为预应力钢筋直径）范围内，应设置 3 ~ 5 片钢筋网。

在后张法预应力混凝土构件中，预应力钢筋端部锚具下面应设置厚度不小于 16mm 的垫板或采用具有喇叭管的锚具垫板，锚垫板下应设间接钢筋，其体积配筋率 p_v 不应小于 0.5%。

第四节 钢筋混凝土轴心受压柱设计

一、钢筋混凝土受压构件构造要求

受压构件是以承受轴向压力为主的构件。钢筋混凝土受压构件分为轴心受压构件和偏心受压构件，如图 9-22 所示。当轴向压力作用线与构件轴线重合时称为轴心受压构件，如图 9-22（a）所示。当轴向压力作用线与构件轴线不重合时或构件同时承受轴向压力和弯矩作用时，称为偏心受压构件，如图 9-22（b）、4.1（c）和 9-23 所示。当轴向压力作用线与构件截面重心轴平行且沿某一主轴偏离重心时，称为单向偏心受压构件。当轴向力作用线与构件截面重心轴平行且偏离两个主轴时，称为双向偏心受压构件。多数偏压构件为单向偏心受压。

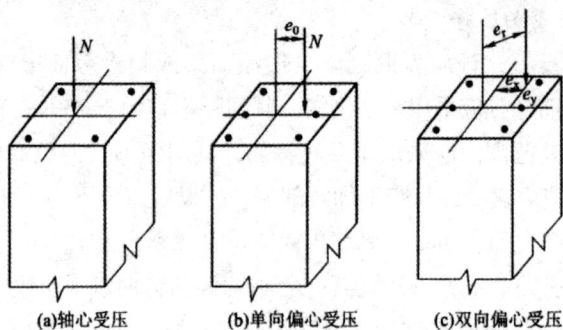

(a)轴心受压 　　(b)单向偏心受压 　　(c)双向偏心受压

图9-22　轴心受压与偏心受压示意

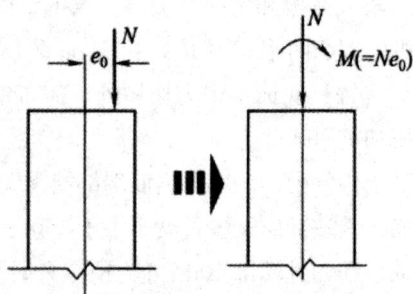

图9-23　偏心受压构件与压弯构件

在实际结构中，由于混凝土质量不均匀，配筋的不对称，制作和安装误差等原因，往往存在着或多或少的偏心，所以理想的轴心受压构件是不存在的。但是如果偏心很小，设计则可忽略不计，近似按轴压构件计算。工程中桁架拱中的受压腹杆等构件所受弯矩很小可略去不计，近似按轴心受压构件进行计算。

在实际结构中，在轴心压力和弯矩作用的同时，还作用有横向剪力，在设计时，因构件截面尺寸较大，而横向剪力较小，为使计算简化，常常忽略横向剪力作用，而只考虑轴心压力和弯矩作用。

（一）截面形式和尺寸

钢筋混凝土轴心受压构件按配置箍筋形式的不同分为两类，一类是配有纵向钢筋和普通箍筋，如图 9-24（a）所示，一类是配有纵向钢筋和螺旋式（或焊环式）箍筋，如图 9-24（b）所示。普通箍筋的轴心受压构件截面形式一般做成正方形、长方形，螺旋式箍筋的轴心受压构件截面形式一般做成圆形或八边形；偏心受压构件的截面形式一般做成矩形、工字形、箱形或圆形。

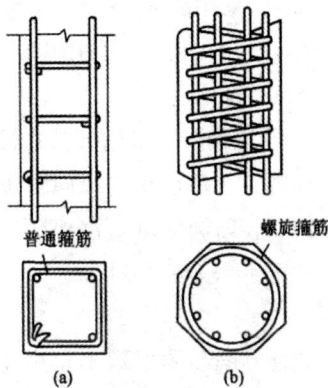

图9-24 普通箍筋柱和螺旋箍筋柱示意图

正方形轴心受压构件截面尺寸一般不宜小于250mm×250mm。矩形偏心受压构件截面最小尺寸不宜小于300mm，长短边的比值为1.5～3.0。为了施工制作方便，在截面边长小于800mm时，以50mm为模数，大于800mm时，以为模数。圆形偏心受压构件常见的是桥梁工程中采附普通箍筋柱和螺旋箍筋柱用的钻孔灌注桩，直径不小于800mm。

（二）对混凝土的构造要求

1. 混凝土强度等级选取

受压构件正截面承载力受混凝土强度等级影响较大，为了减小构件截面尺寸，节约钢筋，受压构件宜采用较高强度等级的混凝土，一般常用混凝土的强度等级为C25～C40或更高。

2. 混凝土保护层要求

当环境类别为一类时，受压构件的混凝土保护层最小厚度为40mm。桥梁工程中采用的钻孔灌注桩，混凝土保护层不小于60～75mm。当环境类别为二、三类时，应适当加厚。

（三）对纵向受力钢筋的构造要求

1. 纵向受力钢筋的作用

纵向受力钢筋的作用是与混凝土共同承受压力，减少构件尺寸，改善素混凝土的离散性，承受可能存在的弯矩，防止构件发生突然脆性破坏，增强构件的延性，减少混凝土徐变变形等。

2. 纵向受力钢筋级别

由于在受压构件中钢筋与混凝土共同受压，在混凝土达到极限压应变时，钢筋的压应力最高只能达到 400N/mm^2，采用高强度钢筋不能充分发挥其作用，因此，不宜选用高强度钢筋。一般常用钢筋为 HRB335 和 HRB400 级钢筋。

3. 纵向受力钢筋直径及净距

为了增强钢筋骨架的刚度，受压构件宜采用较粗直径的钢筋，一般要求在 12 ~ 32mm 范围内。桥梁工程中采用的钻孔灌注桩内纵向受压钢筋的直径不宜小于 14m，纵向钢筋的净距不应大于 350mm。当构件垂直浇筑时，纵向钢筋的净距不应小于 50mm，水平浇筑时纵向钢筋的净距要求与梁相同。

4. 纵向受力钢筋布置

矩形截面受压构件中纵向受力钢筋的根数不得少于 4 根，每一角部必须布置一根钢筋。圆形截面受压构件中纵向受力钢筋的根数不宜少于 8 根，且不得少于 6 根。轴心受压构件中的纵向钢筋应沿构件截面周边均匀布置，偏心受压构件中的纵向钢筋应按计算要求布置在与偏心压力作用平面垂直的两侧。当矩形截面偏心受压构件的截面高度 h ≥ 600mm 时，应在截面两侧设置直径为 10 ~ 16mm 的侧向构造钢筋，并相应设置复合箍筋或拉筋，以防止构件因混凝土收缩和温度变化产生裂缝。

5. 纵向受力钢筋配筋率

为使纵向受力钢筋起到提高受压构件截面承载力的作用，其配筋率不得小于最小配筋率。受压构件最小配筋率为 0.5%，当混凝土强度等级大于或等于 C50 时，最小配筋率为 0.6%，同时，一侧钢筋的配筋率不应小于 0.2%。螺旋箍筋柱中纵向钢筋截面面积应不小于螺旋形或焊接环形箍筋圈内核心混凝土截面面积的 0.5%，构件核心混凝土截面面积应不小于整个截面面积的 2/3。为了施工方便和经济要求，全部纵向钢筋配筋率不应大于 5%，一般不宜大于 3%。偏心受压构件常用配筋率，对大偏心受压构件宜为 1% ~ 3%，对小偏心受压构件宜为 0.5% ~ 2%。

（四）对箍筋的构造要求

1. 箍筋的作用

箍筋的作用是和纵筋形成骨架，防止纵向钢筋受力后向外压屈，保证纵向钢筋的正确位置，保证纵向钢筋与混凝土在构件破坏前共同工作。同时箍筋对核心混凝土起一定的约束作用，提高了混凝土的极限变形。当受压构件配置螺旋式箍筋时，其对核心混凝土的约束作用很强，能将构件的承载力提高 2 ~ 2.5 倍，同时也能提高构件的受压延性。

2. 箍筋的直径及间距

箍筋的直径不应小于纵向受力钢筋直径的 1/4，且不应小于 8mm。普通箍筋的间距不应大于纵向受力钢筋直径的 15 倍，同时不应大于构件截面的短边尺寸，并且不应大于 400mm。在绑扎搭接范围内，箍筋间距不应大于纵向受力钢筋直径 10 倍且不应大于 200mm。当受压构件中全部纵向受力钢筋的配筋率大于 3% 时，箍筋间距不应大于纵向受力钢筋直径 10 倍且不应大于 200mm。螺旋箍筋的间距不应大于核心混凝土直径的 1/5，亦不应大于 80mm，也不应小于 40mm，以利于混凝土浇筑。桥梁工程中采用的钻孔灌注桩箍筋间距为 200 ~ 400mm，对直径较大的桩，为了加强钢筋骨架的刚度，可在钢筋骨架上每隔 2 ~ 3m，设置一道直径为 14 ~ 18mm 加劲箍筋。

3. 箍筋的形式及设置

箍筋应做成封闭式。桥梁设计规范中将位于箍筋折角处的纵向钢筋定义为角筋。纵向钢筋离角筋间距 s 不大于 150mm 且不大于 15 倍箍筋直径（取较大值），若纵向受力钢筋离角筋间距超过此范围，应设复合箍筋。箍筋可根据实际情况选用如图 9-25（a）、（b）（c）所示的 A、B 或 C、D 设置方式。

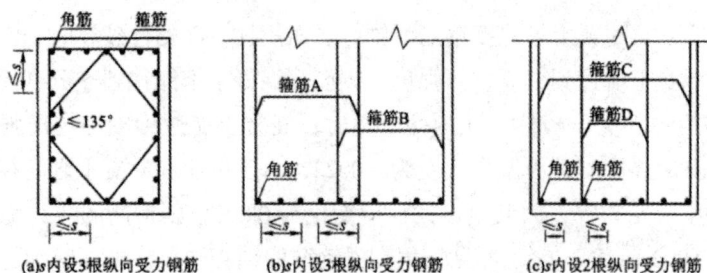

图 9-25　柱内复合箍筋布置示意

二、钢筋混凝土轴心受压构件破坏形态

（一）普通箍筋柱的破坏形态

轴心受压柱按长细比不同分为短柱和长柱，矩形截面柱，当长细比 $l_0/b \leqslant 8$ 时为短柱，否则为长柱；圆形截面柱，当长细比 $l_0/d \leqslant 7$ 时为短柱，否则为长柱；对其他截面，当长细比 $l_0/i \leqslant 28$ 时为短柱，否则为长柱。

如图 9-26 所示为配有纵向钢筋和普通箍筋的矩形截面钢筋混凝土短柱，在轴向压力作用下，整个截面的应变是均匀分布的。最初在荷载较小时，混凝土和钢筋都处于弹性工作阶段，钢筋和混凝土的应力基本上按其弹性模量的比值来分配。随着荷载逐渐加大，混凝土的塑性变形开始发展，弹性模量降低，受压柱变形的增加越来越大，混凝土应力的增加则越来越慢，而钢筋的应力基本上与其应变成正比增加。

加载至构件破坏时，混凝土达到极限压应变，短柱四周出现明显的纵向裂缝，混凝土保护层脱落，纵向钢筋在箍筋间呈灯笼状向外受压屈服，这些裂缝相互贯通，最终混凝土被压碎，构件破坏。

图9-26　普通箍筋矩形截面轴压短柱破坏形态

试验表明，对配置中等强度钢筋的轴心受压短柱，在构件破坏时，钢筋能达到屈服强度，混凝土能达到轴心抗压强度，钢筋和混凝土都能得到充分利用；对配置高强度钢筋的轴心受压短柱，在构件破坏时，混凝土能达到轴心抗压强度，混凝土达到轴心抗压强度时的极限压应变为 0.0022，由于钢筋和混凝土之间存在着黏结力，两者的压应变相等，因此钢筋的压应变也为 0.002，则钢筋的应力为 $\sigma'_s = E_s \varepsilon'_s$ $\approx 2 \times 10^5 \times 0.002 = 400 \text{N/mm}^2$，可见采用高强钢筋的轴心受压柱破坏时钢筋达不到屈服强度，其强度不能被充分利用，因此轴心受压柱不宜采用高强钢筋。

如图 9-27 所示为配有纵向钢筋和普通箍筋的矩形截面钢筋混凝土长柱，在轴心压力作用下，由于各种原因造成的初始偏心距是不能忽略的。试验表明，初始偏心距对于轴心受压短柱的承载力影响不明显，可不考虑，但对长柱影响是较大的。由于初始偏心距将产生附加弯矩，而附加弯矩产生的侧向挠度又加大了原来的初始偏心距，这样相互影响的结果使长柱最终在轴向力和弯矩共同作用下发生破坏，导致承载力降低。长柱破坏时，受压一侧往往产生较长的纵向裂缝，箍筋之间的纵筋向外压屈，混凝土被压碎，而另一侧混凝土则被拉裂，在构件高度中部发生横向裂缝，这实际上是偏心受压柱破坏的典型特征。

图9-27　普通箍筋矩形截面轴压长柱破坏形态

　　试验表明，长柱承载力低于同等条件下短柱的承载力，一般采用纵向稳定系数 ϕ 来反映长柱承载力随长细比增大而降低的程度。

　　（二）螺旋箍筋柱的破坏形态

　　试验表明，对配置螺旋式（或焊环式）箍筋的轴心受压柱，螺旋箍筋所包围的混凝土，相当于受到一个套箍作用，有效地限制了核心混凝土的横向变形，使核心混凝土受三向压应力作用，如图 9-28 所示，而对配置普通箍筋的轴心受压柱，箍筋也能对混凝土起一定的约束作用，但由于普通箍筋的水平肢的侧向抗弯刚度很弱，无法对核心混凝土形成有效的约束，所以其效果远没有螺旋式（或焊环式）箍筋那样显著，因而螺旋式箍筋柱比普通箍筋柱承载力高。

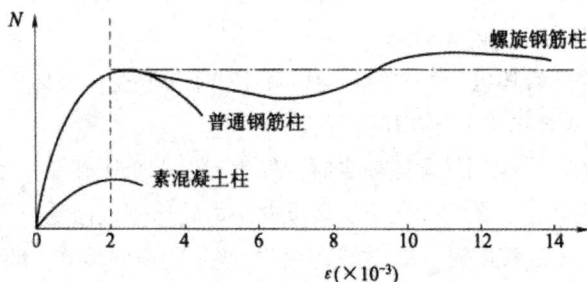

图9-28　轴心受压柱的轴力—应变曲线

　　试验表明，螺旋箍筋短柱在压应变达到 $\varepsilon_c = 0.002$ 以前，轴力一压应变变化曲线与普通箍筋柱基本相同。当压应变 $\varepsilon = 0.003 \sim 0.0035$ 时，纵筋开始屈服，箍筋外面的混凝土保护层开始崩裂剥落，混凝土的截面积减小，轴力略有下降。这时，核心部分混凝土由于受到螺旋箍筋的约束，仍能继续受压，其抗压轴强度超过了轴心抗压强度 f_c，曲线逐渐回升，最后随着轴力不断增大，螺旋箍筋开始屈服，不能继续约束核心混凝土横向变形，混凝土被压碎，构件发生破坏。这时，荷载达到第二次峰值，柱的纵向压应变可达到 0.01 以上，可见螺旋箍筋柱相的延性比普通箍筋柱更好。

螺旋箍筋只能提高核心混凝土的抗压强度，而不能增加柱的稳定性。对于长细比较大的螺旋箍筋长柱有可能发生失稳破坏，构件破坏时核心混凝土的横向变形不大，螺旋箍筋的约束作用不能有效发挥，甚至不起作用。因此桥梁设计规范中规定，圆形截面螺旋箍筋柱长细比应满足 $l_0/d \leq 7$，其他截面应满足 $l_0/i \leq 48$。

第五节　钢筋混凝土偏心受压柱设计

一、钢筋混凝土偏心受压构件破坏形态

偏心受压构件的正截面受力性能可视为轴心受压和受弯的中间状态，轴心受压是偏心受压状态在 M=0 时的一种极端情况，而受弯是偏心受压状态在 N=0 时的另一种极端情况。因此可以断定，偏心受压截面中的应力和应变分布特征将随着 M/N 的逐步降低，从接近于受弯状态过渡到接近于轴心受压状态。

矩形截面偏心受压构件的纵向钢筋一般集中布置在弯矩作用方向的截面两对边位置上，离偏心压力较近一侧的纵向钢筋受压称为受压钢筋，用 A_s' 表示，离偏心压力较远一侧的纵向钢筋可能受压也可能受拉，均称为受拉钢筋，用 A_s 表示。

（一）偏心受压构件破坏形态

偏心受压构件的破坏可分为大偏心受压破坏和小偏心受压破坏。

1. 大偏心受压破坏（受拉破坏）

当偏心距较大，受拉钢筋配置较少时，发生大偏心受压破坏，如图 9-29 所示。这种破坏的特点是在偏心压力作用下，离纵向压力较远侧截面受拉，较近侧截面受压。当压力增大到一定程度时，首先在受拉区出现短的横向裂缝，随着荷载的增加，裂缝不断加宽并向受压区延伸，裂缝截面处的拉力将全部转由受拉钢筋承担，继续增加荷载，受拉钢筋屈服，垂直于纵轴裂缝不断向受压区延伸发展，使受压区面积减小，最后受压区边缘混凝土达到极限压应变，受压混凝土被压碎，构件破坏。破坏时，混凝土压碎区较短，受压钢筋一般都能屈服。大偏心受压构件的破坏特征与双筋适筋梁的破坏特征完全相同，破坏是由受拉钢筋首先屈服开始的，因此也称为

受拉破坏。这种破坏是有预兆的，属于塑性破坏。

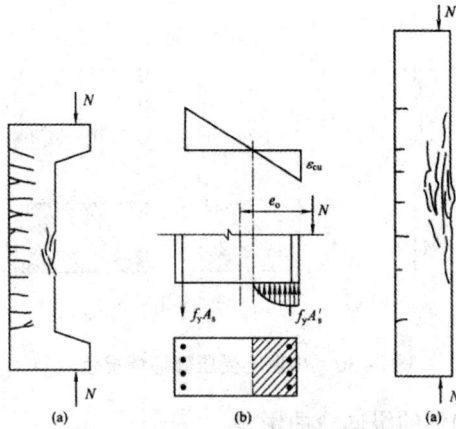

图9-29 大偏心受压破坏形状示意

2. 小偏心受压破坏（受压破坏）

当偏心距较小或虽然偏心距较大，但受拉钢筋配置较多时，发生小偏心受压破坏，如图 9-30 所示。当偏心距较大，但受拉钢筋配置较多时，在偏心压力作用下，截面可能处于大部分受压、小部分受拉状态。当压力增大到一定程度时，在受拉区虽有裂缝产生但开展比较缓慢，构件的破坏是由受压区混凝土被压碎而引起的。破坏时，受压钢筋一般都能屈服，但受拉钢筋不能屈服。当偏心距很小时，在偏心压力作用下，构件全截面处于受压状态，距轴向力较近一侧的混凝土压应力较大，另一侧的压应力较小，构件的破坏是由压应力较大一侧的混凝土被压碎而引起的，该侧的受压钢筋能够屈服，另一侧的钢筋不能屈服。小偏心受压破坏是由受压区混凝土被压碎引起的，因此也称为受压破坏。这种破坏是无预兆的，属于脆性破坏。

3. 界限破坏

在大小偏心受压构件破坏之间存在一种界限状态，这种状态下的破坏称为界限破坏，破坏时纵向受拉钢筋屈服，同时，受压区混凝土达到极限压应变。

大小偏心受压破坏之间的根本区别是截面＆坏时受拉钢筋能否屈服，而适筋梁与超筋梁破坏之间的根本区别也是截面破坏时受拉钢筋能否屈服，因此，两种偏心受压破坏形态的界限与适筋梁与超筋梁破坏的界限也必然相同，适筋梁与超筋梁界限破坏时的相对受压区高度为界限相对受压区高度，当时为适筋梁或少筋梁 ξ_b，当 $\xi \leq \xi_b$ 时为超筋梁，则大小偏心界限破坏时的相对受压区高度也为界限相对受压区高度 ξ_b，当 $\xi \leq \xi_b$ 时为大偏心受压，当 $\xi > \xi_b$ 时为小偏心受压。

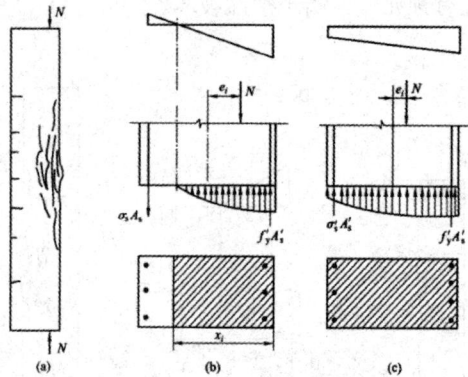

图 9-30　小偏心受压破坏情况示意

（二）偏心受压构件的纵向弯曲影响

偏心受压柱按长细比不同分为短柱和长柱，规范中规定，矩形截面柱，当长细比 $l_0/h \le 5$ 时为短柱，否则为长柱；对其他截面，当长细比 $l_0/i \le 17.5$ 时为短柱，否则为长柱。

受压构件在承受偏心荷载后，将产生纵向弯曲变形，即会产生侧向挠度。侧向挠度引起的弯矩叫附加弯矩（也叫二阶弯矩），初始偏心引起的弯矩叫一阶弯矩。

对于短柱，偏心荷载作用产生的侧向挠度很小，计算时可忽略不计。对于长柱，偏心荷载作用产生的侧向挠度很大，计算时不可忽略而必须考虑其二阶弯矩的影响，特别是偏心距较小时，二阶弯矩在总弯矩中所占比重较大，更需考虑。由于挠度是随荷载的增加不断增加的，因此实际偏心距是随荷载的增加非线性增加的，长柱的承载力比相同截面的短柱承载力低。

实际工程中最常见的是长柱，因此在计算中经常要考虑由纵向弯曲增加的二阶弯矩对长柱承载力的影响。通常将初始偏心距乘以一个偏心矩增大系数来考虑侧向挠度的影响。如图 9-31 所示，考虑柱侧向挠度后的偏心距为

$$e_0 + f = e_0(1 + f/e_0) = \eta e_0 \tag{25}$$

式中：η——偏心距增大系数，$\eta = 1 + f/e_0$；

f——柱中截面的侧向挠度；

E_0——初始偏心距，$e_0 = M_d/N_d$。

根据偏心受压构件试验挠度曲线和理论分析，桥梁设计规范给出了适用于矩形、T 形、I 字形和圆形截面偏心受压构件的偏心距增大系数计算公式：

$$\eta = 1 + \xi_1 \xi_2 (l_0 / h)^2 / (1400 e_0 / h_0) \qquad (26)$$

式中：ξ_1——考虑偏心矩对截面极限曲率的影响系数，$\xi_1 = 0.2 + 2.7 e_0 / h_0 \le 1$；

　　　ξ_2——考虑构件长细比对截面极限曲率的影响系数 $\xi_2 = 1.15 - 0.01 l_0 / h \le 1$。

对于短柱可不考虑侧向挠度的影响。对矩形截面，当长细比 $l_0 / h \le 5$ 时，$\eta = 1$；对其他截面当长细比 $l_0 / i \le 17.5$ 时，$\eta = 1$。

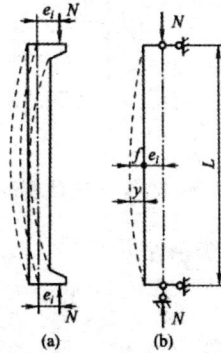

图9-31　偏心受压构件的侧向挠度

二、钢筋混凝土矩形截面偏心受压构件正截面承载力计算

对称配筋是指受拉钢筋与受压钢筋的配筋量相同，所用钢筋级别相同，即 $A_s = A_s' f_y = f_y' a_s = a_s'$，否则为非对称配筋。偏心受压构件在各种荷载组合下，在同一截面内可能承受变号弯矩作用，即截面在一种荷载组合下为受拉的部位，在另一种荷载组合下变为受压，当其所产生的正负弯矩值相差不大时，或其正负弯矩相差较大，但按对称配筋计算时纵向钢筋总的用钢量相差不多时，为便于设计和施工，宜采用对称配筋。对于预制构件，为保证吊装时不出现差错，也宜采用对称配筋。实际工程中偏心受压构件采用对称配筋是常见的配筋形式。对称配筋只是不对称配筋的一个特例。

试验表明，大偏心受压和适筋梁的受弯破坏特征相同，因此其计算的基本假定也相同，截面应力状态也完全一致。小偏心受压构件截面应力状态比较复杂，在引进附加偏心距和偏心距增大系数后，根据试验分析也可采用与大偏心受压相同的混凝土应力计算图形。

（一）基本公式及适用条件

1. 基本公式

如图9-32所示为矩形截面偏心受压构件正截面承载力计算受力图，按静力平衡条件可得矩形截面偏心受压构件正截面承载力计算基本公式。

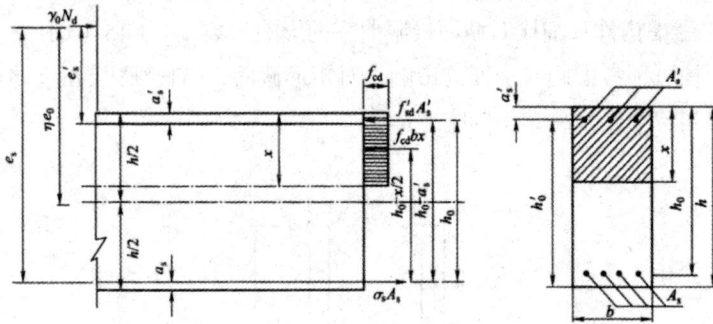

图9-32 矩形截面偏心受压正截面承载力计算受力图

由截面竖向力之和为零的平衡条件可得:

$$\Sigma N = 0, \quad \gamma_0 N_d = f_{cd} bx + f'_{sd} A'_s - \sigma_s A_s \tag{27}$$

由所有力对受拉钢筋合力作用点取矩,力矩之和等于零的平衡条件得:

$$\Sigma M A_s = 0, \quad \gamma_0 N_d e_s = f_d \, bx \, (h_0 - x/2) + f'_{sd} A'_s (h_0 - a'_s) \tag{28}$$

设计时应满足:

$$\gamma_0 N_d \leq N_u, \quad N_u = f_{cd} bx + f'_{sd} A'_s - \sigma_s A_s \tag{29}$$

由所有力对纵向压力作用点取矩,力矩之和等于零的平衡条件得:

$$f_{cd} bx (e_s - h_0 + x/2) = \sigma_s A_s e_s - f'_{sd} A'_s e'_s \tag{30}$$

式中: e_s ——纵向压力到受拉筋合力点的距离, $e_s = \eta e_0 + h/2 - a'_s$;

σ_s ——受拉边或受压较小边)钢筋的应力。当 $x \leq \xi_b h_0$ 时,构件属大偏心受压,取

$\sigma_s = f_{sd}$,当 $x > \xi_b h_0$ 时,构件属小偏心受压,钢筋应力按下式计算:

$$\sigma_{si} = \varepsilon_{cu} E_s \left(\frac{\beta}{x/h_{0i}} - 1 \right) \tag{31}$$

式中: σ_{si} ——第 i 层纵向钢筋的应力,按公式计算为正值表示拉应力,负值表示压应力;

ε_{cu} ——混凝土极限压应变,混凝土强度等级小于等于 C50 时,取 $\varepsilon_{cu}=0.0033$,C80 时取 $\varepsilon_{cu}=0.003$,其间内插确定;

E_s ——钢筋的弹性模量;

β ——截面受压区矩形应力图高度系数,混凝土强度等级 ≤ C50 时,取 $\beta=0.8$,

C80 时取 β =0.74，其间内插确定；

x——截面受压区高度；

h_{0i}——第 i 层纵向钢筋截面面积重心至受压较大边边缘的距离。

2. 适用条件

适用条件为：

$$x \geq 2a_s' \tag{32}$$

当 $x < 2a_s'$ 时，受压钢筋的应力达不到抗压设计强度，设计时取 x=2a_s'。

由所有力对受压钢筋A_s'合力点取矩，力矩之和等于零的平衡条件得：

$$\gamma_0 N_d e_s' = f_{sd} A_s(h_0 - a_s') \tag{33}$$

式中：e_s'——纵向压力到受压筋合力点的距离，$e_s' = h/2 - e_0 - a_s'$。

当偏心距很小，全截面受压，若靠近偏心压力一侧纵向钢筋配置较多，远离偏心压力一侧纵向钢筋配置较少时，远离偏心压力一侧混凝土可能被压坏，为防止发生这种破坏，应满足下列条件：

$$\gamma_0 N_d e_s' \leq f_{cd} bh(h_0' - h/2) + f_{cd}' A_s(h_0 - a_s') \tag{34}$$

（二）计算类型及计算方法

在实际设计中，偏心受压构件正截面受弯承载力计算包括截面设计、截面复核两类问题。

1. 截面设计

（1）非对称配筋

已知轴向力组合设计值 N_d 和相应的弯矩组合设计值 M_d、材料强度等级、弯矩作用平面内构件的计算长度、截面尺寸 b×h，采用非对称配筋，求纵向钢筋数量。

步骤一：判断大小偏心受压。

因纵向钢筋数量未知，无法计算 ξ 值，因此不能用 ξ 与 $ξ_b$ 的关系来进行判断。

根据经验，当 $η e_0 \leq 0.3h_0$ 时，假定为小偏心受压构件；当 $η e_0 > 0.3h_0$ 时，假定为大偏心受压构件。

步骤二：大偏心受压构件的计算。

与双筋矩形截面受弯构件截面设计相仿，为充分利用混凝土的抗压强度，使受拉和受压钢筋的总用量最少，可取 $ξ = ξ_b$，即 X= $ξ_b h_0$ 为补充条件。

由基本公式可得到受压钢筋的截面积A_s'为：

$$A_s' = \left[\gamma_0 N_d e_s - f_{cd} bh_0^2 \xi_b (1 - 0.5\xi_b) \right] / f_{sd}'(h_0 - a_s') \geq p_{min}' bh$$

式中：$p'_{\min}$—截面受压侧钢筋的最小配筋率，$p'_{\min}=0.2\%$。

当计算 $A'_s \geq p'_{\min}$ 时，取 $\sigma_s = f_{sd}$，则所需要的钢筋 A_s 为：

$$A_s = [f_{cd}bh_0\xi_b + f'_{sd}A'_s - \gamma_0 N_d]/f_{sd} \geq p_{\min}bh$$

式中：$p_{\min}$—截面受拉侧钢筋的最小配筋率。

当计算的 $A'_s < p'_{\min}bh$ 或负值时，应按照 $A'_s \geq p'_{\min}bh$ 选择钢筋并布置 A'_s，然后按 A'_s 为已知的情况继续计算，求 A_s。

步骤三：小偏心受压构件的计算。

对小偏心受压，一般远离偏心压力一侧的纵向钢筋无论受拉还是受压，其应力一般均未达到屈服强度，因此，可取 $A_s = p'_{\min}bh = 0.002bh$，则 x 与 A'_s 可利用基本公式进行计算。

令 $N = \gamma_0 N_d$ 计算受压区高度 x：

$$\gamma_0 N_d e'_s = -f_{cd}bx(x/2 - a'_s) + \sigma_s A_s(h_0 - a'_s)$$

$$\sigma_s = \varepsilon_{cu}E_s\left(\frac{\beta h_0}{x} - 1\right)$$

即得到关于 x 的一元三次方程为：

$$A_x^3 + B_x^2 + C_x + D = 0 + Cx + D = 0$$

其中：A=−05f_{cd}b，B=$f_{cd}a'_s$，C=$\varepsilon_{cu}E_s A_s(a'_s - h_0) - \gamma_0 N_d e'_s$，D=$\beta\varepsilon_{cu}E_s A_s(h_0 - a'_s)$ h_0

而 $e'_s = \eta e_0 - h/2 + a'_s$。

当 $x \leq \xi_b h_0$ 时，改按大偏心受压构件进行计算。

当 $h > x > \xi_b h_0$ 时，截面为部分受压部分受拉。将 x 代入式（31）求受拉钢筋应力 σ_s 值，进而求出钢筋面积 A'_s 值，且应满足 $A'_s \geq p'_{\min}bh$。

当 $x \geq h$ 时，截面为全截面受压，x=h。实际受压区仍取截面有效高度 h_0。则钢筋 A'_s 可直接由下式计算：

$$A_s = [\gamma_0 N_d e_s - f_{cd}bh(h_0 - h/2)]/f'_{cd}(h_0 - a'_s)p'_{\min}bh$$

（2）对称配筋

已知轴向力组合设计值 N_d 和相应的弯矩组合设计值 M_d、材料强度等级、弯矩作用平面内构件的计算长度、截面尺寸 b×h，采用对称配筋，求纵向钢筋数量。

步骤一：判断大小偏心受压。

$A_s = A'_s$，$f_{sd} = f'_{sd}$，若假定构件为大偏心受压，则 $\sigma_s = f_{sd}$，根据基本公式得：

$$\gamma_0 N_d = f_{cd}bx$$

以 x=ξh$_0$ 代入上式得：

$$\xi = \gamma_0 N_d = f_{cd}bh_0$$

当 ξ ≤ ξ$_b$ 时，按大偏心受压构件设计；当 ξ ＞ ξ$_b$ 时，按小偏心受压构件设计。

步骤二：大偏心受压构件的计算。

当 $2a_s' \le x \le \xi_b h_0$ 时，根据基本公式得：

$$A_s' = A_s = \left[\gamma_0 N_d e_s - f_{cd}bh_0^2\xi\,(1-0.5\xi)\right]/f_{sd}'(h_0 - a_s')$$

步骤三：小偏心受压构件的计算

根据基本公式计算相对受压区高度。

$$\xi = \left[\gamma_0 N_d - f_{cd}bh_0\xi_b\right]/\left\{\left[(\gamma_0 N_d e_s - 0.43f_{cd}bh_0^2)/(\beta-\xi_b)\,(h_0-a_s')\right]+f_{cd}bh_0\right\}+\xi_b$$

将求得 ξ 值代入下式，可求得所需的钢筋面积

$$A_s' = A_s = \left[\gamma_0 N_d e_s - f_{cd}bh_0^2\xi(1-0.5\xi)\right]/f_{sd}'(h_0 - a_s')$$

2. 强度复核

（1）弯矩作用平面内截面承载力复核。

已知偏心受压构件截面尺寸、构件的计算长度、纵向钢筋和混凝土强度设计值、钢筋面积 A$_s$ 和 A$_s'$ 以及在截面上的布置、轴向力组合设计值 N$_d$ 和相应的弯矩组合设计值 M$_d$，试验算偏心受压构件承载力是否满足要求。

偏心受压构件需要复核两个方向截面的承载力，即复核弯矩作用平面内和垂直于弯矩作用平面的截面承载力。

步骤一：判断大小偏心受压。

假定为大偏心受压，钢筋应力 σ$_s$=f$_{sd}$，由式（30）得：

$$f_{cd}b_x\left(e_s-h_0+\frac{x}{2}\right) = f_{sd}A_s e_s - f_{sd}'A_s'e_s'$$

解得受压区高度心求出 ξ =x/h$_0$。当 ξ ≤ ξ$_b$ 时，为大偏心受压；当 ξ ＞ ξ$_b$ 时，为小偏心受压。

步骤二：大偏心受压构件的计算。

若按上式求得的 x 满足 $2a_s' \le x \le \xi_b h_0$，即可将 x 直接代入基本公式得：

$$M_u = f_{cd}bx(h_0-x/2)+f_{sd}'A_s'(h0-a_s')$$

若 $x < 2a'_s$，则 $M_u = f_{sd}A_s(h_0 - a'_s)$。

步骤三：小偏心受压构件的计算。

在小偏心受压情况下，离偏心压力较远一侧钢筋 A_s 中的应力一般达不到屈服强度。

根据式（30）和式（31）得：

$$Ax^3 + Bx^2 + Cx + D = 0$$

式中各系数计算表达式为：

$$A = 0.5f_{cd}b, (B = f_{cd}b)e_s - h_0$$
$$C = \varepsilon_{cu}E_sA_se_s + f'_{sd}A'_se'_s$$
$$D = -\beta\varepsilon_{cu}E_sA_se_sh_0$$

根据我国关于小偏心受压构件大量试验资料分析并且考虑边界条件 $\xi = \xi_b$ 时，$\sigma_s = f_{sd}$；$\xi = \beta$ 时，$\sigma_s = 0$，得：

$$\sigma_s = \frac{f_{sd}}{\xi_b - \beta}(\xi - \beta) - f'_{sd} \le \sigma_s \le f_{sd}$$

$$Ax^2 + Bx + C = 0$$

方程中的各系数计算表达式为：

$$A = -0.5f_{cd}h_0$$
$$B = \frac{h_0 - a'_s}{\xi_b - \beta}f_{sd}A_sf_{cd0}a'_s$$
$$C = -\beta f_{sd}A_sh_0(h_0 - a'_s)/(\xi_b - \beta) - \gamma_0 N_de'_sh_0$$

这种近似方法适用于混凝土强度等级小于等于 C50 的构件。

当 $h > x > \xi_bh_0$ 时，截面部分受压，部分受拉。求钢筋应力 σ_s 值，然后，求截面承载力 N_u，并且复核截面承载力。

当 $x \ge h$ 时，截面全部受压，这种情况下，偏心距较小。首先考虑离纵向压力作用点较近侧的截面边缘混凝土破坏，取 $x=h$，求钢筋应力 σ_s，然后，求截面承载力 N_{u1}，并且复核截面承载力。

（2）垂直于弯矩作用平面的截面承载力复核

偏心受压构件，除了在弯矩作用平面内可能发生破坏外，还可能在垂直于弯矩作用平面内发生破坏，例如设计轴向压力 N_d 较大而在弯矩作用平面内偏心距较小时，若垂直于弯矩作用平面的构件长细比 $\lambda = l_0/b$ 较大，有可能是垂直于弯矩作用平面的承载力起控制作用。因此，当偏心受压构件在两个方向的截面尺寸 b、h 及长细比 λ 值不同时，应对垂直于弯矩作用平面进行承载力复核。

桥梁设计规范中规定，对于偏心受压构件除需计算弯矩作用平面内的承载力外，还应按轴心受压构件复核垂直于弯矩作用平面的承载力。这时不考虑弯矩作用，而按轴心受压构件考虑稳定系数，并取 b 来计算相应的长细比。

三、钢筋混凝土圆形截面偏心受压构件正截面承载力计算

（一）基本计算公式

桥梁设计规范中给出了圆形截面偏心受压构件正截面承载力计算的基本计算公式为：

$$r_0 N_d \le N_u = Ar^2 f_{cd} + Cpr^2 f'_{sd} \tag{35}$$

$$r_0 N_d \eta e_0 \le M_u = Br^3 f_{cd} + Dpgr^3 f'_{sd} \tag{36}$$

式中：g——纵向钢筋所在圆周的半径 rs 与圆截面半径 r 之比，g=r_s/r，一般取 0.88 ~ 0.92；

p——纵向钢筋配筋率，p=A_s（πr^2）；

A、B、C、D——系数与相对受压区高度 ξ 有关，ξ =x/2r；C、D 与相对位置 g 有关。

（二）计算类型及计算方法

1. 截面设计

已知截面的尺寸、计算长度、材料强度等级、轴向力及弯矩组合设计值、结构重要性系数 γ_0、求纵向钢筋面积 A_s。

直接采用前述公式是无法求得纵向钢筋面积 A_s 的，一般采用试算法。

步骤一：求配筋率 p

将式（36）除以式（35），整理后得：

$$p = \frac{f_{cd}}{f'_{sd}} \cdot \frac{B \cdot r - A\eta e_0}{C\eta e_0 - Dg \cdot r}$$

在已知 f_{cd}，f'_{sd}，e_0，r 的条件下，首先假定出 ξ 值，由相关规范查得相应的系数 A、B、C、D 代入公式，得到配筋率 p。

步骤二：求轴向力

将系数 A、C 和 p 代入公式可求得轴向力值。若此轴向力值与实际作用的轴向力设计值基本相符（允许偏差在 2% 以内），则假定的 ξ 值及依次计算的 p 值即为设计值。如果两者不相符，则需要重新假定 ξ 重复上述步骤，直到相符为止。

步骤三：求钢筋面积 A_s

按最后确定的 p 值代入下式，即可得所需的配筋面积 A，所得钢筋配筋率应符合最小配筋率的要求：

$$A_s = p\pi \cdot \gamma^2 \geq p_{min}\pi r^2$$

2. 截面复核

已知截面的尺寸、计算长度、材料强度等级、轴向力及弯矩组合设计值、结构重要性系数 γ_0、纵向钢筋面积 A_s，试验算构件承载力。

步骤一：求偏心距

仍采用试算法，现将式（36）除以式（35）整理，解得轴向力的偏心距为：

$$\eta e_0 = \frac{Bf_{cd} + Dpgf'_{sd}}{Af_{cd} + Cpf'_{sd}} \cdot r$$

步骤二：求相对受压区高度 ξ

在已知 f_{cd}、f'_{sd}、p，r 的条件下，首先假定出 ξ 值。由表相关规范查得相应的系数 A、B、C、D 代入公式得到的 ηe_0。若此 ηe_0 值与实际计算偏心距 $\eta M_d/N_d$ 值基本相符（允许偏差在 2% 以内），则假定的 ξ 值即为设计值。如果两者不相符则需要重新假定 ξ，重复上述步骤，直到相符为止。

步骤三：验算构件承载力

按确定的 ξ 值及其相应的系数 A、B、C、D 值代入公式求 N_{du}。

当 $N_{du} > \gamma_0 N_d$ 时，承载力满足要求，当 $N_{du} = \gamma_0 N_d$ 时，处于极限状态，当 $N_{du} < \gamma_0 N_d$ 时，承载力不满足要求。

第六节　混凝土简支工梁桥上部结构设计

一、桥梁结构总体规划设计

（一）桥梁设计基本要求

1. 安全

所设计的桥梁结构，在制造、运输、安装和使用过程中应有足够的强度、刚度、稳定和耐久性，并有安全储备。根据桥上交通和行人情况，桥面应考虑设置人行道（或安全带）、缘石、护栏、栏杆等设备，以保证行人和行车安全。桥上还应设有照明设施，引桥纵坡不宜过陡，地震区桥梁应按抗震要求采取防震措施。

2. 适用

桥梁宽度应能满足车辆和人群的交通流量要求，并应满足规划年限内交通量增长的需要。桥下应满足泄洪、通航（跨河桥）或通车（旱桥）等要求。桥梁两端方便车辆进出，以防止出现交通堵塞。此外，还要便于检查和维修。

3. 经济

在桥梁设计中，经济性一般是首要考虑因素。桥梁设计应遵循因地制宜、就地取材和方便施工的原则，综合考虑发展远景和将来的养护维修，使其造价和养护费用综合最省。

4. 美观

一座桥梁，尤其是城市桥梁和游览地区的桥梁，应具有优美的外形，结构布置要精练，空间比例要和谐，与周围环境要协调。合理的结构布局和轮廓是美观的主要因素。另外，施工质量也会影响桥梁美观性。

此外，桥梁设计应积极采用新结构、新材料、新工艺和新设备，学习和利用国际上最新科学技术成就；桥梁结构应便于制造和架设，尽量采用先进的工艺技术和施工机械，以利于加快施工速度，保证施工质量和施工安全，提高我国桥梁建设总体水平，赶上和超过世界先进水平。

（二）桥梁设计程序

桥梁设计是一个分阶段、循序渐进的工作过程。根据国家基本建设程序要求，我国大型桥梁的设计程序分为前期工作和设计阶段。前期工作包括编制预可行性研究报告和可行性研究报告；设计阶段按"三阶段设计"进行，即初步设计、技术设计与施工图设计。各阶段的设计目的、内容、要求和深度分述如下。

1. 前期工作

（1）预可行性研究报告的编制。此阶段简称为"预可"阶段。预可行性研究报告是在工程可行的基础上，着重研究建设上的必要性和经济上的合理性，解决要不要修建桥梁的问题。对于区域性桥梁，应通过对准备建桥地点附近的渡口车辆流量调查，并从发展的观点以及桥梁修建后可能引入的车流，科学分析和确定通过桥梁的可能车流量，论证工程的必要性。

在预可行性研究报告中，应编制几个可能的桥型方案，对工程造价、投资回报、社会效益、政治意义和国防意义等进行分析，论述经济上的合理性，并对资金来源有所设想。

设计方将预可行性研究报告交业主后，由业主据此编制"项目建议书"报主管上级审批。

（2）可行性研究报告的编制。此阶段简称为"工可"阶段。"工可"阶段与"预可"阶段的内容和目的基本一致，只是研究的深度不同，可行性研究报告是在预可行性研究报告审批后，着重研究工程上和投资上的可行性。

在本阶段，要研究和制定桥梁的技术标准，包括设计荷载、允许车速、桥梁坡度和曲线半径等，同时，还应与河道、航运、城市规划等部门共同研究和协商来确定相关技术标准。

在"工可"阶段，应提出多个桥型方案，并按交通部《公路建设工程投资估算编制办法》估算造价，对资金来源和投资回报等问题应基本落实。

2. 设计阶段

（1）初步设计。可行性研究报告批复后，即可进行初步设计。在本阶段要进一步开展水文、勘测工作，以获取更详细的水文资料、地形图和工程地质资料。在初步设计阶段，应拟定桥梁结构的主要尺寸，估算工程数量和主要材料的用量，提出施工方案的意见和编制设计概算。初步设计的概算是控制建设项目投资的依据。

初步设计的目的是确定设计方案。先拟定几个桥式方案，然后综合分析每个方案的优缺点，最后通过对每个方案的主要材料用量、总造价、劳动力数量、工期、施工难易程度、养护费用等各种技术经济指标以及美观性进行比较，选定一个最佳的推荐方案，报建设单位审批。

（2）技术设计。技术设计的主要内容是对选定的桥式方案中重大、复杂的技术问题进行科学试验、专题研究、勘探调查及分析比较，进而完善批复的桥型方案的总体和细部各种技术问题，并提供详尽的设计图纸，包括结构断面、配筋、细节处理、材料清单及工程量等，再修正工程概算。

（3）施工图设计。施工图设计是在批复的技术设计（三阶段设计时）或初步设计（二阶段设计时）所有技术文件基础上，进一步进行的具体设计。此阶段工作包括详细的结构分析计算、配筋计算、验算，施工详图绘制、施工组织设计和施工图预算。

目前，国内一般的（常规的）桥梁采用二阶段设计，即初步设计和施工图设计。对于技术复杂的特大桥、互通式立交或新型桥梁结构，需增加技术设计，即三阶段设计。对于技术简单、方案明确的小桥，也可采用一阶段设计，即施工图设计。

（三）掌握桥梁纵、横断面设计和平面布置

1. 桥梁纵断面设计

桥梁纵断面设计包括桥梁总跨径的确定、桥梁分孔、桥面高程和桥下净空、桥梁纵坡及基础埋置深度的确定等。

（1）桥梁总跨径的确定。桥梁总跨径一般根据水文计算确定。桥梁墩台和桥头路堤压缩河床，使桥下过水断面减少，流速增大，引起河床冲刷和桥上游壅水，因此，桥梁总跨径必须保证桥下有足够的排洪面积，河床不产生过大的冲刷，并注意壅水可能淹没耕地和建筑物等危害。此外，尚应注意河床地形，不宜过分压缩河道、改变水流的天然状态。

（2）桥梁分孔。桥梁总跨径确定后，下一步是分孔布置，解决一座桥分成几孔和各孔的跨径多大的问题。桥梁分孔是一个较复杂的问题，需因时因地制宜，综合比较后确定。对于通航河流，首先根据通航净空要求，确定通航孔跨径，并布置在稳定的主河槽位置，对于变迁性河流，还需加设通航孔；桥基位置尽量避开复杂的地质和地形区段；分孔布置还要考虑上部结构采用的结构体系类型，有些结构体系各桥孔的跨径应有适宜的比例，以保证结构受力合理；要考虑基础施工因素，若基础施工困难，航运繁忙，则宜加大孔径；从经济上考虑，一般来说，采用大跨度时上部结构造价大，而下部结构造价则比小跨度时小。在满足通航前提下，通过经济技术比较，最后确定分孔布置。

跨径选择还与施工能力有关，有时选用较大跨径虽然在技术上和经济上是合理的，但由于缺乏足够的施工技术能力和机械设备，也不得不改用较小跨径。此外还要注意，确定桥梁孔径时应考虑桥位上下游已建或拟建桥涵和水工建筑物的状况及其对河床演变的影响。

（3）桥面高程的确定。桥面高程的确定主要考虑三个因素：路线纵断面设计要求、排洪要求和通航要求。对于中、小桥梁，桥面高程一般由路线纵断面设计确定；对于跨河桥，为保证结构不受毁坏，桥梁主体结构必须比计算水位（设计水位计入壅水、浪高等）或最高流冰水位高出一定距离，满足桥梁设计规范对非通航河流桥下净空的要求，见表9-3；对于通航河流，通航孔还必须满足通航净空要求，通航净空尺寸按《内河通航标准》确定；对于跨越铁路或公路的桥梁，应满足相应的铁路或公路的建筑界限规定。

表9-3 非通航河流桥下净空

桥梁的部位	高出计算水位（m）	高出最高流冰面（m）
梁底	0.5	0.75
支座垫石顶面	0.25	0.5
拱脚	0.25	0.25

（4）桥梁纵坡布置。桥梁高程确定后，就可根据两端桥头的地形和线路要求来

设计桥梁的纵断面线形。按照相关规范规定，公路桥梁的桥上纵坡不宜大于 4%，桥头引道纵坡不宜大于 5%；位于市镇混合交通繁忙处，桥上纵坡和桥头引道纵坡均不得大于 3%，桥头两端引道线型应与桥上线形相配合。

2. 桥梁横断面设计

桥梁横断面设计包括桥面宽度的确定和桥跨结构横截面的布置。桥面宽度由行车和行人的交通需要决定。桥面净空应符合设计规范中公路建筑限界的规定，在规定的限界内，不得有任何结构部件等侵入。在选择车道宽度、中间带宽度和路肩宽度及其一般值和最小值时，应首先考虑与桥梁相连的公路路段的路基宽度，保持桥面净宽与路肩同宽，使桥梁与公路更好地衔接，使公路上的车辆可维持原速通过桥梁，满足车辆在公路上无障碍行驶的现代交通最基本的要求。

行车道宽度为车道数乘以车道宽度，车道宽度与设计车速有关，车速越高，车道宽度应越大，其值在 3.75 ~ 3m，应满足前述规范的要求。自行车道和人行道的设置应根据需要而定，与前后路线布置协调。一个自行车道的宽度为 1.0m，单独设置自行车道时，一般不宜小于两个自行车道的宽度。人行道的宽度一般为 0.75m 或 1.0m，大于 1.0m 时，按 0.5m 的级差增加。高速公路上的桥梁，不宜设人行道。漫水桥和过水路面可不设人行道。

高速公路、一级公路上的桥梁必须设置护栏。二、三、四级公路上特大桥、大桥、中桥应设护栏或栏杆和安全带，小桥和涵洞可仅设缘石或栏杆。不设人行道的漫水桥和过水路面应设护栏或栏杆。在弯道上的桥梁应按路线要求予以加宽。

为了桥面上排水的需要，桥面应根据不同类型的桥面铺装，设置从桥面中央倾向两侧的 1.5% ~ 3.0% 的横坡，人行道宜设置向行车道倾斜 1% 的横坡。

3. 桥梁平面布置

桥梁及桥头引道的线形应与路线布设相互协调，各项技术指标应符合路线布设的规定。高速公路和一级公路上行车速度快，桥梁与道路衔接必须舒顺才能满足行车要求，因此，高速公路、一级公路上的各类桥梁除特殊大桥外，其布设应满足路线总体布设的要求。高速公路、一级公路上的特殊大桥，以及二、三、四级公路上的大、中桥线形，一般为直线。

从桥下泄洪要求及桥梁安全角度考虑，桥梁纵轴线应尽可能与洪水主流流向正交。对通航河流上的桥梁，为保证航行安全，通航河道的主流应与桥梁纵轴线正交。当斜交不能避免时，交角不宜大于 5°；当交角大于 5° 时，应增大通航孔跨径。对于一般小桥，为了改善路线线形，或城市桥梁受原有街道的制约时，也允许修建斜交桥，但从桥梁本身的经济性和施工方便来说，斜交角通常不宜大于 45°。

二、桥梁上的作用

桥梁结构在施工和使用过程中要受到自身的和外部的各种因素的作用分为永久作用和可变作用，永久作用有结构自重、桥面铺装及附属设备的重量、作用于结构上的土重及土侧压力、基础变位作用、水浮力、长期作用于结构上的预加力及混凝土收缩及徐变作用等；可变作用有汽车荷载、汽车冲击力和离心力、汽车引起的土侧压力和人群荷载等基本的可变作用（亦称活载），以及汽车制动力、支座摩阻力、温度作用、风荷载、地震、流水压力和冰压力等。

（一）永久作用

1. 结构自重

结构自重包括桥面铺装和附属设备等附加重力，其标准值按结构设计规定的设计尺寸和材料的重力密度计算确定。常用各种材料的重力密度可按桥梁设计规范中的数值采用。

2. 预加力

对于预应力混凝土桥梁结构，预加力在结构进行正常使用极限状态设计和使用阶段构件应力计算时，应作为永久作用计算其主效应和次效应，并计入相应阶段的预应力损失，但不计由于预加力偏心距增大引起的附加效应。在结构进行承载能力极限状态设计时，预加力不作为作用，而将预应力钢筋作为结构抗力的一部分，但在连续梁等超静定结构中，仍需考虑预加力引起的次效应。

3. 混凝土收缩及徐变作用

混凝土收缩及徐变作用在外部超静定的混凝土结构及复合桥梁等结构中是必然产生的，而且是长期作用的。混凝土收缩应变和徐变系数可按桥梁设计规范中相关规定进行计算。考虑混凝土徐变作用时，可假定徐变与混凝土应力呈线性关系。

（二）可变作用

1. 汽车荷载

桥梁上行驶的车辆种类繁多，每种车辆又有许多不同的型号和载重等级，而且随着我国国民经济和交通事业的不断发展，车辆的载重量也将不断增大，因此需要拟定一种既满足目前车辆情况和将来发展需要，又便于设计中应用的汽车荷载。

我国在对实际车辆的轮轴数目、轴间距、轴重力等情况的分析、综合和概括后，制定了适用于公路桥涵设计的汽车荷载标准。规范中对汽车荷载规定如下。

（1）汽车荷载等级和组成。汽车荷载分为公路—Ⅰ级和公路—Ⅱ级两个等级。公路桥涵设计时，汽车荷载等级的选用与公路等级有关，对于高速公路和一级公路，应按公路—I级汽车荷载设计桥涵，对于二级、三级和四级公路，则按公路—II级汽车荷载设计桥涵。二级公路作为干线公路且重型车辆多时，其桥涵设计可采用公路—I级汽车荷载。四级公路重型车辆少时，其桥涵设计可采用公路—II级车道荷载效应的0.8倍，车辆荷载效应可用0.7倍。

汽车荷载由车道荷载和车辆荷载组成。车道荷载由均布荷载和集中荷载组成；车辆荷载为单车荷载。桥梁结构的整体计算采用车道荷载；桥梁结构的局部加载、涵洞、桥台和挡土墙土压力等的计算采用车辆荷载。车辆荷载与车道荷载的作用不得叠加。

（2）汽车荷载的计算图式及标准值。车道荷载的计算图式见图9-33所示。车道荷载是个虚拟荷载，它的荷载标准值q_k和P_k是由对实际汽车车队（车重和车间距）测定和效应分析得到的。q_k和P_k分别按表9-4和表9-5中数值取用。车道荷载的均布荷载应满布于使结构产生最不利效应的同号影响线上，集中荷载标准值只作用于相应影响线中一个最大影响线峰值处。

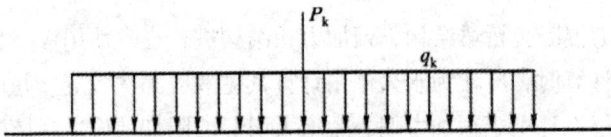

图9-33　车道荷载示意

表9-4　均布荷载标准值q_k

汽车荷载等级	公路—I级	公路—II级
q_k（kN·m^{-1}）	10.5	0.75×10.5=7.875

表9-5　集中荷载标准值P_k（kN）

计算跨径1（m）	P_k	
	汽车荷载为公路—I级时	汽车荷载为公路—II级时
1≤5	180	0.75×180=135
1≥50	360	0.75×360=270

车辆荷载布置如图9-34所示，其主要技术指标规定如表9-6。公路—I级和公路—II级汽车荷载采用相同的车辆荷载标准值。

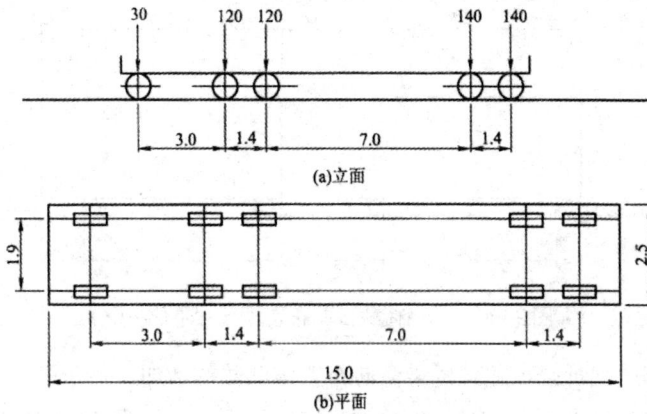

图9-35 车辆荷载布置示意图

表9-6 车辆荷载的主要技术指标

项目	单位	技术指标	项目	单位	技术指标
车辆重力标准值	kN	550	轮距	m	1.8
前轴重力标准值	kN	30	前轮着地宽度及长度	m	0.3×0.2
中轴重力标准值	kN	2×120	中、后轮着地宽度及长度	m	0.6×0.2
后轴重力标准值	kN	2×140	车辆外形尺寸（长 × 宽）	m	15×2.5
轴距	m	3+1.4+7+1.4			

（3）横桥向设计车道布置及汽车荷载横向分布系数。在横向布置车队时，既要考虑使桥梁获得最大荷载效应，还要考虑到车辆实际行驶需要足够的行车道宽度，桥涵设计车道数应符合表9-7的规定。

表9-7 桥涵设计车道数

桥面宽度 W（m）		桥涵设计车道数	桥面宽度 W（m）		桥涵设计车道数
车辆单向行驶时	车辆双向行驶时		车辆单向行驶时	车辆双向行驶时	
W < 7.0	–	1	$17.5 \leq W < 21.0$	–	5
$7.0 \leq W < 10.5$	$6.0 \leq W < 14.0$	2	$21.0 \leq W < 24.5$	$21.0 \leq W < 28.0$	6
$10.5 \leq W < 14.0$	–	3	$24.5 \leq W < 28.0$		7
$14.0 \leq W < 17.5$	$14.0 \leq W < 21.0$	4	$28.0 \leq W < 31.5$	$28.0 \leq W < 35.0$	8

车道荷载横向分布系数，应按设计车道数如图9-36车辆荷载布置情况进行计算。

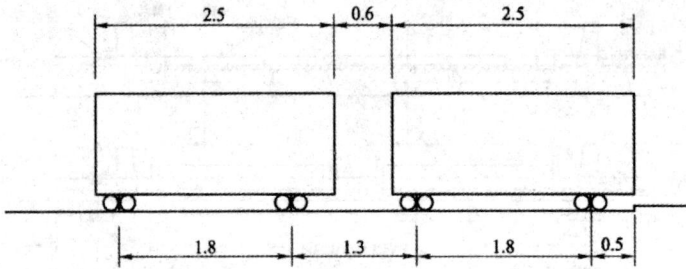

图9-36　车辆荷载横向布置（尺寸单位：m）

（4）汽车荷载折减。随着桥梁横向布置车队数的增加，各车道内同时出现最大荷载的概率减小，由汽车荷载产生的效应应进行折减，但折减后的效应不得小于两条设计车道的荷载效应。表9-8为多车道横向折减系数。

表9-8　横向折减系数

横向布置设计车道数	2	3	4	5	6	7	8
横向折减系数	1.0	0.78	0.67	0.60	0.55	0.52	0.50

同样，随着桥梁跨度的增加，实际桥梁上通行的车辆达到高密度和重载的概率减小，因此，当桥梁设计跨度大于150m时，汽车荷载应考虑纵向折减。当为多跨连续结构时，整个结构应按最大的计算跨径考虑汽车荷载效应的纵向折减。纵向折减系数规定见表9-9。

表9-9　纵向折减系数

计算跨径l_0（m）	$150 < l_0 < 400$	$400 \leq l_0 < 600$	$600 \leq l_0 < 800$	$800 \leq l_0 < 1000$	$l_0 \geq 1000$
纵向折减系数	0.97	0.96	0.95	0.94	0.93

2. 汽车荷载冲击力

车辆以一定速度过桥时，由于桥面的不平整、车轮不圆以及发动机抖动等原因，会在桥梁结构引起振动，桥梁结构应力和变形比静荷载引起的大，通常把这种动力效应称为车辆荷载对桥梁结构的冲击力。现行规范用汽车荷载标准值乘以冲击系数 μ 来考虑汽车荷载的冲击力。冲击系数 μ 与桥梁结构的基频有关，按下式计算：

$$当 f < 1.5Hz 时，\mu = 0.05$$
$$当 1.5Hz \leq f \leq 14Hz 时，\mu = 0.176\ln f - 0.0157 \qquad （37）$$
$$当 f > 14Hz 时，\mu = 0.45$$

式中：f——结构基频（Hz）。

结构的基频宜采用有限元方法计算。对于常用结构，当无更精确方法计算时，也可采用下列公式估算简支梁桥的结构基频。

$$f = \frac{\pi}{2l^2} \sqrt{\frac{EI_c}{m_c}} \qquad (38)$$

式中：l——结构的计算跨径（m）；

E——结构材料的弹性模量（N/m²）；

I_c——结构跨中截面的截面惯矩（m⁴）；

m_c——结构跨中处的单位长度质量（kg/m），当换算为重力计算时，其单位应为（Ns²/m²），其计算方法见式（39）：

$$m_c = G / g \qquad (39)$$

式中：G——结构跨中处延米结构重力（N/m）；

g——重力加速度 g=9.81（m/s²）。

鉴于结构物上的填料能起缓冲和扩散荷载作用，填料厚度等于或大于 0.5m 的拱桥和涵洞不计冲击力；重力式墩台因自重大，整体性好，冲击影响小，不计冲击力；汽车荷载的局部加载及在 T 梁、箱梁悬臂板上的冲击系数采用 1.3。

3. 汽车离心力

车辆在弯道桥梁上行驶时会产生离心力，曲线半径越小，离心力越大，当弯桥的曲线半径等于或小于 250m 时，应计算汽车荷载引起的离心力。离心力标准值为车辆荷载（不计冲击力）标准值乘以离心力系数 C。离心力系数按下式计算：

$$C = \frac{V^2}{127R} \qquad (40)$$

式中：V——设计速度（km/h），按桥梁所在路线设计速度采用；

R——曲线半径（m）。

离心力的着力点在桥面以上 1.2m 处（为计算简便也可移至桥面上，不计由此引起的作用效应）。多车道时，车辆荷载标准值亦应乘以表 9-8 规定的横向折减系数。

4. 人群荷载

设有人行道的公路桥梁，当桥梁计算跨径小于或等于 50m 时，人群荷载标准值取 3.0kN/m²；当桥梁计算跨径等于或大于 150m 时，人群荷载标准值取 2.5kN/m²；当桥梁计算跨径在 50 ~ 150m 时，人群荷载标准值可由线性内插求得。对跨径不等的连续结构，计算跨径以最大者为准。城镇郊区行人密集地区的公路桥梁，人群荷载标准值取前述规定值的 1.15 倍；专用人行桥梁，人群荷载标准值取 $3.5kN/m^2$。

（三）偶然作用

1. 地震作用

地震作用主要是指地震时强烈的地面运动引起的结构惯性力。地震作用的强弱不仅与地震时地面运动的强烈程度有关，还与结构的动力特性（频率与振型）有关。过去大多用烈度大小来表示地震作用的强弱，现行规范不再采用地震烈度的概念，取而代之为地震动峰值加速度系数。公路桥梁的抗震设防起点是地震动峰值加速度等于 $0.1g$，地震动峰值加速度等于或大于 $0.1g$ 地区的公路桥梁，应进行抗震设计。地震作用的计算和结构抗震设计应符合《公路工程抗震设计规范》的规定。

2. 船舶或漂流物的撞击作用

跨越江、河、海湾的桥梁，必须考虑船舶或漂流物对桥梁墩台的撞击作用。由于精确确定船舶或漂流物与桥梁的相互作用力十分困难，因而在可能的条件下，应采用实测资料进行计算。当缺乏实际调查资料时，船舶撞击作用标准值可按桥梁设计规范中的规定数值采用。漂流物撞击作用标准值可按上述规范中的公式进行计算。

桥梁结构必要时可考虑汽车的撞击作用。汽车撞击力标准值大小应按桥梁设计规范中的数值采用。

三、梁桥构造

（一）桥面铺装

1. 桥面铺装作用

桥面铺装也称行车道铺装，或桥面保护层，它是车轮直接作用的部分。其作用在于防止车辆轮胎直接磨耗属于主梁整体部分的行车道板，防止主梁遭受雨水的侵蚀，并对车辆轮重的集中荷载起一定的分布作用。因此，桥面铺装要求有抗车辙、行车舒适、抗滑耐磨、低温抗裂、不透水、刚度好等性能。另外，桥面铺装部分在桥梁恒载中占有相当的比重，尤其对小跨径桥梁更为显著，故还应尽量减小铺装的重量。如果设计时考虑了铺装层参与桥面板的受力，还应确保二者紧密结合成整体。

2. 桥面横坡的设置

桥面应设置纵横坡，以利雨水迅速排除，防止或减少雨水对铺装层的渗透，从而保护桥面板，延长桥梁使用寿命。

桥面的横坡通常设置为双向的（当设置上下行两座独立的桥时，也可设成单向坡），横坡坡度可按路面横坡取用或增加 0.5%。对沥青或水泥混凝土铺装，行车道路面一般采用抛物线形横坡，人行道则用直线形。桥面横坡通常有三种设置形式：

（1）对于板桥（矩形板或空心板）或就地浇筑的肋板式梁桥，为节省铺装材料并减小恒载重力，可以将墩台顶部做成倾斜，横坡直接设在墩台顶部，使桥梁上部构造形成双向倾斜，此时，铺装层在整个桥宽上做成等厚。

（2）在装配肋板式梁桥中，为使主梁构造简单、架设与拼装方便，通常横坡不再设在墩台顶部，而直接设在行车道板上。先铺设一层厚度变化的混凝土三角垫层形成双向倾斜，再铺设等厚的铺装层。

（3）在比较宽的桥梁（或城市桥梁）中，用三角垫层设置横坡，将使混凝土用量和恒载重力增加太多。为此，可将行车道板做成倾斜面而形成横坡。它的缺点是主梁构造复杂，制作麻烦。

3. **桥面铺装的类型**

桥面铺装的结构形式应与所在位置的公路路面相协调。目前，常采用碎（砾）石、沥青表面处治、水泥混凝土和沥青混凝土等类型。其中，碎（砾）石和沥青表面处桥面铺装耐久性较差，仅在中级和低级公路桥梁上使用。水泥混凝土和沥青混凝土桥面铺装能满足各项要求，应用广泛。特别是高速公路和一级公路上的特大桥、大桥的桥面铺装宜采用沥青混凝土。

水泥混凝土铺装的耐磨性能好，适合重载交通，但养生期长，日后修补较麻烦。铺装层的混凝土强度等级不低于C40，铺装厚度（不含整平层和垫层）不小于80mm，铺设时要求有较好的密实度，避免二次成型。为使铺装层具有足够的强度和良好的整体性（能起联系各主梁共同受力的作用），铺装层内还应配置直径不小于8mm，间距不大于100mm的双向钢筋网，钢筋网顺桥向和横桥向每米长度截面面积均不小于$500mm^2$。水泥混凝土桥面铺装应设伸缩缝以避免产生开裂，纵向每个车道设置一道，横向每 3 ~ 5m 设置一道。

沥青混凝土桥面铺装应由黏结层、防水层及沥青表面层组成，如图 9-37 所示。高速公路、一级公路的沥青混凝土铺装层厚度为 70 ~ 80mm，必要时可增至100mm；二级及二级以下公路为 50 ~ 80mm。沥青铺装应按照《公路沥青路面设计规范》有关规定进行。沥青混凝土铺装的重量较小，维修养护方便，铺筑后几小时就能通车运营，行车舒适，但容易老化和变形，受温度影响较大。

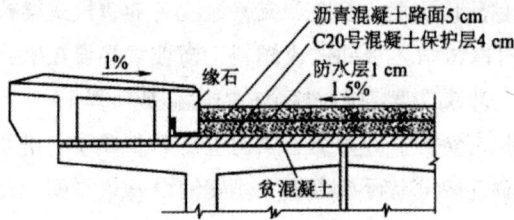

图9-37　桥面铺装构造示意

在桥梁设计时，一般不考虑桥面铺装参与主梁受力，但桥面铺装采用水泥混凝土时，如在施工中能确保铺装层与行车道板紧密结合成整体，则铺装层的混凝土除去作为车轮磨耗的部分，可取（10～20mm 厚）也可以计算在行车道的厚度内与行车道板共同受力，以充分发挥这部分材料的作用。

（二）桥面防水与排水系统

为防止雨水滞积于桥面并渗入梁体影响桥梁结构的耐久性，保障桥面行车通畅、安全，应设置完善的桥面防水和排水设施。

1. 防水层

桥面的防水主要由设置的防水层来完成。防水层的作用是将透过铺装层渗下的雨水汇集于排水系统（泄水管）排出。桥面的防水层设置在桥面铺装层下面，如图9-38 所示。

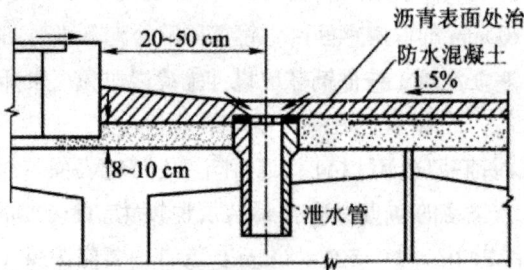

图9-38　泄水管布置于行车道边缘示意

桥梁设计规定规定，桥面铺装要设置防水层，但其形式和方法应视当地的气候、雨量和桥梁结构形式等具体情况而定。

防水层应采用便于施工、坚固耐久、质量稳定的防水材料。当前，桥梁中常用的防水层有以下三种类型：

1）沥青涂胶下封层，即首先洒布薄层沥青或改性沥青，其上再撒布一层砂子，然后经反复碾压形成。

2）涂刷高分子聚合物涂料，如聚氨酯胶泥、环氧树脂、阳离子乳化沥青、氯丁胶乳等。高分子聚合物涂料不但具有优异的弹塑性、耐热性和黏结性，而且与石油沥青制品具有良好的亲和性，能适应沥青混凝土在高温条件下施工。由于施工简单方便，安全无污染，近年来得到广泛的使用，已成为各类大中型桥梁桥面防水施工的专用涂料。

3）铺装沥青或改性沥青防水卷材，以及浸渍沥青的无纺土工布等。沥青防水卷材用作防水层，造价高，施工麻烦费时。由于将行车道和铺装层分开，削弱了之间的连接，如施工处理不当，将使桥面铺装层似有一弹性垫层，在车轮荷载作用下，铺装层容易起壳开裂。为了增强其抗裂性，可在其上的混凝土铺装层或垫层内铺设Φ3～Φ6的钢筋网，网格尺寸为 150mm×150mm 至 200mm×200mm。

（2）排水系统

为了迅速排除桥面积水，保证行车安全，桥面应设置排水系统。排水系统主要由设置桥面纵横坡及一定数量的泄水管等组成。

泄水管的设置应依据设计径流量计算确定。通常当桥面纵坡大于2%，而桥长小于50m时，一般雨水可流至桥头从引道上排出，桥上可以不设专门的泄水管。此时，为避免雨水冲刷引道路基，可在桥头引道的两侧设置流水槽。当桥面纵坡大于2%，但桥长超过50m时，为防止雨水积滞，桥面上宜每隔 12～15m 设置一个泄水管。当桥面纵坡小于2%时，一般则宜每隔 6～8m 设置一个泄水管。另外，在桥梁伸缩缝的上游方向应增设泄水管，在凹曲线的最低点及其前后 3～5m 处也应各设置一个泄水管。

泄水管的内径一般为 100～150mm。高速公路和一级公路，一般采用直径为150mm 的泄水管，间距在 4～5m 之间。泄水管可沿行车道两侧左右对称排列，也可交错排列。

梁式桥上常用的泄水管设置在行车道的边缘处，如图 9-38 所示，离缘石的距离为 0.10～0.50m，桥面水流入泄水管后直接向下排放。也可将泄水管布置在人行道下面，如图 9-39 所示。桥面水通过设在缘石或人行道构件侧面的进水孔流入泄水孔。泄水管下端应伸出行车道板底面以下至少 0.15～0.20m，以防止浸润桥面板。管道与防水层紧密结合，以便防水层上的渗水能通过泄水管道排出桥外。

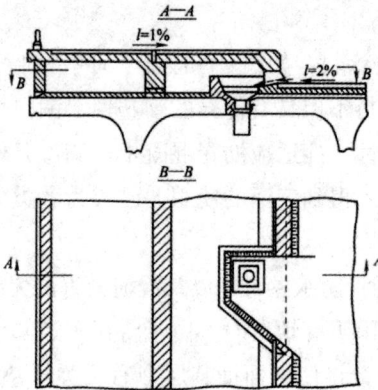

图9-39 泄水管布置于人行道下示意

　　对于不设人行道的小桥，可以直接在行车道两侧的安全带或缘石上预留横向孔道，用铁管或竹管将水排出桥外，管口要伸出桥外 20 ~ 30mm 以便滴水，但这种做法因孔道坡度较缓易于阻塞。对于跨越公路、铁路、通航河流的桥梁以及城市桥梁，为保证桥下行车行人安全及公共卫生的需要，应像建筑物那样设置封闭式的排水系统，将流入泄水管中的雨水汇集到纵向排水管（或排水槽）内，并通过设在墩台处的竖向排水管（落水管）流入地面排水设施或河流中，如图 9-40 所示。当桥长较短时，纵向排水管的出水口可以设在桥梁两端的桥台处；对于长大桥，除了在桥台处设置出水口外，还需在某些桥墩处布置出水口，并利用竖向管道将水引到地面。为了不影响桥梁立面的美观，纵向排水管道一般可设在箱梁中或梁肋内侧。竖向排水管道应尽可能布置在墩台壁的预留槽中，或者布置在墩台内部预留的孔道中。

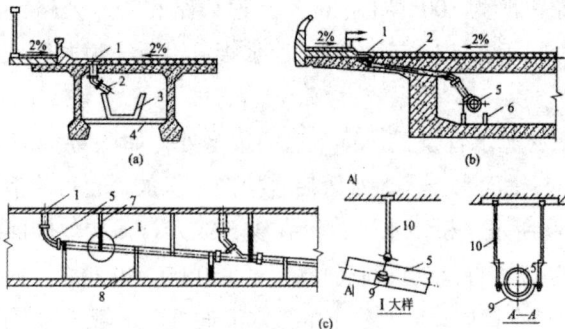

图9-40 城市桥梁桥面排水设施

1—泄水漏斗；2—泄水管；3—钢筋混凝土斜槽；4—横梁；5—纵向排水管；
6—支撑结构；7—悬吊结构；8—支柱；9—弧形箍；10—吊杆

泄水管材料一般采用铸铁、钢材、钢筋混凝土及塑料（聚氯乙烯 PVC 或聚乙烯 PE）等，由于钢筋混凝土泄水管道制作麻烦，目前已很少采用，而塑料管则以其优越的性能在当前工程中得到越来越广泛的使用。泄水管的内径一般为 0.10 ~ 0.15m，管口顶部采用金属格栅盖板。排水管一般也采用铸铁管、钢管或塑料管，其内径应等于或大于泄水管的内径。排水槽宜采用铝质或钢质材料，也可采用水泥混凝土预制件，其横截面为矩形或 U 形，宽度和深度均宜为 0.20m 左右。纵向排水管或排水槽的坡度不得小于 0.5%。桥梁伸缩缝处的纵向排水管或排水槽应设置可供伸缩的柔性套筒。

（三）桥梁伸缩缝

为保证在气温变化、混凝土收缩与徐变以及荷载作用等因素影响下，桥跨结构能够按静力图式自由地变形，并保证车辆平稳通过，应在两相邻梁端之间、梁端与桥台背墙之间设置伸缩缝，并在伸缩缝处设置伸缩装置。在伸缩缝附近的栏杆、人行道等结构也应断开，以满足梁体的自由变形。

桥梁伸缩装置是桥梁结构中最易损坏又较难修缮的部位，其直接暴露在大气中，承受车辆、人群荷载的反复作用，很小的缺陷和不足，都会引起跳车等不良现象，从而使其承受很大的冲击，甚至影响到桥梁结构本身和通行者的生命安全，因此，在设计与施工过程中，应给予足够的重视。

（四）钢筋混凝土简支梁桥构造

装配式钢筋混凝土简支梁桥受力明确，构造简单，施工方便，便于工业化生产，可节省大量的模板和支架，降低劳动强度，缩短工期，因此在小跨径桥梁中，尤其是标准跨径为 8 ~ 16m 的桥梁，成为应用最多的桥型。

1. 横截面设计

梁桥的横截面设计主要是确定横截面的布置形式，包括主梁截面形式、主梁间距、截面各部尺寸等，它与立面布置、建筑高度、施工方法、美观要求及经济用料等因素有关。

（1）横截面形式。装配式简支梁桥的横截面形式如图 9-41 所示。装配式钢筋混凝土简支梁桥横截面最基本的类型为 T 形。我国目前用得最多的装配式简支梁桥是图 9-41（a）所示的 T 形梁桥，装配式钢筋混凝土 T 形梁桥上部构造的典型概貌如图 9-42 所示。T 形梁的翼板构成桥梁的行车道板，直接承受车辆和人群荷载的作用，也是主梁的受压翼缘。它的优点是外形简单、制造方便、肋内配筋可做成刚劲的钢筋骨架，主梁之间借助横隔梁连接，整体性较好，接头也较方便；但构件的截面形状不稳定，运输和安装较麻烦，横向接头正好位于桥面板的跨中，对板的受力不利。

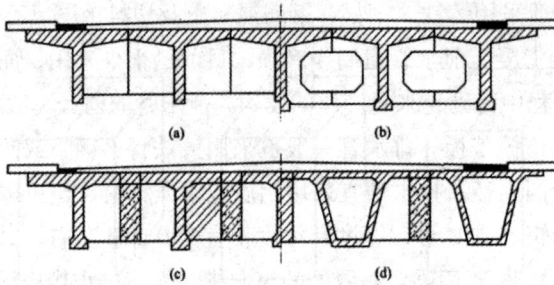

图9-41 装配式简支梁桥的横截面

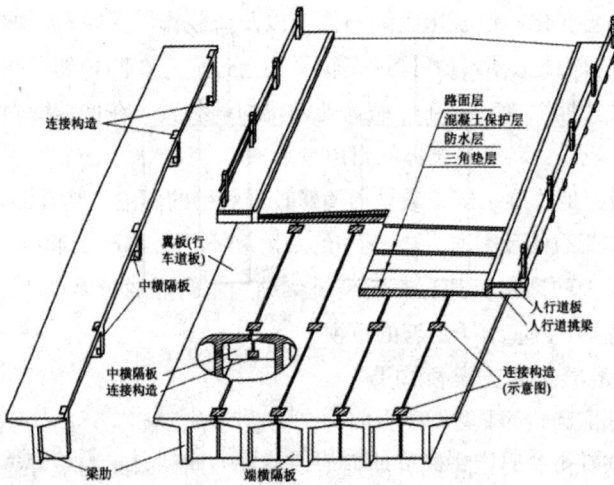

图9-42 装配式T形简支梁桥示意

箱形截面梁由于受拉区混凝土不参与工作，多余的底板徒然增大了自重，所以一般不适用于钢筋混凝土简支梁桥。

（2）主梁布置。对于一定的跨径和桥面宽度（包括行车道和人行道）的桥梁，确定出适当的主梁间距（或片数），是构造布置中首先要解决的重要问题。应从尽可能减少材料用量，减少预制工作量，减轻构件的吊装重量及保证翼板的刚度等方面综合考虑确定。显然，主梁间距越大，主梁的片数就越少，预制工作量就少，但构件的吊装重量增大，使运输和架设工作趋于复杂，同时桥面板的跨径增大，悬臂翼缘板端部的挠度会较大，这使桥面接缝处产生纵向裂缝的可能性也增大。

根据建桥经验，装配式钢筋混凝土T形简支梁桥的主梁间距一般在1.5～2.3m。当前采用较多的是《公路桥涵设计图》中所采用的主梁间距为2.2m，预制宽度为

1.6m，吊装后接缝宽度为 0.6m。

（3）主梁细部尺寸

①主梁梁肋尺寸。主梁的合理高度与主梁的跨径、活载的大小等有关。经济分析表明，梁高与跨径之比（俗称高跨比）的经济范围大约在 1/11～1/18，跨径大的取用偏小的比值。我国标准设计为 10m、13m、16m 和 20m 四种跨径，其梁高分别为 0.8～09m，0.9～1.0m，1.0～1.1m，1.1～1.3m。主梁高度受限制时，高跨比就要适当减小，致使钢筋用量增加，造价增加。

主梁梁肋的宽度，应满足抗剪承载力要求，同时不致使捣固混凝土发生困难。梁肋宽度多采用 160～240mm，一般不应小于 140mm，且不小于梁肋高度的 1/15。

钢筋混凝土简支梁一般沿跨径方向做成等截面的形式，以便于预制施工。

②主梁翼板尺寸。一般装配式主梁翼板的宽度视主梁间距而定，在实际预制时，翼板的宽度应比主梁间距小 2cm，以便在安装过程中易于调整 T 梁的位置和制作上的误差。在中小跨径的钢筋混凝土简支 T 形梁中，翼板的厚度主要满足桥面板承受车辆局部荷载的要求，另外还应满足构造最小尺寸的要求。根据受力特点，翼板通常都做成变厚度的，即端部较薄，向根部逐渐加厚。为了保证翼板与梁肋连接的整体性，翼板与梁肋衔接处的厚度应不小于主梁高度的 1/10。翼板的端部尺寸一般不应小于 100mm，横向整体现浇连接的预制 T 形截面梁，悬臂端厚度不应小于140mm。

2. 配筋构造

装配式 T 形简支梁桥的钢筋可分为纵向主钢筋、架立钢筋、斜钢筋、箍筋和分布钢筋等几种。简支梁承受正弯矩作用，故抵抗拉力的主钢筋设置在梁肋的下缘。随着弯矩向支点截面减小，主钢筋可在跨间适当位置处弯起。主钢筋不宜截断，如必须截断时，应满足规定的构造要求。

为保证主筋和梁端有足够的锚固长度和加强支承部分的强度，桥梁施工规范规定，钢筋混凝土梁的支点处，应至少有两根且不少于总数 20% 的下层受拉主钢筋通过。两外侧钢筋应伸出支点截面以外，并弯成直角顺梁高延伸至顶部，与顶层纵向架立钢筋相连。两侧之间不向上弯起的受拉主钢筋伸出支承截面的长度不应小于10d（环氧树脂涂层钢筋伸出 12.5d），R235 钢筋应带半圆钩。

简支梁靠近支点截面的剪力较大，需设置斜钢筋以增强梁体的抗剪强度。斜钢筋可由主钢筋弯起而成（称弯起钢筋），当可供弯起的主钢筋数量不足时，需加配专门的焊接于主筋和架立筋上的斜钢筋。斜钢筋与梁轴线的夹角一般取 45°。箍筋的主要作用也是增强主梁的抗剪承载力，其直径不小于 8mm 且不小于 1/4 主钢筋直径。配筋率 p_{sv}，R235 钢筋不小于 0.18%，HRB335 钢筋不小于 0.12%。其间距应不大于梁高的 1/2 和 400mm，在支座中心向跨径方向长度相当于不小于一倍梁高范围内，箍筋间距不大于 100mm。近梁端第一根箍筋应设置在距端面一个混凝土保护层距离处。

T 形梁腹板两侧还应设置纵向分布钢筋，直径宜不小于 8mm，以防止因混凝土收缩等原因产生裂缝。每个梁肋内分布钢筋的总面积取为（0.001 ~ 0.002）bh，式中 b 为梁肋宽度，h 为梁高度。当梁跨较大、梁肋较薄时取用较大值。靠近下缘的受拉区应布置得密些，其间距不应大于腹板宽度，且不应大于 200mm；在上部受压区则可疏些，但间距不应大于 300mm。在支点附近剪力较大区段，纵向钢筋间距宜为 100 ~ 150mm。

架立钢筋布置在梁肋上缘，主要起固定箍筋和斜筋并使梁内全部钢筋形成骨架的作用。

受弯构件的钢筋净距应考虑浇筑混凝土时，振捣器可以顺利插入。各主筋之间的横向净距和层与层之间的竖向净距，当钢筋为三层及以下时，不小于 30mm，并不小于 1d。在三层以上时，不小于 40mm，并不小于 1.25d。在装配式钢筋混凝土 T 形梁中，钢筋数量众多，为了尽可能地减小梁肋尺寸，通常将主筋叠置，并与斜筋、架立筋一起通过侧面焊缝焊接成钢筋骨架，如图 9-43。试验表明，焊接钢筋骨架整体性好，刚度大，能有效减小梁肋尺寸，钢筋的重心位置较低，还可避免大量的绑扎工作。但是，彼此焊接后的主筋与混凝土的黏结面积减小，削弱了其抗裂性，所以，应限制焊接骨架的钢筋层数（不超过 6 层），并选用较小直径的钢筋（不大于 32mm），有条件时还可将箍筋与主筋接触处点焊固结，以增大其黏结强度，从而改善其抗裂性能。

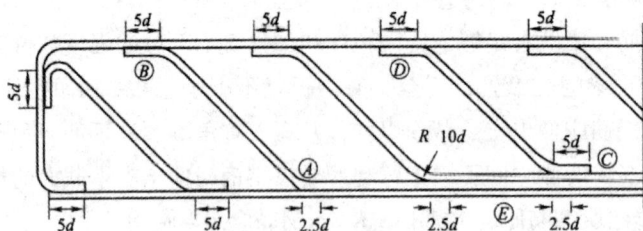

图 9-43　钢筋焊接骨架示意

T 梁翼缘板内的受力钢筋沿横向布置在板的上缘，以承受悬臂负弯矩。板内主筋的直径不小于 10mm，间距不应大于 200mm。垂直于主钢筋还应设置分布钢筋，直径不小于 8mm，间距不大于 200mm，截面面积不小于设置分布钢筋的板的截面面积的 0.1%。

3. 横隔梁布置与构造

（1）横隔梁布置。横隔梁在装配式 T 形梁桥中起着保证各根主梁相互连接成整体的作用，它不但有利于制造、运输和安装阶段构件的稳定性，而且能显著加强全桥的整体性；有中横隔梁的梁桥，荷载横向分布比较均匀，且可以减轻翼板接缝处的纵向开裂现象。一般来说，当梁横向刚性连接时，横隔梁的间距不应大于 10m，当为铰接时，其间距可取 5m 左右。对于钢筋混凝土简支梁桥，一般在梁端、跨中和四分点处各设一道横隔梁就可满足要求。

（2）横隔梁尺寸。跨中横隔梁的高度应保证具有足够的抗弯刚度，通常可取为主梁高度的 3/4 左右。从运输和安装阶段的稳定性考虑，端横隔梁应做成与主梁同高，但如果端横隔梁底部与主梁底缘之间留有一定的空隙，或做成与中横隔梁同高，对安装和检查支座有利。具体可视工地施工的情况而定。

横隔梁的宽度可取 12 ~ 20cm，最常用的为 15 ~ 18cm，且宜做成上宽下窄和内宽外窄的楔形，以便于脱模。

（3）横隔梁配筋。如图 9-44 所示为常用的中主梁中横隔梁的构造形式。对装配式钢筋混凝土 T 形梁桥而言，其横隔梁近似于弹性支承于各根主梁上的连续梁，承受正、负两种弯矩。因此，靠近下缘布置有四根承受正弯矩的钢筋（N_1），上缘配有两根承受负弯矩的钢筋（N_1）。当采用焊接钢板连接时，受力钢筋焊接钢板及锚固钢筋（N_2，N_3）焊在一起做成钢筋骨架。横隔梁中一般不需配置斜钢筋，剪力由箍筋承受。

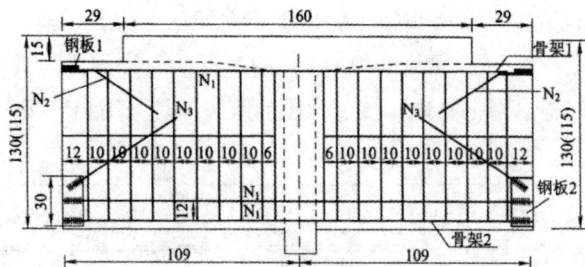

图9-44 横隔梁配筋示意

4. 主梁的横向连接

装配式 T 形梁桥通常均借助横隔梁和桥面板的接头使所有主梁连接成整体。接头要有足够的强度，以保证结构的整体性，使其在运营过程中不致因荷载反复作用和冲击作用而发生松动。常用的接头形式有以下几种。

（1）焊接钢板接头。图 9-45 所示为常用的钢板连接的接头构造。钢板接头分别设在横隔梁靠近下缘的两侧和 T 梁翼板处，焊接钢板预先与横隔梁的受力钢筋焊在一起做成安装骨架。当 T 梁安装就位后，即在预埋焊接钢板上再加焊盖接钢板使之联成整体。端横隔梁的焊接钢板接头构造与中横隔梁相同，但由于其外侧（近墩台一侧）不好施焊，故焊接接头只设于内侧。相邻横隔梁之间的缝隙最好用水泥砂浆填满，所有外露钢板也应用水泥灰浆封盖。这种接头强度可靠，焊接后立即就能承受荷载，但现场要有焊接设备，而且有时需要在桥下进行仰焊，施工较困难。

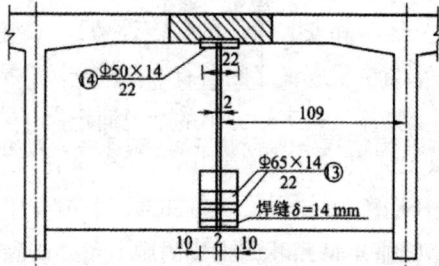

图9-45　焊接钢板式接头（尺寸单位:cm）

（2）扣环接头。横隔梁扣环接头的构造如图 9-46 所示。预制时横隔梁在接缝处伸出钢筋扣环 A，安装时在相邻构件的扣环两侧安上接头扣环 B，再在形成的圆环内插入短分布筋，就地浇筑接缝混凝土连成整体。这种连接构造往往也用于主梁间距较大而需要缩减预制构件尺寸和重量的场合，接缝宽度约为 0.20 ~ 0.60m。这种接头现浇混凝土数量较多，接头施工后也不能立即承受荷载，施工较复杂，但强度可靠，整体性及耐久性好。规范中规定:预制 T 形截面梁的桥面板横向连接和横隔梁连接，宜采用现浇混凝土整体连接。常用的做法即是采用扣环接头。

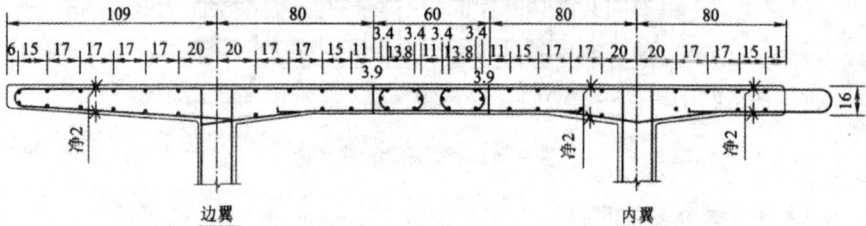

图9-46　桥面板横向扣环接头示意（单位：cm）

（3）桥面板的企口铰连接。对未采用扣环接头连接的桥面板，过去是作为自由悬臂板处理的。为了改善挑出翼板的受力状态，可以将悬臂板也连接起来，做成企口铰接的形式。一种做法是主梁翼板内伸出连接钢筋，交叉弯制后在接缝处再放局部的钢筋网，并浇筑在铺装层内，如图9-47(a)所示。另一种做法是将顶钢筋伸出，弯转套在一根长的钢筋上，形成纵向铰，如图9-47（b）所示。

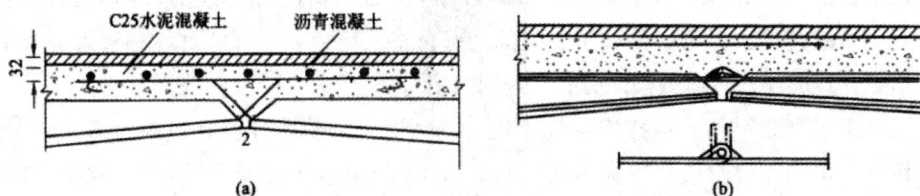

图9-47　梁翼板连接构造示意

四、混凝土简支梁桥上部结构计算

（一）主梁计算

1. 主梁恒载内力计算方法

根据作用于一片主梁的恒载和通过横向分布系数求得的计算活载，就可计算主梁的截面内力（弯矩 M 和剪力 V）。有了截面内力，就可以按钢筋混凝土结构的计算原理进行主梁各截面的配筋设计或验算。

对于一般小跨径的简支梁，通常只需计算跨中截面的最大弯矩和支点截面及跨中截面的剪力。跨中与支点之间各截面的剪力可以近似地按直线规律变化，弯矩可假设按二次抛物线规律变化，即：

$$M_x = \frac{4M_{max}}{l^2} x(l-x) \tag{41}$$

式中：M_x——主梁在离支点 x 处任一截面的弯矩值；

M_{max}——主梁跨中最大弯矩设计值；

l——主梁的计算跨径。

对于较大跨径的简支梁，一般还应计算跨径四分之一截面的弯矩和剪力。如果主梁沿桥轴方向截面有变化，例如梁肋宽度或梁高变化，则还应计算截面变化处的内力。

主梁横截面内力，包括主梁自重（前期恒载）引起的主梁自重内力和后期恒载引起如桥面铺装、人行（道、栏杆、灯柱等）引起的主梁后期恒载内力，总称为主梁恒载内力。钢筋混凝土或预应力混凝土公路桥梁的恒载效应，往往占总作用效应很大的比重，梁的跨径越大，恒载所占的比重也越大。因此，设计时应正确地确定作用于梁上的计算恒载。

在计算恒载时，为了简化起见，习惯上往往将沿桥跨分点作用的横隔梁重量、沿桥横向不等分布的铺装层重量以及作用于两侧的人行道和栏杆等重量均匀分布地分摊给各主梁承受。因此，对于等截面梁桥的主梁，其计算恒载是简单的均布荷载。为了更精确起见，也可根据施工安装的情况，将人行道、栏杆、灯柱和管道等重量像活载计算那样，按荷载横向分布的规律进行分配。

对于组合式梁桥，应按实际施工组合的情况，分阶段设计其恒载内力。例如，先按预制主梁、微弯板和现浇桥面板的重量计算仅由预制主梁承受的第一阶段恒载内力，再按桥面铺装、人行道、栏杆等重量计算由梁面板和预制主梁结合而成的组合梁所承受的第二阶段恒载内力。

对于预应力混凝土简支梁桥，在施加预应力阶段，往往要利用梁体自重来抵消强大钢丝束张拉力在梁体上翼缘产生的拉应力。在此情况下，也要将恒载分成两个阶段（即先期恒载和后期恒载）进行分析。在特殊情况下，恒载可能要分成更多的阶段来考虑。

确定了计算恒载集度 g 之后，就可按一般《材料力学》公式计算出梁内各截面的弯矩 M 和剪力 V。当恒载分阶段计算时，应按各阶段的计算恒载 g_i 来计算内力，以便进行内力或应力组合。

2. 荷载横向分布系数

桥上荷载横向分布的规律与结构的横向联结刚度有着密切关系，横向联结刚度愈大，荷载横向分布作用愈显著，各主梁的负担也愈趋均匀。因此，需要按不同的横向联结拟定出相应的荷载横向分布计算方法。

目前常用的荷载横向分布计算方法有以下五种：

①杠杆原理法——把横向结构（桥面板和横隔梁）视作在主梁上断开而两端简支搁置在主梁上的简支梁或悬臂梁。

②偏心压力法——把横隔梁视作刚性极大的梁，当计及主梁抗扭刚度影响时，此法又称为修正偏心压力法。

③横向铰接板（梁）法——把相邻板（梁）之间视为铰接，只传递剪力。

④横向刚接梁法——把相邻主梁之间视为刚性连接，即传递剪力和弯矩。

⑤比拟正交异性板法——将主梁和横隔梁的刚度换算成纵横两向刚度不同的比拟弹性平板来求解，并由实用的曲线图表进行荷载横向分布计算。

下面将分别介绍前两种计算方法，其他方法请参看其他有关资料。

（1）杠杆原理法。图 9-48 为按杠杆原理法计算的受力图式，将桥面板视作在主梁上断开，并直接搁在工字形主梁上。当桥上有车辆荷载作用时，板上的轮重各按简支梁反力的方式分配给左右两根主梁，而反力 R_i 的大小可利用简支板的静力平衡条件求出，这就是通常所谓作用力平衡的"杠杆原理"。如果主梁所支承的相邻两块板上都有荷载，则该梁所受的荷载是两个支承反力之和，如图 9-48（b）中 2 号梁所受的荷载为 $R_2 = R_2' + R_2''$。

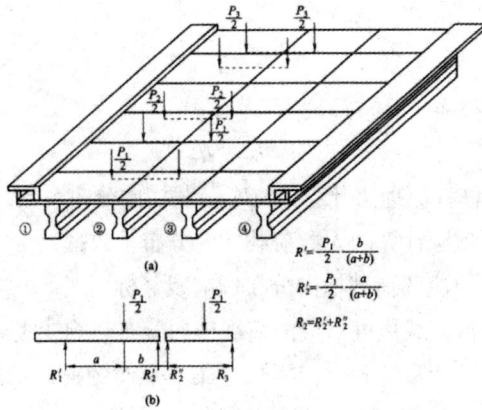

图9-48 按杠杆原理受力示意

利用结构力学知识很容易绘出某主梁反力影响线来。此处反力影响线就是荷载横向分布影响线，如图 9-49 所示。

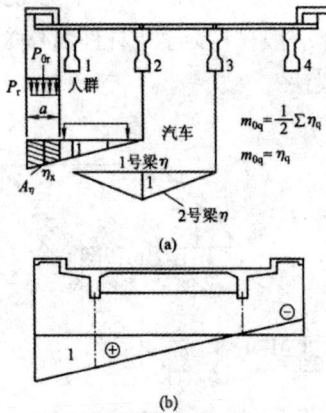

图9-49 按杠杆原理法计算横向分布系数

假定荷载横向分布影响线的竖标为 η，车辆荷载轴重为 P，轮重为 P/2，将车辆荷载按图 9-49 所示最不利情况加载，则分布到某主梁的最大荷载为

$$P'_{max} = \Sigma \frac{P}{2}\eta = \left(\frac{1}{2}\Sigma \eta\right)P \qquad (42)$$

根据荷载横向分布系数的定义可知，式（42）的 $\frac{1}{2}\Sigma \eta$ 即为车辆荷载横向分布系数。规范规定，车道荷载横向分布系数按车辆荷载横向分布系数计算，因此，两者可统称为汽车荷载横向分布系数，其值为：

$$m_{0q} = \frac{1}{2}\Sigma \eta_q \qquad (43)$$

同理可得人群荷载横向分布系数为：

$$m_{0r} = \eta_r \qquad (44)$$

式中：m_{0q}——按杠杆原理法计算的汽车荷载横向分布系数；

m_{0r}——按杠杆原理法计算的人群荷载横向分布系数；

η_q——汽车车轮对应的荷载横向分布影响线竖标；

η_r——每延米人群荷载集度对应的荷载横向分布影响线竖标。

杠杆原理法适用于计算荷载位于靠近主梁支点时的荷载横向分布系数，此时主梁的支承刚度远大于主梁间横向联系的刚度，受力特性与杠杆原理法接近。此外，该方法也可用于双主梁桥，如图 9-49(b)，或横向联系很弱的无中间横隔梁的桥梁。

（2）偏心压力法。偏心压力法是把梁桥视作由主梁和横隔梁组成的梁格系，荷载通过横梁由一片主梁传到其他主梁上去，主梁对横梁起弹性支承作用，并假定横梁刚度无穷大，忽略主梁抗扭刚度。由此得到桥梁挠曲变形如图 9-50 所示（w 为跨中竖向挠度），它完全类似于一般材料力学中杆件偏心受压的情况，故此法称为"偏心压力法"，亦称"刚性横梁法"。

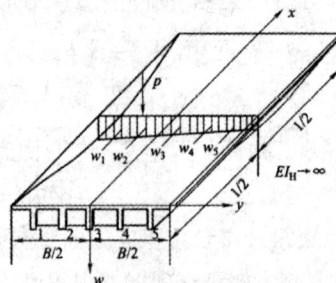

图 9-50　梁桥挠曲变形示意

图 9-51 所示为一座由五片主梁组成的梁桥的跨中截面，各片主梁的抗弯刚度 I_i、主梁的间距 a_i 都各不相等，单位竖向集中荷载 P=1 作用在离截面扭转中心 o 的距离为 e 处。下面分析荷载在各片主梁上的横向分布情况。

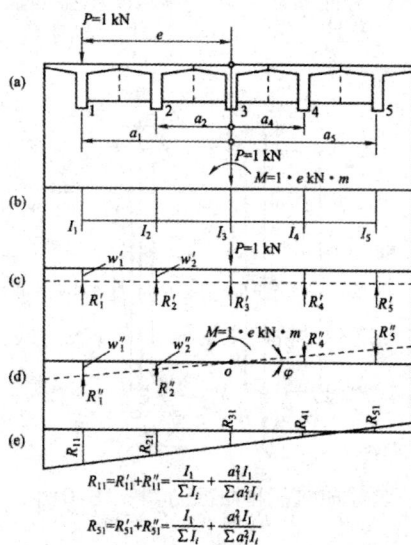

图9-51 偏心荷载P=1对各主梁的荷载分布图

由于假定横梁是刚体，所以可以按刚体力学关于力的平移原理将荷载 P 移到 o 点，用一个作用在扭转中心 o 上的竖向力 P 和一个作用于刚体上的偏心力矩 M=P·e=1·e 代替。偏心荷载的作用应为 P 和 M 作用的叠加。

①中心荷载 P=1 的作用。

中心荷载 P=1 作用于 k 号梁时，在 i 号梁上产生的作用力，即 i 号主梁所分配到的荷载可由下式计算：

$$R'_i = \frac{I_i}{\sum_{i=1}^{n} I_i} \cdot P = \frac{I_i}{\sum_{i=1}^{n} I_i} \tag{45}$$

式中：n——主梁根数。

②偏心力矩 M=P·e=1·e 的作用。

偏心力矩 M=P·e=1·e 作用于 k 号梁时，在 i 号梁上产生的作用力，即 i 号主梁所分配到的荷载可由下式计算：

$$R''_i = \frac{Pea_i I_i}{\sum\limits_{i=1}^{n} a_i^2 I_i} = \frac{ea_i I_i}{\sum\limits_{i=1}^{n} a_i^2 I_i} \tag{46}$$

③偏心荷载 P=1 产生的总作用力。

偏心荷载 P 作用于 k 号梁时，在 i 号梁上产生的总作用力，即 i 号主梁所分配到的荷载，等于上述两种情况的叠加，即

$$R_{ik} = R'_{ik} \pm R''_{ik} = \frac{I_i}{\sum\limits_{i=1}^{n} I_i} P \pm \frac{a_i a_k I_i}{\sum\limits_{i=1}^{n} a_i^2 I_i} p = \frac{I_i}{\sum\limits_{i=1}^{n} I_i} \pm \frac{a_i a_k I_i}{\sum\limits_{i=1}^{n} a_i^2 I_i} \tag{47}$$

当 e 和 a_i 位于同一侧时，式（47）第二项取正号，反之应取负号。式（47）是在不等间距、不等刚度的结构中推导出来的，但大多数的梁桥还是做成等间距、等刚度的，从式中很容易得到这种梁桥的主梁荷载分配表达式：

$$R_{ik} = R'_{ik} \pm R''_{ik} = \frac{1}{n} P \pm \frac{a_i a_k}{\sum\limits_{i=1}^{n} a_i^2} p = \frac{1}{n} \pm \frac{a_i a_k}{\sum\limits_{i=1}^{n} a_i^2} \tag{48}$$

则：

$$R_{ik} = R_{ik} \frac{I_i}{I_k} \tag{49}$$

④求荷载横向分布系数 m。

根据上述公式可计算出第 k 号主梁在 P=1 作用在任意 i 号梁时的反力 R_{ki}，据此可绘制 k 号主梁反力影响线，即 k 号主梁荷载横向分布影响线，影响线竖标通常写成 η_{ki}。如果各根主梁的截面尺寸相同，则

$$\eta_{ik} = R_{ki} \pm R_{ik} = \frac{I_k}{\sum\limits_{i} I_i} \pm \frac{a_k a_i I_k}{\sum\limits_{i} a_i^2 I_i} = \frac{1}{n} \pm \frac{a_k a_i}{\sum\limits_{i} a_i^2} \tag{50}$$

图 9-51（e）即为 1 号主梁荷载横向分布影响线。由于荷载横向分布影响线呈直线分布，所以只需计算两个影响线竖标即可。

有了荷载横向影响线，就可以按最不利情况横向布载，并按式（43）和（44）分别计算汽车 m_{cq} 和人群荷载横向分布系数 m_{cr}，此处荷载横向分布系数角标变为 c。

偏心压力法适用于具有可靠横向联结，且宽跨比 B/L 小于或接近于 0.5 的桥（一般称为窄桥）。

偏心压力法计算中由于作了横隔梁近似绝对刚性和忽略主梁抗扭刚度的两项假定，导致了边梁受力偏大的计算结果。为了减小计算误差，可在按偏心压力法计算时考虑主梁的抗扭刚度。

式（50）中等号右边第一项是由中心荷载 P=1 所引起，此时各主梁只发生挠度而无转动，显然它与主梁的抗扭无关。等号右边的第二项是由偏心力矩 M=P·e=1·e 作用引起的各片主梁的竖向位移，很明显由于截面的转动，各主梁不仅会发生竖向挠度，而且还必然同时引起扭转，但在式（53）中却没有计入主梁的抗扭作用。由此可见，要计入主梁抗扭影响，只需对等式第二项给予修正，其修正系数为

$$\beta = \frac{1}{1 + \dfrac{Gl^2 \Sigma I_{Ti}}{12E\Sigma a_i^2 I_i}} < 1 \tag{51}$$

式中：β——抗扭修正系数，它与梁号无关，纯粹取决于结构的几何尺寸和材料特性。

将偏心压力法公式中的第二项乘以小于 1 的抗扭修正系数 β 的计算方法，称为"修正偏心压力法"。对于简支梁桥，若主梁的截面均相同，即 $I_i=I$，$I_{Ti}=I_T$，则：

$$\eta_{ki} = \frac{1}{n} \pm \beta \frac{a_k a_i}{\sum_{i=1}^{n} a_i^2} \tag{52}$$

此处

$$\beta = \frac{1}{1 + \dfrac{nl^2 GI_T}{12EI\Sigma a_i^2}} \tag{53}$$

由式（53）可以看出，当桥梁宽度一定时，随着跨度增大，β 减小，也就是说抗扭刚度对横向分布系数影响增大。式中混凝土的剪切模量 G 可取 0.4E；对于由矩形组合而成的梁截面，如 T 形或 I 字形梁，其抗扭惯矩 I_T 近似等于各个矩形截面的抗扭惯矩之和：

$$I_T = \sum_{i=1}^{m} c_i b_i t_i^3 \tag{54}$$

式中：b_i，t_i——相应为单个矩形截面的宽度和厚度；

　　　　c_i——矩形截面抗扭刚度系数，根据 t/b 比值按表 9-10 进行计算；

　　　　m——梁截面划分成单个矩形截面的块数。

表9-10　矩形截面抗扭刚度系数

t/b	1	0.9	0.8	0.7	0.6	0.5	0.4	0.3	0.2	0.1	< 0.1
c	0.141	0.155	0.171	0.189	0.209	0.229	0.250	0.270	0.291	0.312	1/3

（3）荷载横向分布系数沿桥跨变化。一般来说，荷载在桥跨纵向的位置不同，对某一主梁产生的横向分布系数不一定相同。按照实用计算方法基本原理，若精确

内力影响面的图形在纵横向各自有相似的特征，则跨中各点荷载横向分布系数采用相同的值，否则荷载横向分布系数沿桥跨应采用不同值。在实际应用中，当求简支梁弯矩时，鉴于横向分布系数沿跨内部分变化不大，为了简化起见，通常均可按不变化的 m_c 来计算。此处 m_c 为采用其他非杠杆原理法的方法计算的荷载横向分布系数。

图 9-52 为边梁支点截面剪力影响面。由图中可见，影响面纵横向完全异形，无法作变量分离，不能得出一个简化的在全跨单一的荷载横向分布系数。目前在设计实践中，当计算支点截面剪力时，采用下面的荷载横向分布系数近似计算方法：

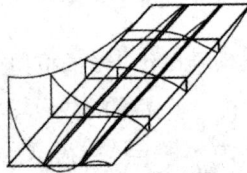

图 9-52 边梁支点截面剪力影响面

对于有多根内横隔梁的情况，梁端采用按杠杆原理法计算得到的荷载横向分布系数 m_0，从第一根内横隔梁起则近似采用按其他方法计算得到的荷载横向分布系数 m_c，从梁端到第一根内横隔梁之间采用从 m_0 到 m_c 的直线过渡形式（见图 9-53 所示）。

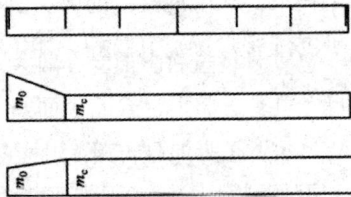

图 9-53 计算剪力时荷载横向分布系数沿跨长分布示意

对于无中间横隔梁或仅有一根中横隔梁的情况，荷载横向分布系数也采用图 9-53 的变化规律，但荷载横向分布系数变化点改为离支点 1/4 处。

这样，主梁上的活载因其纵向位置不同，就应有不同的横向分布系数。图 9-53 中 m_0 可能大于也可能小于 m_c。

对于主梁其他截面的剪力，也可视具体情况计及 m 沿桥跨变化的影响。

3. 主梁活载内力计算

主梁活载内力是由可变作用中车道荷载、人群荷载产生的。当求得了活载的横向分布系数后，就可以具体确定作用于一根主梁上的荷载数值，然后就可利用工程力学方法来计算活载内力。

主梁活载内力计算分为两步：第一步求某主梁的最不利荷载横向分布系数 m_i；第二步应用主梁内力影响线，给荷载乘以横向分布系数后计算截面活载内力。对于车道荷载应将其均布和集中荷载引起的内力进行叠加求出总效应。对于人群荷载内力计算方法同车道均布荷载，但不计冲击力影响。

均布荷载：

$$S_{qk} = (1 + \mu)\xi m_i q_k \Omega \tag{55}$$

集中荷载：

$$S_{pk} = (1 + \mu)\xi m_i p_k y_k \tag{56}$$

车道荷载总效应：

$$S = S_{qk} + S_{pk} = (1 + \mu)\xi m_i (q_k \Omega + p_k \cdot y_k) \tag{57}$$

式中：S_{qk}——主梁在车道荷载的均布荷载作用下的内力；

s_{pk}——主梁在车道荷载的集中荷载作用下的内力；

μ——汽车荷载的冲击系数，按规定取值；

ξ——多车道横向折减系数，规范规定，多车道桥梁的汽车荷载应考虑折减，当桥涵设计车道数等于或大于 2 时，由汽车荷载产生的效应按规定的多车道横向折减系数进行折减，但折减后的效应不得小于两条设计车道的荷载效应；

m_i——荷载横向分布系数，计算主梁弯矩可用跨中荷载横向分布系数 m_c 代替全跨各点上的 m_i，在计算主梁剪力时，应考虑 m_i 在跨内的变化；

q_k——车道荷载的均布荷载；

p_k——车道荷载的集中荷载；

Ω——相应的主梁内力影响线的面积；

y_k——对应于车道集中荷载的影响线最大竖标值。

在求汽车荷载中车道均布荷载及人群荷载作用下的主梁支点或靠近支点截面的剪力时，荷载横向分布系数在这一区段内是变化的，如图 9-54 所示，以支点截面为例，其计算公式为

$$Q_A = Q'_A + \Delta Q \tag{58}$$

式中：Q'_A——按不变的 m_c 计算的内力值；

$\triangle Q_A$——计及靠近支点处横向分布系数变化而引起的内力增（或减）值。

$$\Delta Q_A = (1+\mu)\xi\left[\frac{a}{2}(m_0 - m_c)q_k\overline{y} + (m_0 - m_c)p_k\right]$$ （59）

式中：$\overline{y}$——对应于附加三角形荷载重心位置的内力影响线坐标值。

在上述计算中，当 $m_0 < m_c$ 时为 $\triangle Q_A$ 负值，这意味着剪力反而减小了。

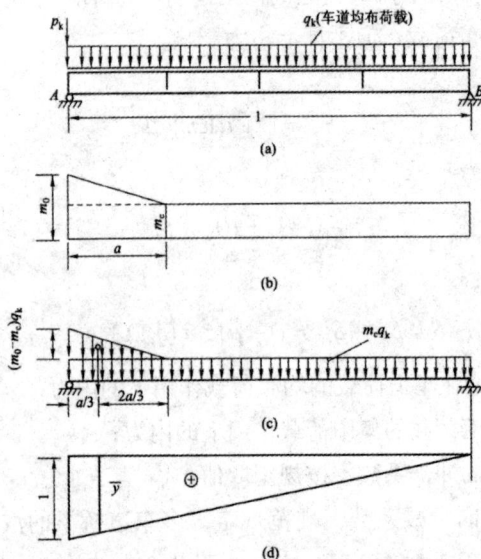

图9-54 车道均布荷载支点剪力计算简图

4. 内力组合及包络图

（1）内力组合。在按各种极限状态来设计钢筋混凝土及预应力混凝土梁时，需要确定主梁沿桥跨方向各截面的内力组合设计值，它是将各类作用代表值引起的最不利内力分别乘以相应的分项系数和组合系数后，按规定的作用效应组合而得到的作用效应组合设计值。

（2）内力包络图。沿梁轴的各个截面将所采用控制设计的计算内力值按适当的比例尺绘成纵坐标，其中右半跨的弯矩值（M_{max}）对称于左半跨，右半跨的剪力值（Q_{min}）反对称于左半跨（Q_{max}），连接这些坐标点而绘成的曲线，就称为内力包络图，如图 9-55 所示。对于小跨径梁，如仅计算 $M_{\frac{1}{2}}$ 以及 $Q_{\frac{1}{2}}$ 则弯矩包络图可绘成二次抛物线，而剪力包络图绘成直线形。

内力包络图既已确定，就可按钢筋混凝土或预应力混凝土结构设计原理和方法来设计整根梁内纵向主筋，斜筋和箍筋，并进行各种验算。

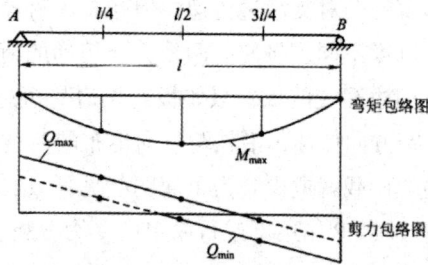

图9-55　内力包络图示意

（二）桥面板计算

1. 桥面板的分类

钢筋混凝土和预应力混凝土肋梁桥的桥面板（也称行车道板），是直接承受车辆轮压的承重结构，在构造上它通常与主梁梁肋和横隔梁（或横隔板）联结在一起，这样既保证了梁的整体作用，又能将车辆荷载传给主梁。桥面板一般用钢筋混凝土制造，对于跨度较大的桥面板也可施加横向预应力，做成预应力混凝土板。

从结构形式上看，对于具有主梁和横隔梁的简单梁格体系，如图9-56（a）所示，以及具有主梁、横梁和内纵梁（或称副纵梁）的复杂梁格体系，如图9-56（b）所示，行车道板实际上都是周边支承的板。

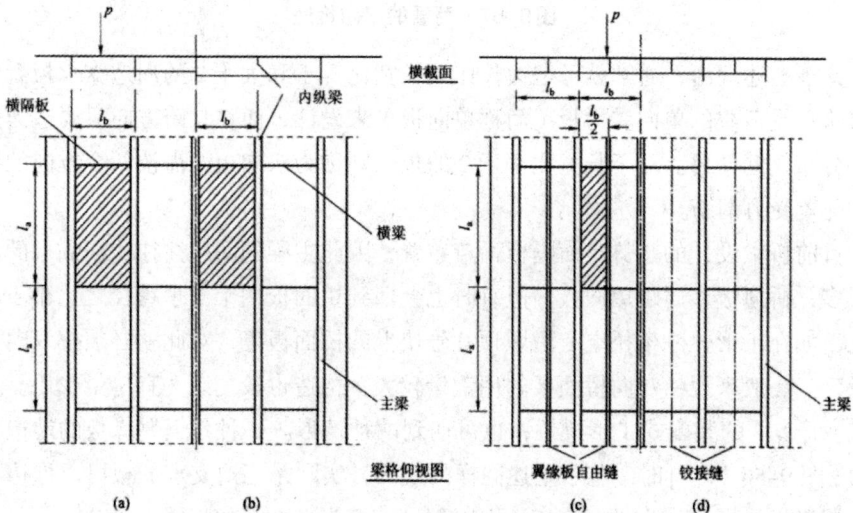

图9-56　梁格系构造和桥面板的支承方式

从承受荷载的特点来看，在矩形四边支承板上当板中央作用一竖向荷载P时，虽然荷载 P 要向相互垂直的两对支承边传递，但当支承跨径 l_a 和 l_b 不相同时，由于板沿 l_a 和 l_b 跨径的相对刚度不同，将使向两个方向传递的荷载也不相等。根据弹性薄板理论的研究，对于四边简支的板，只要板的长边与短边之比（l_a/l_b）接近 2 时，荷载的绝大部分会沿短跨方向传递，沿长跨方向传布的荷载将不足 6%。l_a/l_b 之值愈大，向 l_a 跨度方向传递的荷载就愈少。为了简明起见，只要应用一般的力学原理对图 9-57 所示十字形梁在荷载 P 作用下进行简单的受力分析，即求出 P_a 和 P_b，就不难领会这一概念的基本道理。

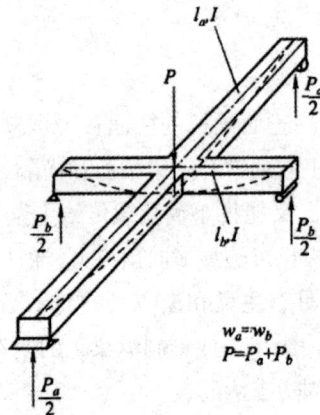

图 9-57　荷载的双向传递

　　鉴于上述理由，通常就可把边长比或长宽比等于和大于 2 的周边支承板看作单由短跨承受荷载的单向受力板（简称单向板）来设计，而在长跨方向只要适当配置一些分布钢筋即可。对于长宽比小于 2 的板，则称为双向板，需按两个方向的内力分别配置受力钢筋。

　　目前桥梁设计的趋势是横隔板稀疏布置，因此主梁的间距往往比横隔板的间距小得多，桥面板多属于单向板。但有时也会遇到桥面板两个支承跨径之比小于 2 的情况，如在 T 形梁刚架桥空心墩墩顶 0 号块上的桥面板等，对此就必须按双向板进行设计。一般来说，双向桥面板的用钢量较大，构造也较复杂，宜尽量少用。对于常见 $l_a/l_b \geq 2$ 的装配式 T 形梁桥，也可遇到两种情形。一种是当翼缘板的端边是自由边 [图 9-56（c）] 时，鉴于上述同样的原因，实际是三边支承的板可以像边梁外侧的翼缘板一样，作为沿短跨一端嵌固而另一端为自由端的悬臂板来分析。另一种是相邻翼缘板在端部互相做成铰接接缝的构造 [图 9-56（d）]，在此情况下桥面板应按一端嵌固一端铰接的铰接悬臂板进行计算。

综上所述，在实践中最常遇到的桥面板受力图式为梁式单向板、悬臂板、铰接悬臂板和双向板。下面分别阐明它们的计算方法。

2. 车轮荷载在板上的分布

作用在桥面上的车轮压力，通过桥面铺装层扩散分布在钢筋混凝土板面上，由于板的计算跨径相对于轮压的分布宽度来说不是很大，故在计算时应较精确地将轮压作为分布荷载来处理，这样做可避免造成较大的计算误差，又可节约桥面板的材料用量。

由于弹性的车轮与桥面的接触面实际上接近于椭圆，而且荷载又要通过铺装层扩散分布，故车轮压力在桥面板上的实际分布形状是很复杂的。然而，为了计算方便起见，通常可近似地把车轮与桥面的接触面看作是 $a_1 \times b_1$ 的矩形，此处 a_1 是车轮沿行车方向的着地长度，b_1 为车轮的宽度，如图9-58所示。各级荷载的 a_1 和 b_1 值可从规范中查得。至于荷载在铺装层内的扩散程度，根据试验研究，对于混凝土或沥青面层，荷载可以偏安全地假定呈45°角扩散。因此，最后作用于钢筋混凝土承重板顶面的矩形荷载压力面的边长为：沿桥梁纵向，a_1+2h；沿桥梁横向 b_1+2h，式中 h 为铺装层的厚度。

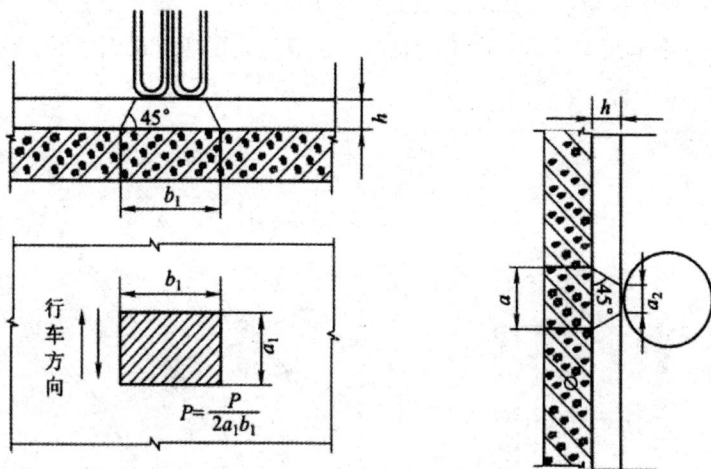

图9-58 汽车荷载在板面上的分布示意

3. 桥面板的荷载分布宽度

众所周知，板在局部分布荷载 P 的作用下，不仅直接承压部分的板带参加工作，与其相邻的部分板带也会分担一部分荷载共同参与工作。因此，在桥面板的计算中，就需要确定荷载的分布宽度。下面分单向板和悬臂板来阐明荷载分布宽度的计算方法。

（1）单向板。如图 9-59 所示为一块跨径为 l、宽度较大的梁式桥面板，板中央作用着局部分布荷载，其分布面积为（a_1+2h）×（b_1+2h）。显然，板除了沿计算跨径 x 方向产生挠曲变形 w_x 外，在 y 方向也必然发生挠曲变形 w_y，如图 9-59（b）所示。这说明荷载作用下不仅直接承压的宽度为 a_1+2h 的板条受力，其邻近的板也参与工作，共同承受车轮荷载所产生的弯矩。图 9-59（a）示出了沿 y 方向板条所分担弯矩 m_x 的分布图形，在荷载中心处板条负担的弯矩达到最大值 m_{max}，离荷载愈远的板条所承受的弯矩就愈小。

如果设想以 $a \times m_{max}$ 的矩形来代替实际的曲线分布图形，也即：

$$a \times m_{max} = \int m_x dy = M$$

则得弯矩图形的换算宽度为：

$$a = \frac{M}{m_{max}} \quad\quad （60）$$

式中：M——车轮荷载产生的跨中总弯矩；

m_{max}——荷载中心处的最大单宽弯矩值，可按弹性薄板理论求得；

a——车轮传递到板上的荷载分布宽度，也称为板的有效工作宽度。

以板宽 a 来承受车轮荷载产生的总弯矩，既满足了弯矩最大值的要求，计算起来也很方便。

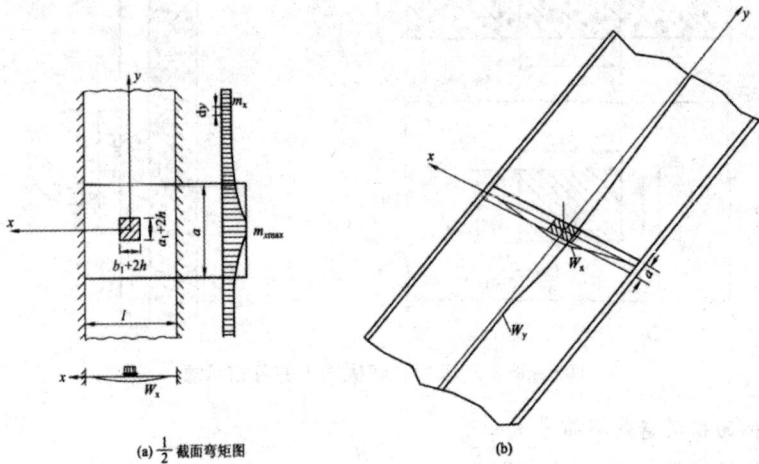

(a) $\frac{1}{2}$ 截面弯矩图   (b)

图 9-59　桥面板的受力状态示意

荷载分布宽度 a 的大小与板的支承条件、荷载性质以及荷载作用位置有关。两边固结的板荷载分布宽度要比简支板小 30% ~ 40%；全跨满布的条形荷载有效分布宽度比局部分布荷载的小；荷载愈靠近支承边，其有效工作宽度愈小。

考虑到实际上（a_1+2h）/l 值不会很小，而且桥面板属于弹性固结支承，因此为了计算方便，规范中对于梁式单向板的荷载分布宽度作了如下的规定。

①平行于板跨径方向的荷载分布宽度。

$$b=b_1+2h \tag{61}$$

②垂直于板跨径方向的荷载分布宽度。

单个车轮在板的跨径中部时 [图 9–60（a）]，

$$a = (a_1 + 2h) + \frac{l}{3} \geq \frac{2}{3}l \tag{62}$$

多个相同车轮在板的跨径中部时，当各单个车轮按式（65）计算的荷载分布宽度有重叠时（图 9–60（b）），

$$a = (a_1 + 2h) + d + \frac{l}{3} \geq \frac{2}{3}l + d \tag{63}$$

车轮在板的支承处时，

$$a = (a_1 + 2h) + t \tag{64}$$

车轮在板的支承附近，距支点的距离为 x 时，

$$a = (a_1 + 2h) + t + 2x \tag{65}$$

但不大于车轮在板的跨径中部的分布宽度；这就是说，荷载由支点处向跨中移动时，相应的有效分布宽度可近似地按 45° 线过渡。

式中：l——板的计算跨径；

d——多个车轮时外轮之间的中距；

t——板的厚度。

按以上公式算得的所有分布宽度，均不得大于板的全宽度；彼此不相连的预制板，车轮在板内分布宽度不得大于预制板宽度。对于不同荷载位置时，单向板的荷载分布宽度图形如图 9–60（c）所示。

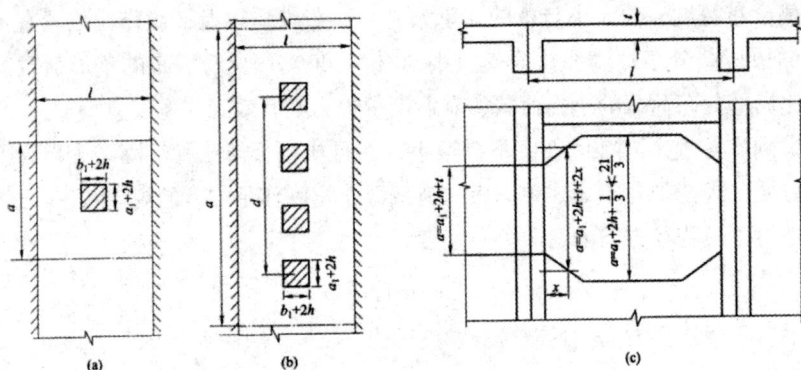

图9-60 荷载分布宽度示意

（2）悬臂板。悬臂板在荷载作用下，除了直接承受荷载的板条外，相邻板条也发生挠曲变形而承受部分弯矩，如图9-61（b）所示。悬臂根部沿 y 方向各板条的弯矩分布如图9-61(a)所示。根据弹性薄板理论分析得到，当板端作用集中力 P 时，在荷载中心处的根部最大负弯矩为 $m_{x\max} \approx -0.465P$，而荷载所引起的总弯矩为 $M_0 = -Pl_0$，l_0 汶为悬臂板的净跨径。因此，按最大负弯矩值换算的荷载分布宽度为：

$$a = \frac{M_0}{M_{x\max}} = \frac{-Pl_0}{-0.465P} = 2.15l_0 \tag{66}$$

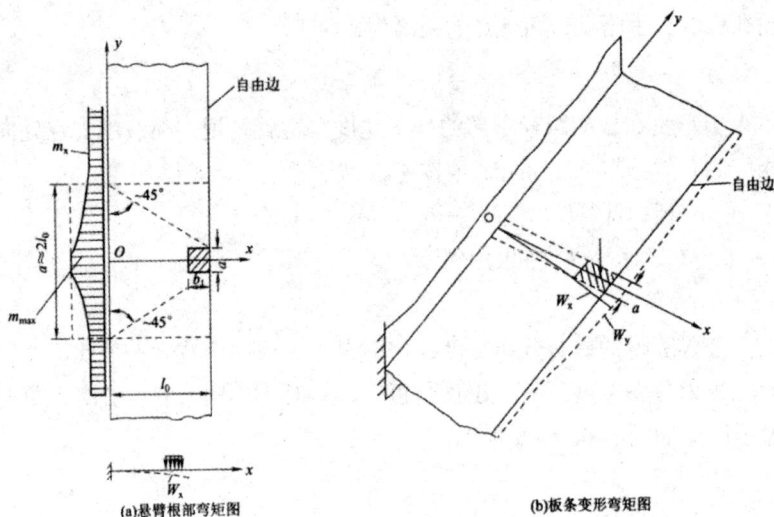

图9-61 悬臂板受力状态示意

由此可见，悬臂板的有效工作宽度接近于二倍悬臂长度，也就是说，荷载可近似地按 45° 角向悬臂板支承处分布，如图 9-62（a）所示。

规范中规定，当 c 值不大于 2.5m 时，如图 9-62 所示，垂直于悬臂板跨径的车轮荷载分布宽度按下述公式计算：

$$a = (a_1 + 2h) + 2c \qquad (67)$$

式中：c——平行于悬臂板跨径的车轮着地尺寸的外缘，通过铺装层 45° 分布线的外边线至腹板外边缘的距离。

对于分布荷载靠近板边的最不利情况，c 就等于悬臂板的跨径 l_0，如图 9-62（a）所示，于是：

$$a = (a_1 + 2h) + 2l_0 \qquad (68)$$

当长悬臂板 c 值大于 2.5m 时，悬臂根部负弯矩是按式（68）计算的 1.5 ~ 1.30 倍，此外，在车轮荷载作用点下方的无限宽度板条中还有正弯矩出现，因此尚应考虑正弯矩配筋。

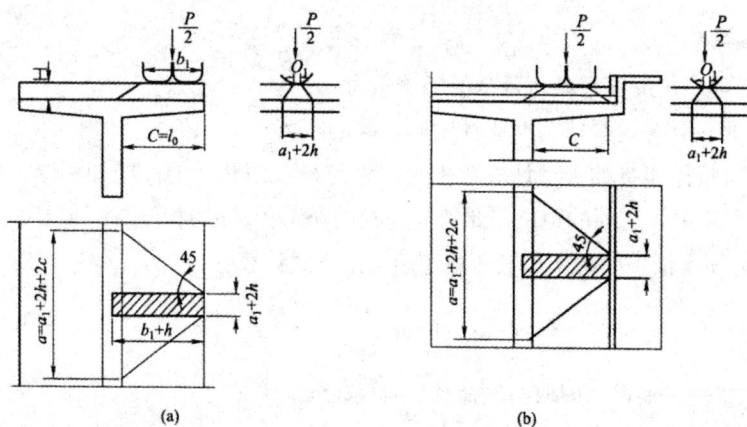

图 9-62　悬臂板的荷载分布宽度

4. 桥面板的内力计算

对于实体的矩形截面桥面板，一般均由弯矩控制设计，设计时，习惯上以每米宽的板条来进行计算比较方便。对于梁式单向板或悬臂板，只要借助板的荷载分布宽度，就不难得到作用在每米宽板条上的荷载和其引起的弯矩。对于双向板，除可按弹性理论进行分析外，在工程实践中常用简化的计算方法或现成的图表进行计算。

（1）多跨连续单向板。常见的桥面板实质上是一个支承在一系列弹性支承上的多跨连续板，在构造上，板与梁肋是整体联结在一起的，因此各根主梁的不均匀弹性下沉和梁肋本身的抗扭刚度必然会影响到桥面板的内力，所以桥面板的实际受力情况是非常复杂的。通常我们采用简便的近似方法进行计算。

①计算弯矩。计算弯矩时，先算出一个跨度相同的简支板在横载重力和汽车荷载作用下的跨中弯矩 M_0。再乘以偏安全的经验系数加以修正，从而求得支点处和跨中截面的设计弯矩。弯矩修正系数可视板厚 t 与梁肋高度 h 的比值来选用。

a. 支点弯矩：

$$M_s = -0.7M_0 \tag{69}$$

b. 跨中弯矩。板厚与梁肋高度比小于 1/4 时（即主梁抗扭能力较大）：

$$M_c = +0.5M_0 \tag{70}$$

板厚与梁肋高度比大于等于 1/4 时（即主梁抗扭能力较小）：

$$M_c = +0.7M_0 \tag{71}$$

式中：M_0——与计算跨径相同的简支板跨中弯矩。

每米板宽的跨中恒载弯矩可由下式计算：

$$M_{og} = \frac{1}{8}gl^2 \tag{72}$$

式中：g——1m 宽板条每延米的恒载重力；

l——板的计算跨径应为两支撑中心之间的距离。

与梁肋整体连接的板，计算弯矩时计算跨径取两肋间的净距加板厚，即 $l=l_0+t$，但不大于两肋中心之间的距离，此处 l_0 为板的净跨径，t 为板厚。

1 米宽简支板条的跨中车辆荷载弯矩可由下式计算：

$$M_{op} = (1+\mu)\frac{P}{8a}\left(l - \frac{b_1 + 2h}{2}\right) \tag{73}$$

式中：P——轴重，即取车辆荷载后轴的轴重计算；

a——板的有效工作宽度；

μ——冲击系数，对于行车道板取 0.3。

如果板的跨径较大，可能还有第二个车轮进入跨径内时，可按工程力学方法将荷载布置得使跨中弯矩为最大。

②计算剪力。计算单向板的支点剪力时，可不考虑板和主梁的弹性固结作用，此时荷载必须尽量靠近梁肋边缘布置。考虑了相应的有效工作宽度后，每米板宽承受的分布荷载如图 9-63（b）所示。支点剪力 Q_s 的计算公式为恒载剪力：

$$Q_{sg} = \frac{gl_0}{2} \tag{74}$$

跨内作用一个车轮荷载的剪力：

$$Q_{sp}(1+\mu)(A_1y_1+A_2y_2) \tag{75}$$

其中矩形部分荷载的合力为：

$$A_1 = p(b_1+2h) = \frac{P}{2a(b_1+2h)}\cdot(b_1+2h) = \frac{P}{2a} \tag{76}$$

三角形部分荷载的合力为：

$$A_1 = \frac{1}{2}(p-p')\cdot\frac{1}{2}(a-a') = \frac{P}{8aa'(b_1+2h)}\cdot(a-a')^2 \tag{77}$$

式中：p、p′——对应于有效工作宽度 a 和 a′ 处的荷载集度；

y_1、y_2——对应于荷载合力 A_1 和 A_2 的支点剪力影响线竖标值；

l_0——板的净跨径。

如跨径内不止一个车轮进入时，尚应计及其他车轮的影响。

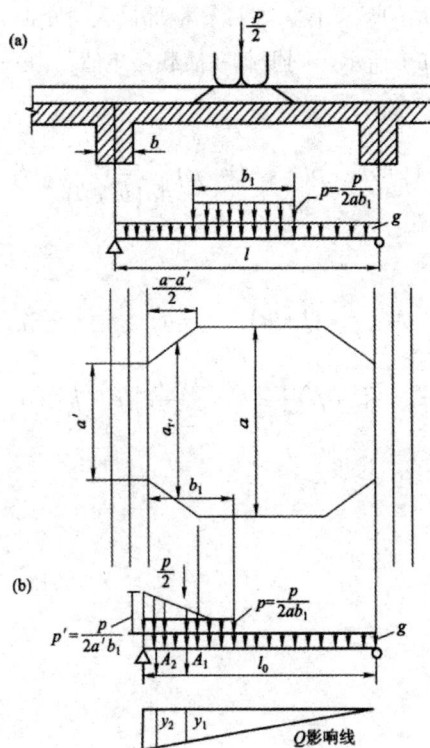

图9-63　单向板内力计算示意

2. 铰接悬臂板

T 形梁翼缘板作为行车道板往往用铰接的方式连接，其最大弯矩在悬臂根部。

根据计算分析可知，计算活载弯矩 M_{sp} 时，最不利的荷载位置是把车轮荷载对中布置在铰接处，这时铰内的剪力为零，两相邻悬臂板各承受半个车轮荷载，即，如图 9-64（a）所示。因此每米宽悬臂板在根部的活载弯矩为：

$$M_{sp} = -(1+\mu)\frac{P}{4a}\left(l_0 - \frac{b_1 + 2h}{4}\right) \tag{78}$$

每米板宽的恒载弯矩为：

$$M_{sp} = -\frac{1}{2}fl_0^2 \tag{79}$$

式中：l_0——铰接悬臂板的净跨径。

悬臂根部的剪力可以偏安全地按一般悬臂板的图式来计算，这里从略。

3. 悬臂板

对于沿纵缝不相联结的悬臂板，在计算根部最大弯矩时，应将车轮荷载靠板的边缘布置，如图 9-64（b）所示。则恒载和活载弯矩值可由一般公式求得。

（1）活载弯矩：

$$M_{sp} = -(1+\mu)\frac{1}{2}pl_0^2 = -(1+\mu)\frac{P}{4a(b_1+h)}l_0^2 \left(b_1 + h \geq l_0\right) \tag{80}$$

或：

$$
\begin{aligned}
M_{sp} &= -(1+\mu)p(b_1+h)\left(l_0 - \frac{b_1+h}{2}\right) \\
&= -(1+\mu)\frac{P}{2a}\left(l_0 - \frac{b_1+h}{2}\right)(b_1 + h < l_0)
\end{aligned}
\tag{81}
$$

式中：l_0——悬臂板的净长度。

（2）恒载弯矩

$$M_{sg} = -\frac{1}{2}gl_0^2 \tag{82}$$

剪力计算从略。

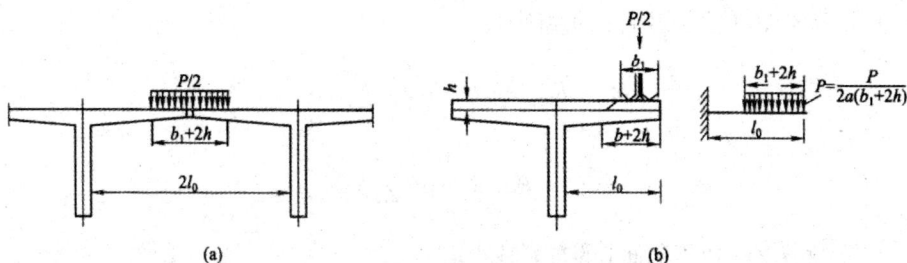

图9-64　悬臂板计算示意图

（三）横隔梁内力计算

在钢筋混凝土及预应力混凝土桥中，横梁对于加强结构的横向联系，保证结构的整体性有很大的作用，故横梁本身或其装配接头应具有足够的强度。下面我们介绍刚性横梁法计算横梁内力的实用方法。

1. 按刚性横梁计算内力影响线

对于具有多根内横梁的桥梁，由于位于跨中的横梁受力最大，因此通常只需计算跨中横梁的内力，其他横梁可偏安全地仿此设计。

桥梁的中横隔梁可近似地视作支承在多根弹性主梁上的多跨弹性支承连续梁，如图9-65（b）所示。鉴于各主梁的荷载横向影响线（也即弹性支承力影响线）在主梁计算中已经求得，故连续梁可以简单地用静力平衡条件来求解。

当桥梁在跨中有单位荷载 P=1 作用时，各主梁所受的荷载将为 R_1，R_2，R_3，…，R_n，如图9-65（a）所示，这也就是横隔梁的弹性支承反力。因此，由力的平衡条件就可写出横隔梁任意截面 r 的内力计算公式。

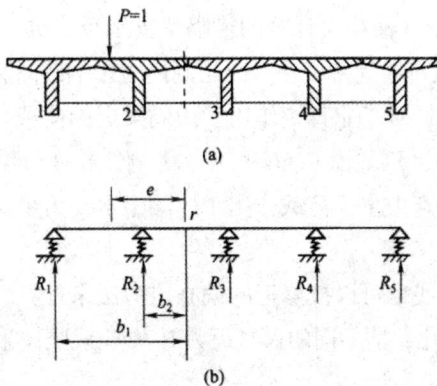

图9-65　横隔梁计算示意图

（1）荷载 P=1 位于截面 r 的左侧时：

$$M_r = R_1 b_1 + R_2 b_2 - 1 \cdot e = \sum^{左} R_i b_i - e \tag{83}$$

$$Q_r = R_1 + R_2 - 1 = \sum^{左} R_i - 1 \tag{84}$$

（2）荷载 P=1 位于截面 r 的右侧时：

$$M_r = R_1 b_1 + R_2 b_2 = \sum^{左} R_i b_i \tag{85}$$

$$Q_r = R_1 + R_2 = \sum^{左} R_i \tag{86}$$

式中：M_r、Q_r——横隔梁任意截面 r 的弯矩和剪力；

e——荷载 P=1 至所求截面的距离；

b_i——支承反力 R_i 至所求截面的距离；

$\sum^{左}$——对涉及所求截面以左的全部支承反力的作用。

以上公式中对于确定的计算截面 r 来说，所有的 b_i 是已知的，而 R_i 则随荷载 P=1 的位置 e 而变化。据此就可以直接利用已经求得的 R_i 的横向影响线来绘制横隔梁的内力影响线。

通常横隔梁的弯矩在靠近桥中线的截面较大，剪力则在靠近桥两侧边缘处的截面较大。所以，对图 9-66 来讲，一般可以只求 3 号梁处和 2 号与 3 号主梁之间对于装配式桥即横隔板接头处）截面的弯矩，以及 1 号主梁右侧和 2 号主梁右侧等截面的剪力。

图 9-66 示出了按刚性横梁法计算的横隔梁支承反力 R、弯矩 M 和剪力 Q 的影响线。鉴于 R_i 影响线呈直线规律变化，故绘制内力影响线时只需要标出几个控制点的竖坐标值。尚须指出，对于非直接作用于横隔梁上的荷载，在计算内力时实际上应考虑间接传力的影响，例如图 9-66 中 M_{3-4} 影响线在 3 号梁和 4 号梁之间区段应取虚线之值。但鉴于计算中主要荷载作用于横隔梁上，为了简化起见，仍可偏安全地忽略间接传力的影响。

横隔梁的内力影响线也可以按修正的偏心压力法来计算，计算方法同上，只是影响线的竖坐标稍有变化，所不同的仅是反力 R_i 影响线竖向坐标的计算公式不同。

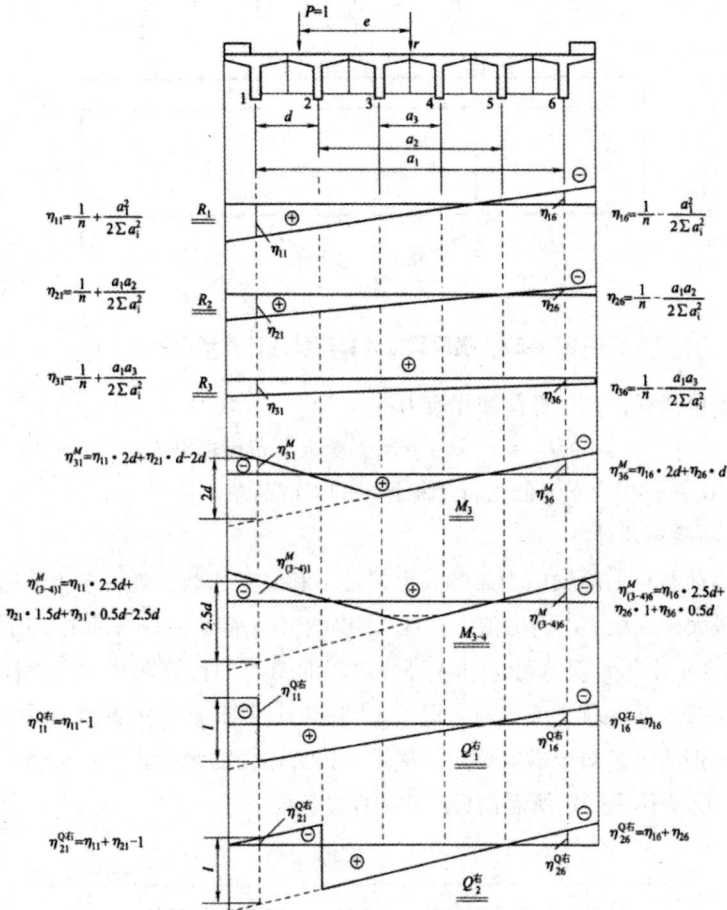

图9-66　按刚性横梁法计算的横隔梁的R、M和Q影响线

2. 作用在横隔梁上的计算荷载

有了横隔梁的内力影响线，就可直接在其上加载来计算截面内力。但要注意，对于跨中一片横隔梁来说，除了直接作用在其上的轮重外，前后的轮重对它也有影响，在计算中可假设荷载在相邻横隔梁之间按杠杆原理法传布，如图9-67所示。因此，纵向一辆汽车轮重分布给该横隔梁的计算荷载为：

$$P_{oq} = \left(\frac{P_1}{2}y_1 + \frac{P_2}{2}y_2 + \frac{P_3}{2}y_3 \right) = \frac{1}{2}\Sigma P_i y_i \tag{87}$$

式中：p_i——轴重，应注意将车辆荷载的重轴布置在欲计算的横隔梁上；

y_i——对于所计算的横隔梁按杠杆原理计算的纵向荷载影响线竖坐标值。

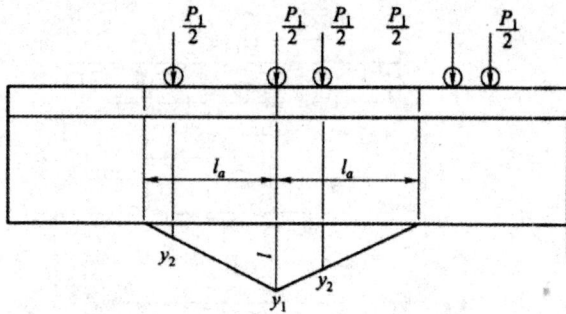

图9-67　横隔梁上计算荷载的计算示意图

对于人群荷载，其计算荷载相应为：

$$P_{or} = p_{or}\Omega = p_{or}l_a \text{（影响上布满荷载）} \quad\quad （88）$$

式中：p_{or}——相应于一侧人行道每延米的人群荷载。

3. 横隔梁内力计算

将计算荷载在横隔梁内力影响线上按最不利位置加载，就可求得作用在一根横隔梁上的最大（或最小）内力值。在计算中对于汽车荷载应计入冲击作用。

图9-68示出了计算3号梁和4号梁之间的 M_{3-4} 的计算图式。求得横隔梁的内力后，就可按钢筋混凝土或预应力混凝土结构的计算原理来配置钢筋并进行承载能力计算和其他验算。对于横隔梁用焊接钢板接头连接的装配式T形梁桥，应根据接头处的最大弯矩值来确定所需钢板尺寸和焊缝长度。

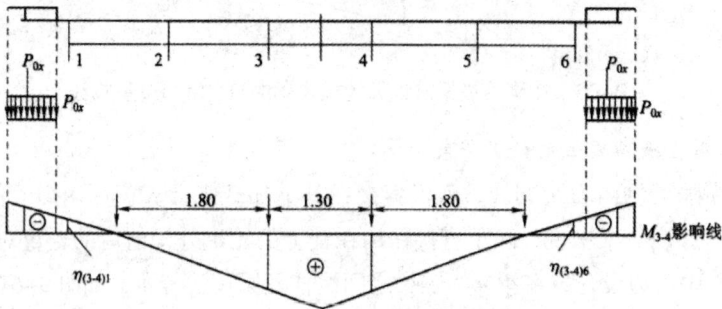

图9-68　横隔梁内力影响线

第十章　桥梁的悬臂施工

第一节　悬臂浇筑法

一、移动式挂篮

悬臂浇筑采用移动式挂篮作为主要施工设备，以桥墩为中心，利用挂篮对称浇筑梁段混凝土，每段长 2 ~ 5m。每浇筑完一对梁段，待混凝土达到规定强度后，张拉预应力束并锚固，再向前移动挂篮，进行下一节段的施工。悬臂浇筑施工作业的流程如图 10-1 所示。

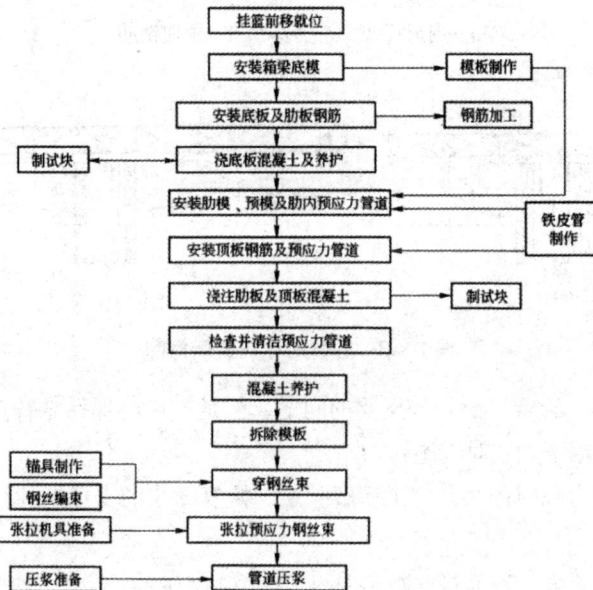

图 10-1　悬臂浇筑施工作业的流程示意图

　　当桥墩宽度较小时，浇筑桥墩两侧1号梁段，因挂篮拼装场地不足，往往采用托架支撑如图10-2所示，然后再在其上安装脚手钢桁架如图10-3（a）所示，供吊设挂篮和浇筑2号悬臂梁段。待左右两侧的2号梁段浇好后，再延伸钢桁架，并移动挂篮位置至外端，供3号梁段浇筑如图10-3（b）所示。浇筑几段后，将钢桁架分成两半浇筑，后端锚固或重压，以防止倾覆。

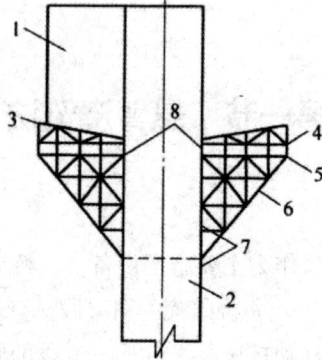

图10-2　用托架支撑浇筑墩桩两侧的1号梁段

1—1号梁段；2—缴柱；3—三角垫架；4—木楔；5—工字钢；
6—扇形托架；7—垫块；8—预埋钢筋

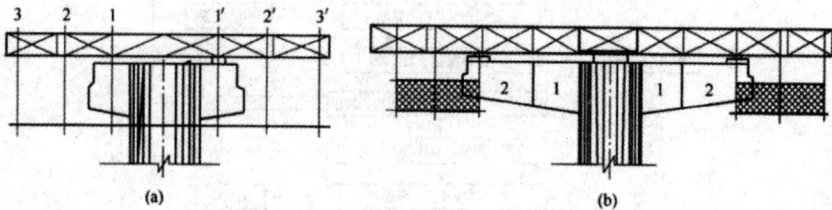

(a)　　　　　　　　　　　　　　　　　　　(b)

图10-3　悬臂对称浇筑示意图

　　悬臂施工时，悬臂平衡是最重要的问题，但是不可能保持悬臂在桥墩两侧绝对平衡，因此常采用下列临时措施：

　　（1）用预应力临时固结，完工后解除之，恢复原来的支撑条件。如图10-4（a）所示。

　　（2）在桥墩两侧加设临时支墩。如图10-4（b）所示。

　　（3）在墩顶设扇形托架，起到梁与墩临时固结的作用，如图10-4（c）所示。

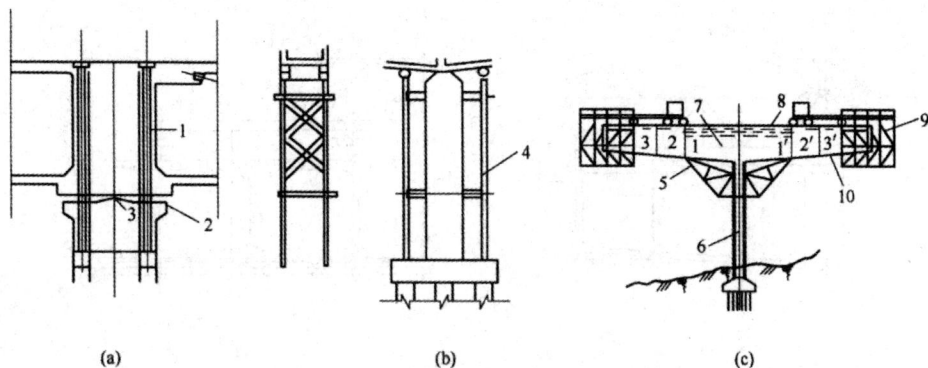

图10-4 悬臂的平衡措施示意

1—穿在钢筋管内的临时预应力；2—临时混凝土垫块；3—支座；4—临时支撑；
5—扇形托架；6—桥墩；7—墩顶梁段；8—逐段施加的预应力筋；9—挂篮；10—梁段

每段浇筑的混凝土经养护达到设计强度的 70% 后，再经过孔道检查和修理埋孔口等工序，即可进行穿束、张拉、压浆和封锚工作。

移动式挂篮是悬臂浇筑采用的主要施工设备，它由底模板、悬挂系统、钢桁架、行走系统、工作平台、平衡重力及锚固系统等组成。挂篮能沿轨道行走，能悬挂在已完成悬臂浇筑的梁段上进行下一梁段施工。由于梁段的模板架设、钢筋绑扎、制孔器安装、混凝土浇筑、预加应力和管道压浆等工序均在挂篮上进行，所以挂篮除具备足够的强度外，还应满足变形小、行走方便、锚固、拆装容易以及各项施工作业的要求。

按不同的划分依据，挂篮可以有不同的分类。按构造形式分，挂篮可分为桁架式（包括平弦无平衡重式、菱形、弓弦式等）、斜拉式（包括三角斜拉式和预应力斜拉式）、型钢式及混合式四种；按抗倾覆平衡方式分，挂篮可分为压重式、锚固式和半压重半锚固式三种；按走行方法分，挂篮可分为一次走行到位和两次走行到位两种；按移动方式分，挂篮可分为滚动式、滑动式和组合式三种。下面介绍几种主要挂篮的结构与特点：

（1）平行桁架式挂篮。平行桁架式挂篮的上部结构一般为一个等高的桁架，如图 10-5 所示，其受力特点为底模平台及侧模支架所承荷重均由前后吊杆垂直传至桁架节点和箱梁底板上，故又称吊篮式结构，桁架在梁顶用压重或锚固解决倾覆稳定问题，桁架本身为受弯结构。

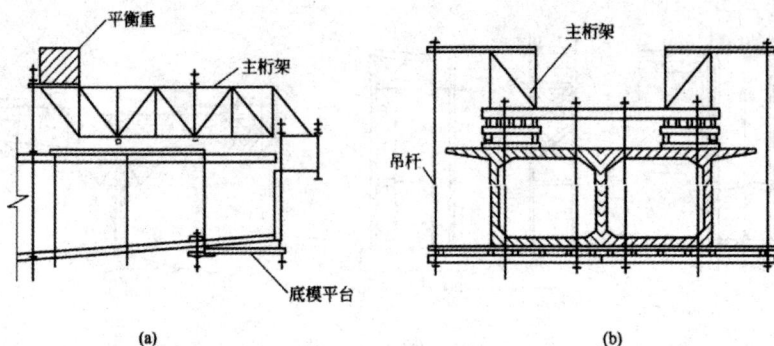

图10-5 平行桁架式挂篮示意图

（2）平弦无平衡重挂篮。平弦无平衡重挂篮是在平行桁架式挂篮的基础上，取消压重，在主桁架上部增设前后上横桁，可根据需要沿主桁纵向滑移，并在主桁横移时吊住底模平台及侧模架，如图10-6所示。由于平弦无平衡重挂篮减小了挂篮底部荷重作用在主桁架上的力臂，大大减小了倾覆力矩，故不需平衡压重，其主桁后端则通过梁体竖向预应力筋锚固于主梁顶板上。

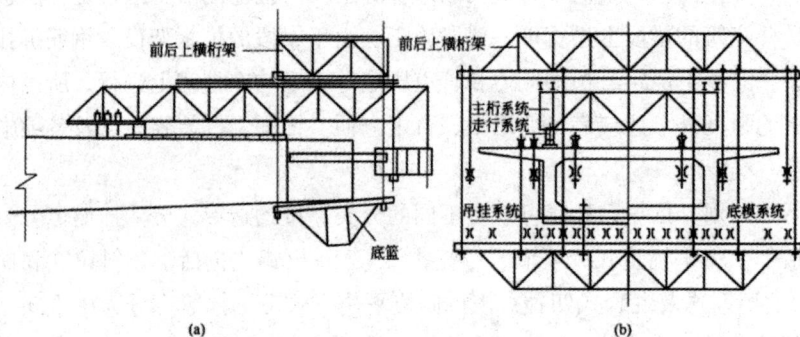

图10-6 平弦无平衡重挂篮示意图

（3）三角形组合梁挂篮。三角形组合梁挂篮是在平行桁架式挂篮的基础之上，将受弯桁架改为三角形组合梁结构的斜拉式挂篮，如图10-7所示。由于斜拉杆的拉力作用，大大降低了主梁的弯矩，主梁能采用单构件实体型钢。挂篮上部结构较轻，因此除尾部锚固外，还需较大压重。三角形组合梁挂篮的底模平台及侧模支架等承重传力与平行桁架式挂篮基本相同。

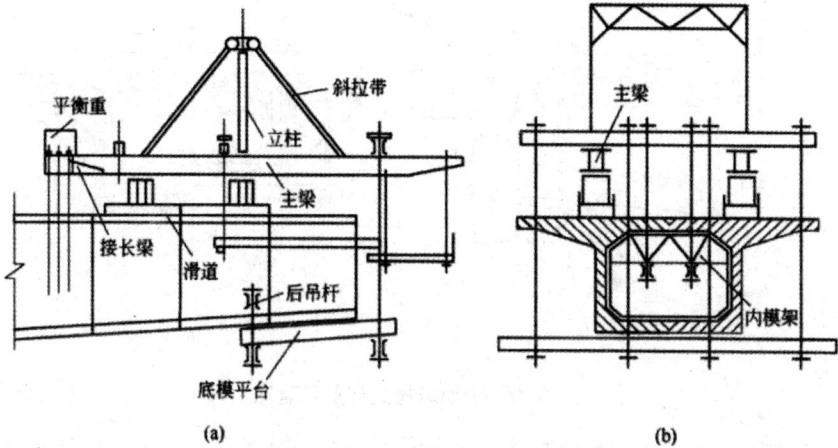

图10-7 三角形组合梁挂篮示意图

（4）弓弦桁架式挂篮。弓弦桁架式挂篮又称曲弦桁架式挂篮，其主桁形似弓形，除具有桁高随弯矩大小变化、受力合理的特点外，还可在结构内部预施应力消除非弹性变形，故可取消平衡重，一般重量较轻，其结构如图 10-8 所示。

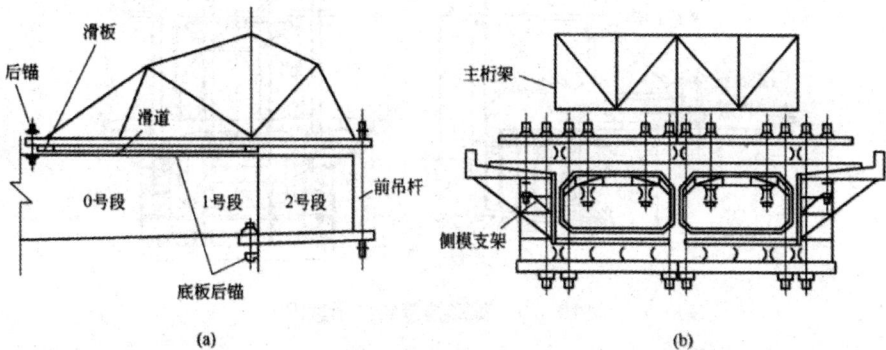

图10-8 弓弦桁架式挂篮示意图

（5）滑动斜拉式挂篮。滑动斜拉式挂篮上部采用斜拉体系代替梁式或桁架式结构的受力，而由此引起的水平分力，通过上下限位装置（也称水平制动装置）承受，主梁的纵向倾覆稳定由后端锚固压力维持。底模平台后端仍吊挂或锚固于箱梁底板之上，如图 10-9 所示。

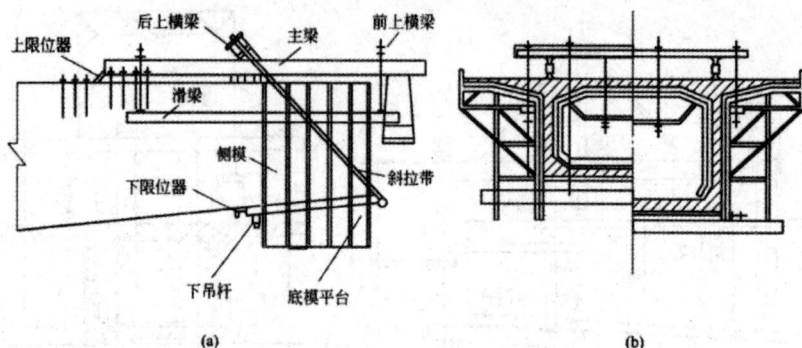

图 10-9　滑动斜拉式挂篮示意图

（6）菱形挂篮。菱形挂篮可认为是在平行桁架式挂篮的基础上简化而来的，其上部结构为菱形，前部伸出两伸臂小梁作为挂篮底模平台和侧模前移的滑道，菱形结构后端锚固于箱梁顶板上，结构简单，而且无平衡压重，大大减轻了自身静荷，结构如图 10-10 所示。

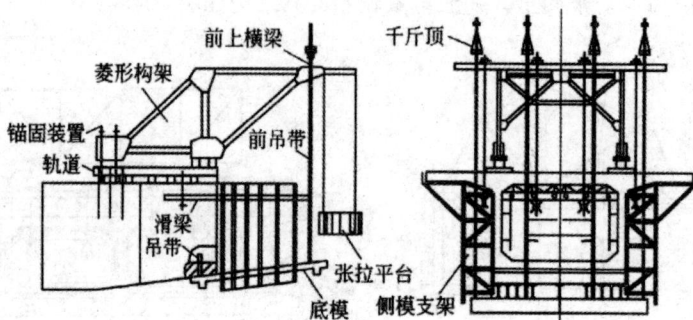

图 10-10　菱形挂篮结构示意图

（7）自承式挂篮。自承式挂篮分为两种，一种是模架支承在整体桁架上，桁架用销子和预应力筋挂在已成箱梁的前端角上。灌注混凝土时主梁和走行桁架移至一边，挂篮前行时再安上，吊着空载的模板系统前移。另一种是将侧模制成能承受巨大压力的刚性模板，通过梁上的水平及竖直预应力筋拉住模板来承担混凝土重，走行方法与前者相同，由临时吊车悬吊着模板系统前移到下一梁段。自承式挂篮结构如图 10-11 所示。

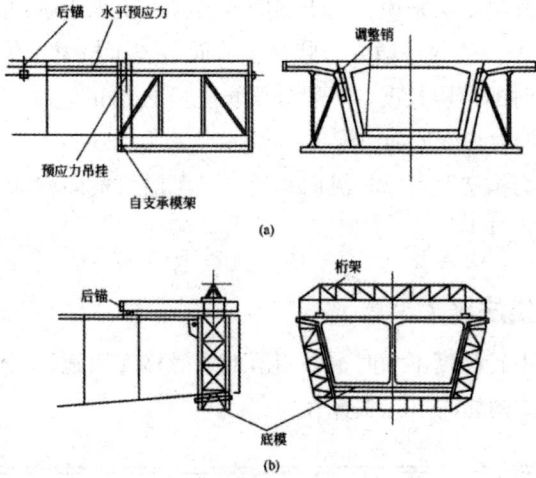

图 10-11 自承式挂篮结构示意

二、移动式桁梁悬吊模架施工

图 10-12 所示为移动式桁梁悬吊模架法的结构，该法适用桥跨约在 40 ~ 150m 之间，经济跨径为 70 ~ 90m，对于多跨长桥经济效益较好，而且可以设计专用的桁梁，施工方便。

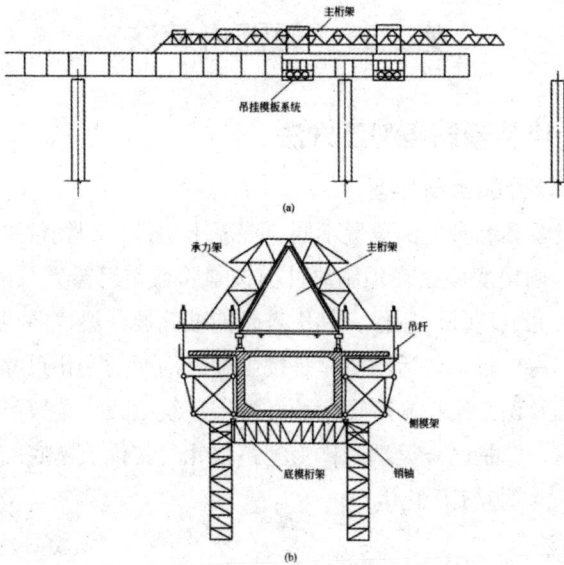

图 10-12 移动式桁梁悬吊模架法示意

相对于挂篮悬臂浇筑法来说，由于移动式桁梁可支承于墩顶梁上，能减小主梁悬浇时的弯矩和剪力，改善桥墩受力状况，从而节省了桥梁主体结构的材料用量，并可加大悬臂施工时的节段长度。一般分段长度可达10m左右，因而减少了设备的周转循环次数，可较大程度地加快施工进度。

此外，由于受力桁架既可沿桥纵向移动，又可沿桥横向移动，比较适用于一定曲率的曲线桥的悬臂灌注。

三、滑移支架法施工

当桥下地势较平且高度不大时，采用落地式滑移支架施工则可能较为方便和经济。此方法的具体结构如图10-13所示。

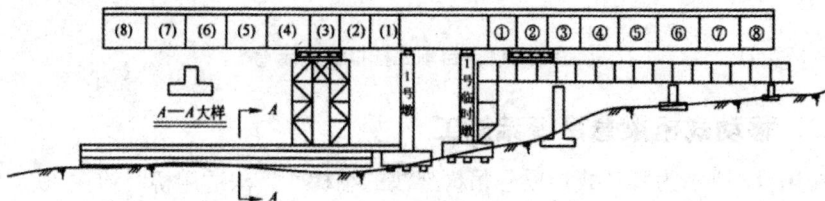

图10-13　滑移支架法结构示意

第二节　悬臂拼装法

一、混凝土块件预制类型及方法

（一）混凝土块件的预制类型

根据预制模板及预制台座的设置不同，混凝土块件预制经常采用固定底座和活动底座两种类型。固定底座是在预制块件前按整跨或单跨悬臂梁的长度做好底座，通过移动侧模顺次完成块件的制作，其优点是能准确放样梁底曲线到台座上，但养护设备需要移动，占地较多。活动底座是按主梁纵剖面的变化尺寸设计出单个浇筑单元，在配有纵移及调整底板高度设备的底模上浇筑梁段。梁段一端是刚度大、平整度好的端模，另一端是已浇梁端，称为配筑单元，其优点是底座长度短、浇筑位置固定、便于养护，适于工厂化生产。

（二）预制方法

箱梁块件通常采用长线浇筑法或短线浇筑法的立式预制方法，桁架梁段采用卧式预制方法，以下分别予以介绍。

1. 长线预制法

长线预制法是在工厂或施工现场按桥梁底缘曲线制作固定的底座，在底座上安装底模进行块件预制工作的方法。形成底座的方法有多种，例如可以利用预制场的地形堆筑土胎，经加固夯实后，铺砂石层并在其上面做混凝土底板；石料丰富的山区可以用石砌圬工筑成所需的梁底缘的形状；地质条件较差的预制场地，需采用打短桩基础，再搭设木材或型钢组成的排架形成梁底曲面。图 10-14 为在长线台座上用间隔法预制块件。

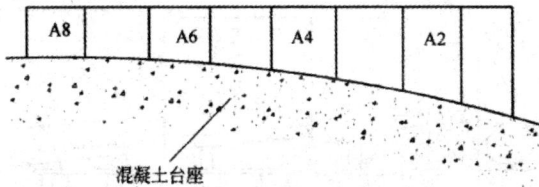

图 10-14 梁块的长线预制示意

箱梁节段的预制在底模板上进行，常采用钢模板，每段一块，以便于装拆使用。为加快施工进度，保证节段之间密贴，常采用先浇筑奇数节段，然后利用奇数节段混凝土的端面弥合浇筑偶数节段。当节段混凝土强度达到设计强度 70% 以上后，可吊出预制场地。图 10-15 为预应力混凝土 T 型钢构桥的箱梁预制台座。

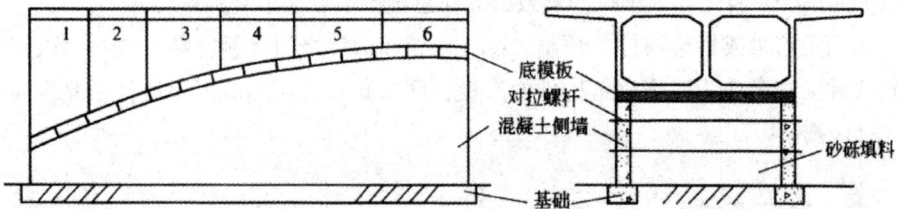

图 10-15 预应力混凝土 T 型钢构桥的箱梁预制台座示意

2. 短线预制法

短线预制箱梁块件的施工由可调整外部及内部模板的台车与端梁来完成，如图 10-16 所示。第一节混凝土浇筑完成后，在其相应位置上安装下一段模板，并利用第一节段的端面作为第二节段的端模完成混凝土的浇筑工作。

短线预制适合工厂节段预制，设备可周转使用，节段尺寸和相对位置的调整略为复杂。此法也称为活动底座法。

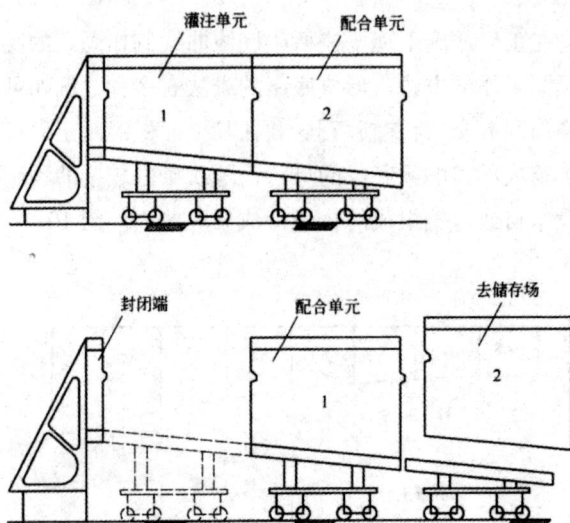

图10-16　短线预制箱梁块件示意

3．卧式预制

桁架的预制节段常采用卧式预制法。卧式预制要有一个较大地坪。地坪应有足够的强度和平整度，不致产生不均匀沉陷。对相同的节段还可以在已预制完成的节段上安装模板进行叠置，两层构件间常用塑料布或涂机油等方法分隔。桁架梁预制节段的起吊、翻身工作要求操作细致，并注意选择吊点和吊装机具。

无论是箱梁或桁架构件的预制，都要求相邻构件之间接触密贴，故必须以前面浇筑块件的端面作为后来浇筑构件的端模，同时必须采用隔离剂使块件相互容易从接缝处脱离。

二、吊装系统

预制阶段的悬臂吊装可根据现场布置和设备条件选用不同的方法。当靠岸边的桥跨不高且可在陆地或便桥上施工时，可采用自行式起重机或门式起重机吊装；对于河中桥孔，可采用水上浮吊安装；如果桥墩很高或水流湍急而不便在陆上、水上施工时，可利用各种吊机高空悬拼施工。

（一）悬臂式吊装

悬臂式吊装系统由纵向主桁架、横向起重桁架、锚固装置、平衡装置、起重系统、行走系统和工作吊篮等部分组成，如图 10-17 所示。预制好的梁体块件运至安装位置的下方，通过位于悬出部分的吊机将块件起吊安装，安装就位后，在就位梁段上前移吊机安装下一块件。吊装过程中为了保持悬臂梁的平衡应设置前方的支承平台，并注意后方与梁体的锚固构造，以利于安全施工。

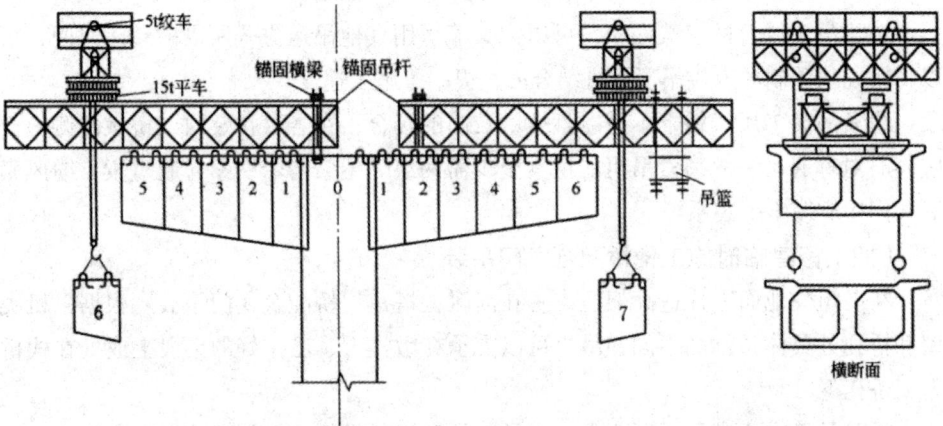

图 10-17　悬臂吊机拼装示意

（二）连续桁架闸式（吊机）吊装

连续桁架吊装施工可分为移动式和固定式两类。移动式连续桁架的长度大于桥的最大跨径。桁架支承在已拼装完成的梁段和待拼墩顶上，由吊车在桁架上移运节段进行悬臂拼装。固定式连续桁架的支点均设在桥墩上，而不增加梁段的施工荷载。移动式连续桁架吊机如图 10-18 所示，其长度大于两个跨度，有三个支点。这种吊机每移动一次可以同时拼装两孔桥跨结构。

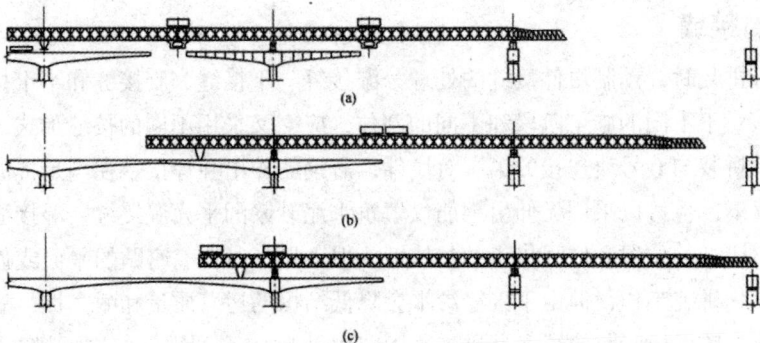

图 10-18　移动式连续桁架拼装示意图

（三）缆索吊装

缆索吊装无需考虑桥位状况，吊运结合，机动灵活，作业空间大。在一定设计范围内，缆吊几乎可以承担从下部到上部、从此岸到彼岸的施工作业。目前，我国使用的缆吊悬拼连续梁都是由两个独立单箱单室并列组合的桥型。为了充分利用缆吊的空间特性，可将预制场及存梁区布设在缆吊作用面内。

缆机吊运结合的优势在于，可以大大缩短用其他吊运方式所需的转运时间，可以将梁段从预制场直接吊至悬拼结合面，提高了施工速度。

缆索吊装多用于桥下不通航且桥墩较高的场合，在悬臂拼装时，桥墩两侧块件应同时对称起吊，故缆索吊机的主索至少需两组。主索与牵引索、起重索、缆风索等共同构成缆索吊装系统。

（四）修建临时施工便桥配合龙门吊装

在平坦的地面上建造高架桥或者在河滩上搭建便桥配合龙门吊装。根据吊机类型和桥孔处具体条件的不同，吊机可以支承在墩柱上、已拼好的梁段上或处在栈桥上、桥孔下。

悬臂吊机需要满足如下要求：①吊机的结构尽量简单，便于装拆；②起重能力满足起吊最大节段的需要；③吊机拼装时，能方便地起吊节段进行竖向提升和纵、横向移动，以便调整节段拼装位置；④吊机能便于纵向移动，移动后又能固定于拼装位置。

（五）浮式起重机吊装

在水深但流速不是很大的水流上建筑桥梁时，可设置浮式起重机吊装。重型的起重机械装配在船舶上，全套设备在水上作业就位方便，40m 的吊高范围内起重力大，辅助设备少，施工速度较快。

三、接缝

悬臂拼装时，预制块件接缝的处理分湿接缝、干接缝、胶接缝和半干接缝等几种形式。对于不同的施工阶段和不同的部位，应交叉采用不同的接缝形式。湿接缝通常用于拼装与 0 号块连接的第 1 对块件，需钢筋伸出并焊接。在满足抗剪强度要求的情况下，也可以采用无伸出钢筋仅填筑水泥砂浆的平面湿接缝。湿接缝施工有利于调整块件的位置和增强接头的整体性，但占用工时多。密贴的平面或齿形干接缝虽可简化拼装工作，但由于接缝渗水会降低结构的运营质量和耐久性，故应少采用。目前，环氧树脂胶接缝在悬拼施工中应用最为广泛，因胶接缝能消除水分对接头的不利影响，从而提高结构的耐久性。半干接缝即预制块件在顶底板处采用干接缝，在腹板处采用湿接缝，对调整悬臂位置有利。

胶接缝可以做成平面型、多齿型、单级型和单齿型等形式，如图 10-19 所示。单齿型和单级型的胶接缝用于块件间摩阻力和黏结力不足以抵抗梁体剪力的情况，单级型的胶接缝有利于施工拼装。

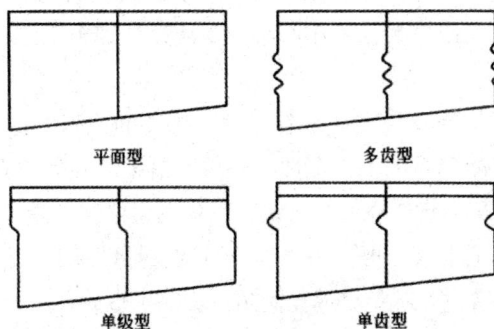

平面型   多齿型

单级型   单齿型

图 10-19　胶接缝形式示意

第三节　悬臂浇筑与悬臂拼装

混凝土桥梁采用平衡悬臂施工，一般是从某一中间墩开始，向两侧对称分段施工，各梁段之间用预应力筋相连接。梁段可以是现浇的，也可以是预制的，两种方法均能取得良好效果。

悬臂浇筑或悬臂拼装的选择取决于工程实际情况。两种施工方法比较如下：

（1）从设计角度来看，两种方法需用的混凝土与钢筋材料大致相等，成桥后受力及结构行为基本相同，主要区别在于施工阶段的内力与变形不同。

（2）从施工进度来看，预制梁段施工速度比现浇梁段快得多，上部结构的梁段预制与桥梁基础及下部工程可平行作业，梁段提前预制，拼装时仅占用施工周期的运输、吊装定位和穿束张拉等工序。一个梁段的施工周期仅为 1 ~ 1.5d，每月平均速度可达 200 ~ 400m。而悬臂浇筑施工要待桥墩建好后才可施工，且梁部施工速度又取决于混凝土的养护时间，每个梁段的施工周期为 5 ~ 7d，每月平均速度为 40 ~ 60m。

（3）从施工机具设备来看，悬臂拼装施工需要预制场地和运输及架桥设备，一般需要起重吊机 50t 以上，因此预制拼装施工对建造重复性高架长桥较经济；悬臂浇筑施工对特殊设备投资少，仅需要可反复周转使用的挂篮及 1.5t 以上的吊机即可，因此用该法建造跨度短的梁较为方便和经济。

（4）从施工质量来看，悬臂拼装施工梁段质量容易得到保证，但要注意预制梁段的接头施工，避免出现因环氧树脂或湿接缝处达不到黏结强度而引起剪切破坏，必须注意梁的整体性。悬臂浇筑施工梁体的钢筋连续性好，混凝土的整体性也较好，但是应注意高空作业工作量大，工作面小，要从设计和施工方面考虑保证节段混凝土的现浇质量。

（5）从施工变形控制及稳定性来看，悬臂拼装的施工变形及稳定性较难控制，应特别注意保证中间体系的施工稳定性，必须严格控制几何位置，使相邻截面中因弹性变形、徐变和收缩引起的挠度相协调，以免发生梁体上翘及过大的二次弯矩值。悬臂浇筑较易控制施工中的变形，可以逐节段调整挂篮标高，但应注意挂篮移动时的稳定性及施工安全措施，避免出现挂篮倾覆等安全事故。

（6）从对自然环境的要求来看，悬臂浇筑适应性更强一些，用挂篮现浇一般不受桥孔下的地形、地质、水文、船只、建筑物或市区交通的影响。悬臂拼装则要求能运送预制块件吊装预制梁段的施工作业。

（7）从对温度及湿度的要求来看，悬臂拼装及预制节段时，受气候的影响较少。悬臂浇筑施工时，需考虑混凝土养生，较高的气温和湿度更为有利，使混凝土易于早强，若冬季施工，则需蒸汽养生。

第四节　混合法施工

悬臂拼装法施工一方面需要大型的起吊和运输设备，另一方面接头处理不善会影响结构的整体性。悬臂浇筑法的工期长、劳动力消耗大。鉴于此，国内外桥梁界着眼于悬臂拼装和悬臂浇筑两种施工方法的互补，形成了"混合法"，主要有以下两种方式：

（1）靠近桥墩的梁段，梁较高、节段重量大，钢筋分布也较密集，采用悬臂浇筑法施工。跨中附近的梁段，则采用悬臂拼装法，以加快施工进度。

（2）先用挂篮拼装预制腹板，然后再现浇顶板和底板，这样便可克服吊装能力不足的困难，并采用干接缝拼装的预制梁段，实现更好的钢筋连续性和梁体线型。

第十一章 桥梁工程检测技术

第一节 地基承载力检测

一、浅平基的特点及设计原则

（一）浅平基的特点

直接修筑在天然地基上的桥梁墩台基础，当基础底面是平的，基底以上全部荷载由地基支承时，它们和以深入土中的桩或管桩来支承全部荷载的桩基础或管柱基础对比可称为平基。虽然完工后的平基有时基底不一定是很整齐的平面，但设计和计算中总将其作为平面考虑。

平基按基底的埋置深度不同，大致可分为浅平基和深平基两种。从设计计算方面讲，浅和深的差别主要在前者不考虑基底以上土对基础侧面的作用，而后者则考虑。从总的基础工程来看，浅和深的不同主要取决于采用的施工方法。凡在明挖基坑或敞坑内修筑的平基通称为浅平基，而需特殊施工法修筑者（如沉井）算作深平基。事实上，这两种平基就因为施工法不同才会有上述不同的计算上的差别。

对于浅平基，当基坑建成后，应立即进行坑底地基土的鉴定，看是否满足设计所要求的承载力及其他力学性能指标。确定的方法可以是取土样做土的物理力学性能试验和各种现场试验，如荷载板试验、标准贯入试验等。对于大中桥梁墩台基础，还要进行钻探，以检查基坑坑底以下（至少4m）的土质情况或做现场深层荷载板试验。倘若发现土质、地基不合要求，即应改变基础设计或进行地基加固。由此可见，浅平基的有关试验具有重要的作用。

（二）浅平基的设计原则

在浅水或无水场所和地质条件较好处，桥梁墩台一般多采用浅平基，这是由于其设计和施工都比较简单。平基结构虽然简单，但它与其他类型的桥梁墩台基础一样，也应具有足够的强度和稳定性，且其基底沉降也应满足设计规范要求。强度和稳定性的要求，就是要求整个基础在任何外力的作用下，都能够保持正常工作，而不致破坏。计算时，必须考虑建造时与使用期间所能发生的各种最不利的外力组合，进行基底的强度和稳定性计算时，可以采用与墩台设计时相同的外力。平基的设计可依照桥规有关规定，按下列步骤进行：

（1）相关资料的收集。收集资料内容有：桥渡线路资料、桥址处地形、工程地质、水文等资料。此外，还要对料源、交通、电力供应等情况进行调查。

（2）确定基础埋置深度。基础埋置深度确定主要考虑以下几点：

①地基的地质、地形条件；

②河流的冲刷深度；

③当地的冻结深度；

④上部结构形式；

⑤保持持力层稳定所需的最小埋深和施工技术条件。

（3）确定基础类型。根据基础拟用的建造材料来确定基础类型（刚性基础或柔性基础）。

（4）设计基础尺寸。主要根据基础埋置深度确定基础平面尺寸和基础厚度。

（5）地基承载力验算。地基承载力验算包括持力层验算、软弱下卧层承载力验算和地基承载力容许值的验算。

（6）按规范进行强度、稳定性、沉降验算。

①强度验算包括材料强度、基底应力、基底偏心验算；

②稳定性验算包括基础倾覆稳定性验算和基础滑动稳定性验算；

③沉降验算包括沉降量、相邻基础沉降差以及基础倾斜验算。

（7）进行基础的结构设计，对基础进行结构的内力分析、强度计算，并满足构造设计要求，以保证基础具有足够的强度、刚度和耐久性。

（8）绘制基础的设计图、施工图。对于地质情况比较单纯的浅平基，地基承载力可按桥规规定的数值选用，沉降可按桥规推荐的公式计算。对于地质情况比较复杂和重要桥梁的浅平基，应该用各种试验方法来确定其承载力和变位。开挖基坑时，表层地基土的结构受到破坏或受到荷载时引起塑性挤出，以及在附加压力作用下引起的土的压缩，都会使浅平基发生较大的沉降。前者在设计和施工中如加以注意，是能够避免的。因此，浅平基的沉降主要归因于后者。

二、土及碎石地基承载力检测

（一）黏性土、黄土地基承载力检测

对于黏性土和黄土地基，可在现场取有代表性的土样（一般每个基础的地基不

少于 4 个土样）进行土工试验，得到地基土的有关物理力学指标，由规范求出承载力。对于老黏性土和残积黏性土地基，可取土样进行压缩试验，求得土样压缩模量按表 11-1 和表 11-2 确定容许承载力。对于一般黏性土和新近沉积黏性土地基，测土样含水量、湿容重、液限、塑限和颗粒密度，求出土样天然孔隙比和液性指数，按表 11-3 和表 11-4 确定容许承载力。对新近堆积黄土地基，按土含水比（天然含水量 w 和液限 w_L 的比值）确定容许承载力，见表 11-5。对于一般新黄土地基，按天然含水量和液限比（液限 w_L 与天然孔隙比 e 的比值）确定容许承载力，见表 11-6。对于老黄土地基，按天然孔隙比 e 和含水比 w/w_L 确定容许承载力，见表 11-7。

表 11-1　老黏性土的地基容许承载力（σ_0）

E_c（MPa）	10	13	20	25	30	35	40
σ_0（kPa）	380	430	470	510	550	580	620

表 11-2　残积黏性土的地基容许承载力（σ_0）

Ec（MPa）	4	6	8	10	12	14	16	18
σ_0（kPa）	140	220	250	270	290	310	320	330

表 11-3　一般黏性土的地基容许承载力（σ_0）

e	I_L												
	0	0.1	0.2	0.3	0.4	0.5	0.6	0.7	0.8	0.9	1.0	1.1	1.2
0.5	450	440	130	420	400	380	350	310	270	240	220		
0.6	420	410	400	380	360	340	310	280	250	220	200	180	
0.7	400	370	350	330	310	290	270	240	220	140	170	160	130
0.8	380	330	300	280	260	240	230	210	180	160	130	140	130
0.9	320	280	260	240	220	210	140	180	160	140	130	120	100
1.0	250	230	220	210	140	170	160	130	140	120	110		
1.1	160	130	140	130	120	100	90						

表 11-4　新近沉积黏性土的地基容许承载力（σ_0）

e	I_L		
	≤ 0.25	0.75	1.25
≤ 0.8	140	120	100
0.9	130	110	90

续表

e	I_L		
	≤ 0.25	0.75	1.25
1.0	120	100	80
1.1	110	90	

表11-5 新近堆积黄土的地基容许承载力（σ_0）

W/W_L	0.4	0.5	0.6	0.7	0.8	1.0	1.2
σ_0	130	120	110	100	90	80	70

表11-6 一般新黄土的地基容许承载力（σ_0）

e	w								
	10%	13%	16%	14%	22%	25%	28%	31%	34%
22	190	180	170	130	130	110	90	70	50
25	200	140	180	160	140	120	100	80	60
28	210	200	140	170	130	130	110	90	70
31	230	210	200	180	160	140	120	100	80
34	250	230	210	140	170	130	130	110	100
37		250	230	140	170	130	130	120	110
40			250	230	210	140	170	130	130
43				250	230	210	190	170	150

表11-7 老黄土的地基容许承载力（σ_0）

W/W_L	e			
	< 0.7	0.7 ~ 0.8	0.8 ~ 0.9	> 0.9
< 0.6	700	600	500	400
0.6 ~ 0.8	500	400	300	250
> 0.8	400	300	250	200

（二）砂土、碎石地基承载力检测

砂土、碎石土地基承载力可按其分类和密实度确定，表11-8和表11-9给出其容许承载力，砂类土和碎石土的分类可以按桥规规定确定。土的密实度可用相对密度表示，碎石土的密实度根据钻探情况按规范而定。

表11-8　砂土的地基容许承载力（σ_0）

土的类别	湿度	密实程度		
		密实	中密	松散
砾砂、粗砂	与湿度无关	550	400	200
中砂	与湿度无关	450	350	130
细砂	水上	350	250	100
	水下	300	200	
粉砂	水上	300	200	
	水下	200	100	

表11-9　碎石土地基的容许承载力（σ_0）

土的类别	密实程度		
	密实	中密	松散
乱石	1200 ~ 1000	1000 ~ 600	500 ~ 300
碎石	1000 ~ 800	800 ~ 500	400 ~ 200
圆砾	800 ~ 600	600 ~ 400	300 ~ 200
角砾	700 ~ 500	500 ~ 300	300 ~ 200

　　土的密实度一般可用孔隙比 e 表示，但对砂类土和碎石土只用孔隙比一个指标还不够，密实度还和颗粒的形状、大小以及级配有关。举一个极端的情况来分析，假如用一定的方法把砂土捣实到最紧密状态，这时孔隙比称为最小孔隙比 e_{min}，不同级配砂土的 e_{min} 不同，级配越好，e_{min} 越小。反之，即使天然孔隙比相同的几种砂土，由于级配不同而可能处于不同的密实状态。因此，引入相对密度的概念，如用一定的试验方法测得砂土最紧密状态的孔隙比 e_{min} 和最疏松状态的孔隙比 e_{max}（最大孔隙比），则相对密度 Dr 可由下式求得：

$$Dr = \frac{e_{max} - e}{e_{max} - e_{min}} \tag{1}$$

　　式中：e——天然状态的孔隙比。

　　不同矿物成分、不同级配和不同粒度成分的砂土，最大孔隙比和最小孔隙比都是不同的，因此，相对密度比孔隙比 e 更能全面地反映上述各因素对密实度的影响。从理论上讲，用相对密度划分砂土的密实度的概念是比较理想的，但是，测定 e_{max} 和 e_{min} 的试验方法缺少完善的标准，试验结果常常有很大的出入。同时，由于很难在地下水位以下的砂土层取得原状土样，因此测定天然孔隙比的结果很不可靠，这就使相对密度的指标更难以测准。所以，实际工程中直接测试相对密度并不普遍，而是通过标准贯入试验，测得地基标准贯入锤击数来确定相对密度和密实度。

第二节　基桩完整性检测

一、反射波法

该方法适用于检测桩身混凝土的完整性、推定缺陷类型及其在桩身中的位置，也可以对桩长进行校核，对桩身混凝土强度等级做出估计。

（一）基本原理

反射波法源于应力波理论，基本原理是在桩顶进行竖向激振，弹性波沿着桩身向下传播，在桩身存在明显波阻抗界面（如桩底、断桩或严重离析等部位）或桩身截面积变化（如缩径或扩径）部位，将产生反射波。经接收、放大滤波和数据处理，可识别来自桩身不同部位的反射信息。据此计算桩身波速、判断桩身完整性和混凝土强度等级。

（二）仪器设备及要求

反射波法检测系统基本组成与要求如下：

（1）仪器宜由传感器、放大器、滤波器、记录、处理、监视系统以及激振设备和专用附件组成。

（2）传感器可选用宽频带的速度型或加速度型传感器。速度型传感器灵敏度应大于300mV/（cm·s）、加速度型传感器灵敏度应大于1000mV/g。

（3）放大系统增益应大于60dB，长期变化量应小于1%。折合输入端的噪声水平应低于3μV。频带宽度应不窄于10~1000Hz，滤波频率可调整。

（4）模/数转换器的位数不应小于8bit。采样时间宜为50~1000μs，可分数档调整。每个通道数据采集暂存器的容量不应小于1kB。

（5）多道采集系统应具有一致性，其振幅偏差应小于3%，相位偏差应小于0.1ms。

（6）可根据激振条件试验要求改变激振频谱和能量，选择符合材质和重量要求的激振设备，满足不同的检测目的。

（三）现场检测及注意事项

（1）被测桩应凿去浮浆，桩头平整。

（2）检测前应对仪器设备进行检查，性能正常时方可使用。

（3）每个检测工地均应进行激振方式和接收条件的选择试验，确定最佳激振方式和接收条件。

（4）激振点宜选择在桩头中心部位，传感器应稳固地安置在桩头上，对于大直径的桩可安置两个或多个传感器。

（5）当随机干扰较大时，可采用信号增强方式，进行多次重复激振与接收。

（6）为提高检测的分辨率，应使用小能量激振，并选用高截止频率的传感器和放大器。

（7）判别桩身浅部缺陷，可同时采用横向激振和水平速度型传感器接收，进行辅助判定。

（8）每一根被检测的单桩均应进行两次及以上重复测试。发现异常波形应在现场及时研究，排除影响测试的不良因素后再重复测试。重复测试的波形应与原波形具有相似性。

（四）实测曲线判读解释的基本方法

由于桩身缺陷种类复杂和实测曲线判读人员的技术水平所限，实测资料的解释是一项较为困难的工作。下面通过对桩身各种常见缺陷的反射波特性，结合一些典型的实测波形（见图 11-1），对反射波法的实测曲线的解释方法加以归纳。

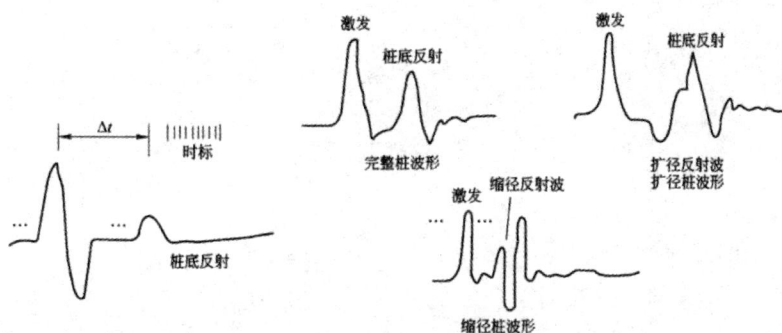

图 11--1　反射波法实测波形

（1）缺陷存在可能性的判读

判断桩身缺陷存在与否，需分辨实测曲线中有无缺陷的反射信号及分辨桩底反射信号，这对缺陷的定性及定量解释是有帮助的。桩底反射明显，一般表明桩身完整性好，或缺陷轻微、规模小。

此外，还应分析地层等资料，排除由于桩周土层波阻抗变化过大等因素造成的"假反射"现象。

（2）多次反射及多层反射问题

当实测曲线中出现多个反射波时，应判别它是同一缺陷面的多次反射，还是桩间多处缺陷的多层反射，前者（即缺陷反射波）在桩顶面与缺陷面间来回反射，其主要特征为：反射波随时间成倍增加，反射波能量有规律递减。后者往往是杂乱的，不具有上述规律性。

多次反射现象的出现，一般表明缺陷在浅部，或反射系数较大（如断桩）。它是桩顶存在严重离析或断裂（断层）的有力证据。断层反射不只表明缺陷可能有多处，而且由下层缺陷反射波在能量上的相对差异，可推测上部缺陷的性质及相对规模。

（五）影响基桩质量检测波形的因素分析

（1）露出于桩头的钢筋对波形的影响

由于灌注桩考虑到以后的承台问题，桩头均有钢筋露出，这对实测波形有一定影响，严重时可影响反射信息的识别。这是因为在桩头激振时，钢筋所产生的回声极易被检测器接收，之后又与反射信息叠加在一起。解决这一影响因素的方法是，将检波器用细砂或粒土屏蔽起来，使检波器收不到声波信息。经多次实验证明这一方法是有效的。图11-2（a）是某工程桩屏蔽前的实测波形，图11-2（b）是屏蔽后的实测波形，可以看出，屏蔽后实测波形反射信息清晰易辨，图中 i 是桩间反射旅行时间，t_b 是桩底反射旅行时间。

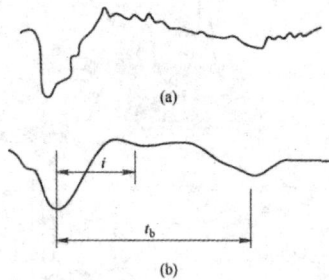

图11-2 实测波形示意

（2）桩头破损对波形的影响

预制桩在贯入过程中，桩头可能产生破损，灌注桩头表面松散，这将使弹性波能量很快衰减，从而削弱桩间及桩底反射信息，影响了波形的识别。解决这一问题的有效途径是：将破损处或松散处铲去。

总之，影响基桩质量检测波形的因素较多，工作中应逐一排除，以便桩间、桩底反射信息的辨识，避免产生误判。

二、机械阻抗法

机械阻抗法适用范围较为广泛，可用于各种机械结构和土木结构的动力分析。基桩检测中，本方法有稳态激振和瞬态激振两种方式，适用于检测桩身混凝土的完整性、推断缺陷类型及其在桩身中的部位。而本方法有效测试范围为桩长与桩径的比值小于30，对摩擦端承桩或端承桩其比值小于50。

（一）仪器设备及要求

接收传感器的技术特性应符合下列要求：

（1）力传感器

频率响应宜为：5 ~ 1500Hz 其幅度畸变应小于 1dB；

灵敏度不应小于 1.0pC/N；

量程：当稳态激振时，按激振力的最大值确定，当瞬态冲击时，按冲击力最大值确定。

（2）测量响应传感器

频率响应：5 ~ 1500Hz；

灵敏度：对小桩径，速度传感器的灵敏度 S_v，应大于 300MV/（cm·s）；加速度传感器的灵敏度 S_a 应大于 1000pC/g；当桩径较大时，S_v 应大于 800MV/（cm·s）。S_e 应大于 1000PC/g。

横向灵敏度不应大于 5%；

加速度传感器的量程：当稳态激振时，应小于 5g；当瞬态激振时，不应小于 20g。

（3）接收传感器的灵敏度应每年标定一次，力传感器可采用振动台进行相对标定，或采用压力试验机用准静态标定。进行准静态标定所采用的电荷放大器，其输入电阻不应小于 $10^{11}\Omega$。测量响应的传感器可采用振动台进行相对标定。

（4）测试设备可以采用专用的机械阻抗测试仪器，也可采用通用测试仪器组成的测试装置。电传感器的信号放大应采用电荷放大器，磁电式传感器应采用电压放大。带宽度宜为 5 ~ 2000Hz，增益应大于 80dB，动态范围应在 40dB 以上，折合到输入端的噪声应小于 $10\mu V$ 在稳态测试中，应采用跟踪滤波器或在放大器内设置性能相似的滤波器，滤波器的阻滞衰减不应小于 40dB 在瞬态测试中分析仪器的选择，应具有频域平均和计算相干函数的功能。当采用数字化仪器进行数据采集分析时，其模/数转换器位数不应小于 12bit。

（5）信号处理分析的记录设备包括：磁记录器、X–Y 函数记录器、与计算机配合的笔式绘图仪或打印机。磁带记录器不得少于两个通道，信噪比不得低于45dB，频率范围不得低于5kHz使用的各类记录仪的系统误差应小于1%。

（6）稳态激振设备及瞬态冲击装置应符合下列要求：

稳态激振应采用电磁激振器，并宜选择永磁式激振器。激振器的技术要求应符合下列规定：

频率范围宜为5 ~ 1500Hz；

最大输出力：当桩径小于1.5m时，应大于200N；当桩径为1.5 ~ 3m时，应大于400N；

当桩径大于3m时，应大于600N；

非线性失真应小于1%。

悬挂装置可采用柔性悬挂（橡皮绳）或半刚性悬挂。在采用柔性悬挂时应避免高频段出现横向振动；在采用半刚性悬挂时，当激振频率在10 ~ 1500Hz的范围内时，激振系统本身特性曲线出现的谐振峰（共振及反共振）不应超过1个。

瞬态激振应通过试验选择不同材质的锤头进行冲击，使可用于计算的谱宽度大于1500Hz。在冲击桩头时，冲击锤应保持为自由落体。

激振装置初次使用或经长距离运输，在正式使用前进行调整，使横向振动系数控制在10%以下，其谐振时的最大值不应超过25%。

（二）现场检测及注意事项

（1）桩的振动响应测试点应按下列原则布置：

在桥梁桩基础测试中，可布置1个测点；当只布置2个测点时，其测点应位于顺流向的两侧；当布置4个测点时，应在顺流向的两侧和顺桥纵轴方向两侧各布置2个测点。

（2）激振力应位于桩头顶面正中，采用半刚性悬挂时，则粘贴在桩头顶面中心的钢板必须保持水平。

（3）现场测试应按下列步骤进行：

①安装全部测试设备，并应确认各项仪器装置处于正常工作状态。

②在测试前应正确选定仪器系统的各项工作参数，使仪器在设定的状态下进行试验。

③在瞬态激振试验中，重复测试的次数应大于4次。

④在测试过程中应观察各设备的工作状态，当全部设备均处于正常状态，则该次测试有效。

（三）各种激振下桩的典型导纳曲线

机械阻抗法得到的导纳函数或频响函数描述了桩 – 土系统的动力特性。它与激振和响应量的性质无关，即不论是用简谐稳态激振、瞬态冲击激振或随机激振，得到的导纳函数都是一样的，都能得到相同的导纳曲线，包括幅频曲线、相频曲线、实频曲线、虚频曲线等，差别仅仅在于激振方法不同、检测仪器不同和分析原理不同可能带来的精度不同而已。

在一般情况下，桩的竖向振动包含了低频的刚体运动和高频的波动。同时，由于阻尼的存在，实际从桩顶上检测到的导纳函数的典型曲线应是图 11–3 的形式，图中，（a）是幅频图，（b）是相频图。

在幅频图上，f_0 可理解为桩体刚体运动的谐振频率，后面的 f_1、f_2、f_3 是桩身波动的各阶谐振频率。谐振频率点之间的频率差均相等。

桩的刚体运动和波动两种状态之间是一种过渡过程，没有明显的分界频率。一般来说，桩周土质愈软，或者说土的支承刚度愈小，两者在导纳曲线图上区分愈明显。如果桩底支承在岩层上或嵌固在岩层中，则桩身将不会发生刚体运动，只有波动，导纳曲线上也不存在义及其相应的导纳峰。

在相频曲线上，各谐振点的相角都应是零度。

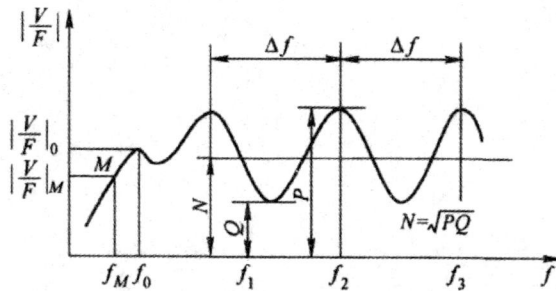

（a）幅频图

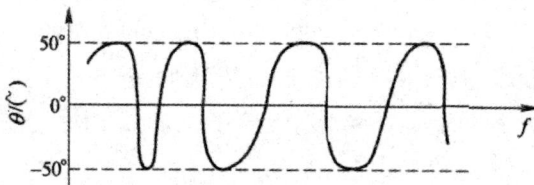

（b）相频图

图 11–3　典型的速度导纳曲线示意

（四）判别基桩质量的依据

既然导纳函数反映了桩－土系统的动力特性，那么，导纳曲线所具备的各种特征都可作为判别基桩质量（包括完整性和承载力）的数据。根据每根桩的导纳曲线，可以计算：

（1）桩的测量长度：

$$L_m = \frac{\upsilon_{pm}}{2\Delta f} \tag{2}$$

式中：υ_{pm}——整个工地上完整桩波速的平均值。

（2）导纳的几何平均值（测量值）：

$$N_m = \sqrt{PQ} \tag{3}$$

式中：P——导纳曲线的极大值（峰值）；

Q——导纳曲线的极小值（谷值）。

（3）导纳的理论值：

$$N_t = \frac{1}{\upsilon_{pm}A} \tag{4}$$

式中：A——桩的横截面积。

（4）桩的动刚度：

$$K_d = \frac{2\pi f_M}{\left|\frac{V}{F}\right|_M} \tag{5}$$

式中：f_M，$\left|\frac{V}{F}\right|_M$——分别为曲线初始端近似为直线部分任一点的频率和导纳值。

（5）确系完好的桩可以计算波速：

$$\upsilon_p = 2L\Delta f \tag{6}$$

（6）计算一阶谐振频率和△f的比值：

计算出上列各参数以后，再根据导纳曲线的形状即可对桩的质量进行初步估计。如果 L_m 与桩的实际长度相近；N_m 小于各桩的平均值，并与理论值 N_t 接近；K_d 接近各桩的平均值，$\upsilon_p \geq 3500m/s$，曲线形状无异常，此时即可断定该桩为质量良好的完整桩。

第三节　基桩承载力检测

一、加载设备

一般采用油压千斤顶加载，试验前应对千斤顶进行标定。千斤顶的反力装置可根据现场条件选用下列形式之一：

（1）锚桩承载梁反力装置。锚桩承载梁反力装置能提供的反力，应不小于预估最大荷载的 1.3 ~ 1.5 倍。

锚桩一般采用 4 根，如入土较浅或土质较松散时可增加至 6 根，锚桩与试桩的中心间距，当试桩直径（或边长）小于或等于 800mm 时，可为试桩直径（或边长）的 5 倍；当试桩直径大于 800mm 时，上述距离不得小于 4m。

（2）压重平台反力装置。利用平台上压重作为对桩静压试验的反力装置。压重不得小于预估最大试验荷载的 1.2 倍，压重应在试验开始前一次加上。

试桩中心至承压平台支承边缘的距离与上述试桩中心至锚桩中心距离相同。

（3）锚桩压重联合反力装置。当试桩最大加载量超过锚桩的抗拔能力时，可在承载梁上放置或悬挂一定重物，由锚桩和重物共同承受千斤顶受力。

二、位移测量装置

测量仪表必须准确。一般使用 1/20mm 光学仪器或力学仪器，如水平仪、挠度仪、偏移计等。支承仪表的基准架应有足够的刚度和稳定性。基准梁的一端在其支承上可以自由移动，不受温度影响引起上拱或下挠。基准桩应埋入地面以下一定深度，不受气候条件等影响。基准桩中心与试桩、锚桩中心之间的距离应符合表 11-10 的规定。

表11-10　基准桩中心与试桩、锚桩中心之间的距离

反力系统	基准桩与试桩	基准桩与锚桩
锚桩承载梁反力装置	≥4d	≥4d
压重平台反力装置	≥2.0m	≥2.0m

三、加载方法

（1）加载重心应与试桩轴线相一致。加载时应分级进行，使荷载传递均匀，无冲击。加载过程中，不使荷载超过每级的规定值。

（2）加载分级：每级加载量为预估最大荷载的 1/10 ~ 1/13。当桩的下端埋入巨粒土、粗粒土以及坚硬的黏质土中时，第一级可按 2 倍的分级荷载加载。

（3）预估最大荷载：对施工检验性试验，一般可采用设计荷载的 2 倍。

四、沉降观测

（1）下沉未达稳定不得进行下一级加载。

（2）每级加载的观测时间规定为：每级加载完毕后，每隔 13min 观测一次；累计 1h 后，每隔 30min 观测一次。

五、稳定标准

每级加载下沉量，在下列时间内如不大于 0.1mm 即可认为稳定：

（1）桩端下为巨粒土、砂类土、坚硬黏质土，最后 30min。

（2）桩端下为半坚硬和细粒土，最后 1h。

六、加载终止及极限荷载取值

（1）总位移量大于或等于 40mm，本级荷载的下沉量大于或等于前一级荷载的下沉量的 5 倍时，加载即可终止。取此终止时荷载小一级的荷载为极限荷载。

（2）总位移量大于或等于 40mm，本级荷载加上后 24h 未达稳定，加载即可终止。取此终止时荷载小一级的荷载为极限荷载。

（3）巨粒土、密实砂类土以及坚硬的黏质土中，总下沉量小于 40mm，但荷载已大于或等于设计荷载乘以设计规定的安全系数，加载即可终止。取此时的荷载为极限荷载。

（4）施工过程中的检验性试验，一般加载应继续到桩的 2 倍的设计荷载为止。如果桩的总沉降量不超过 40mm，及最后一级加载引起的沉降不超过前一级加载引起的沉降 5 倍，则该桩可以予以检验。

（5）极限荷载的确定有时比较困难，应绘制荷载 – 沉降曲线（P–s 曲线）、沉降 – 时间曲线（s–t 曲线）确定，必要时还应绘制 s–lgt 曲线、s–lgP 曲线等综合比较，确定比较合理的极限荷载取值。

七、桩的卸载及回弹量观测

（1）卸载应分级进行，每级卸载量为两个加载级的荷载值，每级荷载卸载后，应观测桩顶的回弹量，观测办法与沉降相同。直到回弹稳定后，再卸下一级荷载。回弹稳定标准与下沉稳定标准相同。

（2）卸载到零后，至少在 2h 内每 30min 观测一次，如果桩尖下为砂类土，则开始 30min 内，每 13min 观测一次；如果桩尖下为黏质土，每一小时内，每 13min 观测一次。

八、试验记录

所有试验数据应按规定及时填写记录，绘制静压试验曲线，如图 11-4 所示，并编写试验报告。

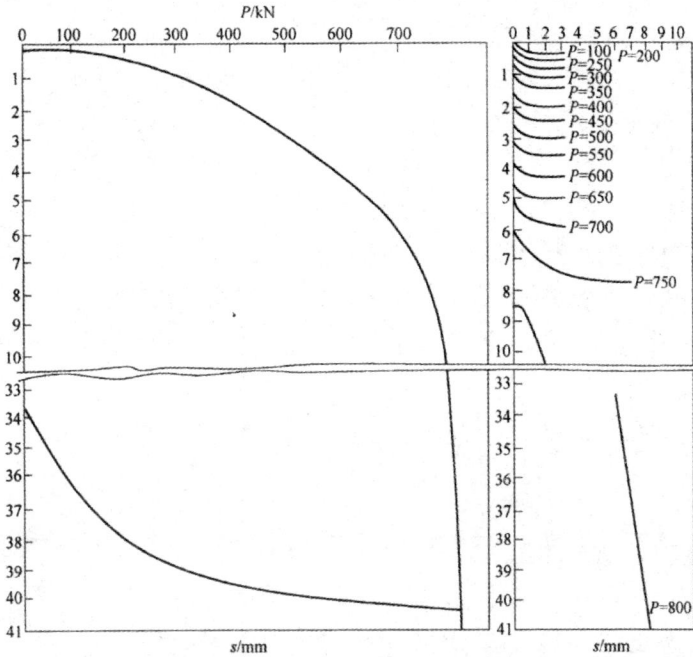

（a）P-s曲线　　　　　　　　（b）s-t曲线

图11-4　静压试验曲线

九、桩侧摩阻力及桩端承载力测试

桩侧摩阻力及桩端承载力测试是基桩承载力试验的重要内容，其测试方法有静力测试方法和高应变测试方法，这里仅介绍静力测试的基本方法。

（一）测试原理

测试桩侧摩阻力和桩端承载力，是通过测试桩身的分段轴力和桩底的压应力来推算而得。

桩身相邻测试断面的轴力差即为本段的摩阻力。桩底的压应力乘以桩底面面积即为桩端承载力。

（二）测试元件

测试桩身轴力的元件，通常为应变式钢筋计、钢弦式钢筋计、差动式应变计及滑动测微计等，其测值均为测点处的应变，通过弹模换算得应力。桩端承载力测试元件通常为压力盒。

（三）侧摩阻力及端承力测试

（1）测试断面及测点布置。通常在土层变化处应设置测试断面，当同一土层厚度较大时，应在同一土层内增设测试断面。每一测试断面布设 4 个测点，测点设置在钢筋笼的主筋上，4 个测点位于通过桩中心的两条垂直线上。

（2）桩身外形图的确定。测试元件测得的是测点处的应变，通过实测弹模求得应力。而桩身测点处断面的轴力则需要通过该断面的面积乘以应力而得到，因此必须确定每一测试断面的横截面面积，这就要求在桩成孔后灌注混凝土的过程中，随时测量灌注混凝土面的标高和记录相应的灌注量，进而推求桩身的分段外形图。

（3）侧摩阻力及端承力的确定。每一断面的轴力确定后，即可通过相邻两断面的轴力差求得该段的侧摩阻力，端承力可通过桩端应力与桩端截面积求得。

第四节　混凝土结构及预应力混凝土结构构件检测

一、结构混凝土强度等级评定

（一）混凝土立方体试件的取样原则

结构混凝土立方体试验制取组数是以不同等级及不同配合比的浇筑地点或拌和地点随机制取的。浇筑一般体积的结构物（如基础、墩台）时，每一单元结构应制取 2 组；连续浇筑大体积结构时，每 8m 或每一工作班应制取 2 组。桥梁上部构造主要构件长度在 16m 以下时应制取 1 组，16 ～ 30m 时制取 2 组，31 ～ 50m 时应制取 3 组，50m 以上者不少于 5 组。对小型构件每批或每个工作班至少应制取 2 组，对于钻孔桩每条至少应制取 2 组；当桩长在 20m 以上时不少于 3 组；当桩径大、灌注时间很长时不少于 4 组。另外还要根据施工的需要，再制取几组作为拆模、张拉和吊装等施工阶段强度依据。

（二）结构混凝土强度评定

结构混凝土强度的合格标准评定的常规方法是以浇筑或拌和现场制取试件，以 28d 龄期的极限抗压强度值进行统计评定。《公路桥涵施工技术规范》对大桥等重要工程及中小桥、涵洞工程的取样试件大于或等于 10 组时，要求以数理统计方法按规定的条件进行评定；对中小桥及涵洞等工程，同批混凝土试件小于 10 组时，规定可采用非统计方法的条件评定；当混凝土强度按试件强度进行评定达不到合格条件时，可采用无损检测法或钻取试样确定结构混凝土的实际强度和浇筑质量。如仍有不合格，应采取措施进行处理。

二、钻芯取样法检验混凝土强度

钻芯取样法检验混凝土强度是指从混凝土结构物中钻取芯样和检查芯样，测定混凝土的劈裂抗拉强度或抗压强度，作为评定结构的主要品质指标。但是由于结构或构件部位的条件、所处位置及受力状态的影响，钻取芯样的数量通常比较少，在一定程度上可作为抽检混凝土抗压强度、均匀性和内部缺陷的指标。

（一）芯样钻取

在钻取芯样前应考虑由于钻芯可能导致对结构的不利影响，应尽可能避免在靠近混凝土构件的接缝或边缘钻取，且基本上不应带有钢筋。

芯样直径应为混凝土所有集料最大粒径的 3 倍，一般为 130mm 或 100mm，任何情况下都不小于集料最大粒径的 2 倍。

钻出后的每个芯样应立即清楚地标上记号，并记录芯样在混凝土结构中钻取的位置。

钻取的芯样数量应满足下列规定：

（1）按单个构件检验时，每个构件钻取芯样数不少于 3 个，对较小构件至少应取 2 个。

（2）对构件局部区域检验时，应由要求检验的单位确定取芯位置及数量。

（二）钻取芯样检查

每个芯样应详细描述有关裂缝、分层、麻面或离析等，并估计集料的最大粒径、形状种类及粗细集料的比例与级配，检查并记录存在的气孔的位置、尺寸与分布情况，必要时应进行拍照。在芯样的中间及两端 1/4 按两个垂直方向测量三对数值确定芯样的平均直径 d（精确至 1.0mm）。取芯样直径两端侧面测定钻取后芯样的长度及端面加工后的长度，其尺寸误差应在 0.25mm 之内，取平均值作为试件平均长度 L（精确至 1.0mm）。

如有必要，应测定芯样的表观密度。

（三）试件的制作

抗压试验用的试件长度（端部加工后）不应小于直径，也不应大于直径的 2 倍。芯样端面必须平整，必要时应磨平或用抹顶等方法处理。

芯样两端平面应与轴线垂直，误差不应大于 1。

（四）芯样抗压强度计算

芯样抗压强度 f_{cu}^c 按式（7）进行计算：

$$f_{cu}^c = a\frac{P}{A} = a\frac{4P}{\pi d^2} \tag{7}$$

式中：f_{cu}^c——混凝土芯样抗压强度，MPa；

　　　a——不同高径比芯样试件混凝土强度换算系数；

　　　P——极限荷载，N；

　　　A——受压面积，mm^2；

　　　d——芯样截面的平均直径，mm。

混凝土圆柱体强度与立方体强度的关系见规范规定。

三、回弹法检验混凝土强度

（一）回弹法的基本原理

回弹法是采用回弹仪的弹簧驱动重锤，通过弹击杆弹击混凝土表面，并以重锤被反弹回来的距离（回弹值，反弹距离与弹簧初始长度之比）作为强度相关指标来推算混凝土强度的一种方法。

（二）回弹法检测混凝土强度的原则

回弹法检测混凝土强度是对常规检验的一种补充，当对构件怀疑时，例如，试件与结构中混凝土质量不一致，对试件的检验结果有怀疑或供检验用的试件数量不足时，可采用回弹法检测，并将检测结果作为处理混凝土质量问题的一个主要依据。

另外，施工阶段，如构件拆模、预应力张拉或移梁、吊装时，回弹法可作为评估混凝土强度的依据。

回弹法的使用前提是要求被测结构或构件混凝土的内外质量基本一致。此外，当混凝土表层与内部质量有明显差异，例如遭受化学腐蚀或火灾、硬化期间遭受冻伤等或内部存在缺陷时，不能用回弹法评定混凝土强度。

（三）回弹法的测强曲线

回弹法测定结构混凝土强度的基本依据就是回弹值与混凝土抗压强度之间的相关性。这种相关性以基准曲线或经验公式的形式予以确定。

基准曲线的制定方法是在试验室中制作一定数量的、考虑不同强度、不同原材料条件、不同期龄等各种因素的立方体试块，测定其回弹值、碳化深度及抗压强度等参数，然后进行回归分析，求得拟合程度最好、相关系数大的回归方程，作为经验公式或画出基准曲线。因为混凝土强度与回弹值、碳化深度的相关关系受许多因素的影响，在制定曲线的过程中，所考虑的影响因素越多，曲线的适应性和覆盖面越大，但其离散性也越大，推算混凝土强度的误差也越大。当被测试的结构混凝土的各种条件越接近于制定基准曲线时所顾及的各种条件，测试误差越小。

为了提高回弹法测强的精度，目前常用的基准曲线可分为三种类型：

（1）专用测强曲线。专用测强曲线是针对某一工程、某一预制厂或某一商品混凝土供应区的特定的原材料质量、成型和养护工艺，测试龄期等条件而制定的基准曲线，由于专用曲线所考虑的条件可以较好地与被测混凝土相吻合，因此，影响因素的干扰较少，推算强度的误差也较小。

当被测结构混凝土的各种条件与专用曲线相一致时，应优先使用专用曲线进行强度推定。

（2）地区测强曲线。地区测强曲线是针对某一省、市或条件较为类似的特定地区而制定的基准曲线。它适应于某一地区的情况，所涉及的影响因素比专用曲线广泛，因此，其误差也稍大。

（3）通用测强曲线。为了便于应用，在允许的误差范围内，应尽量扩大基准曲线的覆盖面。国家在制定《回弹法评定混凝土抗压强度技术规程》时，在全国广泛布点，进行了研究。

最后选定的回归方程和有关指标如下：

$$R_n = 0.0250\overline{N}^{2.0108} \times 10^{-0.0358\overline{L}} \tag{8}$$

式中：Rn——测区混凝土的抗压强度，MPa（精确至0.1MPa）；

$\overline{N}$——测区混凝土平均回弹值（精确至0.1mm）；

L——测区混凝土平均碳化深度（精确至0.1mm）。

全国通用测强曲线所列测区混凝土强度换算表应为符合下列条件的混凝土：

①符合普通混凝土用材料、拌和用水的质量标准。

②不掺外加剂或仅掺非引气型外加剂。

③采用普通成型工艺。

④采用符合国家现行标准《混凝土结构工程施工及验收规范》规定的钢模、木模及其他材料制作的模板。

⑤自然养护或蒸汽养护出池后以自然养护 7d 以上，且混凝土表层为干燥状态。

⑥龄期为 14 ～ 1000d。

⑦抗压强度为 10 ～ 50MPa。

制订该表所依据的统一测强曲线，其强度误差值为：

平均相对误差 $\delta \leq \pm 13.0\%$；

相对标准差 $e_r \leq 18.0\%$。

（四）专用测强曲线的制定方法

（1）制定专用测强曲线的单位，需具有一级试验室的资质。

（2）制定专用测强曲线的试件应与欲测结构或构件在原材料（含品种、规格）的成型工艺与养护方法等方面条件相同。

（3）试件的制作和养护

①按最佳配合比设计 5 个强度等级，每一强度等级每一龄期制作 6 个 130mm 立方体试件，同一龄期试件宜在同一天内成型完毕。

②在成型后的第二天，将试件移至与被测结构或构件相同的硬化条件下养护，试件拆模日期宜与结构或构件的拆模日期相同。

（4）试件的测试

①将达到龄期的试件表面擦净，以其两个相对侧面置于压力机的上下承压板之间，加压至 30 ～ 80kN（低强度试件取低吨位加压）。

②在试件保持 30 ～ 80kN 的压力下，用符合规定的标准状态的回弹仪和规定的操作方法，

在试件的另外两个相对侧面上分别选择均匀分布的 8 个点进行弹击。

③从每一试件的 16 个回弹值中分别剔除其中 3 个最大值和 3 个最小值，然后再求余下的 10 个回弹值的平均值（精确至 0.1mm），即得该试件的平均回弹值 R_m。

④将试件加荷直至破坏，然后计算试件的抗压强度换算值 f_{cu}^c（MPa）。

（5）专用测强曲线的计算

①专用测强曲线的回归方程式，应按每一试件求得的 R_m 和 f_{cu}^c 数据，采用最小

二乘法原理计算。

②推荐采用的回归方程如下：

$$f_{cu}^c = AR_m^B \qquad (9)$$

③计算回归方程式的强度平均相对误差 δ 和强度相对标准差 e_r，当 δ 和 e_r 均符合规定时，即可报请上级主管部门审批。

如需制定具有较宽龄期范围的专用测强曲线，则应在试验及回归分析时引入碳化深度变量，并求得碳化深度修正系数。

（五）回弹法测试混凝土强度的原则

（1）检测结构或构件混凝土强度可采用下列两种方式，其适用范围及构件数量应符合下列规定：

①单个检测，适用于单独的结构或构件的检测。

②批量检测，适用于在相同的生产工艺条件下，混凝土强度等级相同，原材料、配合比、成型工艺、养护条件基本一致且龄期相近的同类构件。按批进行检测的构件，抽检数量不得少于同批构件总数的 30% 且测区数量不得少于 100 个。抽检构件时，有关方面应协商一致，使所选构件具有一定的代表性。

（2）每一构件的测区，应符合下列要求：

①对长度不小于 3m 的构件，其测区数不少于 10 个，对长度小于 3m 且高度低于 0.6m 的构件，其测区数量可适当减少，但不应少于 5 个；

②相邻两测区的间距应控制在 2m 以内，测区离构件边缘的距离不宜大于 0.5m；

③测区应选在使回弹仪处于水平方向，检测混凝土浇筑侧面，当不能满足这一要求时，可选在使回弹仪处于非水平方向，检测混凝土浇筑侧面、表面或底面；

④测区宜选在构件的两个对称可测面上，也可选在一个可测面上，且应均匀分布；在构件的受力部位及薄弱部位必须布置测区，并应避开预埋件；

⑤测区的面积宜控制在 $0.04m^2$；

⑥检测面应为原状混凝土面，并应清洁、平整，不应有疏松层和杂物，且不应有残留的粉末或碎屑；

⑦对于弹击时会产生颤动的薄壁、小型构件应设置支撑固定。

（3）结构或构件的测区应标有清晰的编号，必要时应在记录纸上描述测区布置示意图和外观质量情况。

（4）当检测条件与测强曲线的适用条件有较大差异时，可采用同条件试件或钻取混凝土芯样进行修正，试件数量应不少于 3 个。计算时，测区混凝土强度换算值应乘以修正系数。

（5）检测时，回弹仪的轴线应始终垂直于结构或构件混凝土检测面，缓慢施压，准确读数，快速复位。

（6）测点宜在测区范围内均匀分布，相邻两测点的净距一般不小于 20mm，测点距构件边缘或外露钢筋、预埋件的距离一般不小于 30mm，测点不应在气孔或外露石子上，同一测点只允许弹击一次。一测区应记取 16 个回弹值，每一测点的回弹值读数精确至 1mm。

（7）回弹值测量完毕后，应选择不小于构件数的 30% 测区数在有代表性的位置上测量碳化深度值。

（8）测量碳化深度值时，可用合适的工具在测区表面形成直径约 13mm 的孔洞，其深度大于混凝土的碳化深度。然后除净孔洞中的粉末和碎屑，不得用水冲洗。立即用浓度为 1% 酚酞酒精溶液滴在孔洞内壁的边缘处，再用深度测量工具测量已碳化与未碳化混凝土交界面到混凝土表面的垂直距离多次，取其平均值，该距离即为混凝土的碳化深度值。每次读数精确至 5mm。

（六）回弹值的计算

（1）计算测区平均回弹值时，应从该测区的 16 个回弹值中剔除 3 个最大值和 3 个最小值，然后将余下的 10 个回弹值按式（10）进行计算：

$$R_m = \frac{\sum_1^{10} R_i}{10} \tag{10}$$

式中：R_m——测区平均回弹值（精确至 0.1mm）；

R_i——第 i 个测点的回弹值。

（2）回弹仪非水平方向检测混凝土浇筑侧面时，应按式（11）进行修正：

$$R_m = R_{ma} + R_{aa} \tag{11}$$

式中：R_{ma}——非水平方向检测时测区的平均回弹值（精确至 0.1mm）；

R_{aa}——非水平方向检测时回弹值的修正值，按规范查用。

（3）回弹仪水平方向检测混凝土浇筑表面时，应按式（12）进行修正：

$$R_m = R_m^t + R_a^t$$
$$R_m = R_m^b + R_a^b \tag{12}$$

式中：R_m^t，R_m^b——分别为水平方向检测混凝土浇筑表面、底面时，测区的平均回弹值，精确至 0.1mm；

R_a^t，R_a^b——分别为混凝土浇筑表面、底面回弹值的修正值，按规范查用。

（4）如检测时仪器非水平方向且测试面非混凝土的浇筑侧面，则应先对回弹值进行角度修正，然后再对修正后的值进行浇筑面修正。

（七）混凝土强度的推算

（1）结构或构件第 i 个测区混凝土强度换算值，可按平均回弹值 R_m 及求得的平均碳化深度值 d_m 由规范查得。地区或专用测强曲线时，混凝土强度换算值应按地区或专用测强曲线换算得出。

（2）由各测区的混凝土强度换算值可计算得出结构或构件混凝土的强度平均值。测区数不少于 10 个时，还应计算强度标准差。

（3）构件混凝土强度推定值的确定。

①当按单个构件检测中，以最小值作为该构件的混凝土强度推定值：

$$f_{cu,e} = f_{cu,\min}^c \qquad (13)$$

②当按批量检测时，应按式（14）计算：

$$f_{cu,el} = mf_{cu}^c - 1.645 sf_{cu}^c$$
$$f_{cu,e2} = mf_{ci,\min}^c \qquad (14)$$

式中：$mf_{ci,\min}^c$——该批每个构件中最小的测区混凝土强度换算值的平均值，MPa，精确至 0.1MPa。取两者中的较大值为该批构件的混凝土强度推定值。

（4）对于按批量检测的构件，当该批构件混凝土强度标准差出现下列情况之一时，则该批构件应全部按单个构件检测。

①当该批构件混凝土平均值小于 25MPa 时：

$$sf_{cu}^c > ,4.5\text{MPa} \qquad (15)$$

②当该批构件混凝土强度平均值不小于 25MPa 时：

$$sf_{cu}^c > ,5.5\text{MPa} \qquad (16)$$

第五节　桥梁结构应变电测技术

一、应变片的构造

应变片的种类繁多，形式各种各样，不过其基本结构则大同小异。图 11-5 所示是丝绕式电阻应变片的构造，由敏感栅、黏合剂、基底、覆盖层和引出线几个主要部分组成。

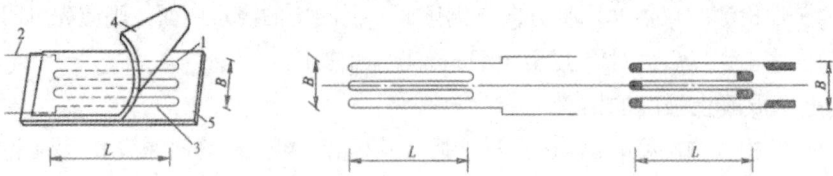

图11-5 电阻应变片的构造

1—敏感栅；2—引出线；3—黏合剂；4—覆盖层；5—基底

（1）敏感栅：将应变片变换成电阻变化量的敏感元件，一般由金属或半导体材料（如康铜、镍铬合金）制成的单丝或栅状体。敏感栅的形状和尺寸直接影响应变片的性能。栅长 L 和栅宽 B 即代表应变片的规格。

（2）基底和覆盖层：主要起到定位和保护电阻丝的作用，同时使电阻丝与被测试件之间绝缘。纸基则厚度 0.013 ~ 0.02mm 高强度、绝缘性能良好的纸张制作，胶基则用性能稳定、绝缘度高、耐腐蚀的聚合胶制作。

（3）黏合剂：它是一种具有一定绝缘性能的黏结材料，用于将敏感栅固定在基底上或将应变片粘贴在试件上。

（4）引出线：一般采用镀银、镀锡或镀合金的软铜线制成，在制作应变片时与电阻丝焊接在一起。引出线通过测量导线接入应变仪。

二、应变片的技术指标

（1）几何尺寸：栅长 L(mm)是应变片电阻丝在其轴线方向的长度，栅宽 B(mm)是应变片垂直于轴线方向的电阻丝栅外侧间的距离。

（2）电阻值 R：在室温条件下，不受外力作用时测得应变片的电阻值，单位为欧姆（Ω）。应变片阻值应与测量电路相适应，一般取 120。

（3）灵敏系数应变片安装于被测试件表面，在其轴线方向的单向应力作用下，应变片的电阻相对变化与试件表面上安装应变片区的轴向应变之间的比值：

$$K = \frac{dR/R}{dL/L} \tag{17}$$

式中：K——应变片灵敏系数；

dL/L——试件上应变片安装区的轴向应变；

dR/R——由此 dL/L 所引起的应变片的电阻相对变化。

应变片包装上标出的灵敏系数是该批产品由抽样标定测得的平均值。

（4）应变极限 e_j：一般是指温度一定时，在特定材料上指示应变和真实应变的相对误差不超过 10% 的应变数值。

（5）绝缘电阻 R_m：应变片引线与安装应变片的试件材料之间的电阻，单位为兆欧（$M\Omega$）。

它是衡量应变片粘贴质量、粘贴剂性能及其固化程度的重要标志。一般情况下，绝缘电阻在 $200M\Omega$ 以上才能保证应变测量的正常进行以及测量的精度。

（6）最大允许电流 I_{max}：允许通过应变片而不影响其工作特性的最大电流。一般静态测量时为 25mA，动态测量时为 75～100mA。

（7）温度效应：温度变化而引起的应变片阻值改变的现象。测试过程中，环境温度的变化，敏感栅通电发热，都能使应变片温度发生变化。消除温度效应的方法是用温度补偿法。

（8）零点漂移和蠕变：零点漂移又简称为零漂，它是指已粘贴好的应变片，在温度不变而又无机械应变的条件下，指示应变随时间而变化，用 mE/h 表示。原因可能是黏结剂固化程度不良或环境气候变化引起绝缘电阻变化等。蠕变是指已经安装好的应变片，在温度一定并承受一定机械应变时，指示应变随时间而变化。

（9）疲劳寿命：已经安装好的应变片，在温度和机械应变一定的条件下，可以连续工作而不会产生疲劳破坏的循环次数。

三、几种常用的应变片

（1）丝绕式应变片。丝绕式应变片是把敏感栅丝直接绕在各种绝缘基底上制成的，它是较为常用的一种应变片。由于采用较薄的基底材料，因此粘贴性能好，能保证有效地传递变形，稳定性好。敏感栅丝的材料一般为康铜、镍铬合金和镍铱合金等。这种应变片的制作设备和技术都比较简单，价格也低廉。

（2）箔式应变片。箔式应变片是利用照相制版或光刻腐蚀技术，将箔材料在绝缘基底上制成所需形状的应变片。其粘贴性能好，传递变形的性能较丝绕式应变片为好，容易制成各种形状的应变片或应变花，具有良好的散热能力，允许增大工作电压，蠕变小、疲劳寿命高，但制作工艺复杂。

（3）半导体应变片。半导体材料沿某一轴向受力产生变形时，电阻率会发生变化，这种电阻随应变变化的现象称为压阻效应。据这个原理制造出半导体应变片，图 11-6 是其构造图。半导体应变片的特点是尺寸小、灵敏系数大、频率响应好，但温度系数大，测量精度低。

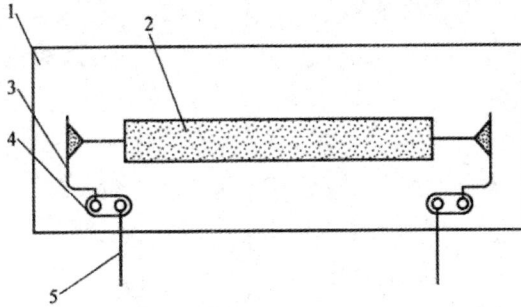

图11-6　半导体应变片示意

1—胶模衬底部；2—P-Si片；3—内部引线；4—内部接线端子；5—外引线

（4）应变花。在平面应力场中，需要测出两个或三个方向的应变才可以求出该点的主应力大小及方向，这就要使用粘贴在一个公共基底上、按一定方向布置的2 ~ 4个敏感栅组成的应变花。互为45°、60°、100°和120°等基本形式的应变花，如图11-7所示。

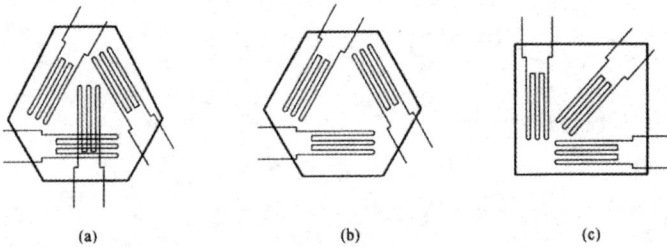

图11-7　应变花构造示意

四、应变片的选用

应变片的品种规格很多，选用时应根据被测试件所处的环境条件，如温度、湿度、被测材料、结构特点、检测的性质和应变的范围等来确定并应在尽可能节省开支的同时满足测试要求。以下从几个方面介绍应变片的选用方法：

（1）标距：根据结构特点和材料，在应变场变化大及用于传感器上时，应选用小标距应变片，如钢材常用5 ~ 20mm。均匀材料上选用大标距应变片，如混凝土常用8 ~ 130mm。

（2）应变片电阻：目前大部分应变仪按120Ω应变片设计，选用时应注意与应变仪相一致。

（3）灵敏系数：常用的应变片灵敏系数在 K=2.0 左右，使用时必须调整应变仪的灵敏系数功能键，使之与应变片的灵敏系数一致，否则应对结果予以修正。

（4）基底种类：较为常用的有纸基和胶基两种。常温下的一般测试可用纸基应变片。对于野外试验及长期稳定性要求高的试验，宜用胶基应变片。

（5）敏感栅材料：康铜丝材的温度稳定性较好，适用于大应变测量。

（6）特殊环境或有特殊要求的，选用特种应变片，如低温应变片、高温应变片、裂纹扩展片、疲劳寿命片等。

五、应变片的粘贴工艺

应变片的粘贴工艺见表 11-11。

表 11-11 应变片的粘贴工艺

工作顺序	工作内容		操作方法	要求
1	检查分选	外观检查	借助放大镜肉眼检查	无气泡、污点、霉点、外观平直
		阻值检查	用1%精度万用表检查	无短路、断路，同一测区阻值不相差0.5Ω
2	测点检查	初步定位	确定测点的大致位置	比应变片周边宽3～5cm的区域
		测点检查	检查测点处的表面状况	平整、无缺陷、无裂缝
		打磨	磨光机或1号砂纸打磨	平整、无锈、无浮浆
		清洗	脱脂棉、砂布蘸丙酮或无水乙醇清洗	干擦时无污染
		准确定位	准确画出测点的纵横中心线	纵线应与主应变方向一致
3	粘贴	上胶	用合适的小灰刀在测点均匀涂上预先调制好的一层薄胶	应变片的定位标志应与十字中心线对准
		挤压	将应变片放在定位线上，盖上塑料薄膜用手指沿一个方向挤压，挤出多余的胶	胶层应尽可能薄，挤压时注意保持应变片不滑移
		粘贴	根据粘胶特性，在应变片上稳压一段时间	应达到粘胶的初凝时间
		粘贴端子	接线端子靠近应变片引出线用贴片胶粘贴	胶达到强度后无松动、脱落

续表

工作顺序	工作内容		操作方法	要求
4	固化处理	自然干燥	根据自然条件和粘胶特性确定时间	粘胶强度达到要求
		人工固化	粘胶达到初凝时间后用红外线灯照射	加热温度不能超过50℃
5	粘贴质量检查	外观检查	借助放大镜肉眼检查	位置准确、无气泡、粘贴牢固
		阻值检查	万用表检查	无短路、断路
		绝缘检查	万用表200MΩ	档检查达到50MΩ以上
6	导线连接	引出线绝缘	应变片引出线底下涂粘贴胶或贴胶布	引出线不能短路
		导线焊接	用电烙铁、焊锡把应变片引出线和测量导线焊接在接线端子	焊点应圆滑，无虚焊
		固定导线	用粘胶或胶布固定测量导线	轻微摇晃导线不影响焊点
7	防潮防护		焊接完成，用万用表检查测量导线连接应变仪的一端，应略大于应变片阻值（含导线电阻）后，在应变片1接线端子涂上防潮胶	涂胶面积应大于应变片周边约1cm

在完成应变片的粘贴后，把应变片的引线和导线焊接在接线端子上，然后应立即涂上防护层，以防止应变片受潮和机械损伤。因为应变片受潮后会影响其正常工作，而且受潮的程度不易直接测量，所以防护技术是应变测量中的重要环节。常用应变片和结构表面的绝缘电阻值来判断。高的绝缘电阻值可保证测量的精度，但要求过高会加大工作量和增加防护工作的难度。所以，一般要求静态测量绝缘电阻大于200MΩ，动态测量可以稍小于200MΩ，对于长期检测和要求精度高的检测，绝缘电阻应大于500MΩ。图11-8给出了几种常用应变片防护措施，图11-8（a）、（b）适用于一般潮湿条件，图11-8（c）适用于水中或极湿条件，图11-8（d）适用于水中或混凝土浇筑场所。

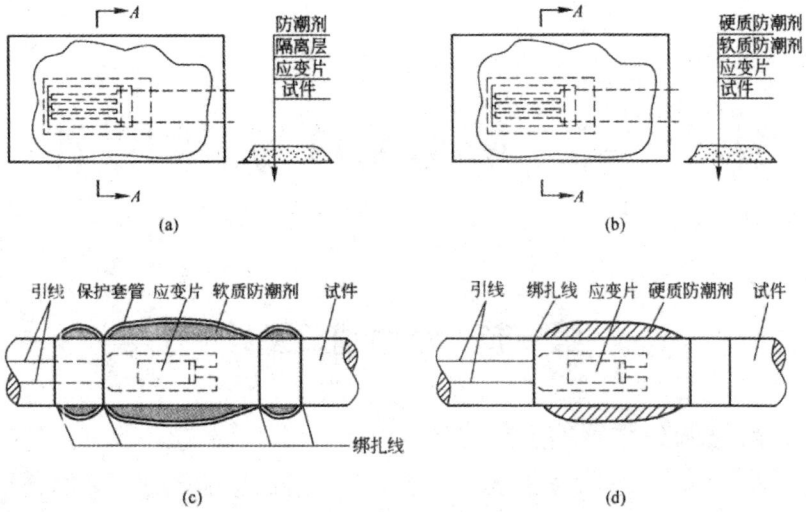

图11-8　应变片防护措施示意

第十二章　隧道洞口与洞门设计

第一节　隧道洞口设计

一、隧道洞口位置的选择方法

大量的隧道工程建设案例表明，"早进洞、晚出洞"的原则是合理可行的。为贯彻这一原则，隧道洞口位置选择必须充分考虑洞口地形、地质条件及周边环境条件等因素，通过综合比选来确定。下面介绍隧道洞口的选择方法。

（一）按地形条件选择隧道洞口位置

隧道进出口线路中线应力求与地形等高线垂直或接近垂直，这可减少洞口开挖量，对施工也较为有利。当地形等高线与线路中线斜交角度较大，岩层整体性较好，无不良地质现象时，也可以采用斜交进洞，但应尽量避免与等高线平行进洞。在地质条件较差的区段（如松散地层等），不建议采用斜交洞口。根据隧道洞口轴线与地形等高线的相对位置关系，隧道洞口位置主要有表12-1中的几种形式：

表12-1　隧道洞口位置的形式

类型	主要内容	图示
坡面正交型	隧道洞口轴线与地形等高线正交，最为理想	
坡面斜交型	隧道洞口轴线与地形等高线斜交，边坡斜面与洞门斜交，往往存在偏压，后续进行洞门设计时要考虑可能存在的偏压影响	
坡面平行型	隧道洞口轴线与地形等高线接近平行，是一种极端的斜交情况，隧道洞口段在较长区段内，外侧覆盖层较薄，偏压问题突出	
山脊突出部进入型	山脊突出部位一般是稳定的，但要注意两侧冲沟洪水汇集对隧道洞口的影响	
沟谷部进入型	存在岩堆等不稳定堆积层，且地下水位较高时，可能存在洪水、泥石流、积雪等自然灾害威胁	

对于傍山隧道洞口，当靠山一侧边坡较高时，常有塌方、落石等灾害发生，故宜早进洞或加长明洞。对路堑外自然坡面的稳定性也应认真调查、分析，不可忽视，必要时可采取相应防护措施。要特别重视洞口段的地层情况及覆盖厚度，对形成偏压的地段，应采取必要的措施以防止塌顶和破坏山体稳定。

对于陡崖陡壁下的洞口，由于其整体稳定性尚可，通常不采用切坡的方式处理，避免对陡崖造成扰动。如崖壁稳定，则可贴壁进洞。如陡崖存在危石，需先进行清理，必要时采用喷锚支护或设防护网防护，同时接长明洞或设防护棚，使洞口外移。

在漫坡地形选择洞口位置时，应考虑洞外路基填挖方情况、排水条件和有利快速施工等因素，综合分析确定。当隧道位于城市、风景区附近时，为了少占用土地和保护环境，有效地利用立体空间，尽量少作长拉沟进洞，以适当延长隧道为宜。

沟谷和山凹处往往是地表水和地下水的汇集处，地质构造条件差。因此，当线路沿沟谷、山凹行进时，洞口位置应避开沟谷、山凹的中心，尽量在凸出的山坡附近进洞。遇沟底高程较高或横跨线路等情况时，应对地表径流做妥善处理，并加强洞口段的防水、排水措施。

当桥隧相叠、相邻或相接时，隧道洞口设计应综合考虑地形、地质条件、桥梁形式及布置等因素，拟定合理的桥隧连接方式及施工工序，并符合下列要求：

（1）当桥隧相叠时，与桥梁重合的洞口段内轮廓除应考虑桥台、梁体及桥面系结构的布置空间外，还应预留更换支座等时效性构件的施工操作空间。

（2）当桥梁与隧道相接时，隧道与桥台设计中应考虑施工时的相互影响，应根据桥台和洞口段的结构形式、地形、地质条件，合理规划两者的施工工序及施工组织计划。

（3）当桥隧相邻时，隧道洞口排水系统设计应与桥面排水设计联合考虑，防止隧道排水对桥台产生不利影响。

（二）根据地质条件选择洞口位置

除地形条件外，洞口地段岩层构造、岩性特征、风化程度、地下水及其他不良地质等地质条件也对洞口位置有着重要甚至是决定性的影响。具体要求如下：

（1）洞口位置应选择在坡面稳定、地质条件较好、无不良地质现象处，不应在山体不稳或有明显偏压、滑坡、崩塌、松散堆积体、泥石流沟等地段进洞。

（2）当倾斜岩层、层理、片理结合很差或存在软弱结构面时，不宜大挖，避免斩断岩脚。为防止顺层滑动或塌方，应尽量早进洞或设明洞进洞。

（3）当隧道避开堆积层进洞有困难时，不宜采取清方措施缩短洞口，必要时应适当接长明洞或采取其他工程措施，以维护山体稳定和洞口工程的安全。

（4）在黄土地区，当遇干燥无水、密实、稳定的老黄土地层时，可按一定的挖深进洞；对有水或新黄土地层则不宜大挖；洞口应避开冲沟，以防止洞口坡面冲蚀产生泥石流等灾害。

（5）当洞口为软岩或软硬岩互层（如页岩灰岩互层等），要考虑风化及自然营力的作用。软岩易受侵蚀而剥落凹陷，导致掉块、落石，危及洞口安全，故在此类地层中选择隧道洞口位置时，应适当降低边、仰坡高度，以减小风化暴露面，同时对软岩坡面可进行适当的防护。

（6）遇洪水、泥石流地段时，多采用隧道或明洞等方式绕避。洞顶有冲沟通过时，宜采取接长明洞并在明洞顶做渡槽引渡的工程措施。设在山凹地形、沟谷地形的洞口，除考虑一般排水沟、截水沟以外，要根据暴雨洪水情况与汇水条件，设置满足洪水排泄要求的沟渠。

（三）根据周边环境选择洞口位置

与周边自然环境相协调也是隧道洞口位置选择应考虑的一项重要因素。保护环境是选择洞口的重要条件之一，但在早期隧道设计中多有所忽视。在现代的隧道工程设计中，相关法律和规范在保护自然景观、减少破坏植被、保护自然资源等方面都提出了明确的要求，应将此纳入洞口位置选择所考虑的条件之列。

二、隧道洞口边、仰坡高度的拟定

"早进洞、晚出洞"的理念倡导隧道宜长不宜短，但早和晚是相对的，并不意味着进洞越早越好、出洞越晚越好，不应教条地运用此项原则而刻意地将隧道设计得很长，而要科学合理地选择隧道洞口的位置。这里面有个"度"的问题，衡量的尺度主要是边、仰坡的坡率和刷坡高度。我国隧道工作者从理论分析和长期的工程实践中总结出了合理的边、仰坡控制坡率和刷坡控制高度。表12-1给出了公路隧道各级围岩洞口边、仰坡在不同坡率下的控制高度建议值，设计时可参照执行。

表12-1　隧道洞口边、仰坡控制高度

围岩级别	I ~ II			III		IV			V ~ VI	
边仰坡坡率	贴壁	1:0.3	1:0.5	1:0.5	1:0.75	1:0.75	1:1	1:1.25	1:1.25	1:1.5
高度（m）	15	20	25	20	25	15	18	20	15	18

注：设计开挖高度从路基边缘算起。

三、隧道洞口的景观设计

随着社会的进步、经济的发展，人们对隧道工程的需求已不再仅停留在功能层面，对美学层面的要求也越来越高，隧道洞口的景观设计逐步得到重视。在我国，隧道洞口的景观设计是从20世纪90年代末开始的。隧道洞口景观是一个综合概念，包括结构的合理性、形象设计的艺术性、生态环境的可持续性等。

（1）隧道洞口景观设计的原则为：

①应简洁实用，与隧道洞口周围的地形、植被及洞口接线线形相协调，有利于环境保护。

②应尽可能降低洞口亮度，改善驾乘人员的视觉适应条件，为驾乘人员提供安全舒适的行车环境。

③在满足使用功能的情况下，宜在造型上适当反映洞口所在地区的人文环境与文化传统等因素。

（2）洞口景观设计前应进行环境调查，内容包括：

①隧道洞口所处的地理位置及朝向。

②洞口所处的地形类型，如山鼻、山凹、台地、沟底等。

③洞口周边植被的种类、高矮、疏密程度、地表径流的流向和流量等。

④常年主导风向、最低及最高气温、日照、年降雨情况、雾天等气候情况。

⑤洞口周边的构造物、居民点、人文环境等。

（3）洞口景观设计的要求如下：

①在设计公路路线平、纵断面时，应将隧道洞口的景观作为设计要素，使洞口景观设计融入路线的总体设计中。

②洞口景观设计应与结构使用功能设计相结合。景观设计时，可利用景观构造物实现降低洞口亮度、洞口防废气串流及支护边坡等功能设计目标，洞口植树绿化、人工减光措施、废气防串隔离结构、支挡结构等设计也应纳入景观设计总体规划之中。

③应将洞口区域周边一定范围内的地形、地质、植被等条件，以及人工构造物和人文环境等因素，纳入景观设计规划，避免破坏原有的自然景观或人文景观。

④洞口景观设计应力求简洁明快，与周围的自然环境融为一体，绿化工程应尽量采用原地植被的树种或相近的树种。

⑤洞口景观设计应与洞门结构形式相协调。

第二节　隧道洞门设计

一、隧道洞门的分类

（一）端墙式洞门

端墙式洞门细分为墙式洞门、翼墙式洞门、台阶式洞门、柱式洞门和拱翼式洞门等形式，一般垂直于隧道轴线设置。端墙式洞门适用于仰坡陡峻地形、山凹地形、斜交地形的狭窄地带。翼墙是隧道洞口平行于路线的路基边坡支挡结构，与洞门端墙相连，形成整体，以稳定隧道洞口的边坡及仰坡。常见的端墙式洞门形式见表12-2。

表12-2　端墙式洞门主要形式

名称	图示	
墙式洞门	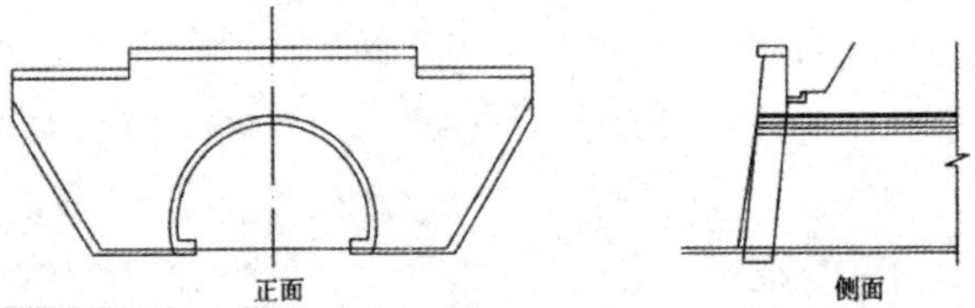 正面	侧面
翼墙式洞门	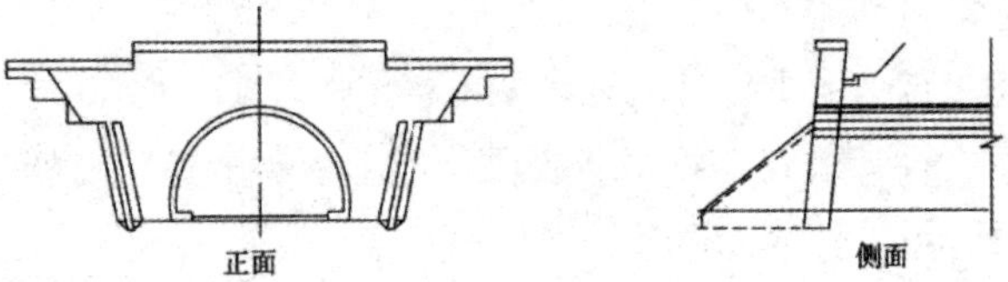 正面	侧面
台阶式洞门	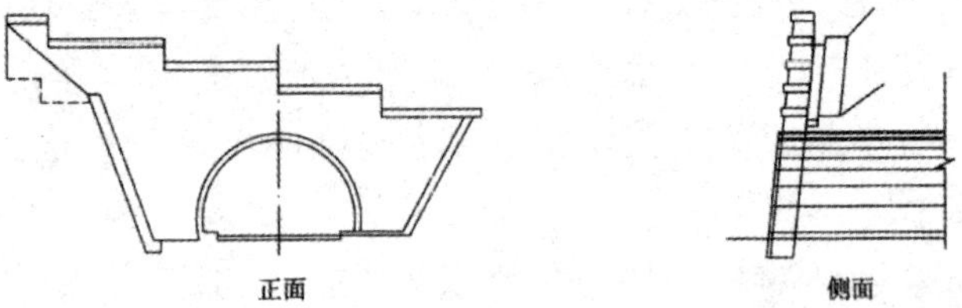 正面	侧面
柱式洞门	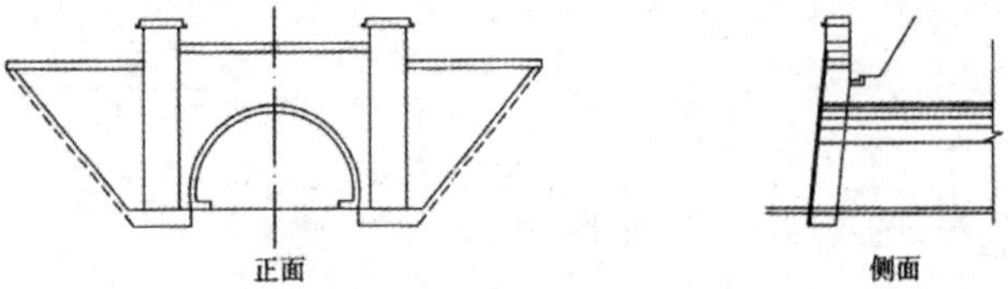 正面	侧面

名称	图示	
拱翼式洞门	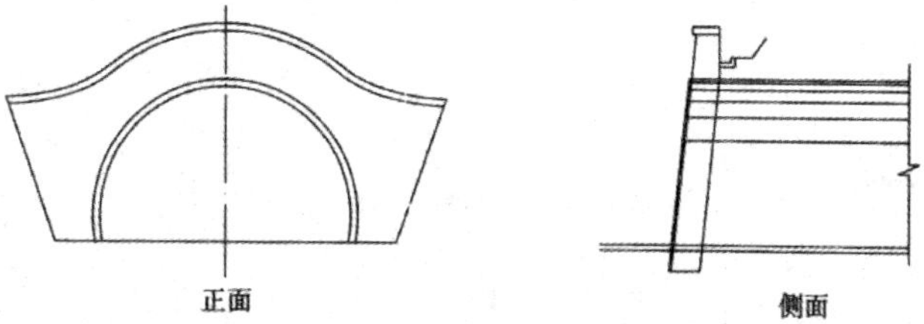 正面	侧面

（二）明洞式洞门

明洞式洞门细分为直削式洞门、削竹式洞门、倒削竹式洞门、喇叭式洞门、棚洞式洞门和框架式洞门等形式。明洞式洞门适用于地形开阔、边、仰坡不高、仰坡较平缓、隧道轴线与地形等高线正交或接近正交的地带。明洞式洞门（除棚洞式洞门和框架式洞门外）是隧道洞口段明洞衬砌突出于山体坡面的结构，相当于衬砌的洞外延伸部分。常见的明洞式洞门的形式见表 12-3。

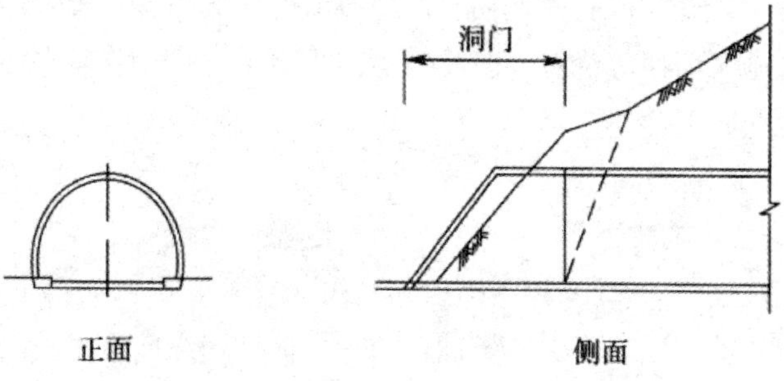

表 12-3 明洞式洞门主要形式

名称	图示	
直削式洞门	正面	洞门 侧面
削竹式洞门	正面	洞门 侧面

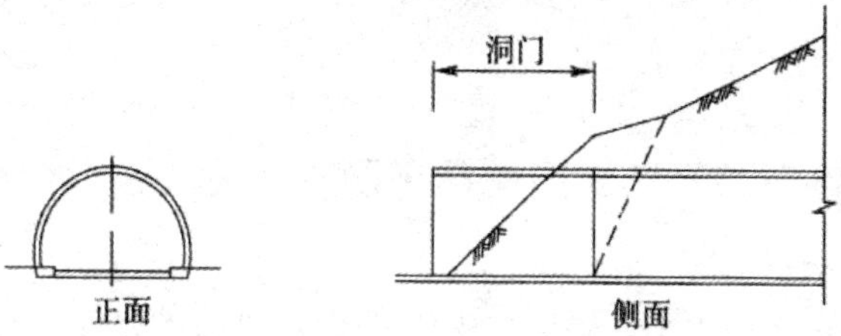

续表

名称	图示	
倒削竹式洞门	洞门	洞门
	正面	侧面
喇叭式洞门	洞门	洞门
	正面	侧面

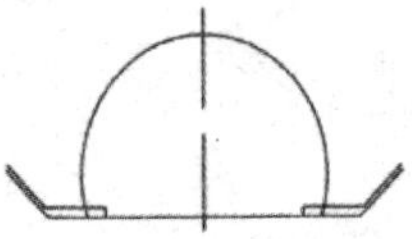

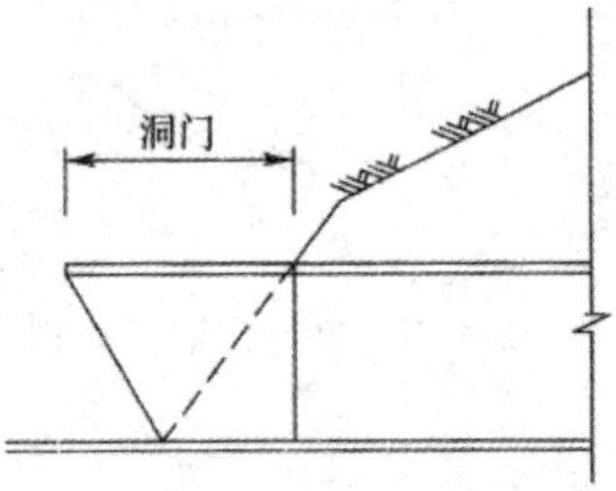

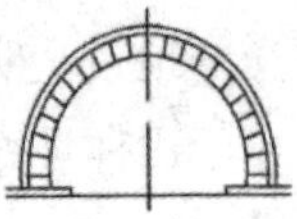

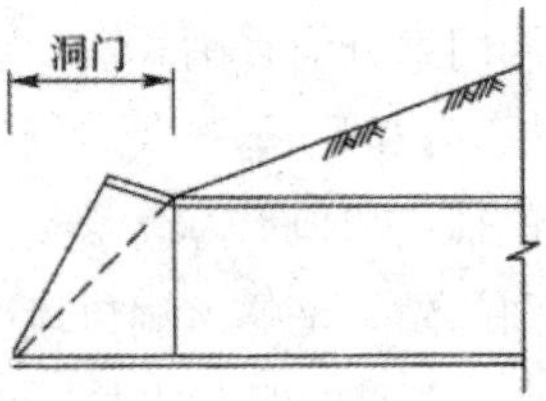

棚洞式洞门和框架式洞门也属于明洞式洞门，在仰坡、边坡较高、易发生碎落的洞口采用。在隧道上方覆盖层较薄，又有公路从上跨越或有其他建筑物在隧道上方时，可采用框架式洞门。

二、典型洞门形式的适用范围及特点

（一）墙式洞门

洞门墙起挡土墙的作用，主要抵抗山体纵向推力，保证仰坡坡面稳定。适用于地形相对平坦开阔的石质坡面、低地震烈度区等情况。墙式洞门具有结构简单、工程量小、施工简便等优点，但洞门顶部排水条件略差，需在山坡上开挖沟槽向较低侧或两侧横向引排。

（二）翼墙式洞门

当山体纵向推力较大，仅靠端墙难以保证边坡稳定性时，宜在端墙式洞门的两侧或一侧加设翼墙（挡墙），即为翼墙式洞门。

翼墙式洞门适用于地质条件较差、山体坡面纵向推力较大的情况，设置翼墙是为了增加端墙的稳定性，主要起抵抗山体坡面纵向推力、增加洞门的抗滑及抗倾覆能力的作用。

翼墙式洞门还可用于洞口设置深挖路堑的地方，翼墙可以稳定两侧面路堑边坡，起挡土墙作用。翼墙顶面坡度通常与仰坡坡面一致，其顶部设置纵向排水沟，将洞门端墙顶水沟汇集的地表水引排至路堑侧沟。翼墙式洞门可略微外扩以形成耳墙式洞门，可使洞口略显开阔，样式也较为美观。

（三）台阶式洞门（偏压式洞门）

当洞口段为傍山地形，地面线横坡较陡时，为了适应原地形，可在翼墙式洞门的基础上，采用两侧结构不对称、高度不对等的台阶式洞门形式。一般隧道两侧均需开挖设置挡土墙，端墙依然存在，洞门顶水沟收集的地表汇水排向远山侧。该洞门形式对洞顶排水较为有利。

（四）柱式洞门

柱式洞门是从端墙式洞门发展起来的，它实际也是一种端墙形式的洞门。当地形较陡，地质条件较差，仰坡有下滑的可能，而又受地形或地质条件限制不能设置翼墙时，可在端墙中部设置 2 个断面较大的柱墩，以增强端墙的稳定性，这种洞门墙面有突出线条，外观优美，气势宏伟，适宜在城市附近或风景区内使用。需要注意，在仰坡存在滑坡可能时，洞门中的柱墩往往还应兼具抗滑桩的作用，应按照抗滑桩的标准进行设计。另外，实际工程中也有部分洞门的柱墩仅起装饰作用，而不起承载作用。

（五）直削式洞门

直削式洞门适用于地形开阔，边、仰坡不高且平缓，隧道轴线与地形等高线正交或接近正交的地带。直削式洞门实际就是明洞延伸至隧道口位置形成的洞门，这种洞门可以直接采用明洞的模板施作，施工工艺较为简单。

（六）削竹式洞门

削竹式洞门适用于洞口山体坡度较缓、场地开阔，或距离城市较近，或有景观要求，或桥隧相连的隧道（消除短路基），但不适用于存在危岩落石及洞顶有道路、水渠的情况。削竹式洞门具有结构简单、施工方便、工程造价低等特点，可通过洞顶回填土恢复至原地貌，绿化效果好，在景观上能起到修饰周围景观的作用，与周围环境有机融合。

（七）倒削竹式洞门

倒削竹式洞门适用于洞口岩石基础稳定、整体性好、洞口山体坡度很陡或峭壁岩体处的隧道。已采用常规基础形式外延洞门但仍长度不足时，可通过设置倒削竹式洞门来延长洞门防护结构，以便在高陡边坡处有效起到防落石作用。为增强防落石的效果，必要时还应扩大切削面斜率。

三、隧道洞门设计要求

洞门形式应根据洞口地形、地质条件及周边环境条件确定。不论隧道轴线与地形等高线的关系如何，当洞门与隧道轴线正交时，其视觉美观，有利于行车安全，因此洞门宜与隧道轴线正交。洞门的设计应达到拦截洞口边、仰坡可能的碎落、滚石、卵i物的效果。同时，洞门应与自然环境相协调，要保护和最大限度地恢复原有地形，恢复自然景观，减少开挖痕迹，避免过多的人工修饰，淡化或隐藏支挡结构物的存在。下面分别介绍端墙式洞门和明洞式洞门的设计要求。

（一）端墙式洞门的设计要求

洞门端墙和翼墙应具有抵抗来自仰坡、边坡土压力的能力，应按挡土墙结构进行设计。洞门墙、翼墙墙身结构尺寸按墙体强度、稳定性和抗倾覆计算结果确定，或按工程类比确定，必要时进行墙身结构稳定性和抗倾覆验算。洞门墙墙身最小厚度（指墙体受力部分的最小尺寸）不应小于 0.5m，翼墙墙身厚度不应小于 0.3m。

洞顶上仰坡坡脚至洞门墙背的水平距离不宜小于 1.5m，以防止仰坡土石掉落到路面上，也便于在洞门端墙与仰坡之间设置排水沟。洞顶排水沟沟底至拱顶衬砌外缘的最小厚度不应小于 1.0m，以防止水流下渗，保护衬砌不受侵蚀。洞门端墙墙顶应高出墙背回填面 0.5m，防止掉落土石弹出飞落到路面，同时也作为养护维修人员在洞顶检查维护时的安全护栏。这里的墙背回填面指的是靠近墙背处的拱背回填顶面，通常是洞顶排水沟侧壁顶面，如图 12-1 所示。

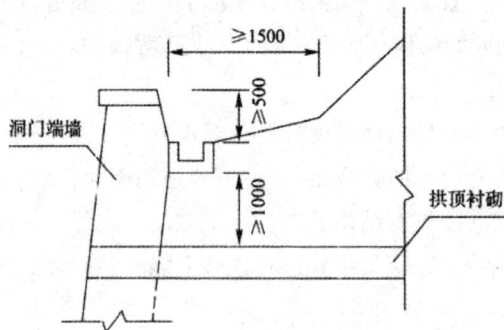

图 12-1　洞门墙背顶部构造（尺寸单位：mm）

洞门端墙应根据需要设置伸缩缝、沉降缝和泄水孔。洞门墙变形缝、泄水孔的设置应遵循挡土墙的设计要求。

洞门端墙基础应置于稳固的地基上，并埋入地面下一定深度。洞门墙基础埋入深度视地质条件确定。岩质地基嵌入深度是指清除表面强风化层后的深度，但当风化层较厚、难以全部清除时，应根据地基的风化程度及相应的地基容许承载力，将基础嵌入基岩中。斜坡地段的基底需挖成台阶，以防墙体滑动。嵌入岩质地基的深度不应小于 0.2m；埋入土质地基的深度不应小于 1.0m。基底埋置深度应大于靠墙设置的各种沟、槽底的埋置深度。当地基为冻胀土层时，根据经验，基底高程应不低于最大冻结深度以下 0.25m，但当冻结深度较深、施工有困难时，可采取非冻结性的砂石材料换填或设置桩基等措施加以处理。非冻胀地层（例如岩石、砾石、卵石、砂等）中，地基埋置深度不受冻结深度的限制。

地基承载能力不足时，应进行加固处理，常用的地基加固措施有扩大基础、桩基、筏板基础、地基换填、压浆等。

洞门结构设计应满足抗震要求。

（二）明洞式洞门的设计要求

明洞式洞门结构应采用钢筋混凝土结构，这主要是因为明洞式洞门结构是洞口衬砌的一部分，也属于明洞衬砌，而采用钢筋混凝土结构是明洞衬砌的要求，这里也应遵循。

洞口段明洞衬砌应伸出原山坡坡面或设计回填坡面不小于 500mm（图 12-2），这样做可有效防止坡面水和泥沙流入衬砌内壁。这里的 500mm 延伸长度指的是明洞衬砌和坡面与隧底交点之间的水平距离。

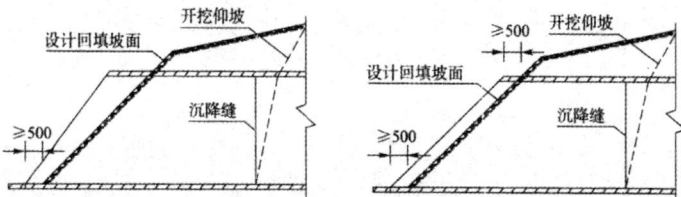

图 12-2　洞口衬砌仰斜面伸出坡面构造（尺寸单位：mm）

洞口衬砌外露端有不同形态，可呈直削、削竹、倒削竹或喇叭形（表 12-3），体现了洞门外形的变化。采用削竹式洞门时，削竹面仰斜坡率应陡于或等于原山坡坡率或设计回填坡面坡率。

设计回填坡面宜按原山坡坡度，这样可以恢复原地形。当洞口设计回填坡面采用土石回填时，坡率不宜陡于 1:1，以保证回填坡面稳定。坡面一般采用适合当地生长条件的、与周边协调的植物防护或网格防护。

随着国民经济和隧道施工技术突飞猛进地发展，为了满足人民对美好生活的向往，业界迫切需要完善隧道洞口设计理念和提高设计标准，需充分尊重客观的自然条件，采取经济合理的手段解决工程问题，同时设计构思还应与周边环境、时代背景、文化底蕴、安全和舒适性需求充分融合，这将是今后隧道洞口及洞门设计工作中需要思考的问题。

第十三章　隧道衬砌结构设计

第一节　整体式衬砌设计

一、整体式衬砌概述

隧道整体式衬砌是一次浇筑成形的混凝土或钢筋混凝土衬砌结构，在隧道支护结构中可单独使用，但更多作为复合式衬砌中的二次衬砌使用。整体式衬砌是被广泛采用的衬砌形式，它具有以下优点：

（1）施工工艺简单，技术成熟，适用于多种施工条件，如可采用木模板、钢模板或衬砌台车等。

（2）适应多种围岩条件，易按需要成型。

（3）整体性好，刚度大，支护及时，具有较强的支护能力、防水能力和耐久性，具有长期可靠的支护作用。

整体式衬砌优点较为突出，但也存在缺点：拆模和养护均需要时间，施工速度较慢，且容易对其他工序形成干扰；同时，由于整体式衬砌刚度大，在单独使用时，过分地限制了围岩变形，不利于充分发挥围岩自承能力。因此，整体式衬砌一般应用在隧道洞口段、浅埋段及软弱围岩段中，这些区段围岩条件差，自稳时间短，需要强有力且能立即承载的支护结构形式，而整体式衬砌能够很好地满足这类需求。

二、整体式衬砌的分类与选择

（一）按照所用材料分类

根据所用材料的不同，整体式衬砌分为混凝土衬砌和钢筋混凝土衬砌两大类。因钢筋混凝土衬砌有较强的承载能力，在一些较特殊地段宜采用钢筋混凝土结构，如：

（1）因地形、地质构造导致围岩松动、滑移而引起的有明显偏压的地段，如傍山隧道、地形等高线与隧道轴线斜交且埋深较浅的地带、隧道轴线平行或近似平行于陡倾岩层走向的隧道、平行于竖向结构面走向的隧道、由于施工工序而引起短暂偏压的地段等。为了承受不对称围岩压力，该区段的隧道衬砌结构应采用抗偏压衬砌。处于偏压状态的隧道，受力条件较为复杂，宜采用钢筋混凝土结构。

（2）横通道、斜井等与主洞连接处形成交叉的区段，由于施工暴露空间大，结构受力复杂，为保证其结构强度，防止开裂，交叉范围的衬砌宜采用钢筋混凝土结构。

（3）Ⅴ级围岩地段围岩自承能力较差，由于初期支护（锚喷衬砌）刚度相对较小，且在长期围岩压力作用下可能会丧失部分承载力，需要设置二次衬砌形成复合式衬砌以尽快发挥强有力的支护作用。根据国内隧道实测资料，Ⅴ级围岩地段二次衬砌承受的围岩压力较大，因此，Ⅴ级围岩段的二次衬砌宜采用钢筋混凝土结构。

（4）单洞四车道隧道开挖断面大，其洞室跨中弯矩大，为减少衬砌结构自重，结构厚度不宜过大，此时采用钢筋混凝土结构更合理。

（5）根据震害调查资料，隧道结构具有很好的抗震能力。在地震动峰值加速度小于 0.2g 的地区，一般地震对隧道结构影响不大。由于地震动峰值加速度大于 0.2g 的高烈度地震区资料不多，因此很难保证地震发生时隧道衬砌不开裂、破坏；而且，大量震害调查表明，钢筋混凝土衬砌在地震中不易出现坍塌、掉块等危及行车和行人的损坏。所以，在地震动峰值加速度大于 0.2g 的地区，隧道洞口段衬砌宜采用钢筋混凝土结构。

（二）按照断面几何特征分类

根据隧道断面几何特征的不同，整体式衬砌可设计为等截面和变截面两种形式。根据隧道围岩地质条件的不同，整体式衬砌可采用半衬砌、落地拱衬砌、厚拱薄墙衬砌、直墙拱形衬砌、曲墙拱形衬砌及抗偏压衬砌等形式，可参照下列要求选用：

（1）岩层较坚硬且整体稳定或基本稳定的围岩区段，可采用半衬砌。

（2）侧压力大的较软岩或土层地段，可采用落地拱衬砌。

（3）水平压力较小时，可采用厚拱薄墙衬砌。

（4）竖向压力较大、水平侧压力不大时，宜采用直墙拱形衬砌。

（5）地质条件差，岩石破碎、松散和易于坍塌的地段以及底板支护较弱、具有膨胀特性或有较大围岩压力的区段，应采用曲墙拱形衬砌。

（6）承受偏压荷载或承受较大垂直荷载时，应考虑变截面衬砌形式。

三、整体式衬砌的设计要点

（一）钢筋混凝土整体式衬砌的设计要求

当整体式衬砌采用钢筋混凝土结构时，应满足以下要求：

（1）混凝土强度等级不应低于 C30，受力主筋的净保护层厚度不应小于 40mm。因为 C30 以上的混凝土具有较好的抗渗性及气密性，可有效保护混凝土内的钢筋以及降低表层混凝土的碳化速度，而隧道处于地下环境中，设计需要考虑其抗渗性和抗腐蚀性。

（2）如果结构厚度太薄，将不能充分发挥钢筋的作用，因此要求钢筋混凝土整体式衬砌厚度不宜小于 300mm。

（3）钢筋混凝土结构受力主筋太密，将会影响衬砌混凝土的灌注质量，降低混凝土与钢筋之间的黏结力，因此，钢筋混凝土整体式衬砌中受力主筋的间距不宜小于 100mm。

（二）整体式衬砌变形缝设置要求

隧道衬砌是一个纵向长度很长的管状结构，为了避免由于纵向地压不均、不均匀沉降、温度应力以及地震荷载等因素造成的衬砌结构开裂、破坏等现象，需要沿隧道纵向每隔一定的距离设置一条变形缝。设置变形缝的目的是把承载能力不同的结构、承受不同围岩压力的结构完全断开，可使产生的沉降变形和受力变形各自独立。变形缝主要分为沉降缝和伸缩缝两种。因为变形缝本身也可作为施工缝，当变形缝与施工缝不在同一位置时，宜将变形缝调整到施工缝位置，这样可减少一道专门的工序。整体式衬砌变形缝设置应满足如下要求：

（1）明洞衬砌与洞内衬砌交界处、不设明洞的洞口段衬砌，距离洞口 5 ~ 12m 的隧道内应设沉降缝。

（2）地质条件明显变化处、不同衬砌类型交界处，宜设置沉降缝。

（3）在连续软弱围岩中，每 30 ~ 100m 宜设 1 道沉降缝。

（4）严寒与酷热温差变化大地区，特别是最冷月平均气温低于 −15℃的寒冷地区，距洞口 100 ~ 200m 范围的衬砌段应根据情况设置伸缩缝。

（5）沉降缝、伸缩缝缝宽不应小于 20mm，缝内可填塞沥青木板或沥青麻丝。伸缩缝、沉降缝宜垂直于隧道轴线环向设置。拱、墙、仰拱的沉降缝、伸缩缝应设在同一断面位置。

（6）沉降缝、伸缩缝可兼作施工缝。在需设沉降缝或伸缩缝地段，应结合施工缝进行设置。

（三）整体式衬砌底部设置要求

应根据围岩级别、基底承载力、断面尺寸等因素综合确定隧道底部是否需要设置仰拱。如果不设置仰拱，衬砌边墙基础应符合下列规定：

（1）应置于稳固的地基之上，基底承载力应满足设计要求。不设仰拱地段，地基承载能力一般较强，但不能因为电缆沟和边沟开挖破坏地基的整体性，导致边墙脚空虚，影响地基承载能力。

（2）基础底面不应高于电缆沟的设计开挖底面。路侧边沟开挖底面低于基础底面时，边沟开挖边界距边墙基础的距离应大于 500mm。路侧边沟一般距边墙基础有一定距离，边沟底较电缆沟底深，边沟开挖边界距边墙基础的距离大于 500mm 是为了保证一定的护基宽度。

（3）在洞门墙厚度范围内，边墙基础应加深到与洞门墙基础底部相同的高程。因为端墙式洞门的洞门墙基础深度较大，洞门墙基坑开挖可能会对隧道衬砌边墙基底造成损伤。

（4）边墙底部截面宜适当扩大，以增大边墙的承载面积。

设置仰拱的整体式衬砌，不应急剧弯曲和出现棱角，边墙衬砌与仰拱宜采用小半径曲线连接。为保证仰拱与边墙的有效连接，仰拱厚度应不小于边墙厚度，一般情况下，仰拱厚度宜与边墙厚度相同。其中，边墙厚度是扣除纵向盲管占用空间后的厚度（图 13-1）。

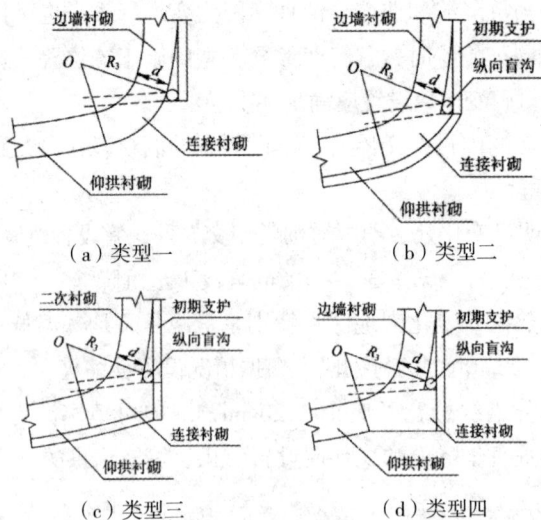

（a）类型一　　　（b）类型二

（c）类型三　　　（d）类型四

图 13-1　边墙衬砌与仰拱连接类型
R_3—边墙与仰拱连接圆弧半径；d—边墙初砌厚度

（四）整体式衬砌设计参数的取值

公路隧道整体式衬砌支护参数可采用工程类比法或数值计算法确定，也可参照表 13-1 取值。

表13-1　整体式衬砌设计参数

围岩级别	设计参数	
	单车道隧道	双车道隧道
IV	边墙、拱部：35～40cm混凝土； 仰拱：35～40cm混凝土	边墙、拱部：40～50cm钢筋混凝土； 仰拱：40～50cm混凝土
V	边墙、拱部：40～45cm钢筋混凝土； 仰拱：40～45cm混凝土	边墙、拱部：50～60cm钢筋混凝土； 仰拱：50～60cm钢筋混凝土
VI	边墙、拱部：45～50cm钢筋混凝土； 仰拱：45～50cm钢筋混凝土	边墙、拱部：60～80cm钢筋混凝土； 仰拱：60～80cm钢筋混凝土

第二节　喷锚衬砌设计

一、锚喷衬砌概述

锚喷衬砌是以喷射混凝土为主，必要时联合锚杆、钢筋网、钢架等支护形式中的一种或多种而形成的加固围岩、控制围岩变形、充分利用和发挥围岩自承能力的支护形式。

锚喷衬砌中的"锚"主要指的是锚杆，也包含钢筋网和钢架等构件。锚杆支护是锚固在岩体内部的杆状体，是锚喷衬砌的重要组成部分。锚入岩体内部的锚杆与岩体融为一体，可起到改善围岩力学性能、调整围岩受力状态、抑制围岩变形的作用，实现加固围岩、维护围岩稳定的目的。在锚喷衬砌的结构组成中，锚杆与其他构件（如喷射混凝土、钢筋网、钢架等）作用原理不同，它是一种从围岩内部改善围岩性质的支护构件，在改善围岩连续性的同时，也增强了围岩的抗剪强度，提高了围岩的自承能力，补偿了围岩存在的力学上不连续（如节理、裂隙等）的缺陷。总体来说，锚杆具有如下作用：

（1）悬吊作用。由于围岩被节理、裂隙或断层等不连续地质体切割，开挖爆破震动可能引起局部岩块失稳，甚至会导致整体式坍塌，而采用锚杆可将不稳定的岩块悬吊在稳定的岩体上，或将应力降低区内不稳定的围岩悬吊在应力降低区以外的稳定岩体上；另外，还可以在侧壁设置锚杆以阻止岩块滑动如图 13-2（a）所示。

（2）组合梁作用。在水平或倾角小的层状岩体中，锚杆能使各岩层紧密结合，形成类似组合梁结构，能够显著增加层面间的抗剪强度和摩擦力，从而提高围岩的稳定性，形成良好的组合梁结构如图 13-2（b）所示。

（3）挤压加固作用。软弱围岩开挖后，洞内临空面变形较大，在隧道周边布设系统锚杆后，一方面可向围岩施加径向压力形成承载拱，与喷射混凝土支护共同承受围岩的形变压力，减少围岩变形，提高围岩的稳定性；另一方面，注浆锚杆的浆液可以沿着围岩中的节理裂隙扩散、凝结，将围岩中的节理、裂隙粘结成一体而提高围岩的整体性，起到加固围岩的作用如图 7-2（c）所示。

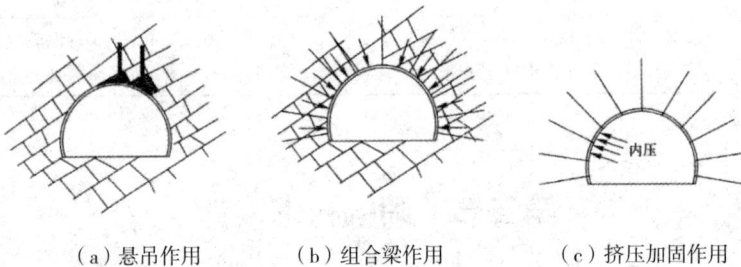

(a) 悬吊作用　　　　(b) 组合梁作用　　　　(c) 挤压加固作用

图 13-2　锚杆作用示意

要发挥锚杆对围岩的支护作用，需要做好以下 3 个方面的工作：①保证有效锚固长度；②保证锚杆全长注浆饱满，与岩体连成整体；③避免松弛和锈蚀损坏。

锚喷衬砌中的"喷"指的是喷射混凝土。喷射混凝土是一种利用高压风作动力，将混凝土混合料通过喷射机、输料管及喷头直接高速喷射到隧道围岩壁面上的支护形式。喷射混凝土是维护隧道围岩稳定的结构物，具有不需模板、施作速度快、早期强度高、密实度好、与围岩紧密黏结、不留空隙的突出优点。隧道开挖后及时施作喷射混凝土支护，可以起到封闭岩面、防止风化松动、填充坑凹及裂隙、维护和提高围岩的整体性、协助围岩发挥自身承载能力的作用。

相对于模筑混凝土衬砌、预制管片衬砌等衬砌形式，锚喷衬砌从本质上是一种完全不同的支护类型。从作用原理来看，锚喷衬砌的作用机理不是以一个大刚度结构物来抵抗围岩施加于它的压力荷载，而是采取柔性支护措施以充分发挥围岩的自承能力，与围岩合成一体，共同作用。锚喷衬砌具有支护及时、柔性、紧贴围岩、与围岩共同变形等特点，能保证围岩的长期稳定，在受力条件上比整体式衬砌优越。从施工方法上来看，它不需要临时支撑，也不用模板或模板台车进行混凝土灌注，而是直接将混凝土喷射到隧道岩壁之上，径向凝结成衬砌层，因此，锚喷衬砌对加快施工进度、节约劳动力及原材料、降低工程成本等效果显著。但是，锚喷衬砌刚度较小，在围岩自承能力较差的Ⅳ~Ⅵ级围岩中，其长期稳定性和防止水侵蚀能力有一定的局限性，耐久性值得商榷，且材料及施工工艺还有待进一步提高。因此，在Ⅳ~Ⅵ级围岩中应采用复合式衬砌或整体式衬砌，不宜单独将锚喷衬砌作为永久衬砌。

二、锚喷衬砌的分类与选择

（一）喷射混凝土的分类

喷射混凝土分为普通喷射混凝土、纤维喷射混凝土和钢筋网喷射混凝土3大类。

纤维喷射混凝土是在普通喷射混凝土中掺入纤维形成的喷射混凝土，掺入的纤维通常为钢纤维和合成纤维，前者的应用较为广泛。纤维喷射混凝土的应用范围如下：

（1）断层破碎带、褶皱带等受力复杂的地段。

（2）膨胀性围岩及易引起塑性流动的围岩地段。

（3）隧道洞口有较大围岩压力的地段。

（4）隧道洞身交叉段、加宽段、隧道近接施工段等构造上易发生不稳定的区段。

（5）既有隧道的加固、维修，厚度受限制（如侵入建筑限界）且质量要求高的情况。

钢筋网喷射混凝土是在喷射混凝土中加入钢筋网片，可以提高喷射混凝土和岩面之间的黏结力。钢筋网喷射混凝土一般应用于松散岩层、土砂岩层及膨胀性围岩隧道中，复合式衬砌中的初期支护应采用钢筋网喷射混凝土。

（二）锚杆的分类

按布置位置与范围，锚杆分为系统锚杆和局部锚杆（图13-3）。系统锚杆在隧道周边系统布置，而局部锚杆主要针对隧道周边局部不稳定块体进行局部打设。

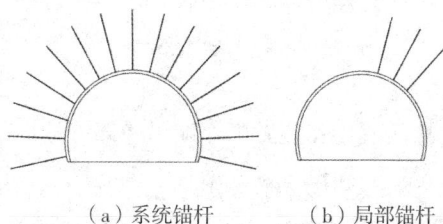

（a）系统锚杆　　　（b）局部锚杆

图13-3 锚杆布置类型示意

按施工工艺，锚杆分为普通砂浆锚杆、中空注浆锚杆、组合中空锚杆和自进式锚杆。

按作用原理，锚杆分为：

（1）全长黏结型锚杆，常见的类型有普通水泥砂浆锚杆、早强水泥砂浆锚杆、树脂锚杆、药卷锚杆、中空注浆锚杆、组合式锚杆和自钻式注浆锚杆等。全长黏结型锚杆主要用水泥砂浆或树脂作填充黏结剂，使锚杆和孔壁岩石黏结牢固，提供摩擦阻力，并通过安装在孔口上的垫板、螺母对岩壁的约束力来抑制围岩变形和承受围岩松弛荷载。系统锚杆、局部锚杆、锁脚锚杆等永久支护锚杆可采用这类锚杆。

（2）端头锚固型锚杆，常见的类型有机械式锚杆、端头黏结式锚杆等。通过锚杆的机械式锚固或黏结式锚固作用，将锚杆前端锚固于锚杆孔底部的岩体，通过孔口垫板及螺母使锚杆受拉，对孔口附近围岩施加径向约束力。端头锚固型锚杆主要用于预应力锚杆、局部锚杆，起临时支护作用，注满砂浆后可作永久支护锚杆。机械式锚杆又分为楔缝式锚杆、胀壳式锚杆和倒楔式锚杆，一般可用于硬岩支护中。端头黏结式锚杆主要有树脂端头锚固锚杆两种、快硬水泥端头锚固锚杆两种。端头黏结式锚杆除可用于硬岩和中硬岩外，也可用于软岩。

（3）摩擦型锚杆包括缝管锚杆、水胀锚杆等，主要用于局部锚杆，起临时支护作用。

（三）钢架的分类

钢架支护（即钢拱架支护）的作用是与喷射混凝土层协同作用，形成联合支护以增加支护的刚度和强度，控制围岩变形与松弛，提高锚喷衬砌的支护能力。钢架主要有型钢钢架和钢筋格栅钢架两大类。

常用的型钢钢架有工字钢钢架、U形钢钢架和H形钢钢架等类型。工字钢钢架使用冷弯机加工成形；U形钢钢架不需要连接钢板，可采用搭接连接、螺栓固定，并可进行小范围拱幅调节，有一定的灵活性。型钢钢架的刚度和强度大，可作为临时支撑并单独承受较大的围岩压力，也可设置于混凝土内作永久衬砌，尤其是在Ⅳ、Ⅴ级软弱破碎围岩段施工或处理塌方时使用较多。但型钢钢架与喷射混凝土的黏结不好，与围岩间的空隙难以用喷射混凝土填充密实，易导致钢架附近的喷射混凝土出现开裂。

格栅钢架由钢筋焊接而成，安装后可立即承受部分松动荷载，当锚杆和喷射混凝土达到一定强度后，便能共同承受逐渐增长的围岩压力，符合新奥法先柔后刚的支护原则。同时格栅钢架与喷射混凝土黏结较好，能形成良好的钢筋混凝土结构，易于发挥支护作用，钢架与围岩间的空隙也容易被喷射混凝土填充密实，有利于结构受力。格栅钢架虽然具有诸多优点，但由于初期刚度小（其刚度随喷射混凝土硬化而增加，因此初期刚度较小），不适用于初始就需要较大支护力的情况，如浅埋段、地质条件较差区段等。

一般来说，当遇到下列情况时，应增加钢架支护：

（1）自稳时间很短的Ⅳ、Ⅴ级围岩，在锚杆和喷射混凝土支护发挥作用前，可能发生围岩失稳或坍塌危险时。

（2）浅埋、偏压隧道，当早期围岩压力增长快，需要提供初期支护的早期强度和刚度时。

（3）在难以施作锚杆、喷射混凝土的砂卵石、土夹石或断层泥等地层，大面积淋水地段，以及为了抑制围岩大变形需要增加支护抗力时。

（4）当需要施作超前支护，设置钢架作为超前支护的支承构件时。

（四）锚喷衬砌组合类型

锚喷衬砌是目前最常用一种围岩支护手段，主要由喷射混凝土、锚杆、钢筋网和钢架等组成，在不同的围岩条件、隧道断面条件下发挥不同的作用。这些组成构件可以单独使用，也可以组合使用。

（1）常见的锚喷衬砌组合形式如下：

①喷射混凝土支护。

②喷射混凝土+锚杆支护（系统锚杆或局部锚杆）。

③喷射混凝土+锚杆+钢筋网支护。

④喷射混凝土+锚杆+钢筋网+钢架（型钢钢架或格栅钢架）支护等。

（2）一般来说，在下列条件下可采用锚喷衬砌作为永久衬砌：

①作为施工使用的导洞。

②低等级公路隧道的Ⅰ~Ⅲ级围岩段。

③Ⅰ~Ⅲ级围岩段的紧急救援通道、泄水洞等。

④施工用竖井、斜井。

（3）而在下列情况下，不应采用锚喷衬砌作为永久衬砌：

①地下水发育或大面积淋水地段。

②膨胀性围岩或能造成衬砌腐蚀的地段。

③月平均最低气温低于–5℃地区的冻害地段。

④有其他特殊要求的隧道。

此外，围岩自承能力较差的Ⅳ~Ⅵ级围岩区，不宜单独采用锚喷衬砌作为永久衬砌；安全等级为一级的隧道、隧道进出口段、浅埋段以及围岩条件较差的软弱围岩段，不宜直接使用锚喷衬砌作为衬砌结构。

不同围岩条件的锚喷衬砌选用标准可参照表 13-2。

表 13-2　围岩与锚喷衬砌选用关系表

围岩	支护目的	锚喷衬砌形式	辅助支护
围岩发生弹性变形，稳定性良好的围岩	防止围岩风化	喷射混凝土支护	—
存在少许掉块，产生松弛的围岩	支护局部可能掉落的岩块；阻止岩块滑移	喷射混凝土；局部锚杆	—
产生较大松弛和一部分塑性变形的围岩	控制围岩松弛；形成内压，提供支护阻力；控制塑性区的发展；提高围岩承载能力	喷射混凝土；系统锚杆；局部格栅钢架	钢筋网；短超前支护
围岩强度不足，产生形变土压的围岩	形成内压，提供强大的支护阻力；控制塑性区的扩大；提高围岩的承载能力	喷射混凝土；系统锚杆；系统型钢钢架或格栅钢架	钢筋网；长超前支护

三、锚喷衬砌的设计要点

（一）喷射混凝土支护的设计要求

（1）喷射混凝土设计应满足以下要求：

①喷射混凝土的设计强度等级不应低于 C20，这是喷射混凝土强度的基本要求。对于重要隧道、竖井及斜井工程，喷射混凝土的设计强度等级不宜低于 C25。

②喷射混凝土的最小厚度不应小于 50mm。这是因为受喷射混凝土收缩的影响，厚度小于 50mm 时易引起混凝土收缩开裂；同时，喷层过薄不足以抵抗岩块的移动。在含水较丰富的地层中，喷射混凝土支护厚度不应小于 80mm，且抗渗等级应满足抗渗要求。

③为了确保喷射混凝土衬砌有足够的柔性，其厚度不宜过大。一般情况下，两车道隧道喷射混凝土厚度不宜超过 300mm。对于三车道以上的大断面隧道，喷射混凝土层相对柔性大，在不稳定的 V 级围岩区段，喷射混凝土厚度可按需要大于 300mm。随着隧道施工机械化水平的提升和隧道施工技术的进步，厚度大于 300mm 的喷射混凝土已没有施工障碍，可根据实际情况确定最大厚度。

④喷射混凝土宜采用普通硅酸盐水泥配制，且水泥抗压强度不得低于 32.5MPa；有特殊设计需要时，可采用特种水泥配制。细集料可采用中砂或粗砂，细度模数宜

· 356 ·

大于 2.5，含水率宜控制在 5% ～ 7%；粗集料可采用砾石或碎石，粒径不应大于 15mm。

⑤当防水要求较高时，可采用强度等级大于 C30 的高性能喷射混凝土。

（2）在围岩变形大、自稳性差的软弱围岩、膨胀性围岩地段，为增加锚喷衬砌的抗拉和抗弯强度，提高其抗裂性能，可采用纤维喷射混凝土支护，试验结果表明，喷射混凝土内添加一定数量的钢纤维或合成纤维，各项性能都优于普通喷射混凝土。纤维喷射混凝土设计应符合下列规定：

①纤维喷射混凝土强度等级不应低于 C25。

②钢纤维喷射混凝土中钢纤维掺量宜为干混合料质量的 1.5% ～ 4%。钢纤维喷射混凝土的韧性比素混凝土提高 10 ～ 50 倍，抗冲击能力比素混凝土提高 8 ～ 30 倍。当钢纤维掺量为 40 ～ 60kg/m³ 时，与不掺钢纤维的混凝土相比，抗压强度增加 10.3% ～ 22.3%，劈裂强度增加 41% ～ 68%。钢纤维喷射混凝土的力学性能随钢纤维掺量的提高而提高，但掺量过大，搅拌的均匀性及喷射流畅性会出现问题。实际上，钢纤维掺量主要由喷射混凝土工艺决定，当钢纤维掺量超过混凝土干混合料质量的 4% 时，搅拌的均匀性和喷射混凝土施工中的流畅性变差，回弹增加。因此，每立方米喷射混凝土宜掺钢纤维 33 ～ 96kg，即混凝土干混合料质量的 1.5% ～ 4%。

③合成纤维喷射混凝土中的纤维掺量应根据试验确定。合成纤维喷射混凝土是指由化工原料制成的具有一定抗拉强度的细长纤维（如聚丙烯纤维）掺进混凝土内，使喷射混凝土的抗拉强度、韧性、抗裂均有显著提高，而对混凝土的施工工艺没有影响。但是，掺加合成纤维对提高混凝土抗压强度的效果并不明显。

④防水要求较高时，可采用强度等级高于 C30 的高性能喷射混凝土。高性能喷射混凝土是在钢纤维喷射混凝土的基础上，增加少量纤维、微硅粉、矿渣粉、粉煤灰、高效减水剂等成分形成的高强度等级、高抗渗性及高耐久性的喷射混凝土衬砌。高性能喷射混凝土设计强度等级一般为 C40、C50，抗渗指标不低于 P12。

（二）钢筋网的设计要求

为了提高喷射混凝土的抗剪强度和抗弯强度、增强喷射混凝土的抗冲切能力和抗弯曲能力，进而增加喷射混凝土的整体性、减少喷射混凝土的收缩裂缝，在特定的围岩条件下，需要在喷射混凝土内布设钢筋网。钢筋网喷射混凝土施工顺序是：先初喷混凝土，铺挂钢筋网，再复喷混凝土，覆盖钢筋网。

钢筋网设计应符合下列规定：

（1）钢筋网钢筋直径不应小于 6mm，也不宜大于 12mm。喷射混凝土层厚度较小时，钢筋网的钢筋直径 6mm 即可达到提高喷射混凝土性能的目的。钢筋网要求随岩面凹凸起伏进行敷设，钢筋网直径过大会导致敷设困难，因此，钢筋网的钢筋直径不宜过大。

（2）钢筋网钢筋应按矩形布置，钢筋间距宜为 150～300mm。实践表明，当钢筋间距小于 150mm，喷射混凝土回弹量大，且钢筋与壁面之间易形成空隙，不易保证钢筋网喷射混凝土的密实性；当钢筋间距大于 300mm 时，则将大大削弱钢筋网在喷射混凝土中的作用，因此，规定钢筋网的钢筋间距为 150～300mm，可采用 150mm×150mm、150mm×200mm、200mm×200mm、200mm×250mm、250mm×250mm、250mm×300mm、300mm×300mm 等组合方式。

（3）钢筋网搭接长度与钢筋混凝土结构中的钢筋搭接要求是一致的，即钢筋绑扎搭接长度为钢筋直径的 30 倍。

（4）钢筋网喷射混凝土保护层厚度不应小于 20mm。当采用双层钢筋网时，两层钢筋网之间的距离不宜小于 80mm。钢筋保护层厚度不应小于 20mm，这与普通钢筋混凝土的规定是一致的。当采用双层钢筋网时，两层钢筋网之间的距离不宜过小，以确保双层钢筋网能有效地发挥作用。

（5）单层钢筋网喷射混凝土厚度不应小于 80mm，双层钢筋网喷射混凝土厚度不应小于 150mm。钢筋网要求一定的保护层厚度，由于钢筋铺设位置不可能十分准确，所以钢筋网喷射混凝土厚度不应小于 80mm；双层钢筋网的喷射混凝土厚度不应小于 150mm，这是为了保证钢筋网有足够的保护层厚度和两层钢筋网间的距离。

（6）钢筋网可配合锚杆或临时短锚杆使用，钢筋网宜与锚杆或其他固定装置连接牢固。钢筋网与锚杆绑扎连接或焊接，以便固定在岩面上。如没有锚杆或后期再施作锚杆，可采用长度不小于 0.3m 的临时短锚杆固定钢筋网。

（三）锚杆支护的设计要求

（1）锚杆支护的总体设计要求

应根据隧道围岩条件、断面尺寸、锚杆作用、施工工艺条件等因素选择锚杆种类、长度、间距等参数，并应符合以下要求：

①用作永久支护的锚杆应选择全长黏结型锚杆，而端头锚固型锚杆作为永久支护时必须在孔内注满砂浆或树脂，砂浆或树脂的强度等级不应小于 M20。要保证作永久支护的锚杆的长期作用效果，锚杆体中的钢筋需要一定的保护层，孔内注满水泥砂浆或树脂，不仅保证砂浆与锚杆、砂浆与孔壁之间具有足够的摩擦力，使锚杆与围岩共同工作，还可作为锚杆的保护层。端头锚杆不能直接作为永久支护，注满

砂浆后才能用作永久支护，因为地下水或潮湿空气会造成锚杆锈蚀，而围岩蠕变也易导致锚杆松弛降低锚固力。锚杆孔内水泥砂浆或树脂强度不应小于 M20 是为了保证锚杆的强度和耐久性。

②自稳时间短的围岩，宜采用全长黏结树脂锚杆或早强水泥砂浆锚杆，以发挥锚杆的早期作用。

③软岩、变形较大的围岩地段，可采用预应力锚杆。预应力锚杆的预加力不应小于 100kPa。预应力锚杆的锚固端必须锚固在稳定岩层内。预应力锚杆在公路隧道内应用不多，可按现行《岩土锚杆与喷射混凝土支护工程技术规范》的有关规定执行。

④岩体破碎、成孔困难的围岩地段，宜采用自进式锚杆。因为在这些区段，拔出钻杆后孔内易出现塌孔，锚杆插入困难。而自进式锚杆利用钻杆作锚杆，锚杆前端加钻头，钻孔过程即为锚杆打入过程，钻杆不拔出，钻孔到位后利用钻杆中孔向锚杆孔内注浆。

⑤锚杆直径宜采用 20 ~ 28mm。一般来说，普通砂浆锚杆直径一般采用 20 ~ 25mm；中空锚杆、组合中空锚杆直径一般采用 25 ~ 28mm；自进式锚杆直径一般采用 25 ~ 52mm。

⑥锚杆外露端头应设垫板，垫板尺寸不应小于 150mm（长）× 150mm（宽）× 8mm（厚）。锚杆外露端头设垫板，通过螺栓将垫板紧贴孔口岩面，对围岩产生径向约束力，增大锚杆的作用范围，可大大提高锚杆的作用效果。

（2）系统锚杆设计要求

系统锚杆主要对围岩起整体加固作用，在围岩一定深度范围内形成拱形承载结构，发挥围岩岩体抗压强度高的特性，提高围岩的自承能力。系统锚杆的设计应符合以下要求：

①锚杆宜沿隧道周边径向布置。但当存在明显的结构面或岩层层面时，锚杆宜与岩体主结构面或岩层层面成大角度布置。这是因为锚杆与岩体主结构面、岩层层面平行或交角较小时，锚固效果很差，锚杆的组合拱作用效果不好；而成大角度布置，能穿过更多的结构面，可以把不利结构面或岩层串在一起，共同参与工作。

②系统锚杆宜按梅花形排列，如图 13-4 所示。

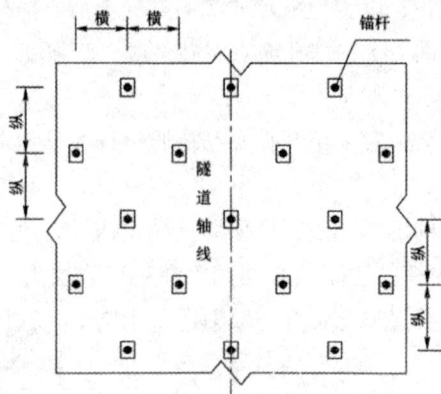

图13-4　系统锚杆布置方式

③系统锚杆长度和间距应根据围岩条件、隧道宽度，通过计算或工程类比确定，也可按式（1）和式（2）取值：

①锚杆长度：

$$L = \left(\frac{1}{3} \sim \frac{1}{5} \right) W$$

②锚杆间距：

$$P = (0.3 \sim 0.5) L$$

式中：L—铺杆长度（m）；

W—隧道开挖宽度（m）；

P—锚杆的横向设置间距（m）。

④锚杆间距不宜大于锚杆长度的1/2且不宜大于1.5m，锚杆间距较小时，可采用长、短锚杆交错布置的方式减少锚杆用量。

⑤两车道隧道系统锚杆长度不宜小于2.0m，三车道隧道系统锚杆长度不宜小于2.5m，四车道隧道系统锚杆长度一般不小于3.0m。公路隧道开挖宽度一般大于10m，开挖断面面积也较大，只有要求系统锚杆具有一定长度才可使围岩在一定深度范围内形成拱形承载结构。

⑥土质围岩不设系统锚杆时，应采用其他支护方式加强。土质围岩中锚杆施工极为困难，且存在造价高、工期长、效果差等缺点，可考虑取消系统锚杆，而采取加强钢架支护、增加锁脚锚管等措施予以加强。

（3）局部锚杆的设置要求

对于局部不稳定的岩块，宜设置局部锚杆加以悬吊。局部锚杆可选用全长黏结型锚杆、端头锚固型锚杆、预应力锚杆等类型，锚固端应置于稳定岩体内（图 13-5）。局部锚杆的主要作用是阻止部分不稳定岩块崩落或滑移，其参数可通过工程类比或计算确定。

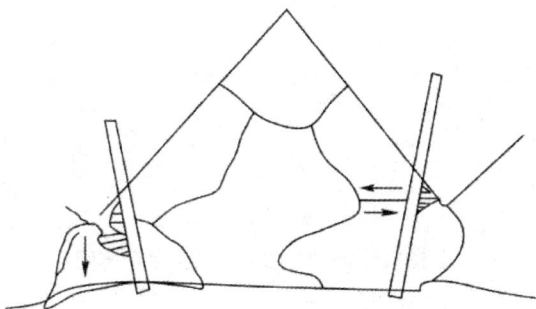

图 13-5　局部锚杆锚固作用示意

（四）钢架的设计要求

围岩条件较差地段、洞口段、浅埋段或地面沉降有严格限制地段，可在喷射混凝土层内增设钢架。

（1）钢架设置的总体要求

①钢架支护应有足够的刚度和强度，能够承受隧道施工期间可能出现的荷载。一般来说，钢架应能承受 1 ~ 3m 松动岩柱荷载，同时还要保证自身的稳定。

②在能满足初期支护受力要求的条件下，宜优先选用格栅钢架。与型钢钢架相比，格栅钢架具有受力好、质量轻、刚度可调、可现场加工制作、安装方便、能与喷射混凝土紧密结合等优点，能形成有一定刚度和强度的钢拱肋支护。但须注意，如果围岩极其破碎、自稳时间短且前期需要及时支撑时，不宜设置格栅钢架，此时需要采用型钢钢架。

③钢架间距宜为 0.5 ~ 1.2m。钢架支护设置间距是根据围岩级别、隧道开挖宽度和开挖进尺确定的，并通过施工监控量测结果进行调整。间距太小，难以保证钢架背后的喷射混凝土密实；间距太大，由于钢架支护宽度范围有限，两榀钢架之间的岩块容易坍塌，支护作用减弱。在实际工程中，采用钢架支护时，钢架间距采用 1.2m 以上的很少，因此钢架间距建议设置为 0.5 ~ 1.2m。为了避免锚杆和钢架重叠，能各自发挥作用，钢架与锚杆的纵向间距采用相同距离布置（图 13-6）。

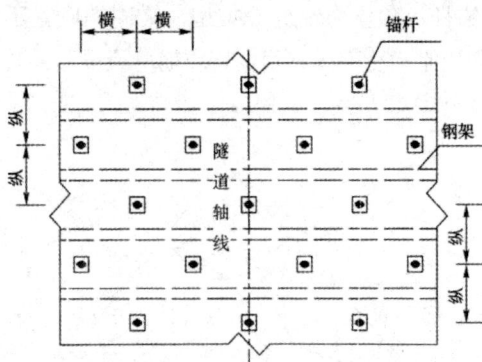

图13-6 钢架与锚杆布置关系示意图

④连续使用钢架的数量不应少于 3 榀，且相邻钢架之间应设横向连接，采用钢筋作横向连接时，钢筋直径不宜小于 20mm，间距不应大于 1m，并在钢架内缘、外缘交错布置。独立一榀钢架的刚度很小，类似于细长杆件，承载能力弱；连续 3 榀以上钢架同时使用，并将相邻两榀钢架之间用横向钢筋连接起来，可保证多榀钢架整体受力，增强侧向稳定性。

⑤钢架应分节段制作，节段之间应采用钢板连接，以便钢架的架设，分节段长度需与开挖断面相适应，节段之间通过钢板制作的法兰盘用螺栓连接或直接焊接。

⑥钢架支护贴岩壁一侧，由于岩面凹凸不平，钢架与围岩之间的喷射混凝土保护层厚要求不小于 40mm。临空一侧喷射混凝土密实度较好，保护层厚度要求不小于 20mm。当隧道仅采用锚喷衬砌作为永久支护时，由于锚喷衬砌长期暴露在空气中，保护层厚度要求不小于 40mm。

⑦钢架形状和尺寸应根据开挖断面确定，受力变形后不得侵入设计净空或二次衬砌。隧道开挖断面要考虑预留变形量，钢架要求贴近围岩布置，与围岩共同变形，受力变形后会比加工的尺寸小，可能侵入设计净空或二次衬砌。因此，钢架形状和尺寸要根据开挖断面确定。

⑧在设置超前支护的地段，应设钢架作为超前支护的尾端支点，钢架截面高度不宜小于 160mm。这是因为在设置超前支护的地段，超前支护尾端需要较强支撑。

（2）格栅钢架的设计要求

①主筋应采用 HRB400 钢筋，腹筋可采用 HRB400 或 HPB300 钢筋。

②主钢筋直径宜选用 18 ~ 25mm，腹筋直径宜选用 10 ~ 20mm。

③截面尺寸通过工程类比或计算确定，截面高度可采用 120 ~ 220mm。

④连接钢板平面宜与钢架轴线垂直，格栅钢架主钢筋与连接钢板焊接应增加 U 形钢筋帮焊。格栅钢架节段两端的连接钢板平面与钢架轴线垂直，以便于安装。格栅钢架主钢筋与连接钢板焊接增加 U 形钢筋帮焊，如图 13-7 所示，保证焊接牢固。

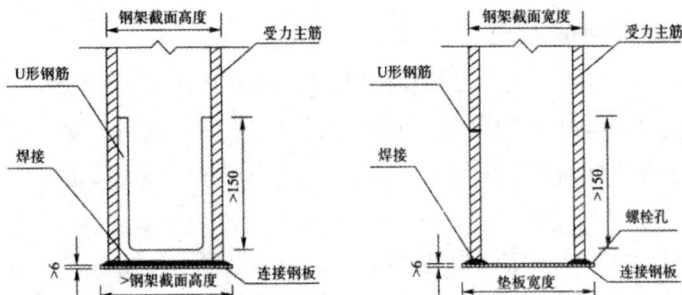

图 13-7 格栅钢架主钢筋与连接钢板焊接图（尺寸单位:mm）

（五）锚喷衬砌设计参数取值

锚喷衬砌一般用作复合式衬砌中的初期支护，在 Ⅰ ～ Ⅲ 级围岩区段的一些低等级隧道、平行导洞、斜井中也可作为单层永久衬砌；而在 Ⅳ ～ Ⅵ 级围岩段，由于地质软弱、破碎，且一般地下水发育，不宜将锚喷衬砌作为单层永久衬砌，此时应采用复合式衬砌。锚喷衬砌作为隧道单层永久衬砌时的支护参数可通过工程类比或数值计算确定，并结合现场监控量测结果进行调整。采用锚喷衬砌作永久支护时的设计参数可按表 13-3 选用。

表 13-3 锚喷永久支护设计参数

部位	围岩级别		
	Ⅰ	Ⅱ	Ⅲ
人行通道	喷混凝 ±5cm	喷混凝 ±5cm	喷混凝土6 ～ 8cm； 锚杆直径22mm，长1.0 ～ 2.0m
平行横通道	喷混凝 ±5cm	喷混凝 ±5cm； 锚杆 直径22mm，长1.5 ～ 2.0m； 锚杆间距@1.0×1.0m	喷混凝土8 ～ 10cm； 锚杆直径22mm，长2.0 ～ 2.5m； 锚杆间距@1.0×1.0m
两车道隧道	喷混凝 ±5cm	喷混凝土5 ～ 8cm； 锚杆 直径22mm，长2.0 ～ 2.5m； 锚杆间距@1.2×1.2m	喷混凝土8 ～ 15cm； 锚杆直径22mm，长2.0 ～ 3.5m； 锚杆间距@1.0×1.0m； 钢筋网直径6.5mm，@25×25cm

第三节　复合式衬砌设计

一、复合式衬砌概述

复合式衬砌是由多层衬砌结构在不同的时间先后施作组合而成的一种隧道衬砌结构。复合式衬砌可以由2层、3层或更多层衬砌组成。我国实际隧道工程建设中，复合式衬砌主要由外衬（又称初期支护或初衬）和内衬（又称二次衬砌或二衬）两层组成。

与传统的单层厚壁模筑混凝土衬砌不同，双层复合式衬砌形式上比整体式衬砌多了初期支护和防水板。初期支护的设置体现了新奥法基本原理，可以最大限度地发挥围岩自身的承载力。与传统的单层模筑混凝土衬砌相比，复合式衬砌有以下特点：

（1）复合式衬砌中的锚喷衬砌具有稳定围岩、封闭围岩、避免暴露岩面风化的作用，能充分发挥围岩的自身承载力。

（2）复合式衬砌采用先后两次支护，对衬砌受力非常有利。围岩在柔度较大的外衬条件下，可产生较大的形变，释放了大部分的变形能，因而能减小后设的内衬所受的力。内衬施作以后，又会对原先处于二维受力状态的外衬产生径向抗力，从而改善外衬的受力条件。

（3）复合式衬砌中的内衬表面光洁平整，有利于隧道通风和防水，并保护外层支护，使喷层内钢筋网和锚杆端部免于锈蚀。

（4）复合式衬砌由于在外衬与内衬之间设置了防水板，其结构体系的整体防水性能得到了很大的提高。

（5）复合式衬砌优点突出，但存在造价较高、工艺复杂、工期长等缺点。

二、复合式衬砌的分类与选择

根据内、外衬复合方式的不同，复合式衬砌有锚喷衬砌和混凝土衬砌、锚喷衬砌和喷射混凝土衬砌、可缩式钢拱喷射混凝土支护和模筑或喷射混凝土衬砌、装配式衬砌（管片）和模筑混凝土衬砌等几种形式。在我国，由初期支护、二次衬砌及中间夹防水层组合构成的复合式衬砌结构是山岭隧道工程衬砌结构的主流形式，常见的公路隧道复合式衬砌结构设计图如图13-8所示。我国高速公路、一级公路、二级公路已全部采用这种复合式衬砌，三级公路隧道也大量采用，其结构稳定，防水和衬砌外观均能满足公路隧道使用的基本要求，适合多种地质条件，技术较为成熟。

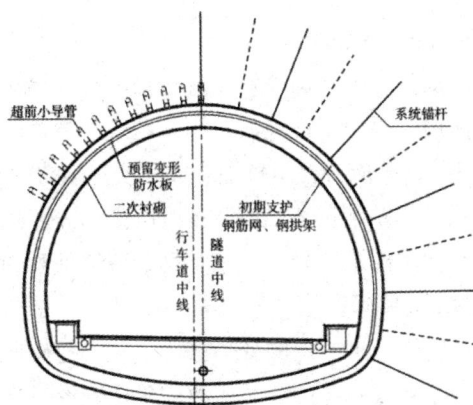

图13-8　复合式衬砌结构示意

初期支护一般采用锚喷衬砌结构，一般采用模筑混凝土衬砌结构，两种衬砌的设计要求分别与前文叙述的锚喷衬砌和整体式衬砌的设计要求基本相同。

我国现有的设计理念认为，初期支护承担施工期间的全部围岩荷载，此时围岩与初期支护成为隧道结构承载主体；在运营阶段，二次衬砌常作为安全储备，能够保证隧道的长期稳定。

（1）复合式衬砌中的初期支护是隧道复合式衬砌中极为重要的一部分，在隧道修建过程中发挥了重要的作用，确保了隧道施工安全。概括起来，初期支护的主要功能如下：

①保护围岩，减缓或防止围岩风化。

②隧道开挖后与围岩共同形成承载的主体结构。

③施工期间控制围岩的变形、掉块、挤出或膨胀等。

（2）复合式衬砌中的二次衬砌也是重要组成部分，二次衬砌与初期支护、周边围岩共同构成了隧道承载结构，从而形成人工支护和围岩相结合的隧道结构体系。二次衬砌的主要功能如下：

①与初期支护一起承受可能出现的各种荷载，保证隧道断面的使用净空。

②使隧道支护体系有足够的安全度。

③具有良好的防水功能。

④表面光滑，风阻小，非常利于隧道通风。

⑤具有内装功能，确保隧道美观。

三、复合式衬砌的设计要点

复合式衬砌设计应符合下列规定：

（1）初期支护应按永久支护结构设计，宜选择喷射混凝土、锚杆、钢筋网和钢架等支护单独或组合使用。根据工程地质、水文地质、隧道断面尺寸、覆盖层厚度等条件确定初期支护参数，并应符合本章中有关锚喷衬砌的设计要求。

（2）二次衬砌应采用模筑混凝土或模筑钢筋混凝土衬砌结构，宜采用刚度大、整体性好、外观平顺的整体模筑混凝土衬砌，符合隧道外观的基本要求并应符合本章中有关整体式衬砌的设计要求。

（3）围岩开挖暴露后会产生一定的变形，为了减小衬砌所承受的形变压力，允许围岩产生一定的变形，释放一定的能量，故在确定开挖尺寸时需预留一定的变形量。预留变形量是围岩在支护控制的条件下设计所允许的变形量。在确定开挖断面时，除应满足隧道净空和结构尺寸外，还应考虑围岩及初期支护的变形，预留适当的变形量。

预留变形量大小应根据围岩级别、断面大小、埋置深度、施工方法和支护情况等，通过理论计算或采用工程类比法预测，预测值可参照表13-4选用。还应根据现场监控量测结果调整预留变形量。

表13-4 预留变形量

围岩级别	两车道隧道（mm）	三车道隧道（mm）	四车道隧道（mm）
I	—	—	10 ~ 50
II	—	10 ~ 30	50 ~ 80
III	20 ~ 50	30 ~ 80	600 ~ 100
IV	50 ~ 80	60 ~ 120	80 ~ 150
V	80 ~ 120	100 ~ 150	120 ~ 240
VI	现场量测确定		

注：1. 围岩软弱、破碎，取大值；围岩完整，取小值。

2. 四车道隧道可以通过工程类比和计算分析确定，本表中给出的四车道隧道预留变形量数据参照了国内设计院单洞四车道隧道的设计文件。

表7-6是根据近几年来国内设计经验和现场量测数据建立的I ~ III级围岩变形量小，并且多有超挖，所以三车道及以下隧道不考虑预留变形量，四车道隧道由于

断面大，可考虑设置 10～50mm 的预留变形量；Ⅲ～Ⅴ级围岩有不同程度的变形，特别是软弱围岩（含浅埋隧道）的情况比较复杂，围岩变形与围岩条件、开挖方法、支护方式、支护时间有直接关系，统一规定预留变形量存在一定的不足，需要在施工期间根据现场量测结果修正。

复合式衬砌可采用工程类比法进行设计，必要时可通过理论分析进行验算。隧道围岩对支护结构的压力是不确定的，它与开挖方法岩体性质、结构刚度和支护时间有关，在实际应用中很难准确把握。因此，现今大多数隧道支护参数的拟定是以工程类比为主、理论计算为辅，并实行动态设计。

两车道隧道、三车道隧道复合式衬砌设计参数可按表 13-5 和表 13-6 选用。

表13-5　两车道隧道复合式衬砌设计参数

围岩级别	初期支护								二次衬砌厚度（cm）	
	喷射混凝土厚度（cm）		锚杆（m）			钢筋网间距（cm）	钢架		拱、墙混凝土	仰拱混凝土
	拱、墙	仰拱	位置	长度	间距		间距（m）	截面高（cm）		
Ⅰ	5	—	局部	2.0～3.0	—	—	—	—	30～35	—
Ⅱ	5～8	—	局部	2.0～3.0	—	—	—	—	30～35	—
Ⅲ	8～12	—	拱、墙	2.0～3.0	1.0～1.2	局部 @25×25	—	—	30～35	—
Ⅳ	12～20	—	拱、墙	2.5～3.0	0.8～1.2	拱、墙 @25×25	拱、墙 0.8～1.2	0或 14～16	35～40	0或 35～40
Ⅴ	18～28	—	拱、墙	3.0～3.5	0.6～1.0	拱、墙 @25×25	拱、墙、仰拱 0.6～1.0	14～22	35～50 钢筋混凝土	0或 35～50 钢筋混凝土
Ⅵ	通过试验或计算确定									

注：1. 有地下水时可取大值，无地下水时可取小值。

2. 采用钢架时，宜选用格栅钢架。

3. 喷射混凝土厚度小于18cm时，可不设钢架。

4. "0"或"—"表示可以不设；要设时，应满足最小厚度要求。

表13-6 三车道隧道复合式衬砌设计参数

围岩级别	初期支护								二次衬砌厚度（cm）	
	喷射混凝土厚度（cm）		锚杆（m）			钢筋网间距（cm）	钢架		拱、墙	仰拱
	拱、墙	仰拱	位置	长度	间距		间距（m）	截面高（cm）		
I	5~8	—	局部	2.5~3.5	—	—	—	—	35~40	
II	8~12	—	局部	2.5~3.5	—	—	—	—	35~40	
III	12~20	—	拱、墙	2.5~3.5	1.0~1.2	拱、墙@25×25	拱、墙 1.0~1.2	0或14~16	35~45	
IV	16~24	—	拱、墙	3.0~3.5	0.8~1.2	拱、墙@20×20	拱、墙 0.8~1.2	16~20	40~50☆	0或40~50
V	20~30	—	拱、墙	3.5~4.0	0.5~1.0	拱、墙@20×20	拱、墙、仰拱 0.5~1.0	18~22	50~60 钢筋混凝土	0或50~60 钢筋混凝土
VI	通过试验或计算确定									

注：1. 有地下水时可取大值，无地下水时可取小值。

2. 采用钢架时，宜选用格栅钢架。

3. 喷射混凝土厚度小于18cm时，可不设钢架。

4. "0"或"—"表示可以不设；要设时，应满足最小厚度要求。

5. "☆"表示可采用钢筋混凝土。

与跨度较小的隧道相比，大跨度隧道荷载比较大、荷载增大速率较快，开挖以及完成各部分结构的时间也较长，施工过程中还需采取必要的临时支护措施或辅助措施。因此在设计衬砌结构的同时，还需进行施工方法的设计。四车道隧道衬砌设计参数应通过工程类比和计算分析确定，也可参照表13-7选用（数据来源：国内设计院单洞四车道隧道设计文件）。

表13-7　四车道隧道复合式衬砌的设计参数

围岩级别	初期支护								二次衬砌厚度（cm）	
	喷射混凝土厚度（cm）		锚杆（m）			钢筋网间距（cm）	钢架		拱、边墙	仰拱
	拱、边墙	仰拱	位置	长度	间距		间距（m）	截面高		
I	10～12	—	局部	3.0	—	局部	—	—	45	
II	12～18	—	局部	3.0～4.0	—	局部	—	—	45	
III	18～26	—	拱、墙	3.5～4.0	1.0～1.5	拱、墙@20×20	拱、墙1.0～1.2	拱、墙I18	50	50
IV	26～30	26～30	拱、墙	4.0～4.5	0.6～1.0	拱、墙、仰拱@20×20	拱、墙、仰拱0.8～1.0	拱、墙、仰拱I20b	55～60钢筋混凝土	55～60钢筋混凝土
V	28～32	28～32	拱、墙	5.5～6.0	0.5～0.8	拱、墙（双层）@20×20	拱、墙、仰拱0.5～0.8	拱、墙、仰拱H20×20	65～70钢筋混凝土	65～70钢筋混凝土

注：衬砌参数根据围岩详细分级（亚级）选取。

在施工过程中应根据超前地质预报及现场围岩监控量测信息对设计支护参数进行必要的调整。软弱流变围岩、膨胀性围岩、高地应力围岩等特殊地质条件隧道施工完成多年后围岩还在继续变形，故应考虑衬砌建成后持续增长的围岩变形应力的作用。

第四节　明洞衬砌设计

一、明洞衬砌概述

以明挖法修建的隧道称为明洞。明洞所采用的衬砌结构称为明洞衬砌。不同于前述的一般隧道，明洞是在露天的路堑地面上，或是在敞口的基坑内，先修筑结构物，然后再覆土回填形成的隧道结构。一般情况下，明洞拱背都有回填土石覆盖，但也可裸露或部分裸露。在以下情况下应当考虑修建明洞：

（1）洞顶覆盖薄，围岩成洞条件差，难以用暗挖法修建隧道，明挖修建隧道在技术经济上比暗挖修建隧道更合理，施工技术条件、施工工期和施工安全更容易得到保证，有利于环境保护。

（2）路基或隧道口受不良地质危害、难以整治，受路线线形控制无法避开，清理会造成更大病害的地段。

（3）道路两侧有受影响的重要建（构）筑物，开挖路堑会危及建（构）筑物安全，或将来交通运营噪声和烟尘对建（构）筑物使用者造成严重影响的地段。

（4）为了保持洞口的自然环境，减少洞口开挖或防止洞口边仰坡对隧道洞口造成的危害，通常将隧道延长，以明洞方式接长隧道。

二、明洞衬砌的分类与选择

按结构类型，明洞分为拱形明洞和矩形框架明洞。明洞结构类型应根据地形、地质、施工条件，在考虑结构安全、经济实用、美观等因素的基础上综合分析确定，并应符合下列规定：

（1）洞顶回填土层较厚或一次塌方量大、落石较多时，宜采用拱形明洞。

（2）明洞需要克服来自仰坡方向的滑坡推力时，宜采用拱形明洞。

（3）高度受到限制的地段可采用矩形框架明洞。

（一）拱形明洞

拱形明洞的结构形式与一般隧道相似，也是由拱圈、边墙和仰拱或铺底组成，其内轮廓也和暗洞一致。但是，由于它周围是回填的土石，得不到可靠的围岩抗力支持，因而结构的截面尺寸要比暗洞的二次衬砌厚度略大一些。

当洞口的地形或地质条件难以用暗挖法修建隧道时，例如：洞口附近埋深很浅，施工时不能保证上方覆盖层的稳定；或是深路堑、高边坡上有较多的崩塌落石，会对行车有威胁时，常常需要修筑拱形明洞来防护。拱形明洞结构坚固，可以抵抗较大的推力，其适用范围较广。拱形明洞主要有以下几种类型：

1. 路堑式拱形明洞

路堑式拱形明洞位于两侧都有高边坡的路堑中。在挖出路堑的基面上，先修建拱形明洞，然后在两侧墙外填筑浆砌片石或低抗压强度等级混凝土，使其密实；上面回填土石，夯实并覆盖防水黏土层，上层应留有排水的沟槽，以防止地面水渗入。路堑式拱形明洞可分为对称式和偏压式两种：

（1）对称式拱形明洞（图 13-9）适用于路堑边坡对称或接近对称，边坡岩层基本稳定，仅防边坡有少量坍塌、落石，或用于隧道洞口破碎、覆盖层较薄而难以用暗挖法修建的隧道。

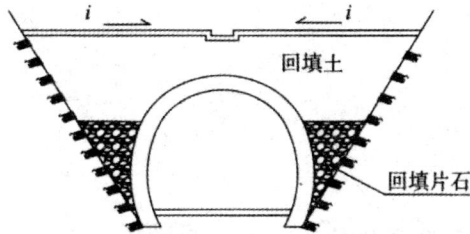

图13-9　对称式拱形明洞示意

（2）偏压式拱形明洞（图13-10）适用于两侧边坡高差较大的不对称路堑。它承受不对称荷载，拱圈为等截面，边墙的外侧厚度视所处位置的地质和地形情况而定，可以和内侧边墙厚度相同，也可以大于内侧边墙厚度。

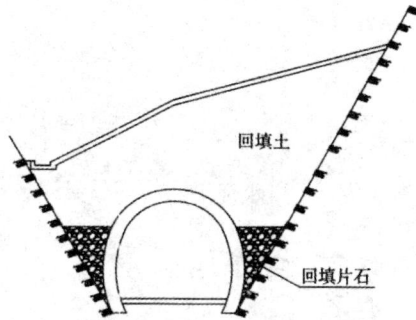

图13-10　偏压式拱形明洞示意

2. 半路堑式拱形明洞

在傍山隧道的洞口或傍山线路上，一侧边坡陡立且有塌方、落石的可能，对行车安全有威胁时，或隧道必须通过不良地质地段而急需提前进洞时，宜修建半路堑式拱形明洞。半路堑式拱形明洞受到单侧的压力，虽然其结构内轮廓与隧道一致，仍是左右对称的，但结构截面左右不同，外墙厚度需要加大，而且必须把基础置于稳固的基岩上。拱圈也可采用变截面，以抵抗单侧的压力。半路堑式拱形明洞可分为偏压斜墙式和单压耳墙式两种：

（1）偏压斜墙式拱形明洞（图13-11）适用于地形倾斜，低侧处路堑有较宽敞的地面供回填土石以增加明洞抵抗侧向压力的地段。此种明洞承受偏压荷载，拱圈和内侧边墙截面等厚度，外侧边墙截面厚度增加且不等厚。

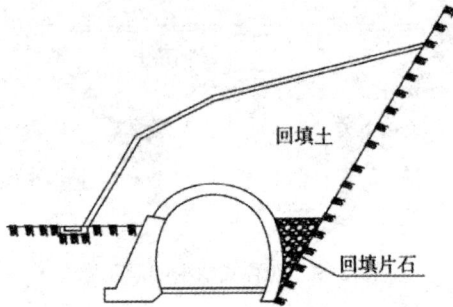

图13-11　偏压斜墙式拱形明洞示意

（2）耳墙式拱形明洞（图13-12）适用于外侧地形过低、不能保持回填土的天然稳定坡度，或是按天然稳定坡度则边坡将延伸很远的情况。在外墙顶上接高一段挡墙，用以拦截土石以防流失。

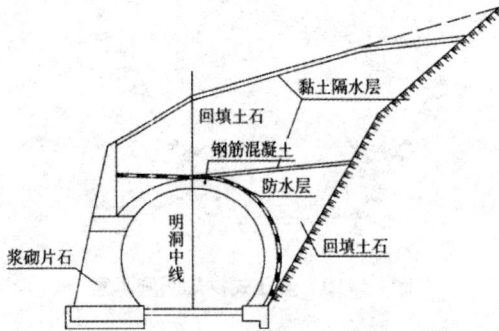

图13-12　耳墙式拱形明洞示意

拱形明洞是露天施工的，不受隧道条件的限制，所以可以采用钢筋混凝土作拱圈。外边墙体积大，可以用混凝土或石料。

明洞顶上回填土可缓冲落石对衬砌的冲击，其厚度视落石下坠的实际情况而定，一般不应小于1.5m。在填土面上应留有不小于1:1.5的流水坡。填土的上面及拱顶上方都要做一层黏土隔水层，以防水下渗。

由于外墙尺寸较大，所以明洞圬工数量较多。如果基底地质较好，外墙可以做成连拱形，以节省圬工。如果明洞外侧覆盖土不厚，可以在明洞外侧开孔，使露天的光线可以照射进来，外界的新鲜空气也可进入，改善明洞内的环境条件。

在隧道洞口有公路或水渠横越而又不宜设立交桥时，为了保持公路通行和灌溉农田的水道不致中断，可以修建带有渡槽的拱形明洞。在有滑坡而路线又必须通过时，也可以配合挡墙、抗滑桩等修建抗滑明洞，作为综合治理滑坡的措施之一。

　　拱形明洞应设置横向贯穿的伸缩缝，其间距为 6 ~ 20m，视情况而定。如有侧洞，伸缩缝应避开侧洞位置。

（二）矩形框架明洞

　　当山坡塌方、落石数量较少，山体侧向压力不大，或因受地质、地形限制而难以修建拱形明洞时，可采用矩形框架明洞（或称为棚式明洞）。矩形框架明洞常见的结构形式有盖板式、刚架式和悬臂式。

　　（1）盖板式明洞是由内墙、外墙及钢筋混凝土盖板组成简支结构（图 13-13）。其上回填土石，以保护盖板免受山体落石的冲击。这种明洞的内侧应置于基岩或稳定的地基上，一般为重力式墩台结构，厚度较大，以抵抗山体的侧向压力。当基岩完整、坡面较陡、地下水不发育、采用重力式内墙开挖量较大时，可采用钢筋混凝土锚杆式内墙。外墙只承受由盖板传来的垂直压力，厚度较薄，要求地基承载力较小。外墙也可做成梁式（即中间留有侧洞）以适应地形和节省圬工。

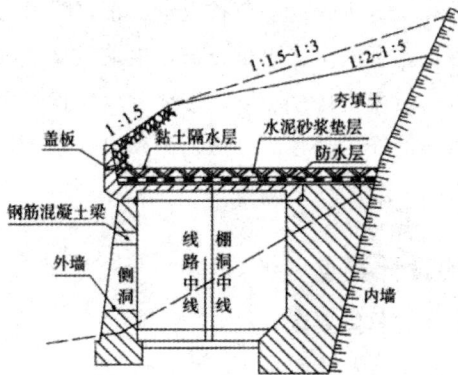

图 13-13　盖板式明洞示意

　　（2）刚架式明洞适用于地形狭窄、山坡较陡、基岩埋置较深而上部地基稳定性差的情况，可使基础置于基岩上，减小基础工程量。采用刚架式外墙，，并做防水层及回填土石处理。

　　（3）悬臂式明洞适用于稳定而陡峻的山坡，外侧地形难以满足一般棚洞的地基要求且落石不太严重的情况。它的内墙为重力式结构，上端接悬臂式横梁，其上铺盖板，在盖板的内端设平衡配重来维持结构受外荷载作用下的稳定性（图 13-14）。为了保证悬臂式明洞的稳定性，要求悬臂必须伸入稳定的基岩内。

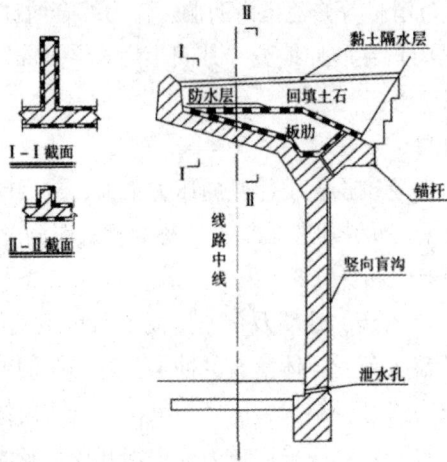

图13-14　悬臂式明洞示意

明洞虽是在敞口的地面上修建的，但由于其坍工量较大，上覆回填也较费工，所以造价比暗挖隧道要高。过去，为了节省投资，很多隧道力求缩短洞身长度，但在施工以后发现洞口保证不了安全，于是只得一再地接长明洞加以补救，反而增加了造价，还会给洞口施工带来干扰。所以，选择洞口位置时应坚持"早进晚出"的原则，不宜将事后增修明洞作为补救的办法，必须有计划、有比较地全面考虑，慎重选用。

三、明洞衬砌的设计要点

（一）明洞衬勒设计的总体要求

明洞衬砌设计的总体要求为：

（1）明洞衬砌应采用钢筋混凝土结构。

（2）半路堑拱形明洞由于衬砌靠山侧需用土石回填，所受荷载明显不对称，加厚外侧边墙及拱圈可提高结构抗偏压能力。当地形条件允许时，采用反压回填或设反压墙可起到平衡偏压荷载的作用，以减小或消除偏压对明洞结构的不利影响。

（3）在土层、堆积层、回填土、黄土等地层松软或侧压力较大的地段修建明洞时，需设仰拱。

（4）当明洞作为整治滑坡的措施时，应按支挡工程设计，并采取综合治理措施。明洞结构具有一定的抗滑能力，如果结合其他措施（如衬砌加厚、地表排水、减载、反压、支撑墙、抗滑桩、地下排水盲沟等），可作为克服滑坡的一种有效方法。

（5）在地质条件有明显变化的地段，应设置沉降缝；在气温变化较大地区，可根据明洞长度设置伸缩缝。沉降缝可减少不均匀受力或不均匀变形对结构的破坏。在气温变化较大的地区设伸缩缝，可减少衬砌收缩变形开裂。沉降缝、伸缩缝的间距根据明洞长度、覆盖层厚度、温差大小及地质情况综合确定。

（6）为防落石危害而修建的明洞，应验算落石冲击荷载下明洞结构的安全性。

（二）明洞基础设计要求

不设仰拱的明洞基础应符合以下规定：

（1）应置于稳固的地基之上，基底承载力应满足设计要求。

（2）基础底面不应高于电缆沟的设计开挖底面。路侧边沟开挖底面低于基础底面时，边沟开挖边界距边墙基础的距离应大于 500mm。

（3）在洞门墙厚度范围内，边墙基础应加深到与洞门墙基础底面相同的高程。

（4）边墙底截面宜适当扩大。

当基岩裸露或埋置较浅时，基础可设置于基岩上；当基础位于软弱地基上时，可采用仰拱、整体式钢筋混凝土底板，也可采用桩基、扩大基础、基础加深和地基加固处理等措施来确保基底承载力。

明洞基础应有一定的嵌岩深度和护基宽度。当地基为斜坡地形时，地基可开挖成台阶状。在有冻害地区，基底埋置深度应不小于最大冻结深度以下 250mm。位于斜坡地段的明洞基础，为确保基底稳定，基底需嵌入稳固的地层中，并与外侧稳固地层边缘保持适当水平距离。明洞墙基嵌入基岩最小深度和护基最小宽度见表 13–8。

表 13–8　明洞墙基嵌入基岩最小深度和护基最小宽度

岩层种类	埋深 h（m）	护基宽 L（m）	图示
较完整的坚硬岩层	0.25	0.3	
一般岩层（如砂页岩互层）	0.60	1.0	
松软岩石（如千枚岩）	1.00	1.5	
砂夹砾石	1.50	2.5	

当地基外侧受水流冲刷影响时，应采取加固和防护措施。在傍山沿河公路设置明洞时，要考虑河岸冲刷可能影响基础稳定，根据地形、地质、流速等情况，设置河岸防护。

在横向斜坡地形，明洞外侧基础埋置深度超过路面以下 3m 时，宜在路面以下设置钢筋混凝土横向水平拉杆，并锚固于内侧基础或岩体中，这主要是为了减小基础长细比，以确保整个结构的整体性和稳定性。

（三）明洞洞顶回填及拱背处理设计要求

明洞的用途有多种，如可以防落石和坍塌；便于公路、铁路、沟渠在其上方通过；防止泥石流等危害；保护洞口自然景观等。因此，需根据明洞的用途和要求来确定洞顶回填土的厚度和坡度。明洞洞顶回填、拱背处理应根据明洞设置目的、作用、地形条件及边仰坡病害等因素综合确定，并应符合下列规定：

（1）边仰坡有严重的危石、崩塌威胁时，应予清除或进行加固处理。为防御落石、崩塌需要而设的明洞，要保证明洞拱背有一定的填土厚度，不使落石、崩塌物直接作用在拱圈上。根据经验，填土的厚度不小于 1.2m（图 13-15），洞顶回填表面坡度以能顺畅排泄坡面水为原则。

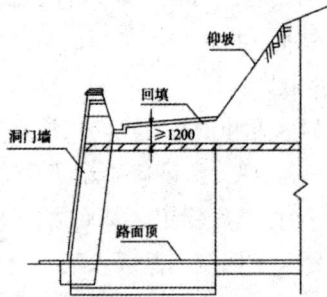

图 13-15　明洞回填（尺寸范围：mm）

（2）采用明洞式洞门时，明洞拱背可部分裸露，裸露部分宜设厚度不小于 20mm的砂浆层或装饰层，主要起到拱背防水和美观作用，这种设计近几年在公路隧道中应用较多（图 13-16）。

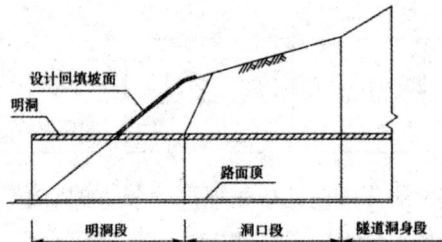

图 13-16　明洞式洞门拱部裸露设计示意

（3）立交明洞上的填土厚度应结合公路、铁路、沟渠及其他人工构造物的高程、自然环境、美化要求和结构设计等因素综合研究确定；对拱形明洞，必要时可设护拱。是否要填土以及如何填土，由设计人员根据使用要求，结合构造物和具体环境情况灵活处理。拱背护拱可提高拱形明洞的承载力和拱背自身防护能力。护拱材料一般采用浆砌片石或混凝土，厚度 0.8 ~ 1.2m。

（4）明洞顶设置过水渠、过泥石流渡槽及其他构造物时，设计时应考虑其影响。一般过水沟渠或普通排水沟沟底距洞顶外缘不应小于1.0m，这主要是为了保证过隧道顶的排水对隧道不产生影响；如果是为排泄山沟洪水、泥石流等而设置渡槽时，渡槽沟底距洞顶外缘不宜小于1.5m，主要考虑泥石流淤积引起的漫溢和大漂砾通过时对沟底、沟身的撞击和磨损。

（四）明洞边墙回填设计要求

明洞边墙背后开挖，因围岩不同而有两种情况：一种是边墙部位垂直开挖，另一种是自墙底放坡开挖。边墙与边坡间的回填应根据这两种情况进行设计，视明洞类型、围岩级别和施工方法而定。明洞边墙背后回填应根据明洞类型、地质条件、设计要求和施工方法确定，并符合下列规定：

（1）考虑边墙地层弹性抗力时，边墙背后应用混凝土、浆砌片石或干砌片石回填。在Ⅱ、Ⅲ、Ⅳ级围岩地段，一般各种类型明洞边墙部位垂直开挖，墙顶起坡放坡，边墙部位要求与围岩密贴，设计时考虑围岩弹性抗力作用；此时墙背如有超挖，应视超挖大小，用混凝土或浆砌片石回填密实，以适应边墙受力条件。

（2）按回填土计算明洞边墙土压力时，边墙背后回填料的内摩擦角不应低于原地层计算摩擦角或设计回填料的计算摩擦角。Ⅳ、Ⅴ级围岩明洞墙背一般是放坡开挖的，一般情况下，边墙背后回填料的摩擦角不低于地层的计算摩擦角，以防出现侧压力系数超出计算值的情况。如果明洞墙背主动土压力是按地层计算摩擦角计算的，则边墙背后回填料的摩擦角不应低于地层的计算摩擦角；如果设计时按回填料的计算摩擦角计算，则回填料的内摩擦角不应低于该计算摩擦角。

第十四章　隧道洞口施工

第一节　洞口截排水工程施工

（1）洞口截排水工程应符合以下几项规定：

①边坡、仰坡外的截水沟、排水沟应结合实际地形地势，在洞口开挖前施工完成，并形成有效的排水系统。

②施工期间洞口应设渗水盲沟或加设盖板的明沟，与两侧排水沟相连，将水排出。

③洞门两侧的边沟应与自然排水系统相连，形成综合排水系统。

洞顶截水沟施工顺序为：测量放样、边沟开挖、夯实平整沟底、沟底铺砌、沟身砌筑。

洞顶截水沟一般采用 M7.5 浆砌片石施作，置于开挖线外侧 5m 左右。截水沟采用人工开挖，局部石方采用风镐或钢钎凿除。根据地形气候等情况，截水沟应及时安排在边仰坡开挖前进行。当开挖至设计深度时，应将沟槽基底夯拍平顺、整齐、无倒坡。沟底铺筑 5cm 厚的砂砾垫层，沟底、沟身采用 M7.5 浆砌片石砌筑，沟底预留 2 ~ 3cm 厚，用高标号砂浆抹平，确保沟平顺，沟身勾缝为凹缝。洞顶截水一般每隔 10 ~ 15m 设置一道伸缩缝，缝宽 2cm，缝内填沥青防水材料。

（2）洞顶截水沟施工基本要求如下：

①砌体砂浆应当采用重量比进行称量，以确保配合比的准确性，砌缝内砂浆均匀饱满，勾缝密实。

②浆砌片（块）石、混凝土预制块的质量和规格应符合设计要求。

③基底伸缩缝应与沟身伸缩缝对齐。

④截水沟砌筑应采用坐浆法施工，沟底和沟身砌筑要求挂线施工，抹面应平整、压光、直顺，不得有裂缝、空鼓现象。

第二节　边仰坡开挖及防护

边仰坡开挖应结合洞口相邻工程及场地布置统筹规划，边仰坡施工应避开雨季或雨季前完成施工，开挖应由上至下开挖。边坡开挖应尽量使用机械加人工开挖，需要爆破施工时宜采用浅孔小台阶弱爆破方法进行。尽量减缓仰坡坡度，以减小仰坡滑动力。

目前隧道洞口边坡加固多采用锚网喷结构。当洞口位于软弱、松散地层或堆积层时应按"先加固、预支护、后开挖"的原则施工。对松散地层、堆积层、断层破碎带、砂砾（卵）土、砂土地层应采用地表预注浆加固措施加固；对地下水丰富或水位较高的地层应进行注浆止水，不宜注浆止水的应进行井点降水；对洞口处于滑坡体的应进行永久防滑如抗滑桩、锚索桩及锚索（杆）框架梁等加固措施。

第三节　套拱施工

（一）施工准备

（1）材料、设备准备

①施工所需材料经验收后运送到现场。通常需要准备 18 号工字钢 3 ~ 4 榀，侧模采用竹胶板，底模和顶模板采用 3cm 厚木板，导向管根据设计要求准备若干根，单根长度为导向墙厚度。此外还需准备连接钢筋、拉筋若干。

②各种施工所需的机械设备配备到位，并经过验收合格。

（2）技术准备

①熟悉施工图纸，并完成施工方案和技术交底。

②管理人员安排到位，经技术人员交底，熟悉各工序施工方法。

③施工班组经技术人员交底和培训。

④技术人员现场测量放样，并指导现场各工序施工。

（二）洞门处掌子面刷坡

（1）洞门处边仰坡开挖支护完成之后，可以进行洞门处掌子面刷坡。

（2）根据技术人员测量放线要求，开口线为隧道洞口明暗交界处。

（3）洞口刷坡尽量垂直，并清除坡面松散土。

（4）刷坡时注意预留核心土，方便以后施工，核心土高度可根据现场实际情土况定。

（三）左右两侧拱脚开挖

（1）按照放线要求，并根据图纸尺寸，保证两侧拱脚基坑尺寸。

（2）开挖过程中应对核心土进行修整，使核心土外轮廓基本为弧形，方便后期施工。

（3）导向墙拱脚基础一般为扩大基础，承载力符合设计要求。

（四）拱脚基础承载力检测

（1）根据图纸要求，对拱脚基础承载力进行检测。

（2）对承载力不符合要求的进行处理。

（3）根据实践经验，现场可采用几根工字钢竖向打入土体，并采用加大拱脚、扩大基础尺寸等方法进行处理。依据现场情况，采用合适的方法。

（五）底层工字钢拼装

（1）底层工字钢每榀的间距为 50cm，各榀间焊接环向间距为 1m 的 $\phi 20mm$ 钢筋。工字钢连接采用连接钢板通过螺栓对接，钢板间连接要求紧密。

（2）底层工字钢加工尺寸应根据导向墙标高和预留沉降量等方面进行制作。

（3）支撑工字钢两端应落在坚实的基础之上。

（六）底层模板安装

（1）底模可采用 3cm 的木模板。木模板均采用短模板，根据实际长度现场制作。

（2）模板安装注意端头和仰坡面应紧密相连，模板之间的连接应紧密。

（3）底面模板通过铁丝与底层支护钢架连接。

（七）导向墙内工字钢拼装

（1）导向墙内工字钢通常采用型号为 18 的三榀工字钢。工字钢之间纵向使用 $\phi 20mm$ 的钢筋连接，环向每隔 1m 连接工字钢，连接钢架纵向错开。

（2）墙内工字钢安装之前应进行试拼，安装完成后应检查其位置和垂直度。

（3）工字钢加工尺寸满足交底要求。

（八）导向管安装

（1）导向管通常采用热乳无缝钢管，布管的环向间距 40cm。

（2）布管的时候应注意预留仰角，要做到仰角 $1° \sim 3°$，钢管可采用 $\phi 12mm$ 的 U 形钢筋固定，U 形钢筋焊接在工字钢上。

（3）导向管靠近侧模处采用尼龙编织袋等对孔口进行封堵，方便后期施工。

（九）侧模安装

（1）侧模采用 15mm 竹胶板，根据现场情况裁剪出合适尺寸，保证导向墙厚度。

（2）侧模采用拉结钢筋进行加固，拉结钢筋端头直接锚在仰坡面之上。

（3）侧模安装要求在同一竖直面之上。

（十）顶面模板安装

（1）导向墙顶面模板同底模模板一样，采用 3cm 厚的木板。

（2）模板端头与仰坡面紧密相连，模板之间应连接紧密。

（3）顶层模板安装过程中应注意预留浇筑孔道。

（十一）混凝土浇筑

（1）混凝土标号应满足设计图纸要求。

（2）混凝土浇筑过程中应注意左右两侧对称浇筑，左右高差一般不能超过 1m。

（3）浇筑到预留孔处时，及时对该处孔进行封堵，并确保不漏浆。

（4）浇筑过程要循序渐进，浇筑速度要进行严格控制，防止出现爆模等意外情况。

（5）根据现场，拱脚基础和导向墙墙身可以分开浇筑，也可以同步浇筑。

（十二）混凝土拆模养护

（1）导向墙是项目外露的面子工程，在拆模过程中应把握好时机，保证拆模过程中不缺棱掉角。

（2）拆模后发现有瑕疵的混凝土面要及时进行装修和修补。

（3）混凝土养护应按照要求及时进行覆盖浇水，确保混凝土强度。

第四节　施作超前管棚

管棚法常应用于隧道工程中，特别是洞口位置处，围岩多风化破碎，岩质较差，为保证其进洞安全，常采用管棚作为超前支护。管棚法作为一种重要的暗挖施工法在日本、美国及欧洲各国被广泛采用。

管棚在实际工程中起简支梁作用，两端的支撑梁便是简支梁的弹性支撑，上覆地层的变形主要包括管棚的挠曲变形量和端头支撑梁的变形两部分。在日本和韩国该方法应用于隧道穿越既有铁路线或公路线，这样可以控制隧道开挖对既有线路产生的不良影响。

管棚支护结构，一般按松弛荷载理论进行设计。钢管采用内注水泥浆、化学浆液或细石混凝土、劲性骨架来增加钢管刚度。根据围岩地质条件和施工条件进行力学计算。钢管直径多选用 80 ~ 180mm，钢管中心距离一般为 30 ~ 50cm。钢管长度视软弱破碎围岩的厚度而定，一般为 10 ~ 45m。钢管以较小的仰角沿岩面打入，形成了一个梁结构来承担围岩的压力。

在隧道进洞施工过程中，当套拱施作完毕后，即可进行管棚施工。

1. 钻孔及清孔

（1）搭建钻机平台。钻机平台可用钢管脚手架搭设，搭设平台应一次性搭好，钻孔由 1 ~ 2 台钻机由高孔位向低孔位进行。

平台要支撑于稳固的地基上，如现场条件不足，可用挖掘机土石回填作业平台基础或搭设脚手架平台，脚手架连接必须要牢固、稳定，防止在施钻时钻机产生不均匀下沉、摆动、位移而影响钻孔质量。

（2）钻机就位。钻机要求与已设定好的孔口管方向平行，必须精确核定钻机位置。用经纬仪、挂线、钻杆导向相结合的方法，反复调整，确保钻机钻杆轴线与孔口管轴线相吻合。

（3）成孔：

①根据导向墙中预埋的钢套管作为导向管进行钻孔。掌子面必须按要求先喷一层素混凝土作为止浆墙，以确保掌子面在进行压力注浆时不出现漏浆、坍塌。

②钻孔前先检查钻机机械状况是否正常；钻孔时根据情况确定是否加泥浆或水泥浆钻进，当钻至砂层易塌孔时，应加泥浆护壁方可继续钻进；如不能成孔时，可加套筒或将钻头直接焊接在钢管前端钻进。

③钻孔速度应保持匀速，特别是钻头遇到夹泥夹砂层时，应控制钻进速度，避免发生夹钻现象。

④开孔时钻速要慢，压力要小，根据地层及钻进情况随时调整钻压及钻速以保证成孔精度。钻进中，如遇异常，应立即停钻，查明原因。

⑤施钻时，钻机大臂必须顶紧在掌子面上，以防止过大颤动，提高施钻精度。

⑥钻机开孔时钻速宜低，钻深 20cm 后转入正常钻速。第一节钻杆钻入岩层尾部剩余 20 ~ 30cm 时钻进停止，用两把管钳人工卡紧钻杆（注意不得卡丝扣），钻机低速反转，脱开钻杆。钻机沿导轨退回原位，人工装入第二根钻杆，并在钻杆前端安装好连接套，钻机低速送至第一根钻杆尾部，方向对准后连接成一体。

⑦施工技术人员认真做好钻进过程的各种原始记录及相关影像资料的收集，包括钻进时间、钻进过程中发生的各种现象、钻孔孔口岩屑等，以便于进行工程地质判断、描述，作为后期洞身开挖的地质预探预报和指导洞身开挖的依据。

（4）清孔。钻孔完毕后用 φ108mm 岩芯管进行扫孔，目的是清除孔内岩碴和顺通孔道。岩芯管长度可根据孔深进行确定。如遇下管困难，连续扫孔几次，同时借助高压空气吹洗，直到孔内清扫干净。

2. 安插钢管

（1）钻孔完成后及时安设管棚钢管，避免出现塌孔。

（2）钻孔完成后用高压水清孔并进行钢管顶进作业，每孔内的第一根钢管前端做成锥状，以防管头堵塞、顶弯或劈裂；管棚管节加工成 4 ~ 6m/ 节，下管时注意相邻孔内的管接头前后错开，避免接头在同一断面受力；管节间采用 φ121mm（壁厚 6mm，长 40cm）联结钢管连接。

（3）推进钢管时推进压力控制在 4.0 ~ 6.0MPa，低速推进。

（4）导管内安装由 4 根 φ18mm 钢筋和固定环组成的钢筋笼以提高导管抗弯性能。固定环间距 1m，注浆排气管可固定于钢筋笼内侧一起安装。

（5）及时将钢管与钻孔壁间缝隙填塞密实，在钢管外露端焊上法兰盘、止浆阀，并检查焊接强度和密实度。

3. 注浆

（1）注浆前先检查管路和机械状况，确认正常后做压浆实验，确定合理的注浆参数，据以施工。

（2）注浆过程中随时检查孔口、邻孔、覆盖层较薄部位有无串浆现象，如发生串浆，应立即停止注浆或采用间歇式注浆封堵串浆口，也可采用麻纱、木楔、快硬性水泥砂浆或锚固剂封堵，直至不再串浆时再继续注浆。注浆过程中压力如突然升高，可能发生堵管，应停机检查。

（3）注浆压力达到 1.5 ~ 2.0MPa，并稳压 10min 以上，可停止注浆，并及时封堵注浆口。

（4）注浆过程应派专人负责，填写"注浆记录表"，记录注浆时间、浆液消耗量及注浆压力等数据，观察压力表值，监控连通装置，避免因压力猛增而发生异常情况。

（5）注浆完毕用铁锤敲击钢管，如响亮清脆，说明浆液未填充满，需采取补注或重注；如响声低哑，则说明浆液已填充满钢管。

第十五章　隧道明洞施工

第一节　明洞土石方开挖及坡面防护

边坡、仰坡外的截水沟或排水沟应于洞口土石方开挖前完成，截水沟及排水沟的上游进水口应与原地面衔接紧密或略低于原地面，下游出水口应妥善地引入排水系统。边坡、仰坡以外的上方，如有坑洼积水时，应按图纸或监理工程师的指示予以处理；不得用土石方填筑，以免流失堵塞排水沟渠，影响洞口安全。路堑两侧边沟应与排水设施妥善连接，使排水畅通。土路肩及碎落台，应按图纸要求予以加固。

隧道明洞土石方开挖通常采用明挖法施工，土方开挖一般采用挖掘机挖装，自卸汽车运输。比较分散的土方，先用推土机推送集料，再采用挖掘机或装载机装车，自卸汽车运输。

洞口开挖安排尽量避开雨季施工，测量定位，放出开挖边线，明确开挖范围，判定开挖范围地质状况。洞口开挖严格遵循"阶梯式"开挖施工顺序，"从上到下，纵向分段，竖向分层，由中向两端，留土护坡，阶梯开挖，边坡及时支护"的原则。洞口表层土方及风化软岩采用机械开挖，硬岩和机械开挖困难的采用松动爆破开挖，土方及风化软岩边仰坡预留二次开挖层，采用人工配合机械开挖，石方预留二次光面爆破层，确保边仰坡平顺、稳定，为进洞施工创造条件。

在洞口开挖过程中，工作面控制在 2% 左右的单面坡，坡脚设置临时排水沟，以利于排除工作面上的积水，保持工作面干燥，提高开挖效果，同时避免洞口基岩被水浸泡，降低基底的承载力。

洞口开挖坚持边开挖、边防护的原则，二次开挖完成后，及时按照设计进行边仰坡坡面防护，以防破坏坡面稳定性和整体性。

明洞工程坡面防护施工应符合以下要求：

（1）边坡、仰坡开挖面的防护措施，应按图纸进行，并报请监理工程师批准后及时实施。如情况有变化或图纸未作规定时，应按监理工程师的批示办理。

（2）由于洞口边仰坡土石方开挖后，有一段较长的暴露时间，边仰坡稳定对后续工序至关重要。因此应及时采取锚喷支护等支护形式进行边坡临时支护，并应做到随开挖随支护。

（3）洞口边仰坡在进洞以后应按设计要求及时施作。坡面砌体应坚实牢固，表面平整，无垂直通缝，勾缝平顺，缝宽均匀，无脱落。

第二节　明洞衬砌施工

明洞衬砌施工应先施作仰拱，待仰拱施工完成后拱墙一次性浇筑成型。明洞衬砌施工应符合以下要求：

（1）拱圈按图纸要求制作挡头板、外模、支架、支柱，并应设有防止渗漏、跑浆和走模的施工措施。

（2）钢筋的加工及绑扎按相关规定办理。

（3）浇筑拱圈混凝土时，应连续进行，不得中断；并应采取防雨措施。

（4）起拱线以下暗挖时，应在拱圈混凝土达到设计强度后进行，并有保证拱圈安全和稳定的措施。

（5）沉降缝及施工缝的设置与施工，按图纸要求严格施工。

第三节　明洞回填

明洞回填主要包含纵向盲沟和反滤层施工、土石方回填、黏土层封闭、洞顶浆砌片石砌筑等工序。

明洞回填施工流程如图 15-1 所示。

（1）明洞回填施工应符合以下要求：

①明洞回填应在外防水层施作完成且衬砌混凝土达到 100% 设计强度后进行。

②在端墙施工过程中预设纵向盲沟。

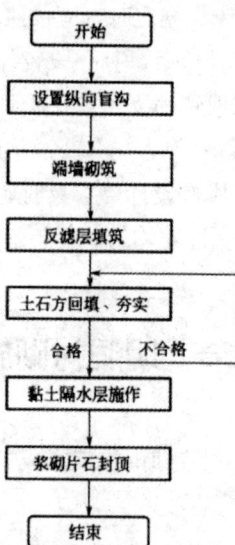

图15-1 明洞回填施工流程

③边墙回填土石时应该对称进行，石质地层中岩壁与墙背空隙不大时，用与墙身同等级混凝土回填，空隙较大时，用片石混凝土或浆砌片石回填密实，边墙范围夯实密实度不应小于93%。土质地层，应将墙背坡面挖成台阶状，用浆砌片石砌筑：先将砌体的地方清扫干净，并用水湿润；采用的石材应质地坚实，无风化剥落的裂纹。施工砌筑时应采用铺浆法分层卧砌，上下错缝，内外搭砌，砌筑石料时一定要砂浆饱满。砂浆的配合比严格按试验室砂浆配合比通知单执行。

④明洞拱部回填土石方应从结构两侧分层、同时对称填筑并夯实，每层填筑厚度不大于0.3m，单层填方厚度不宜大于50cm。回填至与拱顶平齐后，再分层满铺至设计高度。明洞顶部回填厚度小于1m时运输车辆不可在明洞结构顶部行驶，用小推车人工运输进行操作。明洞回填土表面纵横向坡度可根据实际情况调整，不小于5%，以利于表面纵横向排水畅通。

⑤拱背需作黏土隔水层时，隔水层应与边、仰坡搭接平顺、密封紧密，防止地表水下渗。

⑥明洞回填完成后恢复原冲沟，并用M10浆砌片石铺砌隧道中线左右20m范围内上下游沟面，铺砌厚度根据设计而定，上下游均设垂裙。

⑦明洞回填土石方至设计标高后，在黏土隔水层上部按设计进行浆砌片石砌筑封顶，以防地表水渗漏。

（2）隧道明洞回填注意要点如下：

①拱圈混凝土达到设计强度、拱墙背防水设施完成后，方可回填拱背土方。

②明洞段顶部回填土方应对称分层夯实，每层厚度不得大于 0.3m，两侧回填的土面高差不得大于 0.5m；底部应铺填 0.5 ~ 1.0m 厚碎石并夯实；回填至拱顶后应分层满铺填筑，顶层回填材料宜采用黏土以利于隔水。明洞黏土隔水层应与边坡、仰坡搭接良好，封闭紧密。石质地层中墙背与岩壁空隙不大时，可采用与墙身同级混凝土回填；空隙较大时，可采用片石混凝土或浆砌片石回填密实。土质地层，应将墙背坡面开凿成台阶状，用干砌片石分层码砌，缝隙用碎石填塞紧密，不得任意抛填土石。

③使用机械回填时，拱圈混凝土强度应达到设计强度，且需先用人工填筑夯实回填至拱顶以上 1.0m 后，方可使用机械施工。

④在人工回填时，拱顶中心回填高度达到 0.7m 以上方可拆除拱架；若使用机械施工回填时，则应在回填土石全部完成后方可拆除拱架。

⑤要注意成品保护，衬砌完成后及时回填，并尽早完成洞口及洞顶的绿化和防护工作，避免雨水冲刷。

第十六章 施作二次衬砌施工

第一节 钢筋工程施工

一、施工工艺流程

隧道二次衬砌钢筋工程施工工艺流程如图 16-1 所示。

测量放样 → 定位钢筋安放 → 钢筋制安 → 钢筋验收 →(合格)→ 模板台车就位

图16-1 二次衬砌钢筋工程施工工艺流程

二、衬砌钢筋定位及安装

衬砌钢筋定位及安装应符合以下要求:

(1)钢筋制作安装前,先进行试拼预弯,根据测量数据进行定位筋布置,定位筋纵环向间距为 3m×3m;在施工缝处需注意仰拱钢筋的预留长度保证同一截面内钢筋接头面积不大于总面积的 50%,相邻的主筋接头必须错开 35d(d 钢筋直径)以上,主筋的净保护层厚度为 5cm,且外露的钢筋头必须按照设计要求:纵环向成一条线。

(2)先将二衬结构外层环向主筋按设计间距均匀布置于隧道拱墙防水板上,背后按一定间距加设 6~8 根直条钢筋用以定位,当外层主筋按规定间距就位后与定位钢筋连接固定;外层纵向钢筋布设于主筋上侧,先于隧道中线上布设第一根纵向钢筋,然后按环向设计间距向两侧均匀布置,可于外层主筋上作出间距标记,准确定位分布钢筋,再将内层分布钢筋放置于外层钢筋上。

(3)内层钢筋就位前必须依据测量给定的中线、标高、法线等测量数据,准确安装钢筋定位及支撑筋,后将内层主筋均匀布设于钢筋定位筋上连接固定,再将内层分布钢筋按间距均匀布置并连接固定。

钢筋安装和保护层厚度的允许偏差和检验方法见表16-1。

表16-1　钢筋安装和保护层厚度的允许偏差和检验方法

名称		允许偏差/mm	检验方法
双排钢筋的上排钢筋与下排钢筋间距		±5	尺量两端、中间各1处
同一排中受力钢筋水平间距	拱部	±10	
	边墙	±20	
分布钢筋间距		±20	尺量连续3处
箍筋间距		±20	
钢筋保护层厚度		+10，0	尺量两端、中间各2处

三、衬砌钢筋连接

（1）衬砌钢筋连接要求如下：

①环向主筋拱顶部位采用挤压套筒连接，与仰拱钢筋连接部位采用挤压套筒接头，长短钢筋接头错开。分布筋钢筋连接方式：纵向分布筋采用绑扎施工，搭接长度不小于35d。

②相邻两搭接钢筋接头错开距离不小于35d且不小于500mm，钢筋布置严禁出现"同断面"现象。

③挤压套筒连接也叫钢筋冷挤压连接，属于机械式连接的一种新形式，其基本原理是：将两根待连接钢筋插入特别的连接套筒内通过压接机径向挤压套管，使套管产生塑型变形，从而使套管的内壁嵌入钢筋肋之间的凹槽内，经此实现两根钢筋的连接。钢筋所承受的轴向力主要通过钢筋肋和变形后套筒之间的剪力来传递。

（2）采用冷挤压套筒连接时，应符合以下要求：

①钢筋采用冷挤压套筒连接时，钢筋端部不得有局部弯曲，不得严重锈蚀和附着物。

②钢筋端部应有检查插入套筒深度的明显标记，钢筋端头离套筒长度中点不宜超过10mm；同时在连接套筒上做好压接标记（6处），以保证压痕分布均匀一致。

③挤压应从套筒中央开始，依次向两端挤压，压痕直径的波动范围应控制在供应商认定的允许波动范围内，并提供专用量规进行检验。

④挤压后的套筒不得有肉眼可见裂纹。

四、衬砌钢筋施工要求

衬砌钢筋施工应符合以下要求:

钢筋接头应设置在承受应力较小处,并应分散布置。配置在"同一截面"内受力钢筋接头的截面面积,占受力钢筋总截面面积的百分率,应符合设计要求。当设计未提出要求时,必须符合下列规定:

(1)连接接头在受弯构件的受拉区不得大于 50%,轴心受拉构件不得大于 25%。

(2)在构件的受拉区,绑扎接头不得大于 25%,在构件的受压区不得大于 50%。

(3)钢筋接头应避开钢筋弯曲处,距弯曲点的距离不得小于钢筋直径的 10 倍。

(4)在同一根钢筋上应少设接头。"同一截面"内,同一根钢筋上不得超过一个接头。

注:两连接接头在钢筋直径 35 倍范围且不小于 500mm 以内、两绑扎接头在 1.3 倍搭接长度范围且不小于 500mm 以内均视为"同一截面"。

五、衬砌钢筋质量检查及验收

衬砌钢筋质量检查及验收内容如下:

(1)检查钢筋绑扎是否按设计要求进行绑扎牢固钢筋骨架是否顺直、绑扎垫块数量和绑钢筋的扎丝不得伸入保护层内。

(2)钢筋间距、层间距是否满足设计要求,目测和尺量检查。

(3)纵向分布筋外露部分的搭接长度、层间距的控制。两层主筋间靠外露处增设横向支撑钢筋来防止混凝土施工过程中振动变形、防止层间距不够。

(4)利用二次衬砌的内层纵、环向结构钢筋作为接触网断线保护接地钢筋,在每个台车位(作业段)中部选一根环向结构钢筋作为环向接地钢筋,环、纵向接地钢筋间可靠连接。

(5)背贴式止水带和中埋式止水带埋设是否居中、止水条安装及外露部分是否符合要求,对外露受检的部位必须要满足验标要求,矮边墙凿毛、清理干净方可进行二衬模板台车定位工作。

第二节　混凝土工程施工

二次衬砌混凝土工程施工主要技术措施如下。

1. **混凝土的拌制**

（1）混凝土所用的原材料（水泥、粗骨料、细骨料、水、外加剂等）必须经检测合格后方可使用。严禁使用未经检测或检测不合格的原材。

（2）每次混凝土施工时拌合司机要提前对计量设备进行检查，发现问题及时处理。拌制混凝土的自动计量装置应定期检定，使其保持良好状态。

（3）严格按照试验室出具的配合比进行计量，按重量投料。计量精度必须满足验标要求，即粗、细骨料计量偏差控制在 2% 以内，水泥、外加剂、水计量偏差控制在 1% 以内。

（4）粗细骨料含水率应经常测定，雨天施工时应增加测定次数，根据工地实际情况及时调整配合比。

（5）混凝土搅拌时间不得少于 3min，搅拌时间也不宜过长。

2. **混凝土的运输**

（1）混凝土在运输过程中不发生离析、漏浆、严重泌水及坍落度损失过多等现象。当运至浇筑点发生离析现象时，在浇筑前进行二次搅拌，但严禁再次加水。

（2）用混凝土搅拌运输车运输混凝土时，应符合下列规定：在运输已拌制好的混凝土时，宜以 2～4r/min 的转速搅动，严禁高速旋转；卸料前应以常速再次搅拌；在运输中同时拌制混凝土时，从加水后算起，至全部卸出所经过的时间，不宜大于 90min；车体内壁应平整光滑，不吸水、不漏水；每天使用完毕后应清洗黏附的混凝土。

3. 混凝土的浇筑

（1）在浇筑混凝土前，确认基底无虚砟、积水及其他杂物（当有钢筋时还要检查钢筋情况），并应采取防、排水措施。

（2）浇筑混凝土前以及浇筑过程中，应对模板、支架、钢筋骨架、预埋件等加以检查。当发现问题及时处理。检查的主要内容包括下列各项：模板的高程、位置及截面尺寸；模板、支架、支撑等结构的可靠程度；预埋件的安装位置和高程；钢筋的安装位置；脱模剂涂刷情况。

（3）混凝土浇筑时的自由倾落高度不得大于 2m，当大于 2m 时，应采用接软管等方式浇筑。

（4）浇筑混凝土应分层进行，其分层厚度（指捣实后的厚度）不宜大于振捣器作用部分长度的1.25倍，控制在30cm左右。

4. 混凝土的振捣

（1）用插入式振捣器振捣混凝土时，应符合下列规定：移动间距不宜大于振捣器作用半径的1.5倍；插入下层混凝土内的深度宜为5～10cm，以保证上下层结合良好；振捣器应尽可能垂直地插入混凝土中，如条件困难，可略带倾斜，但与水平面夹角不宜小于45°；振捣棒捣固时应快插、慢拔，在每一孔位的振捣时间，以混凝土不再显著下沉、水分和气泡不再逸出并开始泛浆为准，一般为10～30s；振捣时不得碰撞模板、钢筋和预埋管件，距模板的垂直距离，不应小于振捣器有效半径的1/2；混凝土必须振捣密实，无漏振及过振现象。

（2）混凝土运输、浇筑及间歇的全部用时不应超过混凝土的初凝时间。底层混凝土初凝后浇筑上一层混凝土时，应按施工缝处理。当允许间歇时间已超过时，应按浇筑中断处理，同时应留置施工缝。施工缝处应埋入适量的片石、钢筋或型钢，并使其体积露出前层混凝土外一半左右。

（3）在混凝土施工缝处连续浇筑新混凝土时，应符合下列规定：前层混凝土的强度不得小于1.2MPa；施工缝处的水泥砂浆薄膜、松动石子或松弱混凝土层应凿除，并应用水冲净、湿润，使其表面形成一个新鲜清洁有一定石子外露起伏不平的麻面；新混凝土浇筑前，宜在横向施工缝处先铺一层厚约15mm并与混凝土灰砂比相同而水灰比略小的水泥砂浆（竖向施工缝处可刷一层水灰比为0.3左右的薄水泥浆），或铺一层厚约30cm的混凝土，其粗骨料宜比新浇筑混凝土减少10%，然后再接续浇筑新层混凝土；施工缝处的新层混凝土应振捣密实；二衬时在拱顶部位每组衬砌预留不少于两个注浆孔，二衬混凝土达到100%强度后对初支与二衬间空隙进行回填注浆，保证初支与二衬密贴。

5. 混凝土养护

（1）混凝土浇筑后，12h内即应覆盖和洒水。操作时，不得使混凝土受到污染和损伤。

（2）当工地昼夜气温连续3d低于5℃或最低气温低于−3℃时，采取冬期施工措施；当工地昼夜平均气温高于30℃时，应采取夏期施工措施。

（3）混凝土养护时间不宜少于14d，洒水次数应以混凝土表面保持湿润状态为度。

（4）养护用水与拌制用水相同。

6. 拆模

（1）混凝土拆模时的强度应符合设计要求。当设计未提出要求时，侧模应在混凝土强度达到8MPa以上，且其表面及棱角不因拆模而受损时，方可拆除。

（2）拆除模板时，不得影响混凝土的养护工作。

第三节　施作仰拱

一、仰拱的作用及施工要求

仰拱是为改善上部支护结构受力条件而设置在隧道底部的反向拱形结构，是隧道结构的重要组成部分之一，它是隧道结构的基础。它一方面要将隧道上部的地层压力通过隧道边墙结构或将路面上的荷载有效地传递到地下，而且还有效地抵抗隧道下部地层传来的反力。实际上它是能承受地层永久荷载和路面临时荷载（动荷载）的一种地基梁。仰拱与二次衬砌构成隧道整体，增加结构稳定性。

（1）仰拱的作用主要体现在以下几点：

①解决基础承载力不够，减少地表下沉，防止底鼓的隆起变形，调整衬砌应力；

②封闭围岩，阻止围岩过大的变形，提高机构整体的承载力；

③增加底部和墙部的支撑抵抗力，防止内挤而产生剪力破坏。

（2）仰拱的施工要求如下：

①仰拱应根据围岩受力状况、初期支护检测情况及时组织施工，且应保证洞内交通畅通，不影响前方的掘进施工，严格按照开挖方案进行施工，并结合拱墙施工抓紧进行仰拱初期支护和仰拱模筑混凝土施工，实现支护结构早闭合；

②仰拱施工时必须使用模板，保证混凝土的浇筑质量；

③仰拱垫层、初期支护、模筑混凝土、仰拱回填应分别施工，以保证各单位的施工质量；

④仰拱应一次成型，不应左右分次浇筑，接缝应平顺且做好防水处理，超挖部位应采用与衬砌相同强度的混凝土回填；

⑤仰拱、填充层及底板混凝土要尽早施工，从而保证拱墙混凝土及二衬施工，保证衬砌台车的正常作业长度，底板混凝土要严格控制标高，确保混凝土路面的厚度和高程；

⑥仰拱、底板施工时，按要求施作中心排水沟、横向排水管、纵向排水管等排水设施，从而保证隧道内排水通畅，并注意设置与二衬贯通的变形缝；

⑦洞口段仰拱应在开挖进洞150m之内封闭成环在仰拱开挖周边设置护栏围挡，并安装密目式安全立网，出口处设置警示标志；

⑧仰拱施工时，应采取栈桥的方式施工，以保证仰拱施工连续进行并且保证隧道开挖出碴和洞内材料运输不受仰拱开挖的影响，待已浇筑的仰拱混凝土强度满足通车强度要求后，方可移走栈桥，进行下一阶段仰拱施工。

二、仰拱施工工艺及质量控制

1．测量放线

（1）在开挖班完成仰拱初支后，由测量班对完成的仰拱断面进行检查，发现侵限的必须进行处理。当断面符合设计要求时，测量班负责对本板仰拱进行放样，放样内容包括以下内容：

①仰拱端头里程（由隧底中线、两侧矮边墙三个点确定），保证环向施工缝位于同一里程断面。

②矮边墙顶标高；矮边墙顶和隧底中线处仰拱混凝土厚度（矮边墙顶处按隧道设计断面放大5cm放样，隧底按照隧道设计断面放样），当初支断面超挖较多时，在保证衬砌厚度的前提下可以适当调整放大值，具体数据须由工区测量班与工区技术负责人确定并报项目部测量负责人和工程部同意后执行。

③必要时可以在隧底和矮边墙顶之间增加一个点，以保证仰拱弧度。

（2）仰拱混凝土施工后，测量班需要放出中心水沟中线、填充面顶标高和半圆沟位置。

（3）若现场条件具备，以上两次放样可以合并在一起。

（4）测量放样数据由测量班通过书面形式下发给现场技术员和施工班。

（5）施工班在现场技术员的指导下根据测量数据在初支面上画出纵向盲管线、环向盲管线、上层钢筋线、下层钢筋线、仰拱混凝土顶面线（俗称"五线上墙"），待仰拱防水板铺设后，需将上、下层钢筋线和仰拱混凝土顶面线引至防水板上。

2．架立筋施作

（1）仰拱钢筋和防水板施工前需先施作架立筋，架立筋原则上采用与衬砌主筋相同规格的钢筋，包括立筋和水平筋。仰拱架立筋一般做9排，隧底中线处设一排，两侧边墙纵向盲管底各设一排，剩余架立筋在考虑模板加固和钢筋定位的情况下均匀布置（图16-2）。每排架立筋立筋间距约1.5m，水平筋间距为两层主筋排距。

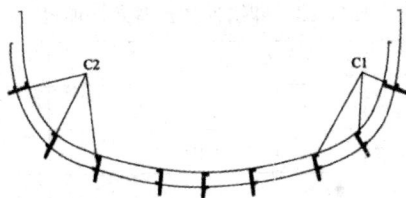

图16-2　架立筋布置示意图

（2）仰拱有拱架时，架立筋立筋需焊在拱架上，若仰拱无拱架，需在初支面上钻孔植入立筋。为保证模板加固牢固，边墙架立筋每处立筋需加强为2根立筋。

3. 仰拱钢筋安装

仰拱钢筋安装严格按照设计图纸进行。钢筋保护层厚度应符合设计图纸或规范要求。

钢筋安装时先在开挖面搭设、焊接架立筋，长度要满足保证上下两层的钢筋排距的要求，边墙部位安装控制钢筋纵向间距和排距的卡槽，先绑扎仰拱下层钢筋，再绑扎上层钢筋，最后按设计要求绑扎水平筋。

钢筋安装和保护层厚度允许偏差及检验方法见表16-2的规定。

表16-2　钢筋安装和保护层厚度允许偏差及检验方法

名称		允许偏差/mm	检验方法
双排钢筋，上排钢筋与下排钢筋间距		±15	尺量两端、中间各1处
同一排中受力钢筋水平间距	拱部	±10	
	边墙	±20	
分布钢筋间距		±20	尺量连续3处
箍筋间距		±20	
钢筋保护层厚度		+10，-5	尺量两端、中间各2处

4. 仰拱模板安装

仰拱模板通常采用定型钢模板，模板总弧长不得小于3.5m。第一次施工前必须对模板面彻底打磨，清除锈斑，涂油防锈；当台车模板多次使用后也需打磨处理，确保模板表面光滑。

模板安装必须稳固牢靠，接缝严密，不得漏浆。模板与混凝土的接触面必须清理干净并涂刷隔离剂。浇筑混凝土前，模板内的积水和杂物要清理干净。

仰拱模板安装允许偏差见表16-3中的规定。

表16-3　仰拱模板安装允许偏差

项目	允许偏差（mm）	检验方法
边墙脚	±15	尺量
起拱线	±10	尺量
模板表面平整度	5	2m靠尺和塞尺
相邻浇筑段表面高低差	±10	尺量

5. 仰拱混凝土浇筑

浇筑混凝土前，须对支架、模板和钢筋进行检查，并做好记录，符合设计要求后方可浇筑。浇筑时使用插入式振捣棒，振捣密实，并保证衬砌钢筋的保护层厚度。浇筑需由下至上分层、左右交替、对称灌注，开窗浇筑和振捣，两侧混凝土灌注高差宜控制在50cm以内，并合理地控制浇筑速度。

混凝土结构外形尺寸允许偏差和检验方法见表16-4中的相关内容。

表16-4　混凝土结构外形尺寸允许偏差和检验方法

项目	允许偏差（mm）	检验方法
高程	±15	水准测量
结构平整度	20	2m靠尺和塞尺

6. 仰拱填充混凝土浇筑

待仰拱混凝土强度达到要求后再进行仰拱填充混凝土施工，填充一般采用C20混凝土。若有中央排水沟，填充混凝土浇筑前按照要求设置中心水沟模板。仰拱填充混凝土灌注前清除仰拱表面的杂物和积水。混凝土表面高程必须符合设计要求。

仰拱填充施工时需预留横向排水管，以保证隧道排水体系的完整性。

第四节　拱墙施工技术

一、拱墙施工工艺

隧道拱墙一般采用模板台车一体浇筑。在模板台车安装就位后，拱墙施工主要涉及混凝土的浇筑和养护，其施工要点如下。

1. 混凝土施工

（1）混凝土施工前应检查如下项目：

①台车及挡头模板安装定位是否牢靠。

②模板接缝是否填塞紧密。

③脱模剂是否涂刷均匀。

④基仓清理是否干净，施工缝是否经过适当处理。

⑤输送泵接头是否密闭，机械运转是否正常。

⑥拱部混凝土衬砌浇筑时，应在拱顶预留注浆孔，注浆孔间距应不大于 3m，且每模板台车范围内的预留孔应不少于 4 个。

（2）混凝土灌注过程中应注意以下事项：

①为避免灌注过程中混凝土离析，要求混凝土的灌注下落高度不得大于 2.0m。

②混凝土灌注到最后刹尖时，拱顶混凝土的灌注顺序应为由上坡向下坡方向。

③为确保拱顶混凝土不出现空洞等质量缺陷，封顶混凝土适当降低水灰比，并采用附着式振捣器或者人工振捣的方式将拱顶灌注混凝土随着灌注进度捣固密实。同时，在每组混凝土拱顶处埋设预留的注浆管，作为最后的保障措施。

2. 拆模

按施工规范采用最后一盘封顶混凝土试件达到的强度来控制拆模时间。

不承受外荷载的拱墙，混凝土强度应达到 5MPa 或在拆模时混凝土表面和棱角不被损坏并能承受自重时拆模。

当衬砌施作时间提前，拱墙承受有围岩压力及封顶和封口的混凝土强度应满足设计要求，一般应在混凝土强度达到设计强度 70% 以上方可拆模。

3. 养护

二次衬砌混凝土养护应配备养护喷管，在拆模前冲洗模板外表面，拆模后用高压水喷淋混凝土表面，以降低水化热。在寒冷地区，应做好衬砌的防寒保温工作。养护时间要求为洞口 100m 养护期不少于 14d，洞身养护不少于 7d，对已贯通的隧道衬砌养护期不少于 14d。

二、混凝土缺陷处理

拆模后，若发现缺陷，不得擅自修补，经监理工程师批准后方可处理。

二次衬砌混凝土常见缺陷处理措施如下：

（1）气泡：采用白水泥和普通水泥按衬砌表面颜色对比试验确定的比例掺拌后，局部填补抹平。

（2）环接缝处理：采用弧度尺画线，切割机切缝，缝深约 2cm，不整齐处进行局部修凿或经砂轮机打磨后，用高强度等级水泥砂浆修饰，用钢镘刀抹平，使施工缝圆顺整齐。

（3）对于表面颜色不一致的采用砂纸反复擦拭数次。

（4）预留洞室周边还应先行清理干净，然后喷水湿润，采用高强度等级、与衬砌颜色相统一的砂浆抹平压光。

三、质量检查方法

二次衬砌的质量检查主要采用地质雷达测衬砌厚度及背后空洞，实体回弹、钻芯取样检测混凝土强度，以及采用 2m 直尺检测平整度（图 16-3）。

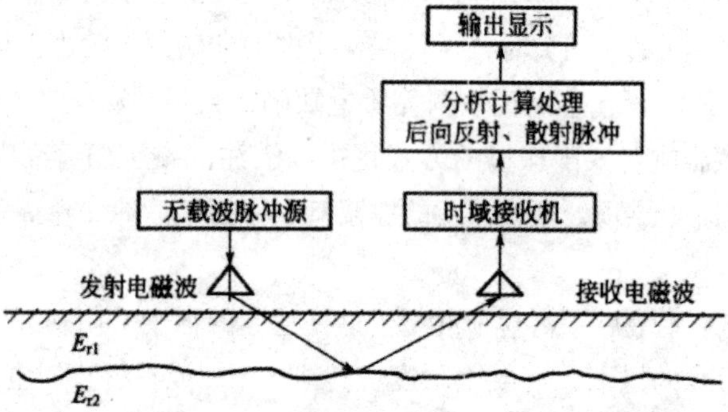

图 16-3　地质雷达检测厚度及背后空洞的示意图

回弹法是混凝土强度无损检测的一种基本方法。它是通过回弹值测试混凝土表层硬度（主要是砂浆部分的强度）来由表及里地间接推定混凝土强度的。它操作简便、重复性强、价格便宜，对衬砌质量不产生破坏，在检测混凝土的匀质性方面优势明显。但是，回弹法也有其不足之处，如低强度混凝土受力时易产生塑性变形，表面弹性不足，对回弹法测强不敏感。对于内外质量不一的混凝土，回弹法测强结果只能代表衬砌表层一定深度范围内的混凝土。不同型号的回弹仪，测试厚度不一，现场测试时，必须根据衬砌厚度灵活选用合适的回弹仪。

地质雷达探测法是衬砌背后空洞检测的最常见方法，其特点是连续、高效、无损，具有分辨率高、图像直观、对场地条件要求低等优点。与传统方法相比，该方法可快速准确地找出隧道衬砌质量隐患，有效地解决传统方法对衬砌的破坏问题，具有显著的社会效益和经济效益，在施工过程中得到普遍应用。

地质雷达探测法是利用高频电磁波在岩体传播中遇到地质界面产生反射的特性，探测异常地质体的一种方法。隧道二次衬砌的常见结构为 30 ~ 45cm 厚的混凝土体，中心频率为 1000MHz 天线地质雷达 GPR 的可探测深度为 0 ~ 50cm。二次衬砌的脱空，在图像上表现为雷达波的多次高频反射，三振相明显，两组信号时程差较大。

四、二次衬砌背后脱空防治

1. 防治的必要性

围岩、初支和衬砌之间依次较紧密接触是地下结构区别于地面结构的主要特征。对于新奥法施工、复合式衬砌的隧道，初支与围岩共同变形、共同承载，在Ⅱ、Ⅲ坚固地层中，二次衬砌约承受30%围岩松散荷载，主要作为安全储备。但在Ⅳ、Ⅴ软弱围岩中，二次衬砌不再是一种单纯的安全储备，而是受力结构的一个主要组成部分，它承受着50% ~ 70%围岩松散荷载及较大的后期围岩变形压力。

由于二衬承载着较大的围岩松散压力，隧道衬砌背后是否存在脱空将直接影响隧道的安全性能。若有脱空存在，则使围岩 – 初支体系施加于衬砌的荷载不连续，而出现变形增大或裂纹（裂缝）破坏。只是由于结构的设计承载能力余量和初支的过度承载，延迟和减缓了危害发生的时间和程度，鉴于此，隧道二衬背后脱空防治就显得尤其重要。

2. 脱空成因

隧道二衬背后脱空主要集中在拱顶和侧壁拱腰等部位。从二衬背后脱空部位分析，总结得出大致有以下几个原因：

（1）光面爆破效果不好，造成隧道局部存在较深的凹坑，初支喷混凝土平整度达不到规范要求，防水板挂设后形成一个空腔，因防水板松弛度所限，在混凝土浇筑后形成空洞。

（2）端头模板封堵不密实，浇筑完成后在等强度过程中从接缝里漏浆、跑浆，使拱部混凝土下落，形成空洞。

（3）施工时对原材料质量控制不严，砂粒过细，施工配合比水灰比偏大、混合料坍落度过大，浇筑后混凝土收缩徐变，形成空洞。或隧道处于较陡纵坡上（20‰），浇筑后混凝土收缩徐变，在上坡端出现脱空。

（4）混凝土在浇筑过程中振捣不密实，内部存在气孔、空洞等，上部混凝土浇筑完成后在自重作用下下沉，在拱部造成空洞。

（5）衬砌台车底座支撑不牢固。在现场施工过程中，台车多采用方木支垫行车轨道，由于衬砌台车附近较潮湿，方木容易糟烂，在混凝土浇筑过程中或浇筑后方木被压变形引起台车下沉，形成顶部衬砌空洞。

3. 脱空处治

以地质雷达无损检测数据为依据，测量人员进行测量放线，确定准确的注浆范围，标注打设注浆管的位置。对拱顶部位二衬背后脱空采用拱顶预留注浆孔进行注浆回填，对拱腰及边墙处二衬背后脱空采用钻孔后注浆回填。

（1）拱顶处治。检查拱顶预留注浆管：为避免衬砌脱空及方便处理，在浇筑衬砌混凝土前，每隔 5～8m 在拱顶最高处紧贴防水板位置预埋通长纵向注浆管。用钢筋往返插入预留的钢管内，若插入顺利不受阻挡，证明注浆管未堵塞，否则堵塞，将堵塞的注浆管做好标识。沿纵向注浆管方向在距堵塞的注浆孔 50cm 处钻孔，安装 φ20mm 注浆管（图 16-4），混凝土孔口缝用胶密封，待胶凝结后方能注浆。

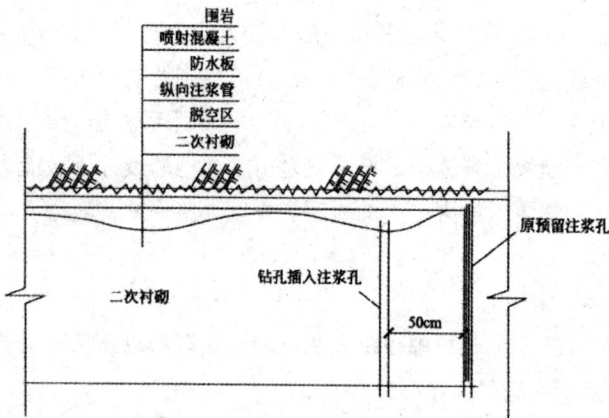

图16-4 拱顶处背后脱空治理示意图

（2）边墙处治。打设回填注浆孔：根据检测报告，采取限深措施，沿着脱空位置上、下边缘处打设 φ20mm 注浆孔。脱空位置较大的，注浆孔间距为 2m，交错布置。埋设注浆管，长度为 20cm（外露）+ 衬砌厚度。

在钻孔过程中，如有操作人员操作不当导致防水板被打穿，可采用扩孔修补的方法进行处理，即在打穿部位人工扩孔，扩孔范围半径不大于 10cm，将防水板修补后采用挂模浇筑微膨胀混凝土封堵。

注浆液拱腰部位采用水泥砂浆，拱顶脱空部位采用细石混凝土回填。在脱空位置下边缘处孔内注浆。注浆过程中，密切观察注浆流量、注浆压力及周围的衬砌情况。当脱空位置上边缘处孔内流出浆液立即用木塞封闭并保持缓慢注浆，注浆终压力持压 5min 后即可结束，然后用速凝水泥进行堵孔，保证浆液不会顺着注浆管外侧流出。

注浆应在二衬强度达到 100% 后方可进行。注浆时衬砌表面如出现有渗漏水部位，可改用压注水泥－水玻璃或其他化学浆液进行注浆堵水。

4. 注浆效果及复查

注浆完成后，必须对注浆效果进行检查，以确保回填注浆的质量，对于不符合要求的地段必须进行补孔注浆。检查的方法有理论分析法和无损检测法。分析法主要是对钻孔记录进行的统计分析，检查每孔是否达到注浆结束标准。无损检测法是用地质雷达在注浆位置进行检测，检查背后有无空洞。

5. 二次衬砌背后脱空的预防措施

（1）加强光面爆破控制，欠挖部位应先加以凿除，提高围岩基面平整度；严格对施工过程进行控制，对喷射混凝土表面凹凸显著部位应分层喷射找平，确保初支基面平整。

（2）加强防水板（含土工布）固定控制和铺设质量控制，固定点间距宜为拱部0.5～0.8m，边墙0.8～1m，底部1～1.5m，呈梅花形排列，基面凹凸较大处应增加固定点。铺设松紧应适度并留有余量，实铺长度与初期支护基面弧长的比值为10:8，以确保混凝土浇筑后与基面密贴，预防太紧防水板崩裂，太松形成褶皱导致空洞的出现。

（3）拱部堵头板安装时注意接缝密贴，可采用双面胶等措施，保证混凝土浇筑后不漏浆，不跑浆。

（4）把好原材料质量关，控制好混凝土的水灰比或采用适量的膨胀混凝土，减小混凝土干缩徐变。

（5）浇筑过程中振捣密实，尽量排除在混凝土浇筑时被挤压到拱部的空气，仔细观察浇筑情况，确保拱部混凝土填筑饱满。

（6）要端正对隧道二次衬砌存在的片面认识，重视二次衬砌的作用，严格按隧道施工技术规范施工。加强各工序作业人员的质量意识教育，掌握每一道工序的质量标准；加强技术管理人员的责任心教育，把好每一道工序质量。

参考文献

[1] 李然. BIM 在城市道路设计中的应用探讨 [M]. 北京. 高等教育出版社，2007.

[2] 李继业，张峰，侯广辉. 城市道路设计与实例 [M]. 北京. 化学工业出版社，2011.

[3] 陈伯兴，杨尔怡. 城市道路设计 [M]. 北京. 中国建筑工业出版社，2012.

[4] 周志坚. 道路勘测设计 [M]. 北京：科学出版社，2005.

[5] 陈胜营，汪亚干，张剑飞. 公路设计指南 [M]. 北京. 人民交通出版社，2000.

[6] 赵一飞，杨少伟. 高速公路设计 [M]. 北京. 人民交通出版社，2006.

[7] 邵旭东，程翔云，李立峰. 桥梁设计与计算 [M]. 北京. 人民交通出版社，2007.

[8] 上海市政工程设计研究总院. 桥梁设计工程师手册 [M]. 北京. 人民交通出版社，2007.

[9] 姜友生. 桥梁总体设计 [M]. 北京. 人民交通出版社，2012.

[10] 陈韶章. 沉管隧道设计与施工 [M]. 北京. 科学出版社，2002.

[11] 卢纳尔迪铁道部工程管理中心. 隧道设计与施工：岩土控制变形分析法 [M]. 北京. 中国铁道出版社，2011.

[12] 肖明清. 水下隧道设计技术 [M]. 北京. 中国铁道出版社，2016.

[13] 李东旭. 公路工程施工技术管理和控制的探析 [J]. 科技创新与应用，2013(13):1.

[14] 张永安. 公路工程施工质量的有效管理控制分析 [J]. 中小企业管理与科技，2011(19):1.

[15] 中交第一公路工程局有限公司. 公路工程施工工艺标准 [M]. 北京. 人民交通出版社，2007.

[16] 程文进. 论公路工程施工管理的重要性及管理要点分析 [J]. 科技视界，2014(29):1.

[17] 刘秀丽，李江红，李静. 市政道路桥梁工程施工质量问题分析与预防 [J]. 科

技与企业，2013(5):44-44.

[18] 王海良，董鹏. 桥梁工程施工技术 [M]. 北京. 人民交通出版社，2013.

[19] 蒋红，田万涛. 道路与桥梁工程施工 [M]. 北京. 中国水利水电出版社，2010.

[20] 刘月波. 桥梁工程施工质量通病与防治 [M]. 北京. 中国建材工业出版社，2009.

[21] 方诗圣，李海涛. 道路桥梁工程施工技术 [M]. 武汉. 武汉大学出版社，2013.

[22] 张彬. 桥梁工程施工技术详解 [M]. 机械工业出版社，2012.

[23] 李世华，李智华. 桥梁工程施工技术交底手册 [M]. 北京. 中国建筑工业出版社，2010.

[24] 李栋国，张洪军. 道路桥梁工程施工技术 [M]. 武汉. 武汉大学出版社，2014.

[25] 曲娜，黄庆. 桥梁工程施工全面质量安全管理 [M]. 北京. 中国建筑工业出版社，2012.

[26] 薛云峰，张继锋，郭玉松. 深埋长隧洞探测技术研究 [M]. 郑州. 黄河水利出版社，2010.

[27] 魏新江，魏纲，丁智. 城市隧道工程施工技术 [M]. 北京. 化学工业出版社，2011.

[28] 邓勇. 我国长大隧道施工发展趋势探讨 [J]. 铁道建筑技术，2009(11):72-75.

[29] 赵应华. 长大隧道施工通风消烟除尘新技术 [J]. 山西建筑，2008，34(11).

[30] 曹江敏. 高速公路长大隧道施工动态监测与数值模拟研究 [J]. 铁道建筑，2007(12):56-59.